G. W. F. Hegel Werke in zwanzig Bänden

Enzyklopädie der philosophischen Wissenschaften im Grundrisse (1830)

Erster Teil. Die Wissenschaft der Logik Mit den mündlichen Zusätzen

黑格尔著作集

第 8 卷

哲学科学百科全书 I
逻 辑 学

先 刚 译

人民出版社

Georg Wilhelm Friedrich Hegel Werke in zwanzig Bänden
8
Enzyklopädie der philosophischen Wissenschaften im Grundrisse (1830)
Erster Teil. Die Wissenschaft der Logik Mit den mündlichen Zusätzen

Auf der Grundlage der Werke von 1832-1845 neu edierte Ausgabe
Redaktion Eva Moldenhauer und Karl Markus Michel
Suhrkamp Verlag Frankfurt am Main 1970

"十四五"国家重点图书出版规划项目

黑格尔著作集（二十卷，理论著作版）

第 1 卷　早期著作

第 2 卷　耶拿时期著作（1801—1807）

第 3 卷　精神现象学

第 4 卷　纽伦堡时期和海德堡时期著作（1808—1817）

第 5 卷　逻辑学 I

第 6 卷　逻辑学 II

第 7 卷　法哲学原理

第 8 卷　哲学科学百科全书 I 逻辑学

第 9 卷　哲学科学百科全书 II 自然哲学

第 10 卷　哲学科学百科全书 III 精神哲学

第 11 卷　柏林时期著作（1822—1831）

第 12 卷　历史哲学讲演录

第 13 卷　美学讲演录 I

第 14 卷　美学讲演录 II

第 15 卷　美学讲演录 III

第 16 卷　宗教哲学讲演录 I

第 17 卷　宗教哲学讲演录 II

第 18 卷　哲学史讲演录 I

第 19 卷　哲学史讲演录 II

第 20 卷　哲学史讲演录 III

总　序

张世英

　　这套黑格尔著作集的中文版,其所根据的版本是二十卷本的"理论著作版"(Theorie-Werkausgabe),即《格·威·弗·黑格尔二十卷著作集》(*G.W.F.Hegel Werke in zwanzig Bänden*),由莫尔登豪尔(E.Moldenhauer)和米歇尔(K.M.Michel)重新整理旧的版本,于20世纪60年代末开始出版。这个版本,虽不及1968年以来陆续出版的历史批判版《黑格尔全集》那样篇幅更大,包括了未曾公开发表过的黑格尔手稿和各种讲课记录以及辨析、重新校勘之类的更具学术研究性的内容,但仍然是当前德国大学科研和教学中被广泛使用的、可靠的黑格尔原著。我这里不拟对黑格尔文集的各种版本作溯源性的考察,只想就黑格尔哲学思想在当今的现实意义作点简单的论述。

　　黑格尔是德国古典唯心主义之集大成者,他结束了西方传统形而上学的旧时代。黑格尔去世后,西方现当代哲学家大多对黑格尔哲学采取批评的态度,但正如他们当中一些人所说的那样,现当代哲学离不开黑格尔,甚至其中许多伟大的东西都源于黑格尔。在中国,自20世纪初就有些学者致力于黑格尔哲学的介绍、翻译与评论。1949年中华人民共和国成立到1976年所谓"文化大革命"结束,大家所广为传播的观点是把黑格尔哲学看成是马克思主义的三个来源之一,一方面批判黑格尔哲学,一方面又强调吸取其"合理内核",黑格尔是当时最受重视的西方哲学家。1976年以来,哲学界由重视西方古典哲学转而注意西方现当代哲学的介绍与评论,黑格尔哲学更多地遭到批评,其总体地位远不如从前了,但不

1

少学者对黑格尔哲学的兴趣与研究却比以前更加深沉、更多创新。黑格尔无论在西方还是在中国,其名声的浮沉,其思想影响的起伏,正说明他的哲学在人类思想史上所占的历史地位时刻不容忽视,即使是在它遭到反对的时候。他的哲学体系之庞大,著述之宏富,思想内容之广博和深邃,在中西哲学史上都是罕见的;黑格尔特别熟悉人类思想史,他的哲学像一片汪洋大海,融会了前人几乎全部的思想精华。尽管他个人文笔之晦涩增加了我们对他的哲学作整体把握的难度,特别是对于不懂德文的中国读者来说,这种难度当然要更大一些。但只要我们耐心琢磨,仔细玩味,这气象万千的世界必能给我们提供各式各样的启迪和收益。

一、黑格尔哲学是一种既重视现实
又超越现实的哲学

一般都批评黑格尔哲学过于重抽象的概念体系,有脱离现实之弊。我以为对于这个问题,应作全面的、辩证的分析和思考。

黑格尔一方面强调概念的先在性和纯粹性,一方面又非常重视概念的具体性和现实性。

黑格尔明确表示,无时间性的"纯粹概念"不能脱离有时间性的人类历史。西方现当代人文主义思想家们一般都继承了黑格尔思想的这一方面而主张人与世界的交融合一。只不过,他同时又承认和允许有一个无时间性的逻辑概念的王国,这就始终会面临一个有时间性的环节(认识过程、历史过程)如何与无时间性的环节(纯粹概念)统一起来的问题,或者用黑格尔《自然哲学》中的话语来说,也就是有时间性的"持久性"与无时间性的"永恒性"之间的鸿沟如何填平的问题。无论黑格尔怎样强调认识和历史的"持久性"多么漫长、曲折,最终还是回避不了如何由"持久性"一跃而到"永恒性"、如何由现实的具体事物一跃而到抽象的逻辑概念的问题。黑格尔由于把抽象的"永恒性"的"纯粹概念"奉为哲学的最终领域,用普遍概念的王国压制了在时间中具有"持久性"的现实世界,他的哲学被西方现当代哲学家贬称为"概念哲学"或"传统形而上学"的集大成者。但无论如何，黑格尔哲学既是传统形而上学的顶峰，又蕴涵和预示了传统形而上学的倾覆和现当代哲学的某些重要思想，这就是黑格尔哲学中所包含的重视具体性和现实性的方面。

黑格尔早年就很重视现实和实践，但他之重视现实，远非安于现实，而是与改造现实的理想紧密结合在一起的，为此，他早在1800年的而立之年，就明确表示，要"从人类的低级需求"，"推进到科学"（1800年11月2日黑格尔致谢林的信，*BRIEFE VON UND AN HEGEL*, Verlag Von Felix Meiner , Hamburg, Band 1,s.59）。他所谓要"推进到科学"的宏愿，就是要把实践提高到科学理论（黑格尔的"科学"一词远非专指自然科学，而是指系统的哲学理论的意思）的高度，以指导实践，改造现实。黑格尔在1816年10月于海德堡大学讲授哲学史课程的开讲词里说过这样一些话：一段时间以来，人们过多地忙碌于现实利益和日常生活琐事，"因而使得人们没有自由的心情去理会那较高的内心生活和较纯洁的精神活动"，"阻遏了我们深切地和热诚地去从事哲学工作，分散了我们对于哲学的普遍注意"。现在形势变了，"我们可以希望……除了政治的和其他与日常现实相联系的兴趣之外，科学、自由合理的精神世界也要重新兴盛起来"。为了反对先前轻视哲学的"浅薄空疏"之风，我们应该"把哲学从它所陷入的孤寂境地中拯救出来"，以便在"更美丽的时代里"，让人的心灵"超脱日常的兴趣"，而"虚心接受那真的、永恒的和神圣的事物，并以虚心接受的态度去观察并把握那最高的东西"（黑格尔：《哲学史讲演录》，生活·读书·新知三联书店1956年版第1—3页）。黑格尔所建立的庞大的哲学体系，其目的显然是要为改造现实提供理论的、哲学的根据。黑格尔的这些话是差不多两百年以前讲的，但对我们今天仍有很大的启发意义。针对当前人们过分沉溺于低级的现实欲求之风，我们的哲学也要既面对现实，又超越现实。"超越"不是抛弃，而是既包含又高出之意。

二、黑格尔哲学是一种揭示人的自由本质、以追求 自由为人生最高目标的哲学

黑格尔哲学体系包括三大部分:逻辑学、自然哲学和精神哲学。在 1949 年中华人民共和国成立到改革开放以前的大约 30 年里,我们的学 界一般都只注重逻辑学,这是受了列宁《哲学笔记》以评述逻辑学为主的 思想影响的缘故。其实,黑格尔虽然把逻辑学看成是讲事物的"灵魂"的 哲学,而自然哲学和精神哲学不过是"应用逻辑学",但这只是就逻辑学 所讲的"逻辑概念"比起自然现象和人的精神现象来是"逻辑上在先"而 言,离开了自然现象和精神现象的"纯粹概念",必然失去其为灵魂的意 义,而成为无血无肉、无所依附的幽灵,不具现实性,而只是单纯的可 能性。

黑格尔明确承认"自然在时间上是最先的东西"的事实,但正因为自 然的这种时间上的先在性,而使它具有一种与人的精神相对立的外在性。 人的精神性的本质在于克服自然的外在性、对立性,使之包含、融化于自 身之内,充实其自身,这也就是人的自由(独立自主的主体性)本质。黑 格尔认为,精神的最高、最大特征是自由。所谓自由,不是任性。"自由 正是精神在其他物中即在其自身中,是精神自己依赖自己,是精神自己规 定自己"(黑格尔:《逻辑学》,人民出版社 2002 年版,第 72 页)。所以精 神乃是克服分离性、对立性和外在性,达到对立面的统一;在精神中,主体 即是客体,客体即是主体,主体没有外在客体的束缚和限制。精神所追求 的目标是通过一系列大大小小的主客对立统一的阶段而达到的最高的对 立统一体,这是一种最高的自由境界。黑格尔由此而认为精神哲学是 "最具体的,因而是最高的"(*G.W.F. Hegel Werke in zwanzig Bänden* 10, s.9)。也就是说,关于人生的学问——"精神哲学"是最具体的、最高的学 问(比起逻辑学和自然哲学来)。黑格尔哲学体系所讲的这一系列大大 小小对立统一的阶段,体现了人生为实现自我、达到最终的主客对立统一

的最高自由之境所经历的漫长曲折的战斗历程,这对于我们中国传统哲学把主体——自我湮没于原始的、朴素的、浑沌的"天人合一"的"一体"(自然界的整体和封建等级制的社会群体)之中而忽视精神性自我的自由本质的思想传统来说,应能起到冲击的作用。

三、"辩证的否定性"是"创新的源泉和动力"

黑格尔认为克服对立以达到统一即自由之境的动力是"否定性"。这种"否定性"不是简单抛弃、消灭对立面和旧事物,而是保持又超越对立面和旧事物,他称之为"思辨的否定"或"辩证的否定"。这种否定是"创新的源泉和动力",是精神性自我"前进的灵魂"。一般都大讲而特讲的黑格尔辩证法,其最核心的实质就在于此种否定性。没有否定性,就没有前进的动力,就不能实现人的自由本质。我以为,我们今天讲弘扬中华传统文化,就用得着黑格尔辩证哲学中的否定性概念。辩证法"喜新",但并不"厌旧",它所强调的是在旧的基础上对旧事物进行改造、提高,从而获得前进。中华文化要振兴、前进,就得讲辩证哲学,就得有"否定性"的动力。

2013 年 8 月 27 日于北京北郊静林湾

目　　录

第一版序言（1817） ·················· 1

第二版序言（1827） ·················· 4

第三版序言（1830） ·················· 19

导论 §1—18 ·················· 27

第一部分　逻辑学 §19—244

逻辑学的初步界定 §19—83 ·················· 47

  A. 思想对待客观性的第一种态度

  形而上学 §26—36 ·················· 71

  B. 思想对待客观性的第二种态度 §37—60 ·················· 84

    I. 经验论 §37 ·················· 84

    II. 批判哲学 §40 ·················· 90

  C. 思想对待客观性的第三种态度

  直接知识 §61—78 ·················· 118

  逻辑学的进一步界定和划分 §79—83 ·················· 135

第一篇　存在论 §84—111 ·················· 147

  A. 质（Qualität）§86 ·················· 148

a. 存在（Sein）§ 86 ·· 148

b. 定在（Dasein）§ 89 ·· 158

c. 自为存在（Fürsichsein）§ 96 ································ 167

B. 量（Quantität）§ 99 ··· 173

a. 纯粹的量（Die reine Quantität）§ 99 ··················· 173

b. 定量（Das Quantum）§ 101 ································· 177

c. 度数（Der Grad）§ 103 ······································ 179

C. 尺度（Das Maß）§ 107 ··· 187

第二篇　本质论 § 112—159 ································· 193

A. 本质作为实存的根据（Das Wesen als Grund der Existenz）

§ 115 ··· 198

a. 纯粹的反映规定（Die reinen Reflexionsbestimmungen）§ 115 ··· 198

α）同一性（Identität）§ 115 ································ 198

β）区别（Der Unterschied）§ 116 ························ 201

γ）根据（Der Grund）§ 121 ······························ 209

b. 实存（Die Existenz）§ 123 ······························ 214

c. 物（Das Ding）§ 125 ······································· 217

B. 现象（Die Erscheinung）§ 131 ································· 222

a. 现象世界（Die Welt der Erscheinung）§ 132 ········· 225

b. 内容和形式（Inhalt und Form）§ 133 ················· 225

c. 对比关系（Das Verhältnis）§ 135 ····················· 228

C. 现实性（Die Wirklichkeit）§ 142 ····························· 239

a. 实体性对比关系（Substantialitätsverhältnis）§ 150 ··· 253

b. 因果性对比关系（Kausalitätsverhältnis）§ 153 ····· 256

c. 交互作用（Die Wechselwirkung）§ 155 ·············· 259

第三篇　概念论 § 160—244 ·· 265

　A. 主观概念（Der subjektive Begriff）§ 163 ···················· 269

　　a. 严格意义上的概念（Der Begriff als solcher）§ 163 ·········· 269

　　b. 判断（Das Urteil）§ 166 ··································· 273

　　　α）质的判断（Qualitatives Urteil）§ 172 ················ 280

　　　β）反映判断（Das Reflexionsurteil）§ 174 ·············· 282

　　　γ）必然性判断（Urteil der Notwendigkeit）§ 177 ········ 285

　　　δ）概念判断（Das Urteil des Begriffs）§ 178 ··········· 287

　　c. 推论（Der Schluß）§ 181 ··································· 288

　　　α）质的推论（Qualitativer Schluß）§ 183 ··············· 291

　　　β）反映推论（Reflexionsschluß）§ 190 ················· 297

　　　γ）必然性推论（Schluß der Notwendigkeit）§ 191 ········ 299

　B. 客体（Das Objekt）§ 194 ·································· 304

　　a. 机械性（Der Mechanismus）§ 195 ························· 307

　　b. 化学性（Der Chemismus）§ 200 ··························· 311

　　c. 目的论（Teleologie）§ 204 ······························· 313

　C. 理念（Die Idee）§ 213 ···································· 320

　　a. 生命（Das Leben）§ 216 ································· 325

　　b. 认识活动（Das Erkennen）§ 223 ·························· 329

　　　α）认识活动（Das Erkennen）§ 226 ··················· 331

　　　β）意愿（Das Wollen）§ 233 ························· 337

　　c. 绝对理念（Die absolute Idee）§ 236 ····················· 339

人名索引 ·· 345

主要译名对照及索引 ····································· 347

译后记 ··· 365

第一版序言①

我之所以改变初衷,提前发表这份关于哲学的全部范围的概览,主要是为了满足我的哲学课程的听众对一本教材的需要。

基于纲要的本性,本书省略了关于各种理念的**内容**的详尽阐述,尤其压缩了关于这些理念的系统推导的阐述,而这个推导必须包含着人们通常所理解的**证明**,即对一种科学的哲学而言不可或缺的东西。至于本书的标题,一方面意在指出整体的范围,另一方面则是表明我们的意图在于将个别细节留给口头讲述。

但一个纲要主要考察的只是谋篇布局的**外在合目的性**,仿佛我们已经预先设定并且熟知其内容,然后故意以简短的方式加以讲述。由于当前的阐述不属于这种情况,而是按照一种方法对哲学进行全新的改造,而且这种方法如我希望的那样将会被承认为唯一真实的、与内容同一的方法,所以,假若客观情况允许我像过去发表整个哲学体系的第一部分亦即《逻辑学》②那样,在阐述这种方法之前首先对哲学的另外两个部分[自然哲学和精神哲学]作出一个更详细的阐释,这样或许对读者而言更为友好。此外我也相信,在当前的阐述里,虽然从某一方面来看,那些更接近于**表象**和经验知识的内容必定会受到限制,但就各种过渡而言——它们只能是一种通过**概念**而发生的中介活动——,我已经不厌其烦地指出,

---

① 本书的三篇序言和导论不是"小逻辑"本身的序言和导论,而是整部《哲学科学百科全书纲要》的序言和导论。——译者注

② 这里所说的"逻辑学"指的是黑格尔于 1812、1813、1816 年分三卷陆续发表的"逻辑学",即"大逻辑"。——译者注

"推进过程"（Fortgang）这一方法不但显然有别于其他科学所寻求的**外在秩序**，而且有别于一种在讨论哲学对象时已经变得习以为常的**手法**，这种**手法预先设定一个范式**，于是像其他科学那样外在地处理材料，甚至比它们更加随意地对材料进行排列组合，并且基于一种极为离奇的误解，企图用各种偶然而随意的联系来满足概念的必然性。

正如我们看到的，这种随意性也支配着哲学的内容，奔向思想的冒险，并且在一段时间里让诚实而正直的学者肃然起敬，但更多的时候却被看作一种近似于疯狂的胡思乱想。真正说来，它的内容在绝大多数时候并不是什么庄重的或疯狂的东西，而是一些众所周知的平庸之见，正如它的形式同样只是一种刻意为之的装模作样的小聪明手法，以制造出各种离奇的、矫揉造作的联系，而总的说来，它的严肃面貌掩饰不了它的自欺欺人。另一方面我们又看到，一种肤浅的作风把**思想的贫乏**鼓吹为一种自诩明智的怀疑主义和贬低理性的批判主义，愈是不懂理念，愈是虚张声势，自命不凡。——长久以来，这两条思想路线愚弄了德国人的严肃认真，麻痹了他们的更深层次的哲学追求，使他们对哲学科学漠不关心，甚至深为鄙视，以至于现在有一些自命谦虚的人觉得自己可以为所欲为，对那些最高深的哲学问题大放厥词，甚至宣称理性知识——人们过去认为它的形式就是**证明**——无权过问这些问题。

[13] 刚才提到的前一种现象在某种程度上可以被看作新时代在科学王国和政治领域里都迸发出来的青春热忱。这种热忱跟跟跄跄地迎接新生精神的朝霞，企图不经过艰苦劳作就直接去欣赏理念，并且在一段时间里沉迷于理念所展示出的各种希望和愿景。尽管如此，它的这些放荡不羁的做法还是很容易得到谅解，因为它有一个核心作为基础，而它围绕着这个核心而喷出的乌烟瘴气必定会自行消散。相比之下，后一种现象更令人厌恶，因为它明明是软弱无力的，却企图用一种自欺欺人的狂妄来掩饰自己，仿佛千百年来的哲学英雄都被它踩在脚下。

但我们同时也应当欣喜地看到并且强调一件事情，即与上述两种现象相反，哲学的追求和对于**高级知识**的挚爱仍然朴实无华地保留下来。

诚然,这种追求大多数时候都是投身于**直接知识**和**情感**的形式,但反过来也透露出一种内在而深入的寻求理性识见的冲动,而唯有理性识见才赋予人之所以为人的尊严;这里的主要原因在于,对于这种追求本身而言,直接知识和情感的立场仅仅是作为哲学知识的**结果**而出现的,因此它至少承认它佯装鄙夷的那些东西是哲学知识的**条件**。——针对这种想要**认识真理**的追求,我试着用一个引导或帮助来满足它;但愿这样一个目的能够得到善意的接纳。

海德堡,1817 年 5 月

3

第二版序言

　　敬爱的读者将会在这个新的版本里看到许多部分不但经过了改写，而且发展出更细致的规定；与此同时，我尽量淡化和削弱了口头讲述的形式，并且借助一些详尽而通俗的注解，让那些抽象的概念更接近于对它们的通常理解和具体表象。由于纲要只能在紧凑的篇幅里处理各种艰深晦涩的材料，所以当前的第二版的性质和第一版是相同的，即被当作一本讲义来使用，同时通过口头讲述而获得其必要的解释。虽然"**百科全书**"这一标题起初可能会给一种不太严谨的科学方法和外在编排留有余地，但事情的本性却要求我们必须始终立足于逻辑的联系。

　　也许有太多的机缘和激励，促使我必须解释我的哲学思考对待现代文明中的精神活动和无精神活动的公开态度，而我只能采取一种通俗的方式，比如在一篇序言里，做这件事情。因为那些活动虽然与哲学有一定关系，但它们不是以科学的方式进入哲学，从而根本就没有进入哲学，而是站在哲学的外面夸夸其谈。在这片与科学无关的土地上徜徉是令人厌烦的，甚至是糟糕透顶的，因为这类解释和评论不会促进真正的认识所唯一关注的那种理解力。尽管如此，谈谈某些现象也许是有用的或必要的。

　　总的说来，我在我的哲学探索中一直以来孜孜以求的是对于真理的科学认识。这是一条极为艰难的道路，但唯有它才能够激发起精神的兴趣，对精神具有价值，而精神一旦走上思想的道路，并且不是陷于虚妄，而是保持着追求真理的意志和勇气，那么它很快就会发现，唯有方法才能够约束思想，引导思想走向事情本身并在其中维系自身。很显然，这样的引导无非就是重建思想起初力图摆脱的那个绝对内涵，但这个重建工作却

[14]

[15]

是立足于精神的最独特的、最自由的要素。

就在不久以前，仍然是一个无拘无束的、表面上看来很幸运的局面，那时候哲学与各种科学和教化携手并进，温和的知性启蒙同时满足了识见的需要和宗教信仰，自然法与国家和政治相安无事，经验物理学也在"自然哲学"的名义下展开研究。但这种和平完全是流于表面，尤其识见和宗教，自然法和国家，实际上处于内在的矛盾中。随后发生了分裂，矛盾也继续发展；反之在哲学里，精神却在欢庆它的自身和解，以至于这门科学仅仅与那个矛盾本身以及那种粉饰太平的做法处于矛盾之中。以为哲学与感性的经验知识，与法的合乎理性的现实性，与朴素的宗教和虔诚相对立，这些都是很糟糕的成见，因为哲学认可所有这些形态，甚至为它们进行辩护；确切地说，思维着的意识深入它们的内涵，在它们那里就如同在自然界、历史和艺术的伟大直观里一样，学习知识并强化自身；因为，当这些充实的内容成为思维的对象，就是思辨理念本身。只有当这片土地失去自己的独特性质，其内容通过范畴而被把握并依赖于范畴，同时不能把范畴导向概念并成全为理念，那些形态才会与哲学陷入冲突。

在一般的科学教化里，知性得出了一个重要的消极结论，即有限的概念不能成为真理的中介，而这个结论通常又会导致一个直接蕴含在它自 [16] 身之内的相反结论。也就是说，这种知性的信念非但没有把有限的关系从认识活动中清除出去，反而消灭了研究范畴的兴趣，对于范畴的应用也漫不经心；相应地，人们在使用范畴的时候，就像处于绝望状态中一样，也是完全肆无忌惮，无知无觉，毫无批判精神。人们既然误以为有限的范畴不足以达到真理，不可能达到客观的知识，就觉得自己有权利从情感和主观意见出发去臧否一切，进而抛弃证明，用各种论断和关于意识事实的叙述取而代之，而这些东西愈是未经批判，就愈是被认作纯粹的事实。据说精神的最高需要就是寄托于"**直接性**"之类贫乏的范畴，甚至以之为准绳，而人们根本就没有对这类范畴展开深入研究。正如我们看到的，尤其是在讨论宗教对象的场合，人们公开宣称要放弃哲学思考，仿佛这样一来就可以祛除一切邪恶，稳妥地避开谬误和幻觉。相应地，对于真理的研究也可以从任意一个前提出发进行推理,亦即使用"本质和现象"、"根据和后果"、"原因和作用"之类通常的思维规定,依据这些和那些有限的对比关系做出拙劣的推论。"他们消除了各种恶,但恶本身仍然保留下来"①,而且这个恶要比之前坏九倍,因为它是在没有经过任何怀疑和批判的情况下得到信任;这种对于真理的研究对那个邪恶的东西亦即哲学敬而远之,仿佛它即便不同于哲学,也同样意识到了那些结合并规定着全部内容的思维关系的本性和价值。

[17]

哲学最糟糕的厄运在于落入这样一些人的手里,他们装模作样地研究哲学,一会儿要理解她,一会儿又要评判她。物质生活和精神生活的**事实**,尤其是宗教生活的事实,恰恰遭到那种没有能力理解事实的反思的歪曲。但这种理解本身也有其意义,即首先把事实提升为意识的对象;困难在于从事情到知识的过渡,而这个过渡是由思索造成的。这个困难在科学自身那里已经消失无踪,因为哲学的事实是一种现成的知识,因此理解仅仅是**一种思索**(Nachdenken),即一种**紧跟其后的**(nachfolgendes)思维;只有评判才需要一种通常意义上的思索[亦即反思]。但那种无批判的知性表明自己同样没有坚持对于明确说出的理念的纯粹理解,它对自己所持的各种固定前提是如此之深信不疑,以至于没有能力去复述哲学理念的单纯事实。这种知性以神奇的方式集双面性于一身,也就是说,它一方面注意到自己对于范畴的使用完全不符合理念,甚至与理念明显相矛盾,但另一方面却丝毫没有想到,除了它自己的思维方式之外还有另外一种思维方式可供使用,因此它在这里必须采用一种不同于以往的思维方式。在这种情况下,知性只盯着思辨哲学的理念的抽象定义,以为一个定义必须本身看上去是清楚明白的,并且只能以一些预设的表象为准绳和试金石;至少知性根本不知道,定义的意义及其必然的证明仅仅在于定义的发展过程,即它作为结果从这个发展过程中产生出来。进而言之,由于

[18]

---

① 参阅歌德《浮士德》第一部,"女巫的厨房",第 2509 行。原文为:"他们消除了各种恶,但各种恶仍然保留下来。"——原编者注

全部理念都是**具体的**、**精神性的**统一体,而知性的特点却在于仅仅把各种概念规定理解为**抽象的**、乃至于片面的和有限的东西,所以理念的统一体被当作抽象的、无精神的同一性,其中没有任何区别,毋宁说**一切是一**,甚至善和恶都是同一回事。正因如此,"**同一性体系**"或"**同一性哲学**"之类名字也成了一个广为接受的代表着思辨哲学的名字。当一个自述他的宗教信仰的人说"我相信圣父上帝是天空的创造者和大地的创造者"时,假若另一个人把这句话的前半部分抽出来,以表明那位信徒既然相信上帝是天空和创造者,**因此**就认为大地不是被创造出来的,物质是永恒的等等,这就很奇怪了。"那位信徒相信上帝是天空的创造者"这一事实是正确的,反之另一个人所理解的事实却是完全错误的,而且这个错误是如此之严重,以至于这个例子看起来简直匪夷所思,不足与人称道。然而人们在理解哲学理念的时候恰恰采取了这种把事情粗暴地分为两半的做法,以至于为了正确理解同一性(据说这是思辨哲学的本原)的性质,就提出公开的教导和相应的反驳,比如主体和客体是**有差异的**,同样,有限者和无限者也是有差异的,如此等等,仿佛具体的精神性统一体本身竟然是无规定的,竟然**在自身之内没有包含着**区别,仿佛有谁竟然不知道主体和客体、有限者和无限者是有差异的,换言之,仿佛必须提醒那种沉浸于书本智慧的哲学,告诉她书本之外也有一种知道那些区别的智慧。

每当哲学被诋毁为不懂得差异性,甚至抹杀了善和恶的区别时,总有 [19] 人站出来标榜自己的公正和大度,承认"哲学家们在进行阐述的时候并非总是发展出那些与他们的原理**结合在一起**的败坏道德的结论,——之所以并非'总是',或许是因为这些结论不是他们的本意。"* 哲学必须为 [20]

---

*　这是托鲁克①先生在其《东方神秘主义拾英》(*Blütensammlung aus der morgenländischen Mystik*)里的原话(柏林1825年版,第13页)。就连具有深邃情感的托鲁克也被世俗大众对哲学的理解所误导,对其亦步亦趋。他说,知性只能以如下两种方式进行推论:1)要么有一个为一切东西提供条件的原初根据,于是我自己的最终根据也包含在其中,以至于我

---

①　托鲁克(August Tholuck,1799—1877),德国新教神学家,曾经任教于柏林大学和哈勒大学。——译者注

人们施舍给她的这种怜悯感到耻辱,因为她既不需要这种怜悯,也不需要

的存在和自由行动仅仅是幻觉;2)要么我确实是一个有别于原初根据的存在者,其行动不受原初根据的制约和影响,于是原初根据就不是一个绝对的、为一切东西提供条件的存在者,因此,根本就没有一个无限的上帝,毋宁只有一定数量的神,如此等等。他说,全部更为深刻而敏锐地思考着的哲学家都应当拥护前一个命题(但我恰恰不明白,为什么前一个片面的命题就比后一个片面的命题更为深刻和敏锐);这样就会得出一些虽然被哲学家提到,但并非总是明确展开的结论,比如:"就连人的伦理尺度也不是一个绝对真实的尺度,毋宁真正说来(这个着重号是他自己加的),善和恶是等同的,仅仅看起来是有差异的。"只要一个人在情感深处仍然囿于知性的片面性,只知道原初根据的非此即彼(即要么个体的存在和自由只是一个幻觉,要么个体具有绝对的独立性),并且对于托鲁克先生所说的"危险的两难选择"中的这两种片面性的非此非彼毫无体验,那么这个人最好是对哲学闭口不谈。诚然,他在第 14 页谈到了一些"真正的哲学家",他们接受了后一个命题(但这个命题和前一个命题所说的是同样的意思),但用一个融合了全部关联式对立的无差别的原初存在扬弃了无条件的存在和有条件的存在的对立。但托鲁克先生在说这番话的时候,难道就没有注意到,那个应当融合对立的无差别的原初存在,和那个应当被扬弃的片面的无条件的存在,完全是同一个东西? 也就是说,他是用那个应当被扬弃的片面东西去扬弃它自己,因此他一口气说出的不是对于片面性的扬弃,而是片面性的持存。如果人们想要指出哲学家做了什么,那么他们必须有能力和哲学家一起去理解事实,否则这个事实转眼之间就已经变成虚假的东西。——此外我还想赘言几句,即这里及随后关于托鲁克先生的哲学观所说的话不可能、也不应当针对他个人,因为人们能够在千百本书籍里,尤其在神学家们撰写的序言里,发现同样的哲学观。我之所以引用托鲁克先生的言论,部分是因为他的著作正好就在我手边,部分是因为深邃的情感与深邃的思考最为接近,因此看起来把他的著作置于一个完全不同于知性神学的方面;简之,深邃情感的基本规定,和解,不是无条件的原初存在之类抽象东西,而是内涵本身;思辨理念恰恰是这个内涵,并且以思维的方式将其表达出来,——至于那种深邃的思考,绝不会在理念中错认这个内涵。

但是,托鲁克先生在这本书里,就像在他的著作里的任何别的地方一样,习以为常地大谈泛神论,而我在《哲学科学百科全书》最后面的一个说明里(参阅§573)已经更详细地讨论了这个问题。在这里,我只想指出托鲁克先生的独特笨拙和独特错误。他把原初根据置于他所谓的哲学两难选择的其中一方,随后在第 33 和 38 页将其称作泛神论,同时把另一方刻画为索奇尼①主义者、佩拉纠②主义者和通俗哲学家,认为这一方"没有一个无限的上帝,毋宁只有大量的神,也就是说,这个数目既包括那个所谓的原初根据,也包括全部有别于原初根据,并且拥有自己的存在和行动的存在者。"实际上,这一方与其说有大量的神,不如说一切东西都是神(在这里,一切有限者都被认为具有自己的存在);因此,托鲁克先生实际上是在后一方而非前一方明确找到他的万神论或泛神论,而他既然明确地宣称唯一的原初根据是前一方的上帝,那么前一方就仅仅是一神论。——黑格尔原注。

---

① 索奇尼(Fausto Sozzini,1539—1604),意大利神学家,反对"三位一体"学说。——译者注

② 佩拉纠(Pelagius,350—418),罗马神学家,否认原罪的存在。——译者注

道德上的辩护,而这又是因为她不可能预见到她的本原带来的现实后果,同时又不能缺失明确的结论。这里我想简要解释一下那个栽赃给哲学的结论,即她把善和恶的差异性搞成了一个单纯的假象,而举这个例子主要是为了指出这种对于哲学的理解是虚妄的,而不是为了给哲学作辩护。出于这个目的,我希望只谈谈斯宾诺莎主义,在这种哲学里,上帝仅仅被规定为**实体**,而非主体和精神。这个区别涉及统一体的**规定**;这是唯一的 [21] 关键,但尽管这个**规定**是一个事实,那些习惯于把哲学称作"同一性体系"的人却对其一无所知,甚至宣称在哲学看来**一切东西都是同一个东西**,善和恶也是**等同的**,——所有这些说法都是最恶劣的统一方式,根本不是思辨哲学所讨论的对象,毋宁说,只有一种野蛮人的思维才会将其应用于理念。经常有人说,在斯宾诺莎哲学里,善和恶的差异性**自在地看来**或**真正说来**是无效的;对此我想要问,这个"**真正说来**"究竟是什么意思?如果它所指的是上帝的本性,那么任何人都不会要求把恶也放置到上帝的本性里;那个实体性统一体是善本身;恶仅仅是分裂为二的活动;因此在那个统一体里,根本就谈不上把善和恶当作同一回事,毋宁说恶已经被排除了。这样一来,在真正意义上的上帝里,同样没有善和恶的区别;因为这个区别仅仅立足于分裂为二的东西,而恶本身就存在于这个分裂为二的东西里。当然,斯宾诺莎主义里后来也出现了一个区别:**人和上帝是有差异的**。从这个方面来看,斯宾诺莎体系在理论上或许是不能令人满意的;因为人和全部有限者虽然后来也被贬低为样式,但毕竟是以与实体**并列**的方式**出现**在人们的眼前。在这里,正因为区别存在于人里面,所以区别在本质上也是作为善和恶的区别而存在着,而且**真正说来**,区别只有在人这里才存在着,因为只有人才是恶的独特规定。如果人们在斯宾诺莎主义那里只关注实体,那么其中当然没有善和恶的区别,但这是因为从这个立场来看,恶和有限者乃至整个**世界**一样(参阅§50之说明),**根本不存在**。但如果人们关注的是那个立场,即在这个体系里,既出现了人, [22] 也出现了人和实体的关系,而且恶只有在与善的区别中才具有其地位,那么人们必须仔细阅读《伦理学》讨论恶、情感、人的奴役和人的自由的那些章节，这样才能够说出斯宾诺莎体系的道德结论。无疑地，人们将折服于这种以对上帝的纯粹的爱为原则的道德的崇高纯洁，同时确信这种纯洁的道德是斯宾诺莎体系的后果。莱辛当时曾经说过，人们对待斯宾诺莎就像对待一条死狗；时至今日，恐怕也不能说斯宾诺莎主义乃至全部思辨哲学就获得了更好的待遇，因为放眼四周，很多人大发议论，肆意评判，却懒于正确地理解、界定和叙述各种事实——这些做法本来是最低限度的公正，而思辨哲学无论如何可以要求得到这种公正。

哲学的历史是关于绝对者的**思想**如何揭示出来的历史，而绝对者就是哲学的对象。比如，我们可以说是苏格拉底首先揭示出了**目的**的规定，这个规定通过柏拉图，尤其通过亚里士多德而得到了明确的塑造和认识。布鲁克尔①的《批判的哲学史》②不但就外在的历史事实来看，而且就思想的阐述来看，都极为缺乏批判精神，也就是说，他从古希腊哲学家那里抽出二三十条或更多的命题，宣传它们是哲学家的哲学论题，但这些命题没有一条是真正属于哲学家本人。布鲁克尔遵循他那个时代的恶劣的形而上学，杜撰出各种结论，然后强行栽赃给古希腊哲学家。这些结论分为[23] 两类，其中一类仅仅是某一个本原的详细发挥，另一类则是回溯到某些更深层次的本原；历史事实恰恰在于指出，是哪些哲学家进一步深化了思想，并将这个深化揭示出来，但布鲁克尔的做法却是蛮不讲理的，这不仅是因为古希腊哲学家并没有亲自引申出，亦即没有明确说出那些包含在其本原中的结论，更是因为他们在进行推论的时候，没有像后人臆测的那样认可并且使用有限性的思想关系，因为这种做法完全背离了这些具有思辨精神的哲学家的心思，完全玷污和歪曲了哲学理念。如果说在一种仅仅残留少数命题的哲学那里，这样的歪曲容许布鲁克尔作出自以为正确的推论，那么这种做法在另一种哲学那里就是被禁止的，这种哲学有时

---

① 布鲁克尔(Johann Jakob Brucker, 1696—1770)，德国神学家和哲学史家。——译者注

② 布鲁克尔《批判的哲学史》(*Historia critica philosophiae*)，莱比锡 1742—1744 年版，共 5 卷。1766 年推出新版，1767 年增加一卷《附录》。——原编者注

候把理念本身理解为已规定的思想,有时候又明确地探讨和规定范畴的价值,而如果人们对此惘然不顾,以支离破碎的方式理解理念,从哲学家的阐述中仅仅拿出**某一个**环节(比如同一性),用它冒充总体性,并且完全肆无忌惮地按照随手可用的最佳方式去处理那些通行于日常意识中的范畴,就会把范畴歪曲为一种片面的、非真实的东西。为了正确地理解一个哲学事实,对于思想关系的训练有素的认识是首要条件。然而通过直接知识的原则,粗糙的思想不仅明确地得到辩护,甚至被当作规律;思想的认识以及主观思维的训练就像任何一种科学或艺术和技能一样,绝不是一种直接的知识。

宗教是意识的这样一种方式,即真理对于所有的人,对于具有各种教养的人都存在着;但对于真理的科学认识却是意识的一个特殊方式,其劳作不是所有的人,而是只有少数人能够胜任的。**内涵是同一个内涵**,但正 [24] 如荷马所说,有些事物有两个名字,一个存在于神的语言里,另一个存在于世俗凡人的语言里,同样,对于那个内涵来说也有两种语言,一种诉诸情感、表象和那种盘踞在有限范畴和片面抽象里的知性式思维,另一种诉诸具体的概念。如果人们企图从宗教出发去议论和评判哲学,那么他们就不应当仅仅习惯于用凡俗意识的语言来说话。科学认识的基础是一种内在的内涵、寓居于万物之内的理念及其活跃在精神里的生命,正如宗教同样是一个持续劳作的心灵,一个被唤醒为意识的精神,一种得到充分塑造的内涵。最近一段时期以来,宗教日益收紧其广阔的教化内容,退回到一种深厚的虔敬或情感,而这种情感所展示出的经常是一种贫乏枯燥的内涵。只要宗教有一种信念(Credo)、一种学说、一种教义,那么它就拥有哲学所研究的对象,并且能够在这个对象中与哲学本身结合。尽管如此,这件事情却不能从现代宗教陷身其中的那种执着于分裂的恶劣知性的角度来看,因为在这种知性看来,哲学和宗教是相互排斥的,或者说在根本上是可分裂的,随后只能以外在的方式彼此结合。但迄今所述已经表明,虽然宗教可以没有哲学,但哲学却不能没有宗教,而是必须将宗教包揽在自身之内。真正的宗教,精神宗教,必须具有这样的信念或内容;精神在

本质上是意识,指向一种已经对象化的内容;而当精神作为情感时,它是
非对象化的内容本身(借用波墨①的话来说,仅仅**转变为质**②),仅仅是意
[25] 识的最低层次,甚至处于一个与动物共享的形式亦即灵魂里。动物也有
灵魂,但只有**思维**才使灵魂成为精神,而哲学仅仅是一种关于那种内涵的
意识,这种内涵就是精神及其真理,并且在形态和方式上也是精神的那个
本质性,它把人和动物区分开,让人能够具有宗教。那种收缩的、聚焦于
心灵的宗教必须扬弃心灵的悔恨绝望,使之成为心灵得以重生的本质性
环节;但宗教必须时刻谨记,它是与精神的心灵打交道,而精神虽然被指
定为心灵的力量,但只有当精神本身得以重生,才能够成为这种力量。精
神之所以从自然的无知状态和自然的谬误中获得这种重生,是通过教育,
通过对于**客观真理**或内容的信仰,而这个信仰又是一个通过精神的见证
而得到的结果。与此同时,精神的这种重生不但是心灵从片面虚妄的知
性中获得的重生,不再吹嘘自己懂得"有限者和无限者是有差异的"或
"哲学必定要么是多神论,要么在某些思维敏锐的天才那里是泛神论"之
类东西,——而且是从那样一些可怜的见解中获得的重生,基于这些见
解,就连虔敬卑微的人也敢于对哲学和神学知识指手画脚。如果宗教始
终囿于其无广度的、因而无精神的深厚性,那么它所知道的当然只是它的
这种日益狭隘的形式与真正的宗教学说和哲学学说的精神性广度之间的
[26] 对立 *。但思维着的精神并没有画地为牢,仅仅在一种更纯粹的、朴素的

---

　　* 　这里又要提到堪称虔敬派卓越代表的托鲁克先生了。我刚好读到他的《原罪学
说》(*Die Lehre von der Sünde*,汉堡 1825 年第二版),发现其中所缺乏的恰恰是一种**学说**。对
于他在《晚期东方的思辨三位一体学说》(*Die spekulative Trinitätslehre des späteren Orients*,柏
林 1826 年版)一书里辛勤收集的历史报道,我要表示诚挚的感谢,而我关注的是其中关于
三位一体学说的讨论;他把这种学说称作**经院的**学说;但无论如何,这种学说比人们通常所

　　① 　波墨(Jakob Böhme,1575—1624),德国神秘主义哲学家,也是第一位用德语来撰
写哲学著作的哲学家,其哲学思想对后来的德国哲学有着深远的影响。——译者注
　　② 　这里的"转变为质"(qualiert)同时有"折磨"的意思,因为德语的"质"(Qualität)和
"折磨"(Qual)乃至"源头"(Quelle)具有共同的词根。波墨用这个术语指代事物的本质或
本原,即一种在痛苦折磨中推动着事物发展的内部矛盾。参阅[德]黑格尔《黑格尔著作集
(第 5 卷)·逻辑学 I》,先刚译,人民出版社 2019 年版,第 95 页及相关注释。——译者注

宗教中求得满足,毋宁说,宗教的这个立场本身就是一个从反思和推理中产生出来的结果;这种立场借助于肤浅的知性,认为自己获得了从一切学说里面挣脱出来的高贵自由,而当它用自己剽窃来的精神去热切地反对哲学,只不过是在一种抽象的情感状态下用一些极端空虚的东西强行维系着自身。——说到这里,我忍不住要从弗朗茨·冯·巴德尔先生①的《知识的酵素》(*Fermenta Cognitionis*)第五卷(1823 年版)序言第 IX 页以下摘录一段他对这种形态的虔敬的训诫。 [27]

说的经院哲学古老得多;他仅仅从外在的方面去考察三位一体学说,即按照他的揣测,这种学说是在柏拉图哲学和亚里士多德哲学的影响下,通过思辨地考察圣经的某些段落而产生出来的(第41页)。但在《原罪学说》里,他几乎是以骑士的方式捍卫这条教义,即宣称原罪只能是一个**框架**,然后人们可以把某些信仰学说(究竟是哪些呢?)放置进去(第220页);是的,人们甚至必须把这条教义联系到另外一个说法(第219页),即它在那些站在岸边(站在精神的沙滩上?)的人看来是一个海市蜃楼。但"三位一体学说从来都不是信仰**能够立足其上的一个基础**"。(在第221页,托鲁克先生也把三角鼎称作这样的基础。)试问,这种学说,作为最神圣的学说,难道不是从一开始——或至少很久以来——就是作为信念的信仰本身的主要内容吗?难道这个信念不是一直以来都是主观信仰的基础吗?假若没有这个教义,托鲁克先生在这本书里千方百计想要拿来晓之以情的和解学说如何能够具有一种比道德意义或异教意义(如果人们愿意这样说的话)更优越的基督教意义呢?至于另外一些更为专门的教义,在这本书里同样无迹可寻;比如,托鲁克先生总是给他的读者只谈基督的受难和死亡,却不谈基督复活升天之后坐在圣父右侧,更不谈圣灵的降临。和解学说的一个主要规定是**对原罪的惩罚**;按照托鲁克先生在本书第119页以下的说法,这种惩罚就是身负重担的自我意识遭受的不幸,而且一切活在上帝**之外**的人都处于这种不幸中,而上帝则是极乐和荣耀的唯一源泉;这样一来,原罪、自我意识和不幸就不能被**思考**为彼此分离的(因此这里也谈到了思维,正如第120页也指出了那些来源于上帝的**本性**的规定)。对原罪的惩罚这一规定无非是通常所谓的对原罪的**自然的**惩罚,(并且和对三位一体学说的漠然态度一样)是托鲁克先生在别的地方极为厌恶的理性和启蒙的结果。——此前不久,英国国会上议院否决了一项针对**单一宗**②(Unitarier)的法案,于是一家英国报纸借机公布了欧洲和美洲的单一宗信徒的巨大数目,然后补充道:"在当前的欧洲大陆,抗议宗和单一宗基本上是同义词。"我们不妨让神学家来判断,托鲁克先生的教义学是否仅仅在一点或至多两点上有别于通常的启蒙理论,或细看之下甚至在这一两点上都没有区别。——黑格尔原注。

---

① 巴德尔(Franz von Baader,1765—1841),德国医生和神智论哲学家,其思想对谢林和黑格尔有一定影响。——译者注

② 单一宗是基督教内部一个有着悠久历史的异端派别,其主要立场是强调上帝的单一位格,拒绝三位一体学说。——译者注

他说:"只要宗教及其教义还没有从科学方面获得一种基于自由研究、因而基于真正信念的尊重,……只要你们这些虔敬或不虔敬的人还不能用你们的全部诫命和禁令,用你们的言论和行动去消除罪恶,那么这种不受尊重的宗教就不会被人喜爱,因为人们只能真心地和真诚地喜爱他们所看到的那些得到真诚尊重和无疑值得尊重的东西,正如宗教也只能享有这样一种 amor generosus [高贵的爱]。——换言之,如果你们希望宗教实践再度繁荣昌盛,就应当付出努力,重新掌握一种合乎理性的宗教理论,并且不要用那些**非理性的**和**渎神的**论断给你们的对手(无神论者)留下任何把柄,比如主张这样的宗教理论是一件不可能的事情,根本不可思议,或宗教仅仅是心灵的事情,对此我们的头脑最好是能够甚至必须不要去过问。"*

[28]　　就宗教内容的枯燥贫乏而言,我们还可以指出,这只能是指宗教在一个特殊时代的外在状况的表现。假若这样一个时代竟然贫乏到只能产生出对于上帝的单纯信仰(如高贵的雅各比①热切盼望的那样),除此之外只能唤醒一种浓厚的基督教情感,那么这个时代当然是令人哀叹的;与此同时,我们也不可忽视那些甚至在其中显露出来的更高本原(参阅本书导论,§64 之说明)。但在科学出现之前,已经有千百年的时间给认识活动提供了丰富的内容,而且在科学出现之前,这些内容并不是某种历史掌故,仿佛它仅仅属于**别人**,但对我们而言却是一种已经过去的东西,仿佛它仅仅是供人记诵的知识,只能给头脑敏锐的人用于批判的叙述,而不是

---

*　托鲁克先生多次征引安瑟尔谟的《论上帝为何化身为人》(*Cur Deus homo*)一书,并在《原罪学说》第 127 页称赞"这位伟大思想家的深刻的谦卑";但他为什么不顺便思考并引用该书的另一句话呢(这句话在《哲学科学百科全书》第 77 节也曾加以引用):Negligentiae mihi videtur si … non studemus quod credimus, *intelligere*.[在我看来,如果不去努力**理解**我们所信仰的对象,那么这是一种懈怠。]——当然,如果信念被压缩为极少数条款,那么确实没有留下什么可供认识的材料,而且基本没有多少东西能够从认识中产生出来。——黑格尔原注

---

①　雅各比(Friedrich Heinrich Jobobi, 1743—1819),德国哲学家和作家,其最重要的功绩是 1785 年通过与摩西·门德尔松的争论而导致了斯宾诺莎哲学在德国思想界乃至整个欧洲思想界的复活。与此同时,他对德国古典哲学作出了许多尖锐的、至今仍卓有影响的批评,而这些批评遭到了谢林和黑格尔更为猛烈的回击。——译者注

服务于对精神的认识和对真理的兴趣。最崇高、最深刻和最内在的东西已经在各种宗教、哲学和艺术作品里见诸天日,有时候具有纯粹而清晰的形态,有时候则是具有浑浊而模糊的,甚至经常让人感到恐怖的形态。我们必须承认弗朗茨·冯·巴德尔先生的一个特殊贡献,即他坚持不懈地揭示并阐明这些形式中的哲学理念,从而不仅让人回忆起这些形式,并且以深刻思辨的精神明确赋予它们的内涵以科学的荣誉。在这方面,雅各布·波墨的深刻思想尤其提供了契机和形式。这位强有力的天才理应享有 philosophus teutonicus[德意志哲学家]的威名;一方面,他把宗教的内涵本身拓展为普遍的理念,在其中构想出理性的最高问题,尝试在精神和自然界各自更加具体的层面和形态分化中把握它们,也就是说,他的出发点在于,人的精神和全部事物都是依照上帝(当然这只能是**三位一体的**上帝)的肖像被创造出来的,而生命仅仅意味着万物在失去自己的原型之后重新融入原型;另一方面,他反过来强行把自然事物(比如硫磺和硝石或酸和苦等等)的形式转化为精神形式和思想形式。冯·巴德尔先生所说的神知(Gnosis)结合了这类形态分化,乃是一种激发和促进哲学兴趣的独特方式,它不但坚决反对那种苟安于贫乏空疏的瞎启蒙主义,而且坚决反对那种只希望保持内蕴的虔敬。与此同时,冯·巴德尔先生在他的全部著作里面都明确地拒绝把这种神知看作唯一的认识方式。神知本身有它的难题;它的形而上学不能推进到对于范畴本身的考察和内容的合乎方法的发展;它的困难在于不能让概念与这类粗野的或奔放的形式和形态分化相符合;总的说来,它的困难在于,它把绝对的内容当作**前提**,并据此作出解释、推理和反驳。* [29]

---

* 我非常希望,不但通过冯·巴德尔先生最近发表的诸多著作的内容,而且在他指名道姓提到我的许多命题的地方,能够看出那些内容与我的命题的一致;关于他所反对的绝大多数东西或全部东西,其实我很容易与他达成一致意见,尤其只需要指出,这些东西实际上与他的观点并无背离。我唯一希望提到的是一个出现在《论当代的一些反宗教的哲学论题》(*Bemerkungen über einige antireligiöse Philosopheme unserer Zeit*,1824 年版,第 5 页,亦参阅第 56 页以下)里的指责。他在那里指出,有一个来源于自然哲学学派的哲学论题提出了一个错误的"物质"概念,"因为它主张这个世界的本质是一个变化无常的,在自身内隐藏着败坏的东西,这个东西过去和现在都**直接地**和永恒地从上帝那里显露出来,并且作为

[30]　　　　至于真理——在各种宗教和神话里,以及在古代和近代的诺斯替①哲学和神秘主义哲学里——的那些时而纯粹、时而浑浊的形态分化,可以说我们已经拥有**足够多**,甚至是**太多了**;人们可以为**揭示出**这些形态分化中的理念感到欣喜,也可以为这样一个收获感到满足,即哲学真理不是某种纯粹孤独的东西,而是至少在自身内酝酿着自己的效用。但如果某些自负而幼稚的人(比如冯·巴德尔先生的一位模仿者就是如此)热衷于制造出这些酵素,就很容易由于其在科学思维方面的懒惰和无能而把他所说的神知鼓吹为唯一的认识方式;因为,相比接纳概念的发展并让自己的思维和心灵服从概念的逻辑必然性,仅仅沉迷于各种臆想的东西并把它们与独断的哲学论题结合起来是一件轻松得多的事情。此外,自负的人也很容易把他从别人那里学来的东西当作自己的发明,尤其当他反驳或贬低别人的时候就更是如此,或更确切地说,正因为他的观点是从别人那里汲取来的,所以他才激烈地反对别人。

上帝的永恒出离(外化)永恒地为上帝(作为精神)的永恒回归**提供条件**。"关于这个观点的前半部分,即物质从上帝那里的"**显露**"(Hervorgehen),这根本不是我使用的范畴,因为它仅仅是一个形象的表述,不是一个范畴),我所看到的无非是这个命题已经包含在"上帝是世界的创造者"这一规定里;至于后半部分,亦即上帝的永恒出离为上帝(作为精神)的回归**提供条件**,冯·巴德尔先生在这里所说的"**提供条件**"(das Bedingen)本身也是一个不合适的范畴,更何况我也没有用它来表述这个关联;这里我要再次提醒读者注意我在前面指出的那种武断地置换思想规定的做法。简言之,只要去谈论物质的**直接的**或**间接的**显露,就只能导致一些完全流于形式的规定。至于冯·巴德尔先生本人在该书第54页以下关于"物质"概念的言论,我认为与我对物质的规定并无二致;同样,我也不知道冯·巴德尔先生在该书第58页的主张,即物质"不是统一体的直接产物,而是统一体的**诸本原**(其全权代表为以罗欣②)的直接产物,而**它**(welche)是出于这个目的才召唤出**它或他们**(sie)",如何能够有助于那个绝对的任务,即把世界的创造作为概念来把握。从语法关系来说,他的这句话是比较含糊的,因为这句话的意思究竟是指物质是诸本原的产物呢,还是指物质召唤出这些以罗欣,然后让自己被这些以罗欣生产出来?在后面这种情况下,那些以罗欣或这整个圆圈就必定与上帝相关联,而这个关联由于以罗欣的介入就无法加以说明了。——黑格尔原注。

————————

　　① 诺斯替(Gnosis),早期基督教神秘主义派别,主张善与恶、精神和物质的二元论。——译者注
　　② 以罗欣(Elohim)在希伯来文里是"上帝"的复数形式,这个复数形式与犹太教的一神论的关系在哲学和神学里面一直是一个引发重大争议的问题。——译者注

正如我们在这篇序言里回顾的时代现象表明的那样,思维的狂飙突
进尽管是以扭曲的方式若隐若现,但自在且自为地看来,它对于发展到
精神顶点的思想本身及其时代来说都是一个需要,因此唯一值得我们
的科学去做的事情就是让那个曾经作为奥秘(Mysterium)而启示出来,
但在其启示中时而处于纯粹的形态,但更多的时候处于混浊的形态,因
而在形式化的思想面前秘而不宣的东西(Geheimnisvolles),也在思维本
身面前启示出来,而思维基于其自由的绝对权利可以强硬地宣称,只有
当内容懂得赋予自己一个同时最配得上它的形态,即概念或必然性的
形态,思维才和这个充实的内容达成和解,因为那个形态把一切东西,
把内容和思想结合起来,并恰恰因此使它们成为自由的东西。虽然旧
的东西(即旧的形态分化,因为内涵本身是永恒清新的)应当得到更
新,但正因如此,我们就更应当回想起诸如理念这样的形态分化,即柏
拉图以及亚里士多德在深刻得多的意义上赋予它的形态分化,而这也
是因为,通过把理念吸收到我们的思想塑造过程而揭示出理念的做法
不仅是对理念的理解,同时也是科学本身的进步。但要理解理念的这
样一些形式,却不应当像诺斯替和喀巴拉①的幻术那样浮于表面的把
握,更不应当像他们臆想的那样,只要指出或暗示出这些类似于理念的东
西就万事大吉。

前人已经正确指出,真相是 index sui et falsi [既显示自身也显示谬
误]②,反之从虚假的东西出发却不可能认识到真相;同理,概念不但
理解自身,而且理解无概念的形态,反之这个形态从自己的内在真理
出发却不可能理解概念。科学理解情感和信仰,但要评判科学,却只
能从科学所依据的概念出发,而由于科学是概念的自身发展,所以,
从概念出发去评判科学,就不仅仅是对科学作出评价,更是和科学一起

① 喀巴拉(Kabbala),12 世纪之后兴起的犹太教神秘主义。——译者注
② 这是斯宾诺莎 1675 年 12 月写给阿尔伯特·博许(Albert Burgh)的一封信中的话。
此外斯宾诺莎在《伦理学》第二部分定理 43 之附释中亦指出:"真理是检验它自身和谬误
的试金石(veritas norma sui et falsi est)。"——译者注

［32］ 前进。但愿本书的尝试也得到这样的评价,而且我只能注意和重视这样的评价。

柏林,1827 年 5 月 25 日

第三版序言

当前的第三版又在许多地方作出了改进,尤其是致力于提升阐述的清晰性和明确性。尽管如此,鉴于教材的纲要目的,还是必须保持紧凑、形式化和抽象的文风。本书保留了之前的特点,即只有通过口头讲述才能够获得必要的澄清。

自本书第二版以来,出现了很多对于我的哲学思考的评判,但这些评判绝大多数都表明自己不能胜任这项工作;一部经过多年的透彻思考,并且以无比严谨的方式考察对象并严格遵循科学要求而写成的著作,却遭遇到各种轻率的反驳,而从这些反驳透露出的自负、傲慢、嫉妒、嘲讽等不良情绪来看,它们绝不可能令人愉悦,更不可能予人裨益。西塞罗①在《图斯库兰论辩集》(*Tusculanae disputationes*)第一卷第二章第 4 节里说:Est philosophia paucis contenta judicibus, *multitudinem* consulto ipsa fugiens, eique ipsi et *invisa* et *suspecta*; ut, si quis universam velit vituperare, *secundo id populo* facere possit.[哲学满足于少数评判者,甚至故意避开**群众**,于是她在群众看来是**可恨的**和**可疑的**;所以,如果有人全盘否定哲学,他的这个做法肯定能够得到**群众的赞许**。]对于哲学的谴责愈是盲目和肤浅,愈是能够广为流传;不难理解,狭隘而敌对的情绪很容易在别人那里引起反响,而无知总是和同样程度的理解力结伴同行。至于另外一些对象,则是 [33] 属于感官的范围或在整个直观中呈现在表象面前;人们觉得,为了能够参

---

① 西塞罗(Marcus Tullius Cicero,前 106—前 43),罗马哲学家、作家、政治家。——译者注

19

与到对这些对象的讨论中,有必要掌握一些哪怕较低程度的知识;但这些对象更容易让人想到健全的人类知性,因为它们就立足于众所周知的、固定的当前环境。然而有些人完全缺乏这些思考,却肆无忌惮地斥责哲学,或更确切地说,斥责无知之徒杜撰出来并栽赃给哲学的一个虚幻而空洞的形象;这些无知之徒两手空空,毫无头绪,因此只能围绕着各种无规定的、空洞的、因而无意义的东西来回奔忙。——我在别的地方曾经做过这件令人厌恶的和毫无收获的事情,即对这类交织着情绪和无知的现象予以彻底的揭露①。

　　不久以前,甚至出现了一个假象,仿佛可以从神学乃至宗教信仰的基础出发,在一个更广阔的领域里面以科学的方式激发起一种更严肃的关于上帝、神性事物和理性的探讨②。但这场运动一开始就让这样的希望落空了,因为它的出发点是对**人**不对事,无论是作出控诉的虔敬派,还是遭到攻击的自由理性派,其所持的论据都没有上升到**事情本身**的高度,更没有意识到,为了探讨事情本身,必须进入哲学的领域。那种基于宗教的很琐碎的外在细节而进行人身攻击的做法显示出一种惊人的狂妄自大,

[34] 即企图从自己的绝对权力出发去否认人们的基督教信仰,进而给人们打上世间责罚和永恒责罚的印记。但丁曾经在神性诗歌的激励下随心所欲地使用彼得的钥匙,把他的许多——当然全都已经去世的——同时代人,尤其是教皇和皇帝,判决到地狱里去受罪。一种近代哲学也遭到恶毒的攻击,其罪状是鼓动人类个体把自己设定为上帝;另一方面,与这种从错误推论中得出的攻击相反,有一种完全不同的真正的狂妄自大,即把自己打扮为世界的裁决者,否认人们的基督教信仰,进而对他们宣判最内在的责罚。这种绝对权力的口头禅就是**我主基督的名字**,以及这样一个**论断**,

---

　　① 在《科学批判年鉴》(1829 年卷)里,黑格尔预告要发表针对五部讨论其哲学的著作的书评,但最终只发表了针对其中两部著作的书评。参阅黑格尔著作集第 20 卷里的《两篇书评》。——原编者注

　　② 这里所指的是 1830 年的"哈勒争论",一方是《福音派教会报》,另一方是哈勒大学神学系的几位代表人物。——原编者注

即主居住在这些裁决者的内心里。基督说:"凭着他们的果子,就可以认出他们来。"(《马太福音》7,20)但像这样极端傲慢地宣判责罚和诅咒的做法却不是什么好的果子。基督接着说:"凡称呼我'**主啊,主啊**'的人,不能都进入天国;当那日,必有许多人对我说:'**主啊,主啊,我们不是奉你的名传道,奉你的名赶鬼,奉你的名行许多异能吗?**'我就明明地告诉他们说:'**我从来不认识你们,你们这些作恶的人,离开我去吧!**'"(《马太福音》7,21—23)更有甚者,那些断言自己独占基督教信仰,同时又要求别人接受这种信仰的人,连赶鬼的事情都不做,毋宁说,他们中间的许多人就和普雷沃斯特的女先知①的信徒们一样,津津乐道于和鬼魂友善相处并对它们保持敬畏,而不是去驱逐和消除这些违背基督教的、带有奴隶迷信性质的谎言。同样,他们表明自己没有能力谈论真理,并且完全没有能力做出促进知识和科学的伟大行径,而这本来应当是他们的职责和义务;博学还不能算是科学。他们把大量工夫耗费在与信仰漠不相关的外在事物上面,而在涉及信仰本身的内涵和内容的地方却枯燥地止步于我主基督的名字,并且故意挖苦和贬低学理的发挥,殊不知学理才是基督教信仰的基础,因为精神性的、透彻思考的、科学的扩张能够阻止甚至杜绝和消灭主观的自负,让其放弃那个无精神的、不能结出好的果子、只能产生大量恶果的论断,即它不仅占有基督教信仰,而且是独占基督教信仰。——在《圣经》里,这种精神性的扩张与单纯的信仰有着最为明确的区别,也就是说,后者只有通过前者才成为**真理**。基督说:"信我的人,从他腹中要流出**活水的江河**来。"(《约翰福音》7,38)这句话在第 39 节立即得到解释和规定,即单纯去信仰基督的暂时的、感性的、当前的人格性并不会有这个效果,这种信仰还不是严格意义上的真理;随后(第 39 节)是

[35]

---

① 弗利德里克·豪夫(Friederike Hauffe,1801—1829)是居住于普雷沃斯特的一位患有精神病的妇女,自称能够见到鬼魂,后来经过催眠术治疗有所好转。当时的许多哲学家(比如谢林、弗朗茨·冯·巴德尔、施莱尔马赫)都对她的精神现象很感兴趣,浪漫派诗人尤利乌斯·克尔纳(Julius Kerner,1786—1862)更是以她的事迹写了一本畅销书,书名就叫《普雷沃斯特的女先知》(*Die Seherin von Prevorst*)。——译者注

这样规定信仰的,即基督要求那些信他的人接受圣灵①;因为圣灵尚未降临,耶稣尚未得着荣耀;——基督的尚未得着荣耀的形态就是当时以感性的方式出现于当前的人格性,或者说后来人们想象的人格性(但内容还是同样的),而这就是信仰的直接对象。在这个当前形态中,基督亲口给他的门徒们启示出他的永恒本性和永恒使命在于促进上帝与自己的和解,以及世人与上帝的和解,启示出解救之道和伦理教导,而门徒们对他的信仰本身就包揽着所有这些东西。否则的话,这个信仰即便丝毫不缺乏最坚定的确定性,也只能被看作开端和提供条件的根基,被看作一种尚未完成的东西;那些有此信仰的人还没有得到圣灵,他们应当首先接受圣灵——圣灵就是真理本身,它是在那个信仰之后才出现的,并且引导人们达到一切真理。但那些有此信仰的人却止步于这样的确定性,止步于条件;但确定性本身仅仅是主观的东西,只能导致主观的结果,这结果从形式上看是一种保证,其中还包含着傲慢、诽谤和诅咒。他们背离《圣经》,仅仅坚持与圣灵相抗的确定性,然而只有圣灵才是知识的扩张,才是真理。

[36]

这种虔敬与它所直接控诉和诅咒的对象一样,不但缺乏科学内涵,更是完全缺乏精神内涵。它把信仰归结为"主啊,主啊"之类口头禅,借此掏空了宗教的全部内容,而知性启蒙通过其形式化的、抽象的、无内涵的思维做了同样的事情。在这件事情上,二者不遑多让;当它们聚在一起争吵时,甚至不具有一个共同的材料和共同的基础,因此也不可能进行探讨,更不可能达到对于真理的认识。启蒙神学坚持自己的形式主义,奢谈良知自由、思想自由和教学自由,甚至呼吁理性和科学。诚然,这样的自由属于精神的无限权利的范畴,并且是除了真理的第一个条件(亦即信仰)之外的另一个特殊条件。但对于那些实质性的问题,比如真正的、自由的良知究竟包含着怎样的合乎理性的规定和规律,或自由的信仰和思

---

① 基督教所说的"圣灵"和黑格尔哲学所说的"精神"是同一个词,即 Geist。——译者注

维究竟拥有并教导**怎样的内容**,他们却避而不谈,仅仅热衷于那种专事否定的形式主义,并且按照自己的喜好和意见去填充自由,以至于内容本身完全成为无关紧要的东西。此外,这些人之所以不重视内容,还有一个原 [37]因,也就是说,基督教社团必须而且始终应当通过一个教义或信条的纽带而联合起来,但理性神学的那滩污浊发臭的死水上面漂浮着的普遍性和抽象东西却不能容忍任何特殊的东西,不能容忍一个内在地已规定的、得到充分塑造的基督教内容和教义。另一方面,那些整天喊着"主啊! 主啊!"的人毫不掩饰地蔑视那种把信仰完善为精神、内涵和真理的做法。

总之,这场争论虽然乌烟瘴气,夹杂着傲慢、仇恨、人身攻击和空泛言论,但毫无成果,因为它未能包含着事情实质,不能导向内涵和知识。——哲学必须对自己没有参与这场游戏感到庆幸;她远离人身攻击和夸夸其谈之类狂妄自大的做法,而假若她也被卷入到这片肮脏之地,就只能遭遇到令人厌恶的和毫无裨益的东西。

当人类天性的最伟大的、无条件的兴趣丧失深刻而纯粹的内涵,当虔敬派和反思派共有的宗教信仰以空无内容为最高满足,哲学就成为一种偶然的和主观的需要。这两种宗教信仰无非是两种推理,在它们那里,那些无条件的兴趣是这样安排的,即为了满足那些兴趣,已经不再需要哲学;它们甚至合情合理地认为,哲学会破坏那种重新获得的满足和那种变得狭隘的满足。这样一来,哲学就完全属于主体的自由的需要;主体绝不是被强制着去从事哲学,毋宁说,只要存在着这个需要,就会坚定不移地 [38]反抗质疑和讥讽;这种需要仅仅作为一个比主体更强大的内在必然性而实存着,于是这种必然性无休止地驱动着主体的精神,"**助其制胜**"(daß er überwinde)①,并且给理性的狂飙突进带来高贵的享受。哲学既然不需要任何一种权威(包括宗教权威)的鼓励,就被看作一种多余的、危险的或至少是可疑的奢侈品,但恰恰在这种情况下,对于这门科学的研究更加

---

① 黑格尔使用的这个典故(本书§11 又出现了一次)出处不明。据德国学者尼可林(Friedhelm Nicolin)和珀格勒(Otto Pöggeler)推测,黑格尔可能是从一首宗教赞美诗那里摘抄来这句话。——译者注

自由地仅仅立足于对事情本身和真理的兴趣。如果像亚里士多德说的那样,理论是**最极乐的东西**和一切善中的**至善**①,那么凡是分享了这种享受的人都会知道,他们所拥有的是他们的精神本性的必然性的满足;他们不会强求别人也从事这项工作,而是听任别人执着于自己的需要和满足。此前我们曾经提到一些自不量力从事哲学研究的人;这些人愈是喊得震天响,愈是不适合从事哲学研究,因为一个人愈是深刻而彻底地从事哲学研究,自身就愈是孤独,对外也愈是安静;浮夸肤浅的人总是敷衍了事,急于发表自己的意见;反之严肃的人所关注的却是一件内在伟大的、只有通过漫长而困难的劳作,亦即只有通过完满的发展才得到满足的事情,因此他会长久地沉浸在这项安静的工作中。

虽然这部百科全书纲要按照其上述特点而言并不会使哲学研究变得轻松,但其第二版能够迅速售罄,还是让我满意地看到,除了肤浅浮夸的人的喧嚣之外,还有一种更安静、更值得嘉许的哲学研究,而我希望现在这个新版同样能够对此有所贡献。

柏林,1830 年 9 月 19 日

---

① 参阅亚里士多德《形而上学》第 XII 卷,第七章,1072b24。——原编者注

哲学科学百科全书纲要

导　　论

§1

哲学缺少其他科学享有的便利,即她不可能像后者那样**假定**自己的**对象**是表象所直接认可的,也不可能像后者那样**假定**认识活动在其开端和推进过程中已经拥有一种现成的**方法**。首先,哲学与宗教具有共同的对象。二者都把真理,把最高意义上的真理,当作自己的对象,——而在这个意义上,上帝就是真理,并且**唯有**上帝才是真理。其次,二者都研究有限者的领域,研究**自然界**和**人类精神**、它们相互之间的关系以及它们与上帝(亦即它们的真理)的关联。哲学之所以能够、甚至**必须**假定人们已经**熟知**哲学一向关注的那些对象,——原因在于,意识在时间上总是首先获得对象的**表象**,然后才掌握对象的**概念**,甚至**思维着的**精神也只有**通过**表象活动并且**依靠**表象活动才推进到思维着的认识活动和概念把握(Begreifen)。

但在思维着的考察活动那里,我们立即发现,这个考察活动本身就要求我们指出它的内容的**必然性**,不但要**证明**它的对象的存在,而且要**证明**这些对象的规定。所以,我们看起来既不能满足于熟知对象,也不能容许人们随随便便提出或认可各种**前提**和**保证**。但恰恰在这种情况下,确定一个**开端**就成为困难的事情,因为开端作为一个**直接的东西**构成了自己的前提,或更确切地说,它本身就是一个这样的前提。

§2

我们首先可以一般地把哲学规定为对于对象的**思维着的考察**(denk-

27

[42] ende Betrachtung)。如果"**人是通过思维而区别于动物**"这个说法是正确的(它当然是正确的),那么一切属人的东西都是通过、并且仅仅通过思维才成为属人的。尽管如此,因为哲学是一种独特的思维方式——这种方式使得思维成为认识活动和概念把握式的认识活动——,所以哲学的思维也**不同于**那种在一切属人的东西里活动着、使得人之所以为人的思维,哪怕它和后者是同一的,即**自在地看来**仅仅是**同一种**思维。这个区别导致意识的那些以思维为基础的、属人的内涵起初并不是**在思想的形式中显现出来**,而是显现为情感、直观、表象,——这些**具体形式**必须与**作为形式**的思维区分开。

[**说明**]"人是通过思维而区别于动物"这一已经变得平淡无奇的命题是一个古老的信念;如果今天还有必要重提这个古老的信念,那么这既是平淡无奇的,也必定看起来很奇怪。但我们确实有必要重提这一点,因为按照现今时代的信念,**情感**和**思维**的分裂已经发展到相互对立乃至相互敌对的地步,仿佛情感(尤其是宗教情感)遭到思维的玷污和扭曲,甚至走向毁灭,仿佛宗教和宗教信仰根本就不应当在思维中有其根基和地位。在这种分裂中,人们忘记了,唯独人才能够有宗教,反之动物却没有任何宗教,正如它们也没有法和道德。

通常说来,那些坚持割裂宗教和思维的人,其心目中的思维大概是指**思索**或一种**反映着的**思维(das reflektierende Denken),这种思维把严格意
[43] 义上的**思想**(Gedanken)当作自己的**内容**,并且使之成为意识的对象。只要人们漫不经心,误解和忽视了哲学关于思维明确指出的区别,就会炮制出许多最粗陋的对于哲学的臆想和责难。由于唯独人才拥有宗教、法和伦理(而这仅仅是因为人是思维着的存在者),所以在那些与宗教、法和伦理有关的东西里——无论它们是情感、信仰抑或表象——,**思维**绝不是无所作为的;这些东西**活生生地包含着**思维的活动和产物。诚然,拥有这样一些**由思维所规定和所渗透的**情感和表象,还不同于拥有**关于**这些情感和表象的**思想**。那些通过**思索**而产生出来的**关于**意识的上述方式的思

想,既包括反思、推理之类东西,也包括哲学。

同时我们也看到,经常有一种流行的误解,以为这样的**思索**是我们之所以达到永恒者和真相的表象和信念的条件,甚至是唯一的途径。比如,据说那些(现在已经**过时的**)**关于上帝存在的形而上学证明**就是这样的途径,仿佛我们之所以相信上帝存在,在本质上仅仅是因为我们懂得那些证明并对其深信不疑。这类主张和另外那些说法没有什么区别,即我们在吃饭喝水之前,首先应当掌握关于食物的化学、植物学或动物学性质的知识,我们在消化食物之前,首先应当完成解剖学和生理学的研究。假若事情真的是这样,那么无论是这些科学还是哲学,在其各自的领域里面都肯定会赢得极大的实用价值,而且这种实用价值甚至会上升到绝对地和普遍地不可或缺的程度;但实际上,在这种情况下,所有这些科学与其说是不可或缺的,不如说根本就不会存在。

§3

充实着我们的意识的**内容**,无论属于什么类型,都构成了情感、直观、[44]想象、表象、目的、义务等等的**规定性**,以及思想和概念的**规定性**。就此而言,情感、直观、想象等等是同一个内容的**不同形式**,这个内容始终是**同一个内容**,无所谓是被觉察、被直观、被表象、还是被欲求,也无所谓是**单独**被觉察,还是夹杂着思想而被觉察、被直观等等,抑或完全**纯粹地**被思考。无论是在单独的一个形式里,还是在诸多混合的形式里,内容都是意识的**对象**。但在这个对象性里,**这些形式的规定性也转变为内容**;这样一来,其中每一个形式仿佛都产生出一个特殊的对象,那自在地同一的东西仿佛也成了一个有差异的内容。

[说明]当情感、直观、欲望、意志等规定性**被意识到**,就被统称为**表象**(Vorstellungen),就此而言,可以说哲学用**思想**和**范畴**,尤其是用**概念**取代了表象。全部表象都可以被看作思想和概念的**隐喻**。但一个人具有表象,却未必就懂得表象的意义,也未必就懂得表象后面的思想和概念。

反过来说,具有思想和概念是一回事,知道与之相对应的有哪些表象、直观和情感又是另一回事。——人们之所以称哲学是**不可理解的**,在某个方面就与此有关。他们的困难一方面在于没有能力(实则仅仅是**不习惯于**)进行抽象思考,亦即没有能力坚持纯粹的思想并在其中活动。在我们的通常意识里,思想是被包裹在熟悉的感性材料和精神材料里,与之结合在一起,而在思索、反思和推理里,我们则是把情感、直观、表象和思想**掺杂**在一起(在每一个具有纯粹感性内容的命题里,比如在"这片叶子是绿的"里,已经掺杂进了**存在**、**个别性**等范畴),而这和把纯粹的思想本身当作对象是两码事。——另一方面,人们的困难在于缺乏耐心,总是希望以表象的方式掌握意识里的思想和概念。据说人们不知道,在一个已经得到把握的概念那里应当**思考**什么东西,殊不知在一个概念那里,唯一需要思考的就是概念本身。那个说法的意思无非是要追寻一个已经**熟知的**、**流行的表象**;对于意识而言,仿佛一旦撇开表象方式,那么它曾经脚踏着的那个坚实而熟悉的根基就被抽走了。当意识发现自己置身于概念的纯粹疆域,就不知道自己究竟在世界的**什么地方**。——有些著作家、布道者、演说家之所以被认为是**最容易理解的**,只不过是因为他们对其读者或听众所说的事情都是后者已经烂熟于胸的,是广为流传的和**不言自明**的。

[45]

§4

针对我们的普通意识,哲学必须首先展示乃至唤醒**对于哲学的独特认识方式**的需要;但针对宗教的对象,针对**真理**本身,哲学必须证明自己**有能力**从自身出发认识这些对象;针对她与**宗教**观念之间出现的**差异性**,哲学必须**捍卫**她的那些与之分歧的规定。

§5

为了让人们初步认可上述区别以及那个与之相关联的观点,即我们的意识的真实**内容**是通过被转换为思想和概念的形式才**保留下来**,甚至只有这样才得到其独特的揭示,我们不妨重提另外一个**古老的成见**,即为

[46]

了经验到对象和事情的**真相**,以及情感、直观、意谓、表象等等的**真相**,思**索**是必不可少的。无论如何,思索至少能够把情感、表象等等转化为**思想**。

[说明]由于哲学仅仅把**思维**当作她的工作的独特**形式**,而每一个人天然地都能够思考,所以当人们以这种抽象的方式无视§3指出的那个区别,就出现了一个与此前那种抱怨哲学**不可理解**的看法正好相反的看法。这门科学经常遭到轻视,即很多从未在她身上耗费半分力气的人却敢于高谈阔论,仿佛他们天然地就**理解**哲学的本性,而且只要具有普通文化水平,尤其是只要从宗教情感出发,就有能力进行哲学思考并对哲学品头论足。大家都承认,如果要了解其他科学,必须首先研究它们,而且只有依据这样的了解才有权利对它们加以评判。大家都承认,虽然每一个人都拥有作为鞋子尺度的脚,拥有从事制鞋工作所必需的手和天赋能力,但如果要制作一双鞋子,却必须首先在这方面进行学习和训练。唯独对于哲学思考,大家觉得这类研究、学习和努力是不必要的。——最近一段时间以来,关于直接知识或直观知识的学说又证实了这个方便法门。

§6

[47]

另一方面同样重要的是,人们应当认可哲学的内容无非是在活生生的精神的领域里原初地产生出来、并且是自行产生出来的内涵,而且这个内涵已经成为**世界**,成为意识的外部世界和内部世界。换言之,哲学的内容是**现实性**。我们把对于这个内容的初步意识称作**经验**。只要深思熟虑地考察世界,就可以区分什么东西在外部定在和内部定在的广阔天地里仅仅是飘忽不定的、无意义的**现象**,什么东西才真正配得上**现实性**这个名称。由于哲学和其他意识活动具有这同一个内涵,仅仅在形式上彼此有别,所以她必然是与现实性和经验相一致的。进而言之,这个一致至少可以被看作哲学真理的外在的试金石;同样,通过认识到这个一致而达到具有自我意识的理性与**存在着的**理性(亦即现实性)之间的和解,这必须被

31

看作科学的最高目的。

[**说明**]在我的《法哲学原理》序言里,有这样两句话:

凡是合乎理性的东西都是现实的,

凡是现实的东西都是合乎理性的。

这几句简单的话曾经引起许多人的诧异和反对,甚至遭到那些不想否认自己拥有哲学(当然更不想否认自己拥有宗教)的人的反对。这方面用不着援引宗教作为例证,因为宗教关于上帝统治世界的学说已经明确地说出了这几句话的意思。但要理解其哲学意义,则必须以一定程度的教养为前提,即人们应当知道,不仅上帝是现实的(他是最现实的东[48]西,唯有他才是真正现实的),而且从形式化的方面已经可以看出,整个定在里面一部分是**现象**,只有一部分是**现实性**。在日常生活里,人们把每一个念头、谬误、恶以及诸如此类的东西,把每一个如此羸弱而短暂的实存,都随意地称作**现实性**。但哪怕对普通的感觉而言,一个偶然的实存已经不配享有"现实东西"的美名;——偶然的东西是这样一个实存,它的价值顶多在于是一个**可能的东西**,既可能存在,也可能**不存在**。但当我谈论"现实性"的时候,人们应当注意我是在什么意义上使用这个术语,因为我曾经在一部详尽的《逻辑学》里也讨论过这个概念,不仅把它与那种仅仅实存着的偶然东西区分开,而且明确地把它与定在、实存以及其他规定区分开①。

与**合乎理性的东西的现实性**相对立的是这样一种观念,它不但认为理念和理想无非是幻想,以及哲学是一个由这类幻想构成的体系,而且反过来又认为理念和理想是某种过于卓越而不可能具有现实性的东西,或者按照同样的道理,是某种过于软弱而不可能实现自身的东西。知性尤其喜欢把现实性和理念割裂开,把自己的抽象梦想当作某种真实的东西,

---

① 《逻辑学》第二卷,第三篇"现实性"。参阅黑格尔著作集第 6 卷《逻辑学 II》,第 186 页以下(TWA 6,186ff.)。——原编者注

特别是在政治领域里热衷于颁布各种"**应当**",仿佛整个世界都在等着它的指点,以便知道世界本来**应当**是什么样子,实际却不是这个样子;假若世界就是其应当所是的样子,知性通过其"应当"而表露出来的老谋深算还有什么用武之地呢? 如果知性是拿着各种"应当"去反对那些琐碎而外在的、暂时的事物、机构和状况等等(哪怕这些东西在某个时期对某些特殊的范围而言具有一种巨大的、相对的重要性),那么这种做法大概还 ［49］有一定的道理,而且知性在这种情况下会看到很多东西并不符合普遍而正确的规定;谁会愚蠢到这个地步,竟然看不出周围的许多东西实际上不是其应当所是的样子呢? 反之,如果以为单凭指出这些事物及其"应当",就能够置身于哲学科学所关注的领域之内,这种小聪明就错了。哲学科学只探讨理念,而理念并不是某种软弱到仅仅应当存在而非现实地存在着的东西。进而言之,哲学科学探讨的是现实性,至于那些事物、机构和状况等等,仅仅是这种现实性的肤浅的外在方面。

§7

总的说来,**思索**首先包含着哲学的本原("本原"在这里也意味着"开端"),并且基于其**独立性**而在近代(路德的宗教改革时期以后)重新兴盛起来。再者,由于它从一开始就不像希腊哲学初期那样仅仅局限于抽象思考,而是同时投身于现象世界的仿佛无穷无尽的材料,所以"**哲学**"这个头衔就首先被授予所有那些知识,它们致力于在经验个别事物的汪洋大海中寻求稳固的尺度和**普遍者**,在数不胜数的貌似杂乱无章的偶然东西里面寻求**必然的东西或规律**,同时也就从它们**自己**对外物和内心的直观和知觉中,从**当前的**自然界以及**当前的**精神和人心中获得了它们的**内容**。

[**说明**]经验的本原包含着一个无比重要的规定,即人必须**亲自介入**对于一个内容的承认和确信,或更确切地说,他必须觉得这样一个内容与他的**自身确定性**是一致的和统一的。人必须亲自介入,不管是借助于他 ［50］的外在感官,还是借助于他的深邃精神或他的事关本质的自我意

识。——这个本原和现今所谓的信仰、直接知识、启示（有外在事物里的启示，但主要是**自己**内心里的启示）等等是同一个东西。我们把那些顶着"**哲学**"头衔的科学称作**经验科学**，这是就它们的出发点而言。但它们想要达到并创造出来的东西是**规律**、**普遍原理**，是一种**理论**，亦即关于现有事物的**思想**。比如牛顿的物理学曾经被称作"自然哲学"，另一方面，胡果·格劳秀斯①通过梳理各个民族在历史上相互实施的行动，并借助于通常的推理而提出了一些普遍原理，提出了一种理论，而这种理论可以被称作"国际公法哲学"。——直到今天，"哲学"这个头衔在英国人那里普遍地仍然是这个意思，牛顿也始终享有"伟大哲学家"的盛名；这个头衔一路跌落到工具制造商的价格表里面，以至于凡是不能归类到特殊的电磁仪器的工具，比如温度计、气压计等等，都被称作"**哲学工具**"；不消[51]说，这些由木头和铁片等等拼凑而成的东西当然不应当被称作哲学的工具，只有**思维**才配得上这个名称 *。——同样，英国的那种归功于近代的政治经济学也专门被称作"哲学"，而我们德国通常把它称作"**合理的**国家经济学"或"**知识界的**国家经济学" **。

---

* 汤姆生主编的刊物同样冠名为《**哲学**年鉴，或**化学**、**矿物学**、**力学**、**博物学**、**农学和艺术的杂志**》（*Annals of Philosophy*；*or*，*Magazine of Chemistry*，*Mineralogy*，*Mechanics*，*Natural History*，*Agriculture*，*and the Arts*）。由此不难想象，这里所谓的**哲学**题材具有怎样的性质。最近我在一份英国报纸的新书广告栏里又看到如下文字："《基于哲学原理的保养头发的艺术》，精印 8 开本，定价 7 先令"。此处所谓的保养头发的**哲学**原理，很有可能是指化学、生理学之类的原理。——黑格尔原注

** 英国政治家在谈到普通政治经济学原理时，经常使用"**哲学**原理"这个术语，甚至在公开的演讲中也是如此。在 1825 年（2 月 2 日）的议会活动中，布鲁汉姆借着回答国王致辞的机会，这样说道："自由贸易的**哲学**原理值得政治家予以尊重——因为这些原理无疑是哲学的——，而国王陛下今天祝贺议会采纳了这些原理。"——实际上，不但这位反对党议员是如此，在船主公会（其主席为首相利物浦伯爵，其成员包括国务秘书坎宁和军需部长查尔斯·朗爵士）于同月举办的年度宴会上，国务秘书坎宁在答谢大家对他的问候时同样宣称："最近已经开始了一个新的时期，在此期间，诸位大臣有权力用**深邃哲学**的正确准则去治理这个国家。"——无论英国哲学和德国哲学有多大的区别，当"哲学"在别的地方仅仅被用作嘲笑人的绰号或某种令人生厌的东西时，还能看到这个词语在英国大臣的嘴里受到尊重，这终究是一件令人喜悦的事情。——黑格尔原注

---

① 格劳秀斯（Hugo Grotius，1583—1645），德国法学家和宗教改革神学家。——译者注

§8

尽管这种知识在自己的领域里是相当令人满意的,但**第一**,我们发现还有一类**对象**亦即**自由**、**精神**和**上帝**没有被包揽在其中。这些对象之所以没有出现在那个领域,并不是因为它们应当与经验无关——它们虽然不是通过感官被经验到,但凡是出现在意识里的东西,都是被经验到的;这甚至可以说是一个同语反复的命题——,而是因为它们就其**内容**而言立即呈现为无限的东西。

[**说明**]有一个经常被错误地算在亚里士多德头上的古老命题,基本上可以表明他的哲学立场。这就是:nihil est in intellectu,quod non fuerit in sensu［没有任何理智中的东西不是曾经出现在感官中］,——思维中的任何东西都曾经出现在感官和经验中。如果有人认为思辨哲学不承认这个命题,那么这完全是个误会。但反过来,思辨哲学同样主张:nihil est in sensu,quod non fuerit in intellectu［没有任何感官中的东西不是曾经出现在理智中］,——这个命题在宽泛的意义上指出,努斯(νοῦς)或精神(这是νοῦς的更深刻的意义)是世界的原因,而在具体的意义上(参阅§2)则是指出,法、伦理、宗教等领域的情感作为一种情感,是关于某种内容的经验,而这种内容仅仅在思维中有其根源和位置。

[52]

§9

第二,主观理性要求**就形式而言**得到进一步的满足;这个形式就是一般意义上的**必然性**(参阅§1)。按照经验科学的方式,一方面看来,包含在其中的**普遍者**或种等等本身是无规定的,本身没有与**特殊东西**联系在一起,毋宁说,二者彼此之间是外在的和偶然的,正如那些结合在一起的特殊东西本身彼此之间也是外在的和偶然的。另一方面看来,经验科学总是以**直接性**、**现成已有的和预先设定的东西**为开端。这两种情况都不能满足必然性的形式。因此如果思索是致力于满足这个需要,那么它就是真正的哲学思维,亦即**思辨的思维**。这种思索与起初的那种思索有**共同点**,同时也是**有差异的**,而在这种情况下,它除了具有一些共同的形式之外,也具有一些**独特的形式**,而这些独特形式的普遍形式就是**概念**。

[说明]就此而言,思辨科学与经验科学的关系仅仅在于,前者不是把后者的经验内容放到一边置之不理,而是认可并且使用这些内容,与此同时,思辨科学也认可经验科学的普遍者(即规律、种等等),并且把它们当作她自己的内容来使用,但她进而把另外一些范畴引入这些范畴,使之

[53] 通行有效。就此而言,思辨科学与经验科学区别仅仅在于范畴的这个变化。思辨逻辑包含着旧的逻辑和形而上学,保留了同样的思想形式、规律和对象,同时又用更多的范畴去发挥并改造它们。

我们必须严加区分思辨意义上的**概念**和通常所说的概念。正是基于后者的片面意义,人们才提出无限者不可能通过概念而被把握,并且通过成千上万遍的重复而将这个观点固化为一个成见。

§10

这种作为哲学认识方式的思维本身需要得到辩护,以表明它不但必然,而且能够认识那些绝对的对象。但这样一个观点本身就是哲学的认识活动,因此仅仅属于哲学的范围**之内**。这样一来,一个**应时应景的解释**就将是一个非哲学的解释,并且只能是一套前提、保证和推理,——亦即一套偶然的论断,而基于同样的理由,与之相对立的那些论断同样可以成立。

[说明]**批判哲学**的一个主要观点是:在去认识上帝、事物的本质等等之前,应当首先考察**认识能力**本身,看看它是否有能力从事这项工作;人们必须首先了解**工具**,然后再用这个工具去干活,否则如果工具是不完善的,那么一切辛劳都将白白地浪费掉。这个思想看起来是如此之**有理有据**,因此不但引起极大的敬佩和赞同,而且扭转了认识活动的方向,即

把关注点和研究工作从**对象**转移到认识活动本身,转移到形式的方面。[54]
但如果人们不想被词语欺骗,就不难发现,虽然别的工具不必通过从事它
们所适用的独特工作,而是可以用别的方式得到考察和评判,但对于认识
活动的考察却不是别的,只能是一种**认识活动**;对于这个所谓的工具,去
考察它无非就是去认识它。企图在从事认识活动**之前**就从事认识活动,
其可笑程度无异于那位学究的聪明打算,即企图**在冒险下水之前就学会
游泳**。

　　莱茵霍尔德①已经认识到这类开端的混乱局面,并且提出一个补救
措施,即暂且从一种**假想式的**和**悬疑式的**哲学思考开始,然后在其中以谁
都不知道的方式循序渐进,直到结果表明人们在这条道路上已经达到**原
初真相**。细看之下,这条道路只不过是老生常谈,即对一个经验基础进行
分析,或对一个暂时以定义形式出现的假设进行分析。不可否认,上述思
考包含着一个正确的意识,亦即把那种通常立足于暂定前提的进程看作
一种猜想式的和悬疑式的方法。但这个正确的观点并没有改变这类方法
的性质,毋宁立即暴露出后者的不完善之处。

§11

　　进而言之,哲学的需要可以被规定为这样:由于精神作为感觉和直观
以感性东西为对象,作为想象以形象为对象,作为意志以目的为对象,如
此等等,所以精神通过**它的这些定在形式**与它的各个对象的**对立**或单纯
区别,也为它的最高内在性亦即**思维**提供了满足,并且赢得思维作为它的 [55]
对象。这样一来,精神就**来到自身**(zu sich selbst,就这个术语的最深刻的
意义而言),因为它的本原,它的纯粹的自主性,就是思维。但在精神的
这个活动里,思维纠缠于各种矛盾,亦即迷失在各种思想的固定的差异性
里面,从而并没有达到它自己,而是始终被它的对立面所束缚。精神的更

―――――――
　　① 莱茵霍尔德(Carl Leonhard Reinhold,1757—1823),德国哲学家,康德哲学的阐发
者。——译者注

高需要之所以与单纯知性式思维的这个结果相悖,原因在于,思维是坚韧不拔的,哪怕它意识到已经失去自己的独立存在,也仍然忠于自己,"**助其制胜**"(auf daß es überwinde),在思维自身之内完满解决自己的各种矛盾。

[说明]当我们认识到思维自身的本性就是辩证法,以及思维作为知性必定会陷入自身否定或矛盾中,这些认识就构成了逻辑学的一个主要方面。当思维对是否能够**依靠自己**而解决它所陷身其中的矛盾感到绝望时,就返回到精神从它的另外一些方式和形式那里获得的解决办法和恬静之道。但思维在这个回归中根本没有必要堕入柏拉图已经遭遇过的那种**理性恨**(Misologie),自己敌对自己,并且像某些人那样主张所谓的**直接知识**是认识真理的唯一形式。

§12

哲学既然**产生自**上述需要,就以**经验**(亦即一种直接的、推理式的意识)为**出发点**。在经验的激励下,思维的做法在本质上就是把自己**提升**到自然的、感性的和推理式的意识之上,进入它自己的纯粹要素,从而首先对那个开端持以一种疏远的、**否定的态度**。在这种情况下,思维首先在自身之内,在这些现象的**普遍**本质的理念里,寻得满足;这个理念(绝对者、上帝)可以在某种程度上是抽象的。另一方面,经验科学本身就被激励着去克服**形式本身**(在其中,它们的丰富内容呈现为一种纯粹直接的、现成的、**彼此并列的**杂多东西,总之呈现为**偶然的东西**),并且将这些内容提升到必然性,——这个激励拽着思维离开那种普遍性和那种**自在地**有保障的满足,驱使着思维**从自身进行发展**。一方面看来,这个发展只不过是去接纳内容及其各种明摆着的规定,但另一方面看来,它同时给予内容一个形态,让它们自由地(这在原初思维的意义上指仅仅遵循事情本身的必然性)显露出来。

[56]

[说明]关于**意识里的直接性和中介活动**的关系,下面将会有明确的和更加详细的讨论。这里只是暂且指出,虽然这两个环节**显现为**区分开的东西,实则**二者都是不可或缺的**,并且**不可分割地**结合在一起。——就此而言,关于上帝以及一切**超感性东西**的知识在本质上都包含着对感官感觉或直观的**超越**,从而包含着一种针对这些最初东西的**否定态度**,并且包含着**中介活动**。因为中介活动就是首先有一个开端,然后推进到第二个东西,因此,只有当一个他者已经来到第二个东西这里,后者才会存在。但与此同时,关于上帝的知识也是独立于那个经验方面,甚至可以说这种知识在本质上是通过这个否定和超越而给予自己以独立性。——如果人们把中介活动当作条件,并且片面地予以强调,那么当然可以泛泛地宣称,哲学的最初起源要感恩经验(**后天因素**)——思维在本质上确实是对于一种直接现成的东西的否定——,正如吃饭要感恩食物,因为假若没有食物,那么人们就不可能进食;按照这个道理,吃饭就是一种忘恩负义的行为,因为它竟然消灭了它应当感恩的那个东西。在这个意义上,思维的忘恩负义同样不遑多让。 [57]

至于思维自己的、反映回自身之内的、因而经过中介的**直接性**(**先天因素**),则是**普遍性**,即它的一般意义上的独立存在;在这种普遍性里,思维得到内在的满足,连带着不但漠视**特殊化**,而且漠视它自己的发展。好比宗教,无论是高度发展的还是野蛮粗俗的,无论是已经发展出科学意识还是固守于朴素的信仰和内心,都具有同样深厚的本性,都能获得满足和福祉。如果思维止步于理念的**普遍性**——这个情况在最初的那些哲学里必然会出现(比如埃利亚学派止步于"**存在**",赫拉克利特止步于"**转变**"等等)——,就理应被斥责为**形式主义**;即便一种高度发展的哲学,也可能仅仅掌握了某些抽象的命题或规定,比如只会说"绝对者里面的大全一体"、"主观东西和客观东西的同一性"等等,并且在谈到特殊东西的时候仅仅重复那些抽象的命题或规定。针对思维的第一种普遍性,"哲学的**发展**应当感恩经验"这个说法就有一个正确而深刻的意义。一方面,经验科学并没有止步于对**个别现象**的知觉,而是通过发现一些普遍的规

定、种和规律而代替哲学以思维方式加工这些材料;在这种情况下,它们
[58] 为哲学准备好了特殊东西的那些内容,让哲学将其接纳过去。另一方面,
经验科学也迫使思维本身推进到这些具体的规定。当思维将这些内容接
纳过去,那种仍然黏附在内容身上的直接性和所予性就被扬弃了,因此这
种接纳同时是思维的一种自身**发展**。也就是说,虽然哲学的发展归功于
经验科学,但她赋予经验科学的内容以思维的**自由**(**先天性**)这一最根本
的形态,并且**证实了必然性**,而不是信誓旦旦地鼓吹一个现成的经验事
实,仿佛这个事实能够呈现和模仿思维的原初完满的活动。

§13

基于**外在历史**的独特形态,哲学的产生和发展也表现为**这门科学的
历史**。这个形态使理念的各个发展层次在形式上是一系列**偶然的**或单纯
不同的本原及其在各自的哲学中的发挥。但几千年来,从事这项工作的
巨匠却是那**唯一的**活生生的精神,其思维着的本性就是要让精神意识到
自己是什么东西,并且当这个东西成为精神的对象,精神同时已经超越自
身,达到自身内的一个更高层次。**哲学史**一方面表明,各种风起云涌的哲
学仅仅是**唯一的**哲学的各个发展阶段,另一方面表明,各个体系所依据的
特殊**本原**仅仅是同一个整体的**分支**。那在时间上最后的哲学是此前一切
哲学的结果,因此必定包含着此前一切哲学的本原;正因如此,这样一种
哲学必定是最全面、最丰富和最具体的哲学。

[59] [**说明**]鉴于有如此之多的**迥然不同的**哲学,我们必须按照**普遍者**和
特殊东西的独特规定而将它们区分开。从形式上看,当普遍者与特殊东
西处于**并列**关系,本身也就成为某种特殊的东西。哪怕在日常生活里,也
可以立即看出这种并列关系是笨拙不堪的,比如一个人索要水果,却拒绝
樱桃、梨、葡萄等等,因为它们是樱桃、梨、葡萄,**不是**水果。然而在谈到哲
学的时候,人们却用这样的理由来为蔑视哲学做辩解:因为有如此之多迥
然不同的哲学,所以每一种哲学都仅仅是**一种**哲学,不是哲学**本身**,——

仿佛樱桃也不是水果似的。除此之外,人们也把一种以普遍者为本原的哲学与一种以特殊东西为本原的哲学**相提并论**,甚至把前者与一些根本不承认有哲学的学说相提并论,也就是说,他们认为二者**仅仅**是对于哲学的**不同看法**,仿佛光明和黑暗也仅仅是光明的两个**不同类型**似的。

§14

思维的同一个发展过程,既在哲学史里面呈现出来,也在哲学自身之内呈现出来,但在后一种情况下已经摆脱了那种历史外在性,**纯粹立足于思维的要素**。自由而真实的思想是内在**具体的**,因此是**理念**,并且在其整个普遍性中是**理念本身**或绝对者本身。以理念或绝对者为对象的科学在本质上是一个**体系**,因为真相作为**具体的东西**,仅仅在自身之内展开自身,并且在自身之内联结和聚合为一个统一体,亦即作为**总体性**(Totalität)存在着;只有通过区分和规定真相的各个环节,才能够得出这些环节的必然性和整体的自由。

[说明]**无体系的哲学思考不可能具有科学性;这种哲学思考除了本 [60] 身主要表现出一种主观的思维方式之外,其内容也是偶然的。内容只有作为整体的环节才得到辩护,而在整体之外,只有一种无根据的假设或主观的确定性;许多哲学著作的局限性就在于仅仅以这种方式宣泄各种**意念和意见**。——人们经常错误地把**体系**理解为这样一种哲学,以为她具有一个受限的、与其他本原区分开的**本原**;实际上正相反,真正的哲学的本原必定在自身之内包含着全部特殊的本原。

§15

哲学的每一个部分都是一个哲学整体,一个自身闭合的圆圈,但哲学理念在其中是基于一个特殊的规定性或要素。个别的圆圈正因为是一个内在的总体性,所以也打破了它的要素的限制,并且开辟出一个更广阔的层面;在这种情况下,整体呈现为一个由许多圆圈组成的圆圈,其中每一个圆圈都是一个必然的环节,因此它们的独特要素的体系构成了整个理念,而这个理念同样显现在每一个个别的环节里。

§16

作为**百科全书**,科学不是在其具体的特殊化发展中呈现出来的,而是必须限定在各种特殊科学的开端和基本概念上面。

[**说明**]我们很难确定,需要多少特殊的部分才能够建构出一门特殊的科学,因为部分如果要成为一个真相,就不能只是一个个别化的环节,毋宁本身必须是一个总体性。因此,只有整个哲学才真正构成了**唯一的**科学,但这门科学也可以被看作诸多特殊科学的一个整体。——哲学百科全书区别于其他普通百科全书的地方在于,后者仅仅是各门科学的一**种堆砌**,这些科学有些是以偶然的和经验的方式被收集起来,还有一些只是顶着"科学"的头衔,实则本身仅仅是各种知识的大杂烩。当科学以外在的方式被收集起来,它们堆砌而成的统一体就同样是一个**外在的**统一**体,一种编排**(Ordnung)。由于材料在本性上也是偶然的东西,因此基于同样的理由,这种编排必定始终是一种**尝试**,并且总是体现出不适当的方面。——也就是说,第一,哲学百科全书拒斥单纯的知识**堆砌**(比如语文学乍看起来就是这样的知识堆砌),除此之外,第二,她无疑也拒斥那些以纯粹臆断为基础的科学(比如纹章学);后面这类科学是**彻底实证的**。第三,另一些科学虽然也被称作**实证科学**,但它们具有一个合理的根据和开端。哲学也具有这个合理的方面;但**实证的方面**始终是那些科学所独有的。科学的实证性分为不同的类型。第一,当它们把普遍者归结为**经验的个别性和现实性**,其自在地合理的开端就过渡到偶然的东西,因为它们把普遍者引入到经验个别性和现实性之下。在这个充满变化和偶然性的领域里,发挥效准的不可能是**概念**,毋宁只可能是一些**根据**。比如法学或直接的和间接的税赋体系就需要一些**最终的、准确的**判决条文,但这些条文位于**概念**的自在且自为地已规定的存在之外,因此留下了一定的回

[61]

旋余地,于是相关规定既可以按照一个理由这样来理解,也可以按照另一 [62]
个理由那样去理解,却不可能得出稳妥的最终判决。同样,**自然界**的理念
在个别化为偶然东西的时候也消失了,因此**博物学**、**地理学**、**医学**等科学
都是纠缠于实存的各种规定,纠缠于诸多种类和区别,但这些东西是由外
在的偶然事物和想象所规定的,不是由理性所规定的。**历史**也属于这种
情况,因为它的本质是理念,但理念的现象却隶属于偶然性和任意的领
域。第二,有些科学之所以是**实证的**,是因为它们既不知道它们的规定是
有限的,也没有揭示出这些规定及其整个层面如何过渡到一个更高的层
面,反而假设它们是**绝对有效的**。第一种有限性是**材料**的有限性,而第二
种有限性是**形式**的有限性。第三,与后面这种有限性相关联的是**认识的**
根据,它有时候是推理,有时候是情感、信仰和其他东西的权威,简言之,
内在直观或外在直观的权威。如果哲学企图立足于人类学、意识的事实、
内在的直观或外在的经验,那么也是属于这种情况。[第四,]此外还有
一种情况,即只有**科学阐述的形式**是经验的,但富有意义的直观却把单纯
的现象编排得如同概念的内在秩序那样。这类经验的意义在于,通过排
列在一起的现象的相互对立和杂多性,扬弃诸条件的**外在的**、**偶然的状**
况,从而让**普遍者**出现在感官面前。——通过这个方式,一种富有意义的
实验物理学或历史等等将会借助一个外在的、映射着概念的形象而呈现
出那种以自然界和人情世故为对象的理性科学。

§17

　　哲学必须确定一个**开端**,就此而言,哲学似乎和其他科学一样,都是
从一个主观的前提开始,也就是说,正如其他科学必须具有一个特殊的对 [63]
象(比如空间、数之类东西),哲学也必须把**思维**当作思维的对象。简言
之,思维的这个自由活动就在于把自己放到一个立场上,在那里,思维独
自存在着,因此是**亲自产生出自己的对象**,并**亲自给予自己**这个对象。进
而言之,虽然这个立场看上去是一个**直接的**立场,但它必须在科学的内部
转化为一个**结果**,亦即科学的最终结果,而科学在这个结果里面重新达到

43

自己的开端并返回自身。通过这个方式,哲学表现为一个返回自身的圆圈,这个圆圈不具有其他科学意义上的开端,因为这类开端仅仅是与一个决心进行哲学思考的主体相关联,而不是与科学本身相关联。——换言之,科学的概念,亦即最初的概念,必须通过科学本身而得到把握(因为它既然是最初的概念,就包含着分裂,于是思维成为一个仿佛外在的进行哲学思考的主体的对象)。甚至可以说,科学之唯一的目的、行动和目标就是要达到她的概念的概念,进而达到她的回归和满足。

§18

既然我们不可能给哲学提出一个暂时的普遍观念(因为只有科学的**整体**才是理念的呈现),那么哲学的**划分**起初也只有从理念出发才能够得到理解把握;这个划分和它所依据的理念一样,都是某种预先构想的东西。但理念表明自己是绝对地自身同一的思维,与此同时,这种思维表明自己是这样一种活动,即为了达到自为存在,不惜自己与自己相对立,并且在这个他者之内仅仅安然于自身。就此而言,科学划分为三个部分:

I.逻辑学,研究自在且自为的理念的科学,

II.自然哲学,研究在其异在中的理念的科学;

[64]　III.精神哲学,研究从其异在返回到自身的理念。

[说明]此前§15已经指出,特殊的哲学科学之间的区别只不过是理念本身的各种规定,而理念仅仅在这些不同的要素里呈现自身。人们在自然界里所认识的不是理念的他者,而是处于**外化**形式中的理念;同样,人们在精神里所认识的是**自为存在着的**和**自在且自为地转变着的**理念。当理念显现在一个规定中,这个规定同时就是一个**流动的**环节;就此而言,个别科学不但应当认识到自己的内容是**存在着的**对象,而且应当同时直接地认识到这个内容如何过渡到一个更高的圆圈。因此,"划分"观念的偏颇之处在于,它让那些特殊的部分或科学**彼此并列**,仿佛它们和**种属**一样,仅仅是一些静止的、即使区分开也仍然具有实体性的东西。

第一部分

逻辑学

逻辑学的初步界定

§19

逻辑学是研究**纯粹理念**的科学,而纯粹理念就是处于**思维**这一抽象要素中的理念。

[**说明**]凡是适用于这个规定以及包含在这篇初步界定里的其他规定的说明,也适用于我们一般地关于哲学而预先提出的那些概念,也就是说,所有这些规定都是**基于**并且**依据**整体的概观而提取出来的。

虽然人们可以说逻辑学是研究思维及其规定和规律的科学,但思维本身仅仅构成了使得理念之为逻辑理念的**普遍规定性**或**要素**。理念是思维,但这种思维不是形式上的思维,而是它的独特规定和独特规律的自身发展着的总体性,这些规定和规律是思维自己给予自己的,而不是思维事先已经**具有**,并在自身之内碰巧发现的。

逻辑学在某种意义上是**最困难的**科学,因为它不研究直观,更不像几何学那样研究抽象的感性表象,而是研究纯粹的抽象东西,并且要求一种能力和技巧,以返回到纯粹的思想之内,紧紧抓着纯粹的思想,并在纯粹的思想中推动自身。另一方面,逻辑学可以被看作**最轻松的**科学,因为它的内容无非是我们自己的思维及其常见的规定,而这些规定不但是**最单纯的要素**,而且是我们**最熟知的东西**,比如存在、无等等,规定性、大小等等,自在存在、自为存在、一、多等等。然而这种熟知毋宁加重了逻辑研究的困难;这一方面是因为人们总觉得没有必要继续研究这类熟知的东西,另一方面是因为逻辑研究的方式与人们已经熟知的方式完全不同,甚至正好相反。

[68]　　逻辑学的**用处**取决于它在多大程度上教化学习者,使之达到别的目的。逻辑学对于学习者的教化首先是让他接受思维的训练(因为这门科学是对于思维的思维),其次是让他的头脑获得思想,亦即作为思想的思想。——但逻辑性(das Logische)不但是真理的绝对形式,更是纯粹的真理本身,因此完全不同于某种单纯**有用的东西**。当然,正如最卓越、最自由和最独立的东西也是最有用的,我们同样可以这样看待逻辑性。就此而言,逻辑性的用处并非仅仅是思维的形式化训练,毋宁必须另行加以揭示。

　　[**附释1**]第一个问题是:什么是逻辑学的对象? 对于这个问题,最简单明了的答复是:**真理**就是它的对象。"真理"是一个崇高的字眼,而更崇高的是它的实质。只要一个人的精神和心灵仍然是健康的,这个字眼就必定会让他心潮澎湃。但这里立即冒出一个**异议**,即我们究竟是否有能力认识真理? 在我们这些受限制的人和自在且自为地存在着的真理之间,似乎有一种不协调,而这涉及有限者和无限者之间的桥梁问题。上帝是真理;我们应当如何认识他呢? 这样的意图似乎与谦卑和谦虚的美德处于矛盾之中。——再者,人们之所以质疑真理是否能够被认识,也是为了心安理得地继续过那种满足于有限目的的平庸生活。但这样的谦卑是无济于事的。"我这个可怜的凡夫俗子怎么可能认识真相"之类说法已经过时了;取而代之的是一种狂妄自大的臆想,认为自己直接置身于真相之内。——人们已经让青年人相信自己在举手投足之间就已经拥有(宗教和伦理中的)真相。从这个角度出发,人们尤其宣称全部成年人都已经在虚假谬误中堕落、麻木和僵化了;据说青年人是初升的朝霞,而旧世界却深陷于白日的泥淖和沼泽中。在这种情况下,人们虽然承认特

[69]　　殊科学是某种必须加以掌握的东西,同时又认为它们是服务于外在

的生活目的的单纯手段。也就是说,人们不再故作谦虚地逃避对于真理的认识和研究,而是坚信自己已经自在且自为地拥有真理。诚然,老人都是寄希望于青年人,因为青年人应当继续推进世界和科学,但这个希望之所以寄托给他们,并不是要让他们故步自封,毋宁只是为了让他们承担起精神的艰苦劳作。

此外还有一种反对真理的谦虚形态。这就是那种面对真理时的倨傲态度,而彼拉多①就是这样对待基督。彼拉多问:"真理是什么呢?"其意思是,他已经看透一切,这一切对他而言都没有意义;当所罗门②说"一切都是虚妄的",也是同样的意思。——这里只剩下主观的虚妄。

除此之外,畏缩情绪也阻碍着对于真理的认识。思想麻木的人总觉得犯不着严肃地对待哲学思考。他们虽然也听过逻辑学课程,但一切依然如故。人们以为,思维一旦超越日常表象的范围,就会走向魔窟;他们投身于大海,任由思想的波涛将他们抛来抛去,最终毫发无损地回到他们曾经离开的这个世俗世界的沙滩上。这样的观点会带来什么后果,相信大家已经有目共睹。人们可以获得各种各样的技能和知识,成为一个老练的公务员,并且为了达到其他特殊目的而培训自己。但为了一种更高的事业而塑造自己的精神,并且致力于这个事业,这又是另一回事。我们可以希望,我们这个时代的青年人在内心里已经萌生出对于更高事业的追求,而且他们不愿意仅仅满足于外在知识的草芥。

---

① 彼拉多(Pontius Pilatus)是罗马帝国的犹太总督,逮捕并处死耶稣。据《新约·约翰福音》(18,37)记载,他问耶稣是否为王,耶稣回答说:"你说我是王,我为此而生,也为此来到世间,特为给真理作见证;凡属真理的人就听我的话。"而彼拉多的回应是:"真理是什么呢?"——译者注

② 《旧约·传道书》1,14:"我见日光之下所作的一切事,都是虚空,都是捕风。"——译者注

[附释 2] 人们一致同意，**思维**是逻辑学的对象。但人们对"思维"的评价既可能是极低的，也可能是极高的。一方面，人们说"这**仅仅**是一个思想"，其意思是说，思想仅仅是主观的、任意的和偶然的，不是事情本身，不是真实的和现实的东西。另一方面，人们也可能高度评价思想，认为只有思想才能够达到上帝的本性，而通过感官却只能对上帝一无所知。人们常说，上帝是精神，并且愿意在精神里和真理里接受崇拜。我们承认，感受到的感性东西不是精神性东西；毋宁说，精神性东西的最深内核是思想，而且只有精神才能够认识精神。精神虽然(比如在宗教里)也能够表现为情感，但情感本身(亦即情感的方式)和情感的**内容**却是两码事。总的说来，情感本身是感性东西的形式，是我们与动物共有的东西。这个形式诚然可以把握具体的内容，但这个内容并不属于这个形式；对于精神性内容而言，情感形式是最低级的形式。这个内容，上帝本身，只有在思维中并且作为思维才具有其真理。因此在这个意义上，思想并非**仅仅**是思想，毋宁是把握永恒者和自在其自为的存在者的最高方式，确切地说是唯一的方式。

相应地，人们对研究思想的科学的评价同样既可能是极高的，也可能是极低的。人们以为，任何人都可以无须逻辑学就进行思考，正如可以无须学习生理学就进行消化。即便学习了逻辑学，人们也还是和从前一样进行思考，或许更讲究方法，但不会有多大的改变。假若逻辑学的唯一任务就在于让人们熟知那种单纯形式化思维的活动，那么它当然只能产生出人们本来已经耳熟能详的东西。早先的逻辑学实际上也只有这个地位。此外，哪怕只知道思维是一种单纯主观的活动，这对人而言已经是一件光荣而有趣的事情；人之区别于动物的地方在于，他知道自己是什么和自己在做什么。——另一方面，逻辑学如今作为研究思维的科学也具有一个崇高的立场，即认为唯有思想才能够经验到最高的东西和真相。因此，如果逻辑学所考察的是思维及其活动和产物(思维不是一个无内容的活动，因为它

[70]

生产出各种思想和思想本身），那么它的内容一般说来就是超感性世界，而研究逻辑学就是遨游于这个世界。数学研究数和空间之类抽象的东西；但这些东西仍然是一种感性东西，哪怕是一种抽象的感性东西和无定在的东西。思想也告别了这种最终的感性东西，它自由地安然于自身，不但舍弃了外在的和内在的感性世界，而且清除了全部特殊的兴趣和偏好。既然逻辑学具有这个基础，我们就必须超越人们的日常观念，承认逻辑学具有更高的价值。 [71]

[**附释3**]宗教、国家、法和伦理等方面的旨趣要求我们在一个更深刻的意义上理解逻辑学，而不是把它看作一种仅仅研究形式化思维的科学。从前人们并不觉得思维是什么恶劣的东西，而是活泼地放开头脑去思考。那时人们思考上帝、自然界和国家，并且坚信只有通过思想——而不是通过感官或偶然的想象和意谓——才能够认识到什么是真理。但是，当人们这样持续地思考，却发现生命中的那些最高关系因此遭到损害。国家制度沦为思想的牺牲品；宗教受到思想攻击，那些曾经完全被当作启示的坚固的宗教观念被摧毁了，古老的信仰也在许多人的心里崩溃了。比如希腊哲学家就是这样反对古老的宗教，并且消灭了后者的许多观念。哲学家之所以遭到驱逐和杀害，就是因为他们颠覆了在本质上联系在一起的宗教和国家。思维既然成为现实生活中的准绳，并且发挥着极为重大的作用，人们就注意到了思维的力量，开始更仔细地探究思维的诉求，希望指出思维自视过高，却没有能力完成其承担的工作。他们宣称，思维不能认识上帝、自然界和精神的本质，总之不能认识真理，反而颠覆了国家和宗教。正因如此，他们要求思维对自己带来的后果作出辩护，于是关于思维的本性及其合法性的探讨就构成了近代哲学的主要兴趣。

§20

如果我们按照思维的最浅显的表象来看待它，就会发现：α）思维在其通常的主观意义上是指某一种精神性活动或能力,与感性、直观、想象、欲望、意愿等等是**并列**的关系。思维的**产物**,亦即思想的规定性或形式,是**普遍者**或一般意义上的抽象东西。就此而言,**思维**作为**活动**(Tätigkeit)乃是**主动的**(tätige)普遍者,确切地说是一个**操控着自身**(sich betätigende)的普遍者,因为事实(Tat)或活动的产物恰恰是普遍者。当思维被看作**主体**,就是**思维者**,亦即实存着的主体,而它的最简单的表述就是**自我**。

[说明]人们切勿以为这里以及随后几节里提出的规定是我个人关于思维的主张或**看法**;但由于这里暂时不能作出推导或证明,所以人们不妨把这些规定算作**事实**(Facta),也就是说,任何一个具有思想并且考察思想的人都会以经验的方式发现他的意识已经包含着普遍性这一特性以及后续的各种规定。无论如何,一个人在考察他的意识和他的表象等事实之前,必须已经在注意力和抽象能力等方面得到某种程度的训练。

这个初步说明已经谈到了感性东西、表象和思想之间的区别;这个区别对于把握认识活动的本性和种类而言是至关重要的;所以我们必须立即指出这个区别,以便澄清事实。——对于**感性东西**,人们首先是用它的外在起源、感官或感觉工具来加以解释。但仅仅列举工具的名称并没有规定工具所把握到的是什么东西。**感性东西**和思想的区别在于,前者的规定是**个别性**,而由于个别东西(在完全抽象的意义上即原子)也处于联系中,所以感性东西是一种**彼此外在**,至于其更抽象的形式,则是**彼此并列**和**前后相继**。——**表象活动**以这类感性材料为内容,但这个内容被设定为**属我的**(亦即在**自我**之内),并且具有**普遍性**、自身关联、**单纯性**等规定。——但除了感性东西之外,表象也把某些起源于具有自我意识的思维的材料(比如法、伦理和宗教等领域的观念,甚至思维本身的观念)当作内容,因此我们很难确定这类**表象**和这类表象背后的**思想**之间的区别。这里既有作为思想的内容,也有普遍性形式,而这个形式已经意味着这是一个在**自我**之内的内容,总之是一个表象。但从这个角度来看,一般说

[72]

[73]

来,表象的独特性就在于它所包含的这个内容同样是个别化的东西。当然,法和法的规定之类东西并不是处于感性的、彼此外在的**空间**关系中。这些规定在时间上确实是前后相继的,但人们并不认为它们依附于时间,也不认为它们会随着时间而消失和变化。尽管如此,这类自在的精神性规定同样作为**个别化的东西**置身于全部表象活动的内在的、抽象的普遍性这一广阔的基地。在这种个别化的情况下,它们是**单纯的**;比如法、义务、上帝就是如此。现在,表象要么止步于"法是法"、"上帝是上帝"之类空谈,要么提出一些更有教养的规定,比如"上帝是世界的创造者,是全知的、全能的"等等;这里同样出现了一系列个别化的单纯规定,假若没有一个将它们结合在一起的主体,那么它们始终是彼此外在的。在这里,表象和**知性**汇合了,二者的区别仅仅在于,知性把"普遍者和特殊东西"或"原因和作用"之类对比关系,进而把各种必然的关联,设定为表象的孤立规定,反之表象则是通过单纯的"**并且**"(Auch)把这些模糊不清的规定原封不动地结合为**彼此并列**的东西。——表象和思想之间的区别是更为重要的,因为总体上可以说,哲学所做的事情无非是把表象转化为思想,——进而言之,当然也包括把单纯的思想转化为概念。 [74]

此外,我们既然已经宣称感性东西具有"**个别性**"和"**彼此外在**"之类规定,那么还可以补充一点,即这些规定本身仍然是思想和普遍者;逻辑学将会表明,思想或普遍者恰恰是这样一种东西,它既是它自己,也是自己的他者,它统摄着他者,不让任何东西从自己那里逃脱。由于**语言**是思想的作品,所以凡是语言说出的,都是普遍的。凡是我仅仅**意谓**着的东西,都是**我的**,属于我这个特殊的个体;但既然语言仅仅表达出普遍者,我就不可能说出我仅仅**意谓**着的东西。情感、感受之类**不可说的东西**绝不是最卓越和最真实的,毋宁是最无关紧要和最不真实的。当我说"**个别东西**"、"**这一个个别东西**"、"**这里**"、"**这时**",所有这些都是普遍者;**一切东西**和**每一个东西**都是个别东西,都是"这一个"(哪怕它是感性的),都是"这里"和"这时"。同样,当我说"我",我所**意谓**的"我"是将所有别的我排除在外的"**这一个我**";但每一个人都是我所说的"我",即一个将所有别的我排除在外的"我"。——康德曾经使用了一个笨拙的表述,即我**伴随着**(begleite)我的全部表象以及我的感受、欲望、行动等等①。我是自在且自为的普遍者,共通性虽然也是一种普遍性,但仅仅是普遍性的外在形式。所有别的人和我的共通之处在于都是"**我**",正如**我的**全部感受、表象等等的共通之处在于都是**我的**。但在抽象的意义上,"**我**"本身是一个纯粹的自身关联,其中不但抽离了表象活动和感受活动,而且抽离[75]了天性、才能、经验等任何状态和任何特殊性。就此而言,我是完全**抽象的**普遍性的实存,是抽象的**自由东西**。正因如此,我是作为**主体**的**思维**,而由于我同时存在于我的全部感受、表象、状态等等里面,所以思想是无处不在的,并且作为范畴贯穿着所有这些规定。

[**附释**]当我们谈到思维时,总觉得思维是一种主观的活动,是我们许多人都具有的一种能力,比如记忆、表象、意志力等等。假若思维只是一种主观的活动,假若这种活动是逻辑学的对象,那么逻辑学就和其他科学一样有其特定的对象。就此而言,人们单单把思维而非意志、想象之类东西当作一门特殊科学的对象,这看起来就是一种随意的做法。思维之所以获得这个荣誉,或许是因为人们承认它具有某种权威,并且把它看作人的真实本性,看作那使人区别于动物的东西。——哪怕只把思维当作一种主观的活动来加以了解,也不是一件毫无趣味的事情。在这种情况下,思维的更具体的规定就是人们通过经验而得知的各种规则和规律。通常说来,当思维按照这些规律得到考察,就构成了逻辑学的内容。亚里士多德是这门科学的奠基者。他有能力揭示出思维本身具有的那些规定。我们的思维是非常具体的,但在那些丰富的内容里面,我们必须区分哪些属于思维本身或思维活动的抽象形式。思维活动作为一条轻盈的精神性纽带,把所有这些内容结合在一起,而亚里士多德的贡献在于把这条纽

---

① 参阅康德《纯粹理性批判》,B131。——原编者注

带,亦即这个形式本身,予以强调并加以规定。亚里士多德的逻辑学直到今天都仍然是基础逻辑学,仅仅变得更加复杂,而这主要是中世纪经院哲学家的功劳。他们没有增加材料,毋宁只是进一步发展了材料。总的说来,近代逻辑学的工作只不过是一方面抛弃了亚里士多德和经院哲学家制定的许多逻辑规则,另一方面把很多心理学材料掺杂进来。这门科学的兴趣在于探究有限思维的运用过程,而只要这门科学与它预设的对象相符合,就是正确的。研究这种形式化 [76] 的逻辑学无疑有其用处;按照通常的说法,人们可以借此清扫头脑,学习集中心思,学习抽象思考,而在日常意识里,人们却必须和那些错综复杂的感性表象打交道。通过抽象思考,精神聚焦于**一个点**,随之养成研究内心的习惯。当人们熟知有限思维的各种形式,就可以把相关知识当作手段,用来研究那些遵循这类形式的经验科学,而在这个意义上,人们把逻辑学称作"工具逻辑学"。诚然,如今人们可以更自由地行动,并且宣称我们之所以学习逻辑学,不是为了什么用处,而是仅仅为了它自己,因为我们不应当为了单纯的用处而寻求卓越的东西。这个说法一方面是完全正确的,但另一方面,卓越的东西也是最有用的,因为它是坚定不移的实体性东西,承载着各种特殊目的,促进它们达到目标。人们不必把特殊目的看作第一位的东西,但卓越的东西确实能够促进它们。比如宗教就自有其绝对的价值,同时也承载着和维系着其他目的。基督说:"你们要先求上帝的国,这样其他东西也会加给你们。"①——只有达到自在且自为的存在者,才能够达到各种特殊目的。

§21

β) 当思维被看作主动地与对象相关联,被看作**关于某东西**的**思索**,

---

① 《新约·马太福音》6,33:"你们要先求他的国和他的义,这些东西都要加给你们了。"——译者注

普遍者作为思维活动的产物就包含着**事情**的价值,亦即代表着**本质性东西、内核、真相**。

[**说明**]我们在§5曾经谈到一个古老的信念,它认为对象、性质、事件等等的真相、内核、本质性东西,作为关键的事情,不是**直接**出现在意识里,也不是最初的印象和想法所呈现出来的样子,毋宁说,人们必须首先

[77] 对它们进行**思索**,才能够掌握对象的真实性质。唯有通过思索才能够做到这一点。

[**附释**]就连**儿童**都被要求进行思索。比如他必须学习把形容词和名词结合起来。这时他必须注意观察并作出区分,必须回忆起一条规则,用它去处理特殊情况。规则无非是一个普遍者,儿童应当让特殊东西符合这个普遍者。——此外,我们在生活中有各种**目的**。我们对此进行思索,看看怎样才能够达到这些目的。在这里,目的是普遍者,而我们是依据目的来规定如何使用手段和工具。——在**道德关系**里,思索同样发挥着作用。在这里,思索意味着回忆起权利和义务,确定我们应当把哪一个普遍者当作坚定不移的规则,用它去指导我们在当前情况下的特殊举动。普遍的规定应当包含在我们的特殊举动中,并且是可以辨识的。——在对待**自然现象**的时候,我们也会发现思索。比如我们注意到闪电和雷鸣。这些现象是我们所熟知的,也是我们经常知觉到的。但人们不满足于单纯的熟知和单纯感性的现象,而是希望知道它们是什么,希望对它们进行概念把握。因此人们进行思索,希望知道原因是一个有别于现象本身的东西,内核是一个有别于单纯外观的东西。在这种情况下,人们使现象成为双重的东西,将其划分为内核和外观、力和外化、原因和作用等等。在这里,内核或力又是一个恒常的普遍者,不是这道或那道闪电,不是这株或那株植物,而是这些事物里的同一个持久不变者。感性东西是个别的、随时消失的东西;但通过思索,我们了解到其中的恒常者。

自然界给我们展示出无穷多的个别形态和个别现象。我们需要把统一体注入这种杂多性；因此我们进行比较，试图认识每一个东西里面的普遍者。个体诞生又逝去；种是其中的持久不变者，并且在万物中回归，而它只有作为思索的对象才存在着。规律也属于这种情况，比如天体的运动规律就是如此。我们看到星球今天在这里，明天在那里；这种无序状况对于精神而言是一件不适当的、不值得信赖的事情，因为精神相信秩序，相信一个简单的、恒常而普遍的规定。基于 [78] 这个信念，精神把思索应用于现象，认识到它们的规律，把天体的运动固定为一个普遍的方式，于是也能够从这个规律出发去规定和认识天体的任何一个位置变化。——那些支配着人的无限杂多的行为的力量也是如此。人们在这里也相信一个起支配作用的普遍者。——从所有这些例子可以看出，思索如何矢志不渝地寻求着固定的、持久不变的、内在地已规定的、支配着特殊东西的东西。这样的普遍者，作为本质性东西和真相，不是通过感官可以把握的。比如权利和义务就是行动的本质性东西，因为行动的真理在于遵循那些**普遍的**规定。

当我们这样规定普遍者时，就发现它构成了一个他者的对立面；这个他者是单纯直接的、外在的、个别的东西，与之对立的则是经过中介的、内在的、普遍的东西。这个普遍者并非外在地作为普遍者而实存着；种本身不可能被知觉到；天体运动的规律并没有写在天空上。因此普遍者不是人们能听到和看到的，毋宁只是作为精神的对象而存在着。宗教引导我们走向一个包揽万物的普遍者或一个创造万物的绝对者，而这个绝对者不是感官的对象，毋宁只是精神和思想的对象。

§22

γ) 通过思索，内容起初出现在感受、直观和表象里的方式发生了某种**变化**；就此而言，只有以一个变化为**中介**，我们才意识到**对象**的**真实本性**。

[附释]通过思索而得出的东西是我们的思维的产物。比如梭伦①为雅典人制定的法律就是从他的头脑里产生出来的。但我们反过来又把普遍者、规律看作单纯的主观东西的对立面,并且在其中认识到事物的本质性东西、真相和客观性。为了经验到事物的真相,仅凭全神贯注是不够的,毋宁说还需要加上我们的主观活动,去改造直接的现成东西的形态。乍看起来,这个做法是完全颠倒的,并且违背了认识活动的目的。但人们同样可以说,一切时代的人都具有一个信念,即只有借助思索去加工改造直接的东西,才能够达到实体性东西。反之主要是在近代才有人对此提出怀疑,并且坚持区分我们的思维的产物和自在的事物本身。据说,事物的自在体(Ansich)和我们对它的认识完全是两码事。[康德的]批判哲学尤其推崇这种将事物和认识割裂开的立场,与整个先前时代的信念相对立,因为后者认为事情和思想的一致是理所当然的。近代哲学的兴趣都是纠结于这个对立。但按照人的自然的信念,这个对立并非真实的对立。在日常生活里,我们进行思索,不需要什么特殊的反思就能够达到真相;我们无拘无束地思考,坚信思想和事情是一致的,而这是一个极为重要的信念。我们这个时代是如此的病态,竟至于绝望地认为我们的认识活动仅仅是一种主观的东西,甚至认为这种主观的东西是最不足道的。诚然,真理是客观的东西,而且应当是一个衡量所有的人的信念的规则,也就是说,只要个人的信念不符合这个规则,那么就是一个错误的信念。反之按照近代的观点,信念本身,单纯的信念形式,已经是正确的,——至于内容大可悉听尊便,因为没有什么尺度去衡量它们的真实性。——此前我们已经指出,按照人的古老信念,精神的使命在于知道真理,而这意味着,对象,外在的和内在的自然界,简言之客体,其自在的样子就是其被思考的样子,因此思维是客观事物的真理。哲学的任务仅仅在于,让人类自古以来对于思维

[79]

———————

① 梭伦(Solon,前640—前558),古希腊政治家和诗人,"七贤"之一。——译者注

的信念明确地成为意识的对象。因此哲学并不提出什么新的东西；我们在这里通过我们的反思而提出的观点，已经是每一个人的直接的信念。

§23 [80]

δ）既然思索揭示出真实的本性，而这个思维又是**我的**活动，那么这个真实的本性就同样是**我的**精神的**产物**，亦即我作为思维着的主体，作为单纯而普遍的我，作为绝对地**存在于自身那里**的我的产物，——或者说是我的**自由**的产物。

[说明]我们经常会听到自主思考或独立思考（Selbstdenken）这个说法，仿佛这是一件多么意义重大的事情。实际上没有谁能够代替别人思考，正如没有谁能够代替别人吃吃喝喝；因此那个说法是一句废话。——思维里面直接包含着**自由**，因为思维是普遍者的活动，进而是一种抽象的自身关联，它就主观性而言是一个无规定的、安然于自身的存在（Beisich-sein），同时就**内容**而言仅仅存在于**事情**及其各种规定之中。因此，当谈到哲学思考的谦卑或谦虚和高傲时，如果谦卑或谦虚是指否认哲学家的主观性有什么**特殊的**性质和举动，那么哲学思考至少已经摆脱了高傲，因为思维就内容而言之所以是真实的，仅仅因为它专注于**事情**，并且在形式上不是哲学家的一种**特殊的**存在或举动，毋宁说，意识表现为抽象的自我，表现为一个**摆脱了**各种性质和状态等**全部特殊性**的东西，并且仅仅从事一个普遍的活动，在其中与全部个体达成同一。——亚里士多德要求哲学家保持一种**高贵的**举止，而意识给予自己的高贵举止恰恰在于抛弃**特殊的**意谓和臆断，让**事情**本身去掌控一切。

§24

按照以上规定，思想可以被称作**客观的**思想，其中也包括那些起初在 [81]普通逻辑里得到考察的形式，而人们通常认为它们仅仅是**有意识的**思维的形式。这样一来,**逻辑学**就和**形而上学**汇合了,因为形而上学是一门在**思想**中把握**事物**的科学,并且认为思想表达出了**事物的本质性**。

[**说明**]诸如概念、判断、推论之类形式和另外一些形式(比如因果性等等)的关系,只能在逻辑学自身之内得到澄清。但目前已经可以看出,既然思想尝试为事物提出一个**概念**,那么这个概念(以及判断和推论等与之最为直接相关的形式)就不可能是由一些对事物而言陌生的外在规定和外在关系所构成的。正如之前所述,思索导向事物的**普遍者**;但这个普遍者本身是诸多概念环节之一。所谓"知性或理性存在于世界之内",就是"客观的思想"这个说法所包含着的意思。这个说法之所以令人感到不适,只不过是因为人们已经习惯于认为**思想**仅仅属于精神或意识,正如他们起初所说的"客观"仅仅指非精神性事物。

[**附释**1]当我们说"思想作为客观的思想乃是世界的内核"时,似乎就主张自然事物也应当具有意识。我们感觉到了一种矛盾,即一方面把事物的内在活动理解为思维,另一方面又说人是通过思维而区别于自然事物。换言之,我们似乎必须把自然界看作一个由无意识的思想构成的体系,或像谢林所说的那样,看作一种僵化的理智。因此为了避免误解,最好是用"**思维规定**"(Denkbestimmung)来替代"**思想**"(Gedanke)这个说法。——按照迄今所述,我们寻求的逻辑性是一个由思维规定构成的体系,在这些思维规定里,(通常意义上的)主观东西和客观东西之间的对立已经被消除了。当古人说[82]"努斯统治着世界",或者当我们说"理性存在于世界之内",就更明确地表达出思维及其规定的这个意义,而我们那句话的意思是:理性是世界的灵魂,寓居在世界之内,是它的内核,是它的最本己的、最内在的本性,是它的普遍者。举一个具体的例子,当我们谈到一个特定的动物时,我们说它是"**动物**"。我们不能指出**动物本身**,毋宁始终只能指出一个特定的动物。**动物本身**并未实存着,它只不过是个别

动物的普遍本性,而每一个实存着的动物都是一个具体得多的特定东西,一个特殊的东西。但"动物"这个种作为普遍者又属于一个特定的动物,并且构成了后者的特定的本质性。假若我们从狗那里拿走"动物"这个种,就说不出"狗"是什么了。全部事物都具有一个恒常的内在本性和一个外在的定在。万物活着,然后死去;万物产生,然后消灭。它们的本质性或普遍性是种,但种不应当仅仅被理解为一个共同点。

　　思维不但构成了外在事物的实体,也是精神性事物的普遍实体。人类的全部直观活动里面都有思维;同样,思维也是全部表象和回忆里面的普遍者,简言之,是每一个精神性活动和全部意愿、愿望等等里面普遍者。所有这一切都仅仅是思维的进一步的细分。当我们这样理解思维,相比仅仅宣称思维能力是与直观、表象、意愿等能力并列的东西,看起来就赋予思维另外一种地位。当我们把思维看作全部自然事物乃至全部精神性事物的真实普遍者,思维就统摄着所有这一切东西,并且是万物的根基。我们既然已经把客观意义上的思维理解为努斯,就可以紧接着指出主观意义上的思维是什么东西。我们首先说,人是思维着的,——但我们同时也说,人是直观着、意愿着的,如此等等。人是思维着的,并且是普遍者,但只有当普遍者成为他的**对象**,他才是思维着的。**自在地看来**,动物也是普遍者,但它的**对象**不是普遍者本身,毋宁始终只是个别东西。动物眼里只有个别东西,比如它的食物或一个人等等。所有这一切对它来说都仅仅是一个个别东西。同样,它的感觉始终只是局限于个别东西(**这一个**痛苦,**这一个**美味等等)。自然界意识不到努斯;只有人类才将自己双重化,使普遍者成为普遍者的**对象**。这件事情的最初表现就是人知道自己是"**我**"。当我说"**我**"时,我所意谓的我是这一个个别的、彻底地已规定的人。但实际上我并没有因此说出我的任何特殊方面。每一个其他的人都是"**我**",而当我把自己称作"**我**"时,我所意谓的虽然是这个个别的我,但我同时说出了一个完全普遍的东西。 [83]

我是纯粹的自为存在,其中已经否定和扬弃了全部特殊东西,因此我是最终的、单纯的、纯粹的意识。我们可以说"我和思维是同一个东西",甚至说"我是作为思维者的思维"。凡是我在我的意识里具有的东西,都是我的对象。我是这个虚空,是一切东西和每一个东西的容器,一切东西都是我的对象,而我在自身之内保存着一切东西。每一个人都是一个完整的表象世界,而所有这些表象都湮沉在"我"的黑夜中。总而言之,我是普遍者,其中既抽离了一切东西,同时又潜伏着一切东西。正因如此,我并非仅仅是一种抽象的普遍性,而是一种在自身之内包含着一切东西的普遍性。我们起初是在一种极为寻常的意义上使用"我",只有通过哲学反思,"我"才成为考察的对象。我们在"我"里具有完全纯粹的、当下的思想。动物不能说出"我",只有人类才能够说出"我",因为他是思维着的。我包含着丰富的内在内容和外在内容,基于这些内容的不同性质,我们相应地进行感性直观、表象、回忆等等。一切东西里面都有我,或者说一切东西里面都有思维。因此,哪怕人仅仅直观什么东西,也始终是思维着的;无论他观察什么东西,都总是将其看作普遍者,抓着个别东西将其提取出来,从而忽略其他东西,将其看作一个抽象的和普遍的东西,哪怕它仅仅在形式是一个普遍者。

我们的表象表现出两种情况,即要么**内容**是经过思考的,但**形式**没有经过思考,要么正相反,形式属于思想,但内容不属于思想。比如当我说"愤怒"、"玫瑰"、"希望"时,虽然这一切都是我的感觉所熟知的,但我是以普遍的方式,亦即通过思想的形式,说出这些内容;我在这样做的时候舍弃了很多特殊的东西,仅仅说出作为普遍者的内容,但内容始终是感性的。反过来,当我想象着上帝,虽然内容是一个纯粹的思想,但形式仍然是感性的,因为我是在自身之内直接发现这个形式。因此表象的内容不像直观的内容那样仅仅是感性的,毋宁说,要么内容是感性的,但形式属于思想,要么正好相反。在前一种情况下,材料是给定的,而形式属于思维;反之在后一种情况下,

内容发源于思维,但通过形式而成为一个给定的东西,因此是从外面 [84]
来到精神这里。

[附释2]我们在逻辑学里必须研究纯粹的思想或纯粹的思维规
定。说起日常意义上的思想,我们想到的始终是某种不同于纯粹思
想的东西,因为人们总觉得思想的内容是一种经验性东西。但我们
在逻辑学里是这样理解思想的,即它们的内容仅仅是一种属于思维
本身、并且通过思维而产生出来的内容。这样的思想是**纯粹的**思想。
比如精神就完全安然于自身,从而是自由的精神,因为自由无非意味
着在它的他者那里安然于自身、依赖于自身,作为它自己的规定者而
存在着。在全部冲动里,我都是从一个他者,从一个对我而言外在的
东西出发。然后我们才在这里谈到依赖性。只有当我不是把一个异
于我自己的他者当作对象时,才有自由可言。自然的人完全是由他
的各种冲动所规定的,因此并非安然于自身;无论他多么固执己见,
他的意愿和意谓的**内容**都不是他自己的内容,而他的自由仅仅是一
种**形式化的**自由。当我思维着,我就放弃了我的主观的特殊性;我专
注于事情,让思维自己检验自己,而一旦我把我自己的某些东西掺杂
进来,我就是以一种糟糕的方式思维着。

如果我们按照迄今所述把逻辑学看作**纯粹**思维规定的体系,那
么另外一些科学亦即自然哲学和精神哲学似乎就是一种应用逻辑
学,因为逻辑学是自然哲学和精神哲学的活生生的灵魂。这样一来,
余下的各种科学所关心的就只是去认识自然界和精神的各种形态中
的逻辑形式,因为这些形态只不过是纯粹思维形式的一种特殊的表
达方式。试以**推论**为例(这里不是指旧的形式逻辑意义上的推论,
而是指真正意义上的推论),它把特殊东西规定为中项,而中项把普
遍者和个别东西这两个端项联合起来。这个推论形式是全部事物的
一个普遍形式。全部事物都是一些把普遍者和个别东西联合起来的
特殊事物。但自然界本身没有能力呈现出纯粹的逻辑形式。比如磁

就呈现出这样一种软弱无力的推论,它在中项亦即它的无差别之点那里把它的两极联合起来,于是两极作为彼此有别的东西直接合为一体。在物理学里,人们也掌握了普遍者或本质,区别仅仅在于,自然哲学让我们意识到自然事物里的真实的概念形式。——就此而言,逻辑学是全部科学的生命灵魂,逻辑学的思维规定是纯粹的魂灵;它们是最内在的东西,同时又是我们始终挂在嘴边,因而看起来无比熟悉的东西。但通常说来,这类熟悉的东西是我们最不熟悉的东西。比如**存在**就是一个纯粹的思维规定;但我们从来没有想到把**存在**当作我们的考察对象。人们总觉得绝对者必定是位于遥远的彼岸,殊不知它是完全当下的东西,是我们作为思维者始终带在身边和使用着的东西,哪怕我们对此没有明确的意识。这类思维规定主要是记载在语言里面,因此儿童学习语法的用处在于以无意识的方式注意到思维的各种区别。

人们经常说,逻辑学仅仅研究**形式**,而它的**内容**是从别的什么地方取来的。但逻辑思想与所有别的内容相比并不是一种"**仅此而已**",毋宁说,所有别的内容与逻辑思想相比仅仅是一种"**仅此而已**"。逻辑思想是一切东西的自在且自为地存在着的根据。——更高程度的教化已经要求人们去关注这类纯粹的规定。对于这些规定的自在且自为的考察还有一个更深远的意义,即我们是从思维本身推导出这些规定,并且是从它们自身出发来检验它们是不是**真实的**规定。我们不是从外面接受这些规定,然后给它们下定义,或把它们拿来与它们出现在意识里的样子进行比较,然后指出它们的价值和有效性。因为假若是这样,比如我们就会从观察和经验出发,然后说"我们通常是这样或那样使用'**力**'的规定"。在这种情况下,如果定义与出现在我们日常意识里的所定义的对象相一致,我们就说这个定义是正确的。但通过这个方式,就不是自在且自为地规定一个概念,而是按照一个前提去规定概念,于是这个前提成了正确性的标准或尺度。但我们不使用这样的尺度,而是让那些内在地活生生的规

[85]

定自己检验自己。在日常意识看来,去追问思想规定的真理必定是一个奇怪的做法,因为思想规定似乎只有在应用于给定的对象时才获得真理,因此在脱离这些应用的情况下去追问思想规定的真理乃是没有意义的。但这个追问恰恰是关键之所在。当然,人们在这里 [86]必须知道"真理"究竟是什么意思。通常所说的真理是指一个对象与我们的表象相符合。这就预先设定了一个对象,而且我们的表象应当是与它相符合的。——反之在哲学的意义上,完全抽象地说,真理是指一个内容与自身相符合。因此这是一种与刚才所说的真理完全不同的真理。进而言之,更深刻的(哲学意义上的)真理已经隐约出现在日常语言里。比如当人们谈到一个**真实的**朋友时,意思是这个人的行为方式与"友谊"的概念是相符合的;同理人们也谈到一件**真实的**艺术作品。相应地,"非真实"意味着一个东西是恶劣的,自己与自己不相符合。在这个意义上,一个恶劣的国家就是一个非真实的国家,而总的说来,恶劣的、非真实的东西都是基于一个对象的规定或概念与它的实存之间发生的矛盾。对于这类恶劣的对象,我们可以形成一个正确的表象,但这个表象的内容是一个内在地非真实的东西。诸如此类正确的、同时非真实的东西,我们随时都可以在头脑里想到很多。——唯有上帝才是概念和实在性的真实符合;反之全部有限事物都自在地具有一种非真实性,它们具有一个概念和一个实存,但这个实存与它们的概念是不相符合的。正因如此,它们必须走向消灭,并通过这个方式表明它们的概念和它们的实存是不相符合的。动物作为个别东西以它的种为它的概念,而种则是通过[个别动物的]死亡而摆脱个别性。

考察这里已澄清的意义上的真理,亦即内容与其自身的符合,构成了逻辑性的真正兴趣。日常意识根本没有想到去追问思维规定的真理。因此逻辑学的任务可以这样表达,即去考察思维规定在何种意义上有能力把握真相。因此我们最终要追问,什么是无限者的形式,什么是有限者的形式?在日常意识里,人们对于有限的思维规定熟视无睹,不由分说就承认其有效性。但一切错觉都是源于按照有限的规定去思考和去行动。

[附释3]人们能够以各种方式认识真相,而认识活动的方式只能被看作形式。比如人们确实能够通过经验而认识到真相,但这个经验仅仅是一个形式。就经验而言,关键在于人们是带着何种心思(Sinn)去接触现实事物。伟大的心思能够获得伟大的经验,并且在纷乱的现象里洞察事情的关键。理念是明摆着的、现实的,不是某种藏在现象上面和后面的东西。比如歌德的伟大心思就能够静观自然界或历史,获得伟大的经验,洞察到合乎理性的东西并将其说出来。但除此之外,人们也能够通过反思而认识到真相,并且用思想的关系去规定真相。尽管如此,自在且自为的真相在这两种方式里仍然没有获得其独特的形式。最完满的认识方式是借助于思维的纯粹形式,在这种情况下,人表现出彻底自由的方式。全部哲学都主张,首先,思维形式是绝对的形式,其次,真理在这个形式中显现出它自在且自为的样子。对此的证明首先有一个意义,即揭示出认识活动的其他形式都是有限的形式。崇高的古代怀疑主义已经完成了这项工作,因为它揭示出所有那些形式都在自身之内包含着一个矛盾。由于这种怀疑主义也讨论了理性的形式,所以它把某种有限的东西塞到这些形式里面,以便把握它们。有限思维的全部形式都会出现在逻辑发展的历程中,而且是按照必然性而出现,但在当前的这个导论里,它们必须以非科学的方式首先被当作某种给定的东西而接受下来。正式的逻辑学研究不仅要揭示出这些形式的否定方面,而且要揭示出它们的肯定方面。

只要人们把认识活动的各种形式拿来相互比较,就会很容易觉得第一种形式亦即直接知识的形式是最合适、最美和最高级的。这种形式可以包揽一切东西,比如道德立场上的天真无邪,以及宗教立场上的情感、朴素的信赖、爱、忠诚、自然的信仰等等。其他两种形

[87]

式,首先是反思的认识活动,其次是哲学的认识活动,都已经脱离了那个直接的自然统一体。由于二者的共同之处在于都希望通过思维来把握真相,所以它们的这个方式很容易被看作人类的骄傲,竟然企图依靠自己的力量去认识真相。这个立场既然包含着一种普遍的分裂,就当然会被看作一切祸害和罪恶的根源,被看作原初的亵渎,就此而言,如果要返璞归真并达到和解,似乎就必须放弃思维和认识活动。至于离开自然统一体,可以说自古以来各个民族早就已经意识到了精神性东西的这个奇妙的内在分裂。自然界里面没有出现这种内在的分裂,自然事物也不会作恶。关于那个分裂的起源和后果,摩西五经所述的堕落神话给我们提供了一个古老的观念。这个神话的内容构成了一种基本信仰学说的基础,即人类在本性上就会堕落,因此需要一种救助。在逻辑学的开端去考察堕落神话似乎是很合适的,因为逻辑学研究认识活动,而这个神话也涉及认识活动及其起源和意义。哲学切不可在宗教面前畏畏缩缩,自贬身价,仿佛只要宗教对她采取容忍态度,她就必须心满意足。但另一方面,我们也必须拒斥那种观点,仿佛这类神话和宗教观念既然数千年来在各个民族那里都备受尊崇,就是某种真实无疑的东西。

[88]

现在如果我们更仔细地考察堕落神话,就会发现之前已经指出的那个情况,即它所表达的是认识活动和精神性生命之间的普遍关系。直接的精神性生命首先表现为天真无邪和朴素的信赖;但精神的本质就在于必须扬弃这个直接的状态,因为精神性生命区别于自然生命尤其是动物生命的地方在于,它不会停留于它的自在存在,而是**自为地**存在着。在此之后,这个分裂的立场同样必须遭到扬弃,而精神应当通过自身而返回到统一体。这样得到的统一体是一种精神性统一体,而那个回归的本原就包含在思维自身之内。带来创伤的是思维,进行医治的也是思维①。

---

① 《旧约·约伯记》5,18:"因为他打破,又缠裹;他击伤,用手医治。"——译者注

简言之,堕落神话所讲述的是,亚当和夏娃作为最初的人或一般意义上的人被安置在一座花园里,那里有一棵生命之树和一棵关于善和恶的知识之树。据说上帝曾经禁止他们摘吃知识之树的果子;至于生命之树,起初没有更多的说法。因此这里的意思是,人类不应当寻求知识,而是应当停留于天真无邪的状态。在另外一些具有深刻意识的民族那里,我们也发现了同样的观念,即人类最初处于天真无邪和合一的状态。这个观念的正确之处在于指出人类的一切东西虽然处于分裂状态,但不能安然于此;反之其错误之处在于认为那个直接的、自然的统一体是正当的。精神并非仅仅是一个直接的东西,而是在本质上就包含着自身中介的环节。儿童的天真无邪确实有其诱人之处和感人之处,但这只不过是因为它让我们回忆起那些应当通过精神而产生出来的东西。我们在儿童那里直观到的合一是一种自然的合一,然而真正的合一应当是精神的劳作和教化的结果。——基督说过"如果你们不**变成**像小孩子那样"①之类的话,但他并没有说我们应当永远是小孩子。

[89]

此外我们发现,在那个堕落神话里,人之所以离开统一体,是因为受到一个外在的劝诱(即蛇的劝诱)。但实际上是人的意识本身的觉醒才导致其陷入对立,而这是在每一个人那里都不断重演的历史。蛇指出神性就在于知道什么是善和恶,而人之所以获得这种知识,实际上是因为他通过摘食禁果而打破了他和他的直接存在的统一体。觉醒意识的第一个反思,就是亚当和夏娃注意到自己是赤身裸体的。赤裸是一个极为朴素和根本的特征。也就是说,羞耻意味着人类与他的自然存在和感性存在分离了。动物没有进展到这种分离,因此是不知羞耻的。同理,我们也必须在人类的羞耻感里寻找衣服的精神起源和伦理起源;至于单纯的生理需要,反而是居于次要的地位。

---

① 《新约·马太福音》18,3:"你们若不回转,变成小孩子的样式,断不得进入天国。"——译者注

接下来是上帝施加给人的所谓的咒罚。其强调的重点在于人和自然界的对立。男人应当汗流满面地去劳作,女人应当承受分娩的痛苦。进而言之,这里所说的劳作既是分裂的后果,也是对于分裂的克服。动物用直接找到的东西去满足自己的需要,与此相反,人是用他制造和改良的工具去满足自己的需要。因此在这种外在性里,人同样是和他自己打交道。

将人驱逐出伊甸园还不是这个神话的结局。接着还有这样的记载:"上帝说:看啊,亚当已经成为我们的一员,因为他知道什么是善 [90] 和恶。"①——这里指出认识活动是某种神性的东西,而不是像之前那样将其看作某种不应当存在的东西。因此这里同时反驳了"哲学仅仅属于有限的精神"这一谣言。哲学是一种认识活动,而只有通过认识活动,人的那个原初使命,亦即成为上帝的一幅肖像,才得以实现。——按照后来的记载,上帝把人驱逐出伊甸园,是为了防止他又去摘食生命之树的果子,而这就清楚地表明,虽然人就其自然的方面确实是有限的和有死的,但在从事认识活动的时候却是无限的。

众所周知,教会主张人在本性上是恶的,并且把这种本性上的恶称作原罪。但在这个问题上,我们必须抛弃一个外在的观念,即以为原罪只是基于最初的人的一个偶然行为。实际上,精神的概念本身就意味着人在本性上是恶的,而人们切不可以为除此之外还有别的可能。只要人是作为自然存在者而存在着和行动着,那么这就是一个不应当有的局面。精神应当是自由的,并且应当依靠自己而成为它所是的东西。近代的启蒙运动反对教会的深刻的原罪学说,宣称人在本性上是善的,因此必须忠于这个本性。人脱离自己的自然存在,意味着人作为一个具有自我意识的存在与一个外在的世界区分开。然而即便这个分裂的立场属于精神的概念,人也不应当停留于此。思维和意愿的整个有限性就陷入这个分裂的立场。在这种情况

---

① 《旧约·创世记》3,22。——原编者注

下,人把自己当作目的,从自己那里获取行动的材料。由于他把这些目的看作至高无上的东西,只关心自己,只愿意用自己的特殊性去排斥普遍者,所以他是恶的,而这个恶就是他的主观性。乍看起来,这里有一种双重的恶,但二者实际上是同一个东西。当人是精神时,他就不是一个自然存在者;当人按照自然存在者的方式去行动并且遵循欲望的目的时,他所**欲求**的就是自然存在者。因此人的自然的恶不同于动物的自然的存在。确切地说,自然性决定了自然的人是严格意义上的个人,因为自然界总的说来就是一大群个别东西。相应地,当人所欲求的是自己的自然性时,他所欲求的就是个别性。当然,针对这种属于自然的个别性、并且发源于冲动和偏好的行动,也出现了规律或普遍的规定。这个规律或许是一种外在的暴力,或许具有神性权威的形式。只要人始终囿于自己的自然行为,他就是规律的奴仆。诚然,人的偏好和情感里面也包含着一些超越了自私的个别性、善意的、社会性的偏好、同情和爱等等,但只要这些偏好是直接出现的,那么它们的自在地普遍的内容就仍然具有主观性的形式;自私自利和偶然性在这里始终扮演着重要角色。

[91]

§25

"**客观的思想**"这个说法标示着**真理**,而真理不仅应当是哲学的**目标**,更应当是哲学的绝对**对象**。但这个说法在根本上立即展示出一个对立,而当代的哲学立场的兴趣,还有对于**真理**以及如何认识真理的追问,都是围绕着这个对立及其规定和有效性而展开的。如果思维规定被束缚于一种固定的对立,也就是说,如果它们在本性上仅仅是**有限的**东西,那么它们就不符合那个绝对地自在且自为地存在着的真理,真理也不可能出现在思维中。当思维仅仅生产出**有限的**规定并在这类规定里面活动,就叫作**知性**(Verstand,就这个词语的精确意义而言)。进而言之,我们必须以双重的方式去把握思维规定的**有限性**:一方面,它们**仅仅是主观的**,恒常地与客观东西相对立;另一方面,它们作为一般意义上的**受限制的**内容,不但坚持彼此之间的对立,更坚持与绝对者的对立。现在我们应当考察**思维对待客观性的各种态度**,以便通过这个更具体的导言去澄清和落实逻辑学在这里具有的意义和立场。

[**说明**]我在发表《精神现象学》的时候,之所以把它称作"科学体系的第一部分",原因在于,这本书所采取的进路是从精神最初的、最单纯 [92]的现象亦即**直接意识**出发,然后将意识的辩证法一直发展到哲学科学的立场,并通过整个推进过程而揭示出这个立场的必然性。但我在这样做的时候不可能止步于单纯意识的形式化方面,因为哲学知识的立场同时是内在地最有内涵、最具体的立场;就此而言,当这个立场作为结果显露出来,就已经以道德、伦理、艺术、宗教等具体的意识形态为前提。所以,尽管**内涵**(亦即哲学科学的各个特殊部门的对象)的发展过程同时也是那个起初看起来仅仅局限于形式化方面的意识的发展过程,但前一种发展过程必须落后于后一种发展过程,因为内容是作为**自在体**(Ansich)而与意识发生关系。在这种情况下,相关阐述变得尤为复杂,许多原本属于具体部门的东西已经附带着出现在那个导论亦即精神现象学里面。——这里着手进行的考察还有更多的不便之处,因为它只能采取历史的和推理的方式。但这个考察主要应当促成一个洞见,即人们在想象着**认识活动**的本性、**信仰**之类东西时所面对的那些问题,虽然在他们看来是非常**具体的**,实际上都可以归结为**单纯的**思想规定,而这些思想规定只有在逻辑学里才得到真正透彻的处理。

A. 思想对待客观性的第一种态度 [93]

形而上学

§26

第一种态度是一种**朴素的**做法。这种做法还没有意识到思维的内在对立和自身对立,却抱着一个**信念**,以为可以**通过思索而认识到真理**,以为客体的真相就呈现在意识面前。思维抱着这个信念径直走向对象,从自身出发把感觉和经验的内容改造为思想的内容,并且满足于它信以为真的这类内容。全部初期的哲学,全部科学,甚至全部日常生活和意识活动都活在这个信念中。

§27

这种思维因为没有意识到自己的对立,所以既**可能**就其内涵而言是**思辨的哲学思考**,也**可能**纠缠于**有限的思维规定**,亦即纠缠于**尚未瓦解的**对立。在当前的这个导言里,我们的兴趣只在于考察这种思维态度的界限,因此首先只能考察后面这种**哲学思考**。——其最为明确的、与我们相距最近的形态就是**旧的形而上学**,亦即康德哲学之前的那种形而上学。但这种形而上学只有从哲学史来看才是某种**旧的东西**;它本身始终是屹立不倒的,亦即总是以**单纯知性的观点**去看待理性对象。就此而言,对它的做派和主要内容加以细致考察,这同时具有更深层次的现实意义。

[94]
§28

这种科学把思维规定看作**事物的基本规定**;它假定我们在**思考存在者**的时候就认识到其**自在的样子**,就此而言,这门科学立于一个比后来的批判哲学更高的立场。但是,1. 那些抽象的规定被看作本身就是有效的,并且能够成为**真相的谓词**。总的说来,旧的形而上学假定,只要**把某些谓词添附到绝对者身上**,就能够认识到绝对者,因此它既不去追究知性规定的独特内容和独特价值,也不去追究这种通过添附谓词来规定绝对者的做法。

[说明]比如,在"**上帝具有定在**"、"世界究竟是有限的抑或是无限的"、"灵魂是**单纯的**"等问题里,乃至于在"物是**某一**,是一个**整体**"之类命题或问题里,"**定在**"、"**有限性**"和"**无限性**"、"**单纯**"和"**复合**"、"**某**

一"和"**整体**"等等都是这样的谓词。——旧的形而上学既不探讨这类谓词是否自在且自为地就是某种真实的东西,也不探讨判断的形式是否能够成为真理的形式。

[**附释**]旧的形而上学的前提是全部朴素的信念的前提,亦即认为思维能够把握事物的**自在体**,并且只有思维中的事物才是真实的事物。它认为人的心灵和自然界是一位变化多端的普罗透斯①,因此很容易觉得直接出现的事物不是其自在的样子。——旧的形而上学的这个立场与批判哲学的结论正好相反,而按照批判哲学的那个结论,确实可以说人们吃到嘴里的只是糟糠而不是米饭。

至于旧的形而上学的具体做法,首先可以指出,它并没有超越单纯**知性式**的思维。它直接拿来各种抽象的思维规定,认为它们能够成为真相的谓词。说到思维,我们必须把**有限的**、单纯**知性式**的思维和**无限的**、**理性式**的思维区分开。只要思维规定是作为直接的、个别化的东西出现,就是**有限的**规定。但真相是内在的无限者,不可能通过有限者而表达出来并呈现在意识面前。如果人们坚持近代的观念,始终把思维看作受限制的东西,可能就会觉得"**无限的思维**"这一术语是很刺眼的。但实际上,思维按照其本质而言就是内在无限的。所谓"有限",从形式上来说是指某东西具有一个终点,或某东西虽然**存在着**,但当它与它的他者联系在一起,随之受到他者的限制,就不再存在。也就是说,有限者是在与它的他者相关联时才持存着,而他者是对它的否定,并且呈现为它的界限。但思维安然于自身,自己对待自己,把自己当作对象。当我把一个思想当作对象时,我是安然于自身。因此,我,思维,之所以是无限的,是因为我在思维里对待一个对象,而这个对象就是思维本身。一般意义上的对象是

[95]

---

① 普罗透斯(Proteus)是希腊神话中的一位具有预言能力的海神,以外形变化多端难以识别而著称。——译者注

一个他者,一个与我相对立的否定者。当思维思维着自身时,它就具有一个同时不是对象的对象,也就是说,这个对象是一个已扬弃的、观念性的对象。因此真正意义上的、纯粹的思维在自身之内没有受到任何限制。只有当思维止步于一些受限制的规定,把它们看作终极的东西,它才是有限的。与此相反,无限的或思辨的思维既是受规定的,也是进行规定和进行划界的,因此重新扬弃了这个缺陷。我们不应当像普通人那样把无限性理解为一种抽象的不断超越,而是应当像刚才所说的那样,用一个简单的方式去理解它。

　　旧的形而上学的思维是**有限的**思维,因为它在一些有限的思维规定里活动,并且认为它们的限制是某种固定的、不能再加以否定的东西。比如,当人们追问"上帝是否具有**定在**"时,就把"**定在**"看作一种纯粹肯定的、终极的、卓越的东西。但后面我们将会看到,"**定在**"绝不是一种纯粹肯定的东西,而是一个过于低级的、配不上理念和上帝的规定。——此外,人们也追问世界的有限性或无限性。无限性在这里被看作有限性的固定的对立面,但很显然,如果二者处于彼此对立的关系,那么那种本来应当是整体的无限性就仅仅显现为**一个**方面,并且受到有限者的限制。——然而一种受到限制的无限性本身就只是一个有限者。在同样的意义上,人们也追问"灵魂是单纯的抑或复合的"。这里同样把单纯性看作一个终极的、能够把握真相的规定,殊不知"单纯"和"定在"一样,都是一个如此贫乏、抽象而片面的规定,而且后面我们将会看到,这个规定本身就是非真实的,没有能力把握真相。假若灵魂仅仅被看作单纯的,那么它就通过这种抽象而被规定为一个片面的和有限的东西。

[96]

　　简言之,旧的形而上学的兴趣在于研究上述类型的谓词是否能够添附到它们的对象身上。但这些谓词是受限制的知性规定,它们只能表达出一个限制,不能表达出真相。——这里尤其需要注意的是,旧的形而上学是通过什么方式把谓词**添附**到有待认识的对象(比如上帝)身上。这是一种对于对象的外在反思,因为那些规定

（谓词）在我的表象里是现成已有的,然后仅仅以外在的方式被添附到对象身上。与此相反,为了真正认识一个对象,必须采取这个**方式**,即让对象自己规定自己,而不是从外面获得它的谓词。因此,如果人们采取的是谓述的方式,那么精神就会觉得这些谓词是无穷无尽的。正是基于这个立场,东方人完全正确地指出上帝有许多名字,甚至有无穷多的名字。心灵对每一个有限的规定都不能感到满足,因此东方人的知识在于无休止地搜集这类谓词。有限的事物确实必须是由有限的谓词所规定的,而知性在这里真正有其用武之地。知性本身是有限者,也仅仅认识有限者的本性。比如当我称一个行为是**偷窃**时,就已经规定了这个行为的本质性内容,而对法官来说认识到这一点就足够了。同理,有限事物可以表现为**原因**和**作用**,**力**和**外化**,如果我们按照这些规定去把握它们,那么就是把它们当作有限者来加以认识。但理性的对象不是这些有限的谓词所能规定的,而旧的形而上学的缺陷就在于在这件事情上乐此不疲。

§29

这类谓词本身既然是一种**受限制的**内容,就已经表明自己和那些**充盈的表象**(比如上帝、自然界、精神等等的表象)是不符合的,绝不可能穷尽其意义。再者,它们作为**同一个**主词的谓词虽然彼此结合在一起,但在 [97] 内容上却是各不相同的,因此它们**对彼此而言**都是**从外面接纳**下来的。

[**说明**]东方人在规定上帝时,试图通过把许多**名字**添附在上帝身上而弥补第一种缺陷;但他们同时承认这些名字是**无穷多**的。

§30

2. 虽然形而上学的**对象**是一些总体性的东西(即灵魂、世界、上帝),而且这些东西自在且自为地看来属于**理性**,属于内在**具体的**、普遍的思维,但它是从**表象**那里拿来这些对象,然后把它们当作**现成已有的**、给定的**载体**,继而把各种知性规定应用在它们身上。形而上学仅仅把那个表象当作**尺度**,以衡量各种谓词究竟是不是合适的和充分的。

§31

灵魂、世界和上帝的表象起初似乎给思维提供了一个**坚实的支撑点**。这些表象被看作特殊的主体,因此能够具有一个极为不同的意义,但除此之外,它们更需要通过思维而获得一个固定的规定。每一个命题都表达出了这一点,因为在命题里,只有通过**谓词**(也就是说,在哲学里,只有通过思维规定)才能够指出主词亦即最初的那个表象是什么东西。

[**说明**]比如在"上帝是永恒的"这一命题里,"上帝"的表象是出发点;但我们还不**知道**上帝**是**什么东西;只有谓词才说出他**是**什么东西。换言之,既然逻辑性的内容完全和仅仅是由思想的形式所规定的,那么如果我们再把这些规定当作谓词放在某些以上帝(或更宽泛地说,绝对者)为[98] **主词**的命题里面,这就不但是多此一举,而且有一个缺点,即让人以为除了思想本身的本性之外还有另外一个尺度。——无论如何,命题的形式(或更确切地说,判断的形式)都不适合用来表达具体的和思辨的东西(真相是具体的);判断在形式上就是片面的,因而是虚假的。

[**附释**]这种形而上学不是一种自由的和客观的思维,因为它不让客体自由地从自身出发规定自己,而是预先设定客体已经是现成的东西。——说到自由的思维,希腊哲学的思考就是自由的,但经院哲学则不然,因为它同样是把自己的内容当作一种给定的东西(亦即由教会颁布的东西)而接纳下来。——我们这些现代人已经通过我们的整个教化而经受了一些表象的洗礼,这些表象具有最深刻的内容,因此很难加以突破。我们必须把古代哲学家看作这样的人,他们完全以感性直观为立足点,除了高高的天空和周遭的大地之外没有别的前提,因为神话观念早已经被抛到一边。在这个实际的环境

里,思想是自由的,并且已经返回到自身,摆脱了全部材料,纯粹地安然于自身。这种纯粹的安然于自身的存在属于自由的思维,属于自由的翱翔,那里没有天上和地下的束缚,只有我们孤寂屹立着的身影。

§32

3. 这种形而上学转变为**独断论**,因为按照有限的规定的本性,它必须假定,在**两个相互对立的主张**(比如前面所说的那些命题)里,其中一方是**真实的**,另一方是**虚假的**。

[**附释**]**独断论**的对立面首先是**怀疑主义**。古代怀疑主义者把任何提出了特定原理的哲学都通通称作独断的。在这个宽泛的意义上,真正的思辨哲学在怀疑主义者看来也是独断的。但实际上,真正的独断论是指坚持片面的知性规定,同时排斥相反的规定。总的说来,独断论恪守**非此即彼**(Entweder-Oder)的原则,比如世界**要么是**有限的,**要么是**无限的,并且二者之中**只有一方**是正确的。但真实的 [99] 或思辨的东西恰恰不具有这类自在的片面规定,不是这些规定所能穷尽的,而是作为总体性把各种规定联合在自身之内,反之独断论却是把这些割裂的规定看作固定的真相。——哲学里面经常出现片面性和总体性分庭抗礼的情况,而且前者认为自己能够作为一个特殊的、固定的东西而与后者相对立。实则片面的东西不是固定的和独自持存着的,而是作为已扬弃的东西包含在整体里面。知性形而上学的独断论在于坚持孤立的、片面的思想规定,反之思辨哲学的唯心主义却是以总体性为本原,并且表明自己统摄着片面而抽象的知性规定。比如唯心主义会说:灵魂既非**仅仅**是有限的,也非**仅仅**是无限的,而是在本质上**既是**有限的,**也是**无限的,从而**既非**有限的,**也非**无限的;也就是说,这些规定在孤立的情况下是无效的,只有作为已扬弃的东西才具有效力。——哪怕是我们的日常意识,也已经包含着

唯心主义。比如我们会说感性事物是可变化的,也就是说,它们既包含着存在,也包含着非存在。——但在涉及各种知性规定时,人们就更顽固一些。在他们看来,这些作为思维规定的知性规定是一种更为固定的东西,甚至是一种绝对固定的东西。在他们看来,这些彼此对立的规定是通过一个无底深渊而彼此割裂开的,因此绝不可能触及彼此。正因如此,理性的斗争就在于去克服知性已经固化的东西。

§33

按照一个整齐的秩序,这种形而上学的**第一部分**构成了**本体论**——关于**本质的抽象规定**的学说。这些杂多的、效力有限的规定既然缺少一个本原,就只能以**经验的和偶然的方式**被列举出来,而它们的具体**内容**也只能是立足于**表象**,立足于人们看到一个词语时立即想到的**论断**,有时甚至是立足于词源学。这种做法只能涉及与语言习惯相符合的字面分析的**正确性**和经验的**完整性**,却不可能涉及这类规定的自在且自为的**真理**和**必然性**。

[100]

[**说明**]关于存在、定在、或有限性、单纯性、复合性等等究竟是不是**自在且自为的真实概念**,如果人们以为这里谈论的只是**一个命题**的真实性,以及一个**概念**是否真的能够(如人们常说的那样)**添附到一个主词身**上,就必定会觉得相关问题是很奇怪的。据说,如果表象的主词和那个谓述主词的概念之间有矛盾,那么命题就是不真实的。但具体的概念乃至每一个规定性在本质上都是区分开的规定的内在统一体。因此,假若真理仅仅是指"无矛盾",那么我们在每一个概念那里都必须首先考察它是否包含着这样一种内在的矛盾。

§34

第二部分是**理性心理学**或**灵魂论**,其探究的是**灵魂**(亦即作为一个**物**的精神)的形而上的本性。

[说明]理性心理学在**复合、时间、质的变化、量的增加或减少**等规定所处的那个层面里寻找[灵魂的]不朽。

[附释]当心理学不是以经验的方式去考察灵魂的外化,就叫作理性心理学。理性心理学考察灵魂的形而上的本性,以及灵魂是如何接受抽象思维的规定。它企图认识灵魂的内在本性,以及灵魂自在的样子和对思想而言的样子。——今天的哲学很少谈到灵魂,而是主要讨论精神。精神和灵魂的区别在于,后者仿佛是身体和精神之间的中介者,或者说是二者之间的纽带。精神作为灵魂已经沉浸在身体之内,而灵魂是身体的生命之源。

旧的形而上学把灵魂看作物。但"物"是一个极为含糊的说法。[101]我们所理解的物首先是一个直接的实存者,一个出现在感性表象中的东西,而人们就是在这个意义上谈论灵魂,进而去追问灵魂的居所。假若灵魂有一个居所,那么它就是在空间里,并且以感性的方式被表象。同样,当人们追问灵魂的单纯性或复合性时,也是把灵魂理解为一个物。这个问题在涉及灵魂的不朽时尤其令人感兴趣,因为据说灵魂的单纯性是不朽的条件。但实际上,无论是"单纯"还是"复合"之类抽象的规定都不符合灵魂的本质。

至于理性心理学和经验心理学之间的关系,可以说前者处于一个更高的立场,因为前者致力于通过思维去认识精神,进而证实那些经过思考的东西,反之后者却是从知觉出发,仅仅去列举和描述知觉所提供的东西。如果人们想要思考精神,就万万不可回避精神的特殊性。当我们说精神是活动时,经院哲学家已经在同样的意义上宣称上帝是"绝对的活动"。但精神既然是活动,就必定会外化自身。正因如此,我们不应当把精神看作一个与过程无关的**存在者**(ens),而旧的形而上学不但这样做了,而且把精神的与过程无关的内在性和它的外在性截然分开。从根本上说,我们必须在精神的具体现实性或实现(Energie)中考察精神,亦即必须认识到这些具体而现实的外化是由精神的内在性所规定的。

§35

第三部分,宇宙论,探讨**世界**,世界的偶然性、必然性、永恒性、在空间和时间中受到的限制,世界上的各种变化中的形式化规律,以及人的自由和恶的起源。

[说明]在这些探讨中,以下规定尤其被看作绝对的对立:偶然性和必然性;外在的必然性和内在的必然性;作用因和目的因,或者说一般意义上的因果性和目的;本质或实体和现象;形式和质料;自由和必然性;幸福和痛苦;善和恶。

[102]

[**附释**]宇宙论的对象不但包括自然界,而且包括精神的外在复杂情况和现象,也就是说,包括全部定在或全部有限者。但宇宙论不是把它的对象看作一个具体的整体,而是仅仅按照抽象的规定去考察对象。举例来说,它所探讨的是"世界是由偶然性还是由必然性支配着的","世界是永恒的还是被创造的"之类问题。相应地,这些领域主要致力于提出一些所谓的普遍宇宙规律,比如"自然界里没有飞跃"等等。在这里,"飞跃"无非意味着一种直接出现的质的区别和质的变化,反之(量的)逐渐变化则是呈现为一种经过中介的东西。

至于精神在世界中的显现,宇宙论主要追问的是人的自由和恶的起源。这些问题确实是极为有趣的。但为了给出令人满意的答复,首要的关键在于不要坚持认为抽象的知性规定是终极的东西,**仿佛**相互对立的规定中的任何一方本身就具有持存,并且在孤立的情况下也具有实体性和真实性似的。然而这恰恰是旧的形而上学的立场,正因如此,那些宇宙论探讨也不能达到自己的目的,即去理解把握世界的各种现象。比如,人们首先看到自由和必然性的区别,然后通过这个**方式**把这些规定应用于自然界和精神,即认为自然界的作用是服从必然性,而精神却是自由的。诚然,这个区别是根本重要的,而且是以精神本身的至深内核为基础,但如果自由和必然性被看作抽象地彼此对立的东西,就仅仅属于有限性,并且只适用于这个层面。假若自由没有在自身之内包含着必然性,假若必然性完全与自由无关,那么它们全都是一些抽象的、从而虚假的规定。自由在本质上是具体的,以永恒的方式内在地已规定的,因此同时是必然的。通常人们在谈到必然性的时候,起初只是将其理解为一种外来的规定,比如在有限的力学里,一个物体只有在受到另一个物体的撞击时才会运动,而且其运动的方向是由这个撞击所决定的。但这是一种纯粹外在的必然性,不是真正内在的必然性,因为后者是自由。——同理,现代世界里的那个变得更加深刻的**善**和**恶**的对立也是如此。如果我们把恶看作一个本身固定的东西,一个不是善的东西,那么正确的做法当然就是承认这个对立,而不是指责这个对立的虚假性和相对性,仿佛恶和善在绝对者里面是合为一体的,或像人们最近所说的那样,只有我们的观点才使得某东西是恶的。真正的错误之处在于把善看作一个固定的肯定者,殊不知它其实是一个否定者,它本身不具有持存,只想要成为自为存在,但实际上只不过是否定性的内在的绝对假象。

[103]

§36

第四部分,**自然神学**或**理性神学**,考察上帝的概念或可能性,以及关于上帝的定在和各种特性的证明。

[说明]a)这种对于上帝的知性式考察主要关心的是哪些谓词适合或不适合**我们**关于上帝的**表象**。实在性和否定的对立在这里以绝对的方式出现;因此,知性所理解的**概念**最终只是"无规定的**本质**"、"纯粹的实在性或肯定性"之类空洞而抽象的东西,而这是近代启蒙运动的僵死产

物。b)一般而言,有限认识活动的**证明**表现为一种本末倒置的做法,即为上帝的存在寻找一个客观的根据,但这样一来,这个存在就呈现为一个以他者为**中介**的东西。这种证明以知性式同一性为规则,因此不可能从**有限者**过渡到**无限者**。在这种情况下,要么上帝不能摆脱定在世界的恒常肯定的有限性,从而必须把自己规定为定在世界的直接实体(导致泛神论),——要么上帝始终是一个与客体相对立的主体,于是通过这个方式成为一个**有限者**(导致二元论)。c)至于上帝的各种**特性**,它们本来应当是已规定的和各不相同的,但真正说来已经淹没在"纯粹的实在性"、"无规定的本质"之类抽象的概念里。但只要人们仍然把有限世界看作一个真实的**存在**,并且认为上帝始终处于与之对立的表象中,他们就会想象上帝与有限世界的各种关系。当这些关系被规定为上帝的特性,就一方面必须作为有限状态的关系属于有限的类型(比如"公正"、"善良"、"强大"、"智慧"等等),同时另一方面又应当是无限的。站在这个立场上,这个矛盾只能通过量的增长而得到一个含含糊糊的解决,亦即将其推到无规定的东西或 sensum eminentiorem〔至高无上的感觉〕。但这样一来,特性实际上已经被消灭了,只剩下一个名称。

[104]

　　〔**附释**〕旧的形而上学的这个部分旨在确定理性本身能够在多大程度上认识上帝。诚然,通过理性去认识上帝乃是科学的最高任务。宗教起初包含着上帝的表象;这些表象被汇编为信条,从我们还是少年时就作为宗教学说灌输给我们,就此而言,只要一个人相信这些学说,把它们看作真理,他就具备了作为基督徒的基本条件。但神学是研究这种信仰的科学。如果神学仅仅是宗教学说的外在的列举和汇编,那么它还不是科学。即便神学是通过当代极为盛行的纯历史学研究方式去研究自己的对象(比如转述这位或那位教父说过的话),也仍然没有获得科学性。要达到科学性,首先必须推进到概念把握式的思维,而这是哲学的工作。因此真正的神学在本质上同时是宗教哲学,而中世纪的神学也是如此。

具体到旧的形而上学的**理性神学**,可以说它不是**理性**科学,而是关于上帝的**知性**科学,因为它的思维仅仅在抽象的思想规定里活动。——这里本来应当探讨上帝的**概念**,但实际讨论的是上帝的**表象**,而且这个表象成了衡量认识的尺度。思维必须自由地在自身之内运动,但这里需要注意的是,自由思维的结果和基督教的内容是一致的,因为基督教是理性的启示。可惜那种理性神学没有达到这种一致。它致力于通过思维去规定上帝的表象,因此其得出的上帝的概念仅仅是一般意义上的"肯定性"或"实在性"等将否定排除在外的抽象东西。相应地,上帝被定义为**最实在的本质**。但我们很容易看出,这个最实在的本质既然把否定排除在外,就恰恰不是他本来应当是、而且知性也以为是的那个东西。基于这种抽象的理解,最实在的本质非但不是最丰富和绝对充盈的东西,反而是最贫乏和绝对虚空的东西。心灵合理地要求一个具体的内容;但这样的内容只有在包含着规定性亦即否定的时候才会出现。假若上帝的概念仅仅被理解为抽象的或最实在的本质,上帝对我们而言就成了一个单纯的彼岸,至于对他的认识就更无从谈起;换言之,那没有规定性的地方,也不可能有认识。纯粹的光明是纯粹的黑暗。

[105]

这种理性神学的第二个兴趣涉及对于上帝的定在的证明。关键在于,知性所理解的证明是指一个规定依赖于另一个规定。这种证明先设定一个固定的前提,然后从中推导出一个他者。因此它所揭示出的是一个规定对于一个前提的依赖性。但如果以这个方式去证明上帝的定在,就意味着上帝的存在应当依赖于别的规定,因此是这些规定构成了上帝的存在的根据。这里我们立即可以看出事情是不对劲的,因为上帝恰恰应当是一切东西的绝对根据,就此而言不应当依赖于他者。有鉴于此,最近有人主张上帝的定在不是可以证明的,而是必须直接地被认识到。另一方面,理性对证明的理解完全不同于知性,甚至健全的常识也站在理性一边。也就是说,理性的证明虽然也是把上帝的一个他者当作出发点,但在随后的推进过程中并没

[106]　有把这个他者当作一个直接的存在者,而是表明它是一个经过中介的和经过设定的东西,同时得出一个结论,即上帝必须被看作一个在自身之内包含着已扬弃的中介活动的东西,一个真正的直接东西,一个原初的、立足于自身的东西。——有人说,"只要去观察自然界,自然界就会把你们导向上帝,你们将发现一个绝对的终极目的",但这句话的意思不是指上帝是一个经过中介的东西,而是指只有**我们**才能够从一个他者出发推进到上帝,而这个推进过程的**方式**,就是上帝作为结果同时是起初那个他者的绝对根据,因此二者的地位发生颠倒:那看上去是结果的东西,也表明自己是根据,反之那起初呈现为根据的东西,被降格为结果。理性证明的推进过程也是如此。

　　经过以上讨论,当我们再回顾一下这种形而上学的基本方法,就会发现它的方法在于用抽象的、有限的知性规定去把握理性对象,并且把抽象的同一性当作本原。但这种知性式的无限性,这种纯粹的本质,本身只是一个有限者,因为它把特殊性排除在外,于是遭到特殊性的限制和否定。这种形而上学未能达到具体的同一性,而是执着于抽象的同一性;但它的成就在于意识到唯有思想才是存在者的本质性。这种形而上学的材料是由早期的哲学家尤其是经院哲学家所提供的。思辨哲学虽然也把知性当作一个环节,但不会止步于这个环节。柏拉图不是这样的[知性式]形而上学家,亚里士多德更不是,虽然常人对此的看法正好相反。

B. 思想对待客观性的第二种态度

I. 经验论

§37

一方面,针对知性的抽象理论(因为知性本身不能从它的那些普遍者推进到特殊的规定),人们需要一个**具体的**内容;另一方面,针对那种可能性(即**能够**在各种有限规定的范围内并按照其方法**证明一切东西**), 人们需要一个**固定的支撑点**。这两层需要首先导致**经验论**。经验论的意图不是要在思想本身之内寻找真相,而是要从**经验**里面,从当下的外在经验和内在经验里面,挖掘出真相。 [107]

[**附释**]经验论的起源归功于刚才所说的对于**具体内容和固定支撑点**的需要,而这些需要是抽象的知性式形而上学不能加以满足的。说到具体的内容,一般而言我们必须知道意识的对象是内在地已规定的,并且是各种区分开的规定的统一体。但正如我们看到的,遵循着知性原则的知性式形而上学根本没有做到这一点。单纯的知性式思维被限定在抽象普遍者的形式上,没有能力推进到这个普遍者的特殊化。比如,旧的形而上学致力于通过思维去探究灵魂的本质或基本规定,然后宣称灵魂是**单纯的**。这个被指派给灵魂的单纯性意味着一种抽象的单纯性,亦即把区别排除在外,而区别作为复合性则是被看作身体的基本规定,进而被看作全部质料的基本规定。但抽象的单纯性是一个极为贫乏的规定,我们绝不可能用它去把握灵魂的丰富内容,更不可能用它去把握精神的丰富内容。当这种抽象的形而上学思维表明自己是捉襟见肘的,人们就被迫把经验心理学当作避难所。理性物理学也面对着同样的情形。相比于自然界的充盈内容和盎然生机,诸如"空间是无限的"、"自然界里没有飞跃"之类说法是完全不能令人满意的。

§38

一方面,**经验论**和形而上学本身有一个共同的源泉,因为形而上学在论证它的那些定义——对于各种前提以及更明确的内容的定义——时,同样诉诸表象,亦即诉诸那些起初来自经验的内容。另一方面,个别的知觉不同于经验,因此经验论把那些属于知觉、情感和直观的内容提升为**普** [108]

遍表象、命题和规律之类形式。但这个做法仅仅意味着,这些普遍的规定(比如力)只有作为取材于知觉的规定才具有意义和有效性,并且只有作为一种在现象中可以证实的联系才具有合法性。从**主观**方面来看,经验认识活动的固定支撑点就在于意识是通过知觉而具有**它自己的直接的当下性**和**确定性**。

[**说明**]经验论包含着这样一个伟大的原则:凡是真实的东西,都必须现实地存在着并成为知觉的对象。这个原则与反思所鼓吹的"**应当**"相对立,因为反思借助于一个**彼岸**而以蔑视的态度对待现实性和当下性,而这种做法只有在主观的知性里才有其地位和存在。哲学和经验论一样,只认识**存在着的东西**(参阅§7);她同样不知道什么东西仅仅**应当存在**,实际却**不存在**。——从主观方面来看,同样必须承认经验论包含着**自由**这一重要的原则,也就是说,人在知识中承认有效的东西,必须是他**亲自看到**和**亲自经历**的。——只要经验论在内容上局限于有限者,否认有任何超感性的东西,或至少是否认我们可以认识和规定这些东西,并且只允许思维去把握抽象的、形式化的普遍性和同一性,那么它的做法就是**前后一贯**的。——科学的经验论总是有这样一个根本错觉:它一方面不由分说地使用"物质"、"力"、"一"、"多"、"普遍性"、"无限者"等形而上学范畴,进而依靠这些范畴的线索不断作出**推论**,另一方面预先设定并使用推论的各种形式,同时始终不知道,它在这种情况下本身就已经包含并从事着形而上学,而且是以一种毫无批判的、无意识的方式使用那些范畴及其相互之间的结合。

[109]

[**附释**]经验论经常大声疾呼:"不要驰骋于空洞的抽象,而是要看着你们的手,紧紧抓住人和自然界的**此地**,享受此时!"——不可否认,这些说法包含着一个根本合理的环节。**此地**、此时、此岸世界确实应当取代空洞的彼岸世界以及抽象知性的那些乱七八糟的幻想。这样一来,我们也赢得了旧的形而上学所缺失的固定支

撑点,即一种无限的规定。知性只能刨出一些有限的规定;这些规定本身是无支撑的,摇摇欲坠的,建造在它们上面的大厦必定会轰然倒塌。总的说来,理性曾经孜孜不倦地寻求一种无限的规定,但要在思维中找到这种规定的时机却尚未成熟。于是这种冲动紧紧抓住此时、此地、此物,它们本身具有无限的形式,哪怕它们并未代表着这个形式的真实的实存。外在的东西**本身**就是真相,因为真相是现实的,而且必定实存着。因此理性所寻求的无限规定性就在世界之内,哪怕这种规定只具有感性的个别形态,而不是表现出它真正的样子。

进而言之,经验论的缺陷在于用**知觉**这一形式去进行概念把握。虽然知觉本身始终是个别的、转瞬即逝的东西,但认识活动并未止步于此,而是在知觉到的个别东西里搜寻普遍者和恒常的东西,而这就从单纯的知觉推进到经验。——为了形成经验,经验论主要使用**分析**的形式。人们首先在知觉里获得一个杂多的具体东西,然后像剥洋葱皮那样,一层一层地拆解这个东西的各种规定。因此这种拆解的意义在于去消解和分解那些聚集在一起的规定,而且除了主观的分解活动之外不做更多的事情。但分析意味着从直接的知觉推进到思想,就此而言,当那些聚集在被分析的对象里面的规定彼此分离,就获得了普遍性的形式。然而经验论在分析对象的时候却走上了歧途,因为它以为这些对象仍然是原来的样子,但实际上已经把具体的 [110] 东西转化为抽象的东西。这就同时扼杀了有生命的东西,因为只有具体的、单一的东西才是有生命的。尽管如此,为了达到概念把握,那种分离必须发生,而精神本身就是一种内在的分离。但这仅仅是**其中一个**方面,真正的关键在于让分离的东西重新联合起来。既然分析止步于分离的立场,那么用诗人的如下这番话来形容它是很贴切的:

> 化学所说的"自然之宰治",
>
> 不过是自行嘲笑,不明所以。

> 结果是得到些零星碎片，
>
> 唯独没有精神的纽带。①

分析是从具体的东西出发，并且因为拥有这些材料而远远优于旧的形而上学的抽象思维。分析坚持各种区别，这件事情具有极为重要的意义；但这些区别本身仍然只是抽象的规定，亦即**思想**。现在，当这些思想被看作对象自在地所是的东西，这就重新回到旧的形而上学的那个前提，即思维包含着事物的真相。

接下来如果我们从内容的角度去比较经验论的立场和旧的形而上学的立场，那么正如我们此前已经看到的，后者是把上帝、灵魂和世界之类普遍的理性对象当作自己的内容；这些内容是从表象中拿来的，而哲学的任务在于把它们回溯到思想的形式。经院哲学也是类似的情形，因为它把基督教教会的教义当作现成的内容，致力于通过思维而发掘其更详细的规定并将其体系化。——经验论的现成的内容属于完全不同的类型。这是自然界的感性内容和有限精神的内容。换言之，经验论所面对的是有限的材料，反之旧的形而上学所面对的是无限的材料。这个无限的内容随后通过知性的有限形式而有限化了。在经验论那里，形式是有限的，除此之外内容也是有限的。

[111] 再者，这两种哲学思考方式所采用的是同样的方法，因为二者都是从某种固定的前提出发。一般而言，经验论认为外在的东西是真相，哪怕它也承认有超感性的东西，但又认为对它的认识是不可能的，毋宁说，人们必须固守知觉的范围。这个原理贯彻到底，就得出了后来所谓的**唯物主义**。这种唯物主义认为物质本身就是真实的客观东西。但物质本身已经是一个抽象的东西，严格说来是不可能被知觉到的。正因如此，可以说根本没有什么物质，因为假若它实存着，就总是一个已规定的、具体的东西。与此同时，抽象的物质却被看作全部感性

---

① 歌德《浮士德》第一部分，"书斋"，第 1940—1941 行和第 1938—1939 行。——原编者注

东西的基础，——一般而言，感性东西是一种绝对的、内在的个别化，亦即一种外在于彼此的存在者。只要经验论始终把感性东西当作给定的，它就是一种不自由的学说，因为自由恰恰意味着，我不是与一个绝对的他者相对立，而是依赖于我自己，把我自己当作内容。进而言之，从经验论的立场来看，理性和非理性都仅仅是主观的，也就是说，我们必须对给定的东西听之任之，我们也没有权利去追问这些东西是否以及在何种程度上本身是合乎理性的。

§39

关于经验论的这个原则，曾经有一个正确的看法，即**经验**不同于单纯的对个别事实的个别知觉，而是包含着**两个要素**，——其中一个是本身就个别化的、无穷**杂多的材料**，另一个是**形式**，即**普遍性**和**必然性**等规定。经验诚然揭示出许多乃至无穷多相同的知觉，但**普遍性**和巨大的数量完全是两码事。同理，经验确实提供了许多对于**前后相继的变化或彼此列的**对象的知觉，唯独没有提供一个**必然的**联系。既然经验论认为，知觉始终应当是所谓的真理的基础，那么普遍性和必然性就表现为某种**不合法的东西**，表现为一种主观的偶然性或一种单纯的习惯，其内容既可以是如此，也可以不是如此。

[**说明**]与此有关的一个重要后果，就是按照经验论的这个方式，法 [112] 和伦理的规定、法律、宗教的内容等等都显现为某种偶然的东西，而失去其客观性和内在的真理。

此外，休谟的怀疑主义（这是上述考察的主要依据）和**古希腊的怀疑主义**也有很大的区别。前者在根本上诉诸情感和直观之类经验的**真实性**，否认各种普遍的规定和规律，理由是它们不能得到感性知觉的证实。反之古代的怀疑主义根本不把情感、直观等等看作真理的本原，而且首先怀疑的就是感性的东西。（关于近代怀疑主义和古代怀疑主义的比较，可参阅谢林和黑格尔主编的《批判的哲学期刊》，1802 年第 1

卷,第 2 册①。)

II. 批判哲学

§40

虽然批判哲学和经验论一样,都假定经验是知识的**唯一**基础,但前者并不认为这些知识是真理,而是仅仅把它们看作关于现象的知识。

批判哲学的出发点在于通过分析经验而区分其中的两个要素:一个是**感性材料**,另一个是这些材料的**普遍关联**。因此它一方面同意上节所说的观点,即知觉本身仅仅包含着**个别东西**和**个别事件**,另一方面**坚持这**[113]**样一个事实**,即所谓的经验里面同样包含着**普遍性**和**必然性**等本质性规定。因为这个要素不是来源于经验本身,所以它属于**思维**的自发性,或者说是先天的。——各种思维规定或**知性概念**构成了经验知识的**客观性**。总的说来,它们包含着**关联**,因此是通过先天**综合**判断(亦即相互对立的东西之间的原初关联)而赋予自己这个形式。

[**说明**]知识包含着普遍性和必然性等规定,这是休谟的怀疑主义也不否认的一个事实。康德哲学同样把这个事实当作自己的前提。用通俗的科学语言来说,康德哲学只不过是对这个事实提出了另外一种**解释**。

§41

批判哲学首先考察形而上学以及其他科学乃至日常表象使用的那些**知性概念**的价值。但这种批判并不讨论这些思维规定的**内容**及其相互之间的关系,而是一般地按照**主观性**和**客观性**的对立去考察它们。就当前的语境而言,这个对立又涉及经验**内部**的两个要素的区别(参阅前一

---

① 黑格尔《怀疑主义和哲学的关系,对其各种变体的阐述以及与最近的怀疑主义和古代怀疑主义的比较》,收录于《黑格尔著作集》第 2 卷。——原编者注

节）。**客观性**在这里所指的是**普遍性**和**必然性**亦即思维规定本身这一要素，——或者说所谓的**先天因素**。但批判哲学扩大了这个对立，以至于**全部经验**（亦即那两个要素一起）都落入**主观性**，于是只剩下**自在之物**与主观性相对立。

先天因素亦即思维虽然具有客观性，但仍然被看作一种纯粹主观的 [114] 活动，而它的各种具体**形式**是通过一种体系化的方式得出的，但严格说来，这种体系化只不过是立足于一些心理学—历史学的基础。

　　[附释1] 对旧的形而上学的各种规定加以考察，这无疑已经是一个极为重要的进步。朴素的意识心安理得地徜徉于各种信手拈来的规定，却从来没有考虑过这些规定本身在何等限度内才具有价值和效用。此前我们已经指出，自由的思维是一种没有任何前提的思维。旧的形而上学的思维之所以不是自由的思维，就是因为它在未经反思的情况下不由分说地把那些规定当作预先存在着的先天因素。反之批判哲学给自己下达了一个任务，去考察思维的形式究竟在多大程度上能够帮助我们认识真理。确切地说，应当在从事认识活动之前先考察认识能力。诚然，这个要求有其正确之处，即思维本身的形式必须成为认识活动的对象；但它很快引起一种误解，仿佛人们在从事认识活动之前已经在从事认识活动，或者说在还没有学会游泳之前禁止下水。诚然，我们不应当在没有考察思维形式的情况下就使用它们，但这种考察本身已经是一种认识活动。因此，思维形式的活动必须和对于认识活动的批判合而为一。思维形式必须自在且自为地得到考察；它们既是对象，也是对象本身的活动；它们自己考察自己，必须自己规定自己的界限，并揭示出自己的缺陷。思维的这个活动后来将作为**辩证法**而得到专门的考察，而这里暂时只需指出，辩证法不是从外面套用到思维规定身上，而是原本就寓居在思维规定自身之内。

　　换言之，康德哲学的关键在于指出思维本身应当得到考察，以确定它的认识能力的限度。今天的人们已经从康德哲学那里走出来，每一个人都希望走得更远。但"更远"有两层含义：可能是前进，也可能是后退。细看之下，当代的许多哲学努力无非是旧的形而上学的那一套，亦即按照各人的天赋条件不加批判地闷头思考。

[115]

　　[**附释2**]康德对于思维规定的考察有一个根本缺陷，即他不是考察思维规定自在且自为的样子，而是从它们是**主观的抑或客观的**这一角度出发去考察它们。在日常用语里，人们所理解的"客观"是指一种存在于我们之外，并且通过知觉而从外面达到我们的东西。康德否认思维规定（比如原因和作用）具有刚才所说的那种意义上的客观性，亦即否认它们是在知觉中被给予的，而是认为它们属于我们的思维本身，或者说属于思维的自发性，并在**这个**意义上是主观的。但康德同样又把经过思考的东西（确切地说普遍的和必然的东西）称作客观的，把单纯感受到的东西称作主观的。这样一来，刚才所说的那种日常用语看起来就是头足倒置了，因此人们指责康德造成了语言的紊乱；但这个指责是很不公正的。具体情况如下。对普通意识而言，那与它对立，可以用感官知觉到的东西（比如这只动物，这颗星星等等）是独自持存的、独立的，反之思想不是独立的，而是依赖于他者。但实际上，可以用感官知觉到的东西才是非独立的、次要的，反之思想才是真正独立的、首要的。在这个意义上，康德把那些符合思想的东西（普遍的和必然的东西）称作**客观的**，这个做法完全正确。另一方面，可以用感官知觉到的东西无疑是**主观的**，因为它们不具有内在的支撑点，仅仅是短暂的和转瞬即逝的，反之思想却具有绵延性和内在持存的特征。时至今日，正如我们看到的，康德对于客观和主观的这个区分已经成为高雅人士的日常用语；比如在评价一件艺术作品时，我们要求这个评价应当是客观的而非主观的，而这意思是说，这个评价不应当从一时偶然的、片面的感受和心情出发，而是应当注意那些普遍的、基于艺术的本质的视角。在同样的意

义上,我们在科学研究中也可以区分客观的兴趣和主观的兴趣。 [116]

进而言之,康德所说的思维的客观性本身又成为主观的,因为在康德看来,思想虽然是普遍的和必然的规定,但毕竟只是**我们的**思想,并且与那个叫作**自在之物**的东西之间有一条无法逾越的鸿沟。与此相反,思维的真正的客观性意味着思想不只是我们的思想,毋宁同时是事物和全部对象的**自在体**(Ansich)。——"**客观**"和"**主观**"是人们可以信手拈来加以使用的术语,但伴随着这些用法也很容易产生出紊乱。按照迄今所述,客观性具有三重含义。**第一**,它所指的是外在事物,有别于**单纯**主观的、意谓中的、臆想的东西等等;**第二**,按照康德所确定的意义,它所指的是普遍的和必然的东西,有别于那些依赖于我们的感受的偶然的、片面的和主观的东西;**第三**,按照我们刚才指出的那种意义,它所指的是思维的自在体,这个自在体作为一个定在者(was da ist),有别于那种仅仅被我们思考、从而与事情本身或**自在的**事情区分开的东西。

§42

a)**理论能力**,或严格意义上的知识。

康德哲学宣称知性概念的特定**根据**是思维中的**自我的原初同一性**(自我意识的先验统一体)。那些通过感觉和直观而被给予的表象就其**内容**而言是一种**杂多东西**;就其形式而言,就其在感性中的**彼此外在**而言,那些表象在它们的两个形式亦即空间和时间——二者作为直观活动的形式或普遍者本身是先天的——里面同样是**杂多东西**。当自我与这些感觉到和直观到的杂多东西相关联,并且作为**同一个意识**(纯粹统觉)在自身之内把它们联合起来,就让它们达到同一性或一种原初的综合。这些特定的关联方式就是纯粹知性概念,亦即**范畴**。

[**说明**]众所周知,康德哲学不费吹灰之力就**发现**了那些范畴。自 [117]
我,自我意识的统一体,是完全抽象和全然无规定的;既然如此,康德如何

得到自我的那些**规定**亦即范畴呢？幸运的是，普通逻辑已经以经验的方式罗列了**判断的各个类型**。判断活动是对于一个已规定的对象的思维。也就是说，各种现成地罗列出来的判断方式已经提供了各种**思维规定**。——费希特哲学有一个重大的贡献，即提醒我们必须按照**思维规定的必然性**去揭示它们，因此它们在本质上必须是**推导出来**的。——费希特哲学至少在这一点上影响了逻辑学的方法，即全部思维规定，或者说通常的逻辑素材（即不同**类型**的概念、判断和推论），不应当仅仅取材于观察，从而只是通过经验而被把握，而是应当从思维自身那里推导出来。如果思维能够证明某些东西，如果逻辑学要求给出**证明**，进而言之，如果逻辑学希望教人如何证明，那么它必须能够从一开始就证明自己的独特内容，并且指出其必然性。

[**附释 1**]康德的观点是，思维规定来源于自我，因此是自我提供了普遍性和必然性等规定。——如果我们观察首先呈现在眼前的事物，就会发现它们全都是一种杂多东西，而范畴则是作为一种单纯性而与这种杂多东西相关联。反之感性的东西是彼此外在的，并且存在于自身之外；这是它们所特有的基本规定。比如"现在"仅仅存在于与"过去"和"未来"的关联中。同理，"红"只有在与"黄"和"蓝"相对立的时候才存在着。但这个他者位于感性东西之外，因此感性东西之所以存在，仅仅因为它不是他者，并且存在着一个他者。——但思维或自我的情形恰恰与那些彼此外在的、并且存在于自身之外的感性东西相反。自我是原初同一的、自身合一的、绝对地安然于自身的存在者。当我说"我"的时候，这是一个抽象的自身关联，凡是被设定在这个统一体之内的东西，都受到其感染，并且转化为统一体。因此自我仿佛是一个熔炉和烈焰，吞噬了漠不相关的杂多性，将其还原到统一体。这就是康德所说的**纯粹统觉**，它和日常统觉的区别在于，后者把杂多东西原封不动地接纳下来，反之纯粹统觉却必须被看作一种属我化（Vermeinigen）的活动。——这个观点无疑正确

[118]

地说出了全部意识的本性。总的说来，人类的努力在于认识世界、占有世界和统治世界，最终仿佛必须把世界的实在性碾为粉碎，亦即将其理念化。但同时必须指出的是，并非自我意识的主观活动把绝对统一体输入到杂多性里面。毋宁说，这个同一性是绝对者，亦即真相本身。换言之，绝对者仿佛是出于善意而放任个别东西去自得其乐，然后又亲自驱使它们返回到绝对的统一体。

[**附释 2**]乍看起来，诸如"**自我意识的先验统一体**"之类说法是很唬人的，仿佛其后面隐藏着什么庞然大物似的。实则事情非常简单。关于康德所理解的"**先验**"（transzendental）究竟是什么意思，可以通过它和"**超验**"（transzendent）的区别体现出来。简言之，凡是超越了知性规定性的东西都是**超验的**，而在这个意义上，超验的东西首先出现在数学里面。比如按照几何学的规定，我们必须把圆周想象为一个由无穷多和无穷小的直线组成的东西。在这里，那些在知性看来绝对不同的规定（"直"和"曲"）被明确地设定为同一的。同理，自身同一的、内在无限的自我意识（有别于那种受有限材料规定的普通意识）也是这样的超验的东西。然而康德宣称自我意识的那个统一体仅仅是**先验的**，而他的意思是说，那个统一体仅仅是主观的，并不归属于自在存在着的对象本身。

[**附释 3**]认为**范畴**仅仅属于**我们**（仅仅是主观的），这个观点在自然意识看来必定是很奇怪的，更何况它确实包含着某些偏颇之处。[119]当然，认为范畴没有包含在直接的感觉里面，这一点至少是正确的。比如我们观察一块方糖；它是硬的、白的、甜的，如此等等。于是我们说，所有这些特性都统一在**同一个**对象里，而这个**统一体**是感觉不到的。当我们认为两个事件之间有因果关系，也是同样的道理。我们在这里知觉到的是两个在时间中前后相继的个别事件。但我们不是通过知觉，而是通过我们的思维本身才断定前一个事件是原因，后一

个事件是后果(断定二者之间的因果关系)。虽然范畴(比如"统一体"、"原因和后果"等等)归属于思维本身,但我们绝不能由此推断它们仅仅是主观的东西,而非同时是对象本身的规定。但康德恰恰是这么认为的,而他的哲学也成了**主观唯心主义**,因为在他看来,**自我**(认识着的主体)既提供了认识活动的**形式**,也提供了认识活动的**材料**——既有**思维**的材料,也有**感觉**的材料。——实际上,这种主观唯心主义的内容根本不值一提。乍看之下,如果把对象的统一体放置到主体里面,就会剥夺对象的实在性。但如果对象仅仅**存在着**,那么无论是对象还是我们都是索然无味的。关键在于**内容**,以及这个内容是不是**真实的**。如果事物仅仅**存在着**,那么这对它们自己而言也毫无助益。时间降临到**存在者**身上,于是存在者也将**不存在**。——此外也可以说,主观唯心主义会让人变得太过于**自以为是**。但如果他的世界只是一堆感性直观,那么他有什么理由为这样一个世界感到自豪呢?简言之,关键根本不是在于主观性和客观性的区别,而是在于内容,而内容既是主观的,也是客观的。如果"客观"所指的是单纯的实存,那么一个罪行也是客观的,但这是一个内在虚无的实存,因为它作为罪行而言只有通过刑罚才获得定在。

§43

[120] 一方面,范畴把单纯的知觉提升为客观性,提升为**经验**,但另一方面,这些概念作为单纯主观意识的统一体,以给定的材料为条件,本身是空洞的,只能在经验中得到应用和使用,而经验的另一个组成部分,感觉规定和直观规定,同样只是一种主观的东西。

[**附释**]"范畴本身是空洞的"这一观点是缺乏根据的,因为范畴作为**已规定的**东西,任何时候都具有内容。诚然,范畴的内容不是可以用感官知觉到的,不是位于空间和时间之中,但这不应当被看作一个缺陷,毋宁应当被看作范畴的一个优点。就连日常意识也承认这

一点,比如当人们说一本书或一番话很有分量时,就是指它们具有**丰富的内容**,包含着很多思想或普遍的结论,如此等等,——反之,哪怕一本书尤其是一部长篇小说把大量个别事件和个别情景堆砌在一起,人们也不会因此说它具有丰富的内容。就此而言,日常意识公开承认,**内容**包含着的东西比感性材料**更多**:这个"更多"就是指思想,在这里首先指**范畴**。——此外还需要指出,"范畴本身是空洞的"这一观点在某种意义上也是正确的,因为我们不应当止步于范畴及其总体性(逻辑理念),而是应当推进到自然界和精神的实在领域。至于这个推进,我们切不可这样理解,仿佛有一个陌生的内容通过这个方式从外面来到逻辑理念,毋宁说,逻辑理念自己的活动就在于把自己继续规定和扩展为自然界和精神。

§44

范畴不可能是绝对者的规定,因为绝对者并没有在一个知觉中被给予。正因如此,依靠范畴的知性或认识不可能认识到**自在之物**。

[说明]**自在之物**(这里所说的"**物**"也包括精神、上帝)指的是这样一个对象,它那里**抽离**了全部与意识的联系,抽离了全部与对象有关的感觉规定和特定思想。不难看出,这样就只剩下一个**完全抽象**和**全然空洞**的东西,确切地说,一个**彼岸**;这是对于各种表象、感觉、特定思想等等的**否定**。但我们同样可以轻松地发现,这具 caput mortuum [枯骨]本身只是思维的**产物**,这个思维已经推进到纯粹的抽象,成为空洞的自我,并且把它的这种空洞的自身**同一性**当作自己的**对象**。这个抽象的同一性作为**对象**而获得的**否定的**规定,也被康德列入他的范畴表,并且和那个空洞的同一性一样都是人们非常熟悉的东西。——既然如此,当看到康德絮絮叨叨地说什么**自在之物**是不可知的,我们只能感到无比惊讶;因为没有什么东西是比自在之物更容易知道的。

[121]

§45

理性,作为认识**无条件者**的能力,洞察到这些经验知识是有条件的。康德所说的理性对象,**无条件者**或无限者,无非是一种自身等同的东西,亦即前面（§42）提到的思维里的**自我的原初同一性**。当这种**抽象自我**或思维把这个纯粹的**同一性**当作自己的对象,就叫作理性。（参阅上节之"说明"。）经验知识不符合这个完全**无规定的**同一性,因为它们始终具有**已规定的**内容。当这样的无条件者被看作理性的绝对者和真相（被看作**理念**）,经验知识就被看作非真实的东西,亦即**现象**。

[附释]康德第一个明确提出并强调知性和理性之间的区别,也就是说,知性是以有限者和有条件者为对象,反之理性却是以无限者和无条件者为对象。诚然,康德指出了那些仅仅依靠经验的知性知识的有限性,并称其内容为**现象**,这是一个不容否认的重大成果。但我们毕竟不能止步于这个否定意义上的成果,把无条件的理性仅仅归结为一种抽象的、排除了区别的自身同一性。当康德通过这个方式认为理性仅仅是对于知性的有限者和有条件者的超越,理性本身实际上就相应地降格为一个有限者和有条件者,因为真实的无限者并不是有限者的单纯彼岸,而是把有限者当作已扬弃的东西而包含在自身之内。同样的情况也发生在**理念**身上。虽然康德将理念判决给理性,把理念和抽象的知性规定或单纯感性的表象（这类表象在日常生活里经常也被称作"理念"）区分开,并在这个意义上恢复了理念的荣誉,但就理念本身而言,康德同样止步于否定的东西和单纯的**应当**。

再者,把直接意识的对象——这些对象构成了经验知识的内容——看作单纯的**现象**,这同样是康德哲学的一个重大成果。普通意识（亦即感性的—知性式的意识）以为它所知道的个别对象是独立自持的,而当它发现这些对象是相互关联的和互为条件的,就认为

[122]

它们相互之间的这种依赖性是某种外在于对象的东西,不属于对象的本质。针对这一点,康德指出,我们直接知道的那些对象是单纯的现象,也就是说,它们之所以存在的根据不是位于它们自身之内,而是位于一个他者那里。接下来的关键就是如何规定这个他者。在康德哲学看来,我们所知道的那些事物仅仅是对**我们**而言的现象,而它们的**自在体**始终是我们不能触及的一个彼岸。这种主观唯心主义既然认为意识内容的基础是一种**仅仅**属于我们、仅仅由**我们**所设定的东西,当然会遭到朴素意识的正当的抵触。实际上,真实的情形是这样的,即我们所直接知道的那些事物不仅**对我们而言**,而且**自在地**就 [123] 是单纯的现象,正因如此,有限事物的宿命就在于,不是在自身之内,而是在普遍的、神性的理念里具有其存在的根据。这种对于事物的看法同样必须被称作唯心主义,而且是在区别于康德哲学的那种主观唯心主义的情况下被称作**绝对唯心主义**。就事情本身而言,这种绝对唯心主义虽然超越了普通的实在论意识,但不能仅仅被看作哲学的私有财产。毋宁说,它也构成了全部宗教意识的基础,因为宗教意识同样认为,全部存在者的总括亦即这个眼前的世界是由上帝创造和统治着的。

§46

但我们终归需要去认识这个同一性或空洞的**自在之物**。所谓**认识活动**,无非是指知道一个对象的**已规定的**内容。但已规定的内容在其自身之内包含着杂多的联系,并且奠定了与其他许多对象的联系。在康德看来,理性只能用**范畴**去规定那个无限者或**自在之物**,此外别无他法;当理性将范畴用于这个目的,就成为**飞跃的**(超验的)。

[**说明**]这里进入**理性批判**的第二个方面,而这个方面本身比第一个方面更重要。简言之,第一个方面就是此前出现的那个观点,即范畴来源于自我意识的统一体;这样一来,那些依赖于范畴的知识实际上没有包含

着任何客观的东西,而康德指派给它们的那种**客观性**(§40 和§41)本身仅仅是某种**主观的东西**。就此而言,康德的批判完全是一种**主观的**(肤浅的)**唯心主义**,它不是深入**内容**,而是仅仅关注主观性的各种抽象形式,甚至以片面的方式止步于主观性,认为它是一个终极的、完全肯定的规定。但康德在考察理性如何**应用范畴去认识自己的对象**时,至少在某些方面谈到了范畴的内容,或者说至少有机会去谈论这个问题。至于康德如何评价这种**将范畴应用于无条件者**的做法,亦即如何评价形而上学,这件事情值得特殊的关注;因此这里不妨简略地叙述并批判他的方案。

[124]

§47

1. 第一个得到考察的**无条件者**是**灵魂**(参阅§34)。——在我的意识里,我总是发现:α)我是一个**进行规定的主体**;β)我是一个**单一的东西**,或者说是一个抽象的—单纯的东西;γ)我在我所意识到的全部杂多东西里是**同一个东西**,亦即同一的东西;δ)我把**我自己作为思维者与所有外在于我的物区分开**。

康德正确地指出,旧的形而上学的方案在于用**思维规定**或相应的范畴取代了这些**经验的规定**,由此得出如下四个命题:α)**灵魂是实体**;β)灵魂是**单纯的实体**;γ)灵魂在其存在的不同时间里,在**数目上是同一的**;δ)**灵魂与空间里的事物有关系**。

康德指出,这个过渡的缺陷在于混淆了两种不同类型的规定亦即经验规定和范畴,从而导致**谬误推论**。因此,从经验规定**推及**范畴,或简言之用范畴取代经验规定,这是不合法的。

很显然,这个批判所表达的无非是此前(§39)所述的休谟的观点,即所有思维规定——普遍性和必然性——都不会出现在知觉里,以及经验中的东西无论是在内容上还是在形式上都不同于思想规定。

[125]　　[**说明**]假若经验中的东西能够为思想提供担保,那么我们当然有必要在知觉中精确地查证思想的来源。——为了表明灵魂不可能具有实体

性、单纯性、自身同一性以及在与物质世界结合时保持着的独立性,康德在批判形而上学的心理学时,特意强调指出,意识在关于灵魂的**经验**中所获得的规定与**思维**同时生产出来的规定并不完全相同。根据此前的阐述,康德甚至认为全部**认识活动**乃至**经验**所做的事情都是去思考各种**知觉**,也就是说,首先把那些属于知觉的东西**转化为**思维规定。——康德的批判有一个很好的成果始终是值得重视的,即从此以后,关于**精神**的哲学思考已经摆脱了灵魂**物**,摆脱了范畴,随之摆脱了灵魂的**单纯性**、**复合性**、**物质性**等问题。——但就连普通人类知性都知道这个真实的观点,即这些形式之所以**不被采纳**,倒不是因为它们是**思想**,而是因为这样的思想本身没有包含着真理。——如果思想和现象彼此不能完全符合,那么人们首先可以选择究竟把哪一方看作有缺陷的东西。在康德的唯心主义里,只要涉及理性的对象,就把缺陷归之于思想,简言之,因为思想与知觉到的东西和一个限制在知觉范围之内的意识不相匹配,不能出现在这样一个意识里,所以思想不能触及理性的对象。至于思想的内容本身,这里根本没有谈到。

[**附释**]一般说来,**谬误推论**(Paralogismen)是一些错误的推论,确切地说,它们的错误在于将两个前提里的同一个词语在不同的意义上加以使用。在康德看来,旧的形而上学在理性心理学里采用的方法就是基于这样的谬误推论,即把灵魂的单纯经验的规定看作灵魂自在且自为地具有的规定。——此外康德也正确地指出,诸如**单纯性**、**恒常性**之类谓词是不能添附在灵魂身上的,但这件事情的真正原因不是像康德所说的那样,在于理性逾越了自身的界限,而是在于这类抽象的知性规定对灵魂来说是一种过于糟糕的规定,因为灵魂绝非只是一个单纯的、恒常的东西,如此等等。举例来说,灵魂诚然是一种单纯的自身同一性,但它同时是活动着的,在自身之内自己区分着自己,反之那种**完全**抽象的单纯东西本身是僵死的。——康德通过批驳旧的形而上学而把那些谓词从灵魂和精神那里清除出去,

[126]

这必须被看作一个伟大的成果,但他为此给出的理由却是完全错误的。

§48

2. 当理性试图去认识**第二个无条件的对象**(§35)亦即**世界**,就陷入**二律背反**,也就是说,它对**同一个**对象提出两个**相反的**命题,而且这两个命题中的每一个都必定具有同样的必然性。由此得出,世界的内容既然陷入矛盾的规定,就不是**自在的**,毋宁只能是现象。至于二律背反的**解决**,就是指出矛盾不属于对象本身,而是仅仅属于认识着的理性。

[**说明**]康德在这里终于明确说出,是内容本身(亦即范畴本身)引起了矛盾。这个思想——知性规定在理性的对象那里所设定的矛盾是**本质上的**和**必然的**矛盾——必须被看作近代哲学取得的最重要和最深刻的进步之一。但这个观点有多深刻,其解答就有多肤浅;这个解答只是出于对 [127] 世间事物的温情。据说世间存在者本身不应当受到矛盾的玷污,毋宁**只有思维着的理性**或**精神性存在者**才包含着矛盾。不可否认,是**现象**世界给进行观察的精神指出各种矛盾,——是现象世界给主观精神、**感性**和**知性**提供对象。但如果我们比较一下世间**存在者**和精神性**存在者**,就会惊诧地发现,人要幼稚到何等程度,才会提出并附和那个谦卑的说法,即那自相矛盾的不是世间存在者,而是思维着的存在者,亦即理性。诸如"理性**仅仅通过范畴的应用**而陷入矛盾"之类说辞是无济于事的。因为这等于是说,这个应用是**必然的**,而理性除了范畴之外没有别的规定可以用于认识活动。实际上,认识活动是一种**进行规定的**和**被规定的**思维;假若理性仅仅是一种空洞的、无规定的思维,那么它所思考的就是无。假若理性最终被归结为那种**空洞的同一性**(参阅下一节),那么当它最终通过毅然舍弃全部内容和内涵而摆脱矛盾,这反而是一件幸运的事情。

此外可以指出,康德没有更深入地考察二律背反,因此仅仅列出**四个**二律背反。之所以如此,是因为他像对待所谓的谬误推论那样以范畴表为前提,并且一直使用这个备受偏爱的手法,不是从概念推导出对象的各种规定,而是仅仅让对象服从一个现成已有的**表格**。至于二律背反的更多缺陷,我在《逻辑学》①里已经予以揭示。——唯一需要强调的是,二律背反绝非仅仅出现在那四个取之于宇宙论的特殊对象里,而是也出现在全部种类的**全部**对象里,出现在**全部**表象、概念和理念里。哲学思辨的关键就在于知道这一点并且认识到对象的这个特性。这个特性的结果随后把自己规定为逻辑性的**辩证**环节。

[128]

[**附释**]按照旧的形而上学的观点,如果认识活动陷入矛盾,那么这只是一个偶然的紊乱,是由推论和推理中的一个主观错误造成的。反之按照康德的观点,思维本身的本性就注定了,当它企图认识无条件者时,就会陷入矛盾(二律背反)。诚然,正如上节之"说明"指出的,二律背反之揭示必须被看作哲学知识的一个极为重要的推进,因为它克服了知性形而上学的僵化的独断论,并且指明了思维的辩证运动。但我们同时必须指出,康德在这里仍然止步于那个单纯否定意义上的成果,即事物的自在体是不可认识的,却没有认识到二律背反的真正的和肯定的意义。简言之,二律背反的真正的和肯定的意义在于,首先,全部现实的东西都在自身之内包含着相互对立的规定;其次,认识一个对象,或更确切地说,对一个对象进行概念把握,无非是指意识到对象是相互对立的规定的一个具体的统一体。

此前我们曾经指出,旧的形而上学去考察对象是为了获得形而上的知识,而它为此采用的办法就是使用一些抽象的知性规定,同时排除了与之相对立的规定,反之康德试图证明,那些通过这个方式而得出的主张总是与一些内容相反的主张相对立,而且双方具有同等的合法性和同等的必然性。康德在揭示这些二律背反时,把自己限

---

① 指"大逻辑"。详参[德]黑格尔:《黑格尔著作集(第5卷)·逻辑学 I》,先刚译,人民出版社 2019 年版,第 177 页以下。——译者注

定在旧的形而上学的宇宙论上面,并且在批驳这种宇宙论时,依据范畴表而提炼出四个二律背反。**第一个**二律背反涉及的问题是,我们是否可以设想世界就空间和时间而言是受限制的? **第二个**二律背反所讨论的是这样一个两难选择,即物质究竟应当被看作无限可分的呢,抑或是由原子组成的? **第三个**二律背反涉及自由和必然性的对立,也就是说,康德提出这样一个问题:我们是必须把世界里的一切东西看作以因果关系为条件呢,抑或也可以假设世界里有一个自由的存在者,亦即行动的一个绝对开端? 最后的**第四个**二律背反是这样一个两难选择,即世界究竟有没有一个原因?

[129]

康德在讨论这些二律背反时,遵循着这样一种方法:他首先把包含在其中的相互对立的规定当作正题和反题而对立起来,然后再对二者分别加以证明,也就是说,他试图表明二者都是相关反思的必然结论,而这就明确地洗刷了他仿佛是通过诡辩而偏袒一方的嫌疑。但实际上,康德为那些正题和反题提出的证明必须被看作纯粹的虚假证明,因为他的前提总是已经包含着一些本来应当加以证明的东西,而他从这些前提出发,仅仅通过一种烦琐的反证法而制造出证明的假象。但无论如何,康德能提出这些二律背反,这终究是批判哲学的一个极为重要的和值得称道的成果,因为他(虽然起初只是以主观的和直接的方式)明确地说出了知性坚持割裂的那些规定的事实上的统一体。比如,第一个宇宙论二律背反已经包含着一点,即空间和时间不仅应当被看作延续的,而且应当被看作区间性的,反之旧的形而上学却是止步于单纯的延续性,进而认为世界在空间和时间上是不受限定的。认为每一个**已规定的**空间和每一个**已规定的**时间都可以被超越,这是完全正确的;反过来,认为空间和时间只有通过它们的规定性(亦即作为"**这里**"和"**这时**")才是现实的,以及这个规定性就包含在它们的概念里面,这同样是正确的。同样的道理也适用于另外几个二律背反。比如**自由**和**必然性**的二律背反其实是这个意思,即知性所理解的自由和必然性实际上只不过是真正的自由和真正的必然性的观念性环节,因此二者在分裂的情况下不具有真理。

§49

[130]

3. **第三个**应当被认识,或者说应当**以思维的方式被规定**的理性对象是**上帝**(§36)。在知性看来,相对于单纯的**同一性**而言,全部规定都仅仅是一个**限制**,一个严格意义上的否定;相应地,全部实在性都只应当被看作无限制的或**无规定的**,于是上帝作为全部实在性的总括,作为最实在的本质,成为**单纯的抽象东西**,而他的规定也只剩下一个同样完全抽象的规定性,即**存在**。抽象的**同一性**(在这里也被称作概念)和**存在**是理性想要联合起来的两个环节;这个联合是理性的**理想**。

§50

这个联合容许**两个途径**或形式:也就是说,人们既可以从**存在**出发过渡到**思维中的抽象东西**,也可以反过来从**抽象的东西**出发过渡到**存在**。

当人们以存在为开端,存在作为直接的东西就呈现为一个无限丰富地已规定的存在,呈现为一个充盈的世界。这个世界进而可以被规定为无穷多的偶然事物的集合(这是**宇宙论**证明的做法),或被规定为无穷多的**目的**和**合目的**的关系的集合(这是**自然神学**证明的做法)。——所谓**去思考**这个充盈的存在,就是剥离它的个别性和偶然性等形式,把它理解为一个普遍的、本身就必然的、并且按照普遍的目的而规定着自身和活动着的存在;这个存在不同于起初的那个存在,而是上帝。——康德在批判这个过程时,主要强调的是,这是一个推论或过渡。也就是说,**知觉及其集合**(亦即世界)本身严格说来并没有表现出思维通过净化那些内容而得出的普遍性,因此这个普遍性不能以那个经验的世界表象为依据。就此而言,康德是站在休谟的立场上否认思想能够从经验的世界表象出发提升到上帝(就像在谬误推论那里一样,参阅§47)。——这个立场不允许去**思考**知觉,亦即不允许从知觉里提炼出普遍的和必然的东西。

[131]

[说明]正因为人是思维着的,所以无论是健全的人类知性还是哲学都不会剥夺我们**依据**经验的世界观并**由之出发**提升到上帝的权利。为了做到这个提升,唯一的办法是以**思维**的方式,而不是仅仅以感性的、动物的方式去观察世界。对思维而言,而且**只有**对思维而言,**本质或实体**才是世界的**普遍权力**和**目的规定**。所谓的对于上帝存在的证明只不过是去**描述和分析精神的内在进程**,而精神是**思维着**的精神,并且思考着感性的东西。思维之**提升**到感性东西之上,思维之**超越**有限者而走向无限者,思维之打破感性东西的锁链而进入超感性东西的**飞跃**,所有这一切都是思维本身的活动,**仅仅**是**思维**的过渡。没有这样的过渡,就等于说没有思维。实际上,动物就没有这样的过渡;**它们**止步于感觉和直观;因此它们也没有宗教。

关于康德对思维的这种提升的批判,需要分别指出一个普遍要点和一个特殊要点。**第一**,当思维采取**推论**的形式(所谓的对于上帝存在的**证明**),那么其出发点是这样一种世界观,即以某种方式把世界规定为偶然事物的集合或目的和合目的的关系的集合。当思维进行**推论**时,这个出发点似乎是一个**坚实的基础**,并且和这个起初的材料一样**始终属于经验**的范围。这样一来,出发点和将要达到的终点之间的关系被想象为一个纯粹**肯定**的关系,即从**一个始终存在着的东西**推论到**另一个同样如此的东西**。但这里的重大错误在于企图单凭这个知性形式就认识到思维的本性。毋宁说,所谓对经验世界加以思考,在本质上是指改变这个世界的经验形式,将其转化为一个普遍者;思维同时对那个基础展开一个**否定**的活动;当知觉到的材料接受普遍性的规定,就**不再**具有其起初的经验形态。通过清除和**否定**外壳,知觉的内在内涵凸显出来(参阅§13和§23)。形而上学在证明上帝的存在时,之所以只能以不完满的方式去解释和描述精神从世界到上帝的提升,就是因为它没有表达出,或更确切地说,没有提炼出包含在这个提升中的**否定**环节,换言之,既然世界是**偶然**的,那么这就意味着它仅仅是一个**摇摇欲坠**的、显现着的、本身**虚无**的东西。精神的提升的意义在于,世界虽然具有存在,但这只是一个假象,不是真实的存在或绝对的真理,毋宁说,绝对真理仅仅属于那个位于现象彼岸的上帝,只有上帝才是真实的存在。这个提升既是**过渡**和**中介活动**,也是对于**过渡**和**中介活动**的**扬弃**,因为那个看上去能够为上帝提供中介的东西,亦即世界,毋宁被宣告为虚无的东西;只有通过**否定**世界的**存在**,才能够确保那个提升,也就是说,提供中介的东西消失了,随之这个中介活动在中介活动自身之内被扬弃了。——当雅各比反对知性的证明时, [133] 主要就是强调知性把那个纯粹**肯定**的关系当作两个存在者之间的关系;他公允地指责知性的那个做法,即通过给**无条件者**寻找**条件**(世界)而把**无条件者**(上帝)想象为一个**有根据的**和**有所依赖的**东西。但精神里的那个提升本身就纠正了这个假象;或更确切地说,提升的整个内涵就在于将这个假象带上正轨。雅各比不知道,作为本质的思维的真正本性就是要在中介活动之内扬弃中介活动本身,就此而言,如果他的指责只是针对反思的知性,那么这是正确的,但如果这个指责是针对全部思维,进而也针对理性思维,那么这就错了。

我们不妨拿**斯宾诺莎主义**被指责为泛神论和无神论这件事情作为例子来说明对于**否定**环节的忽视。斯宾诺莎的**绝对实体**诚然还不是绝对**精神**,因此我们有理由要求上帝被规定为绝对精神。但人们这样想象斯宾诺莎的观点,仿佛他把上帝和自然界或有限世界混淆起来,把世界当作上帝,而这就假定有限世界具有真正的现实性或**肯定的实在性**。按照这个假定,主张上帝和世界的统一体当然意味着把上帝彻底地有限化,把他降格为一个单纯有限的、外在杂多的实存。但实际上斯宾诺莎并没有把上帝定义为和世界是一个统一体,而是主张上帝是**思维**和**广延**(物质世界)的统一体。关键在于,哪怕我们接受斯宾诺莎起初关于这个统一体的异常笨拙的说法,也可以发现,在斯宾诺莎的体系里,世界仅仅被规定为一个现象,不具有现实的实在性,因此这个体系与其说是无神论,不如说是 [134] **无世界论**(Akosmimus)。如果一种哲学主张上帝存在并且**只有上帝存在**,那么她至少不应当被称作无神论,更何况连那些崇拜猴子、母牛、石像和铜像的民族,我们也都承认它们拥有宗教。但在表象的意义上,要让表象放弃自己的前提,不再认为有限事物的这种堆积(亦即所谓的"**世界**")具有现实的实在性,这确实是强人所难。人们在听到"**没有世界**"之类说法时,总觉得这是完全不可能的,至少在他们看来,这件事情的可能性比设想"**没有上帝**"的可能性要低得多。令人遗憾的是,人们总是相信,一个体系否认上帝比否认世界更为容易;他们总觉得否认上帝是一件比否认世界更情有可原的事情。

第二个要点涉及对于思维提升首先赢得的**内涵**的批判。这个内涵如果只是立足于世界的**实体**、世界的**必然的本质**、一个**安排和指导着世界的目的因**等规定,那么当然不符合我们关于**上帝**已有的或应有的理解。但如果我们暂不考虑那个做法,即不是首先以上帝的一个表象为前提,然后按照这个前提去评价一个结果,那么可以说那些规定已经具有重大价值,并且是上帝的理念里的必然环节。为了通过这条途径去思考内涵的真实规定,去思考上帝的真实理念,我们当然切不可在低级的内容里寻找出发点。世界上的**纯粹偶然的**事物是一个极为抽象的规定。有机事物及其各 [135] 种目的规定属于一个更高的范围,属于**生命**。遗憾的是,人们在考察有生命的自然界以及各种现有事物与**目的**的关联时,却总是用一些微不足道的具体目的,甚至用一些幼稚的关于目的及其关联的理解,玷污了这项工作,更何况单凭有生命的自然界本身还不足以让我们把握到上帝的理念的真实**规定**;上帝不只是有生命的,他是精神。对于以绝对者为对象的思维而言,如果思维抓住一个出发点并且想要抓住下一个出发点,那么唯有**精神性**自然界才是最尊贵和最真实的**出发点**。

§51

另一条借以实现理想的**联合**途径,就是从思维的**抽象**东西出发推进到那个别无选择的规定,即**存在**;——这就是对于**上帝的定在**的**本体论证明**。这里出现的对立是**思维和存在**的对立,因为在第一条途径里,**存在**是对立双方共有的,因此对立只涉及个别东西和普遍者的区别。本身而言,知性在这另一条途径上面临的情况和前面是一样的,也就是说,正如经验的东西不包含着普遍者,反过来,普遍者同样不包含着已规定的东西,而已规定的东西在这里就是存在。换言之,从概念里面不能推导或分析出存在。

[**说明**]康德对于本体论证明的批判之所以能够受到无条件的接纳和拥护,无疑得益于他为了澄清思维和存在的区别而选取的那个例子,即**一百塔勒**虽然不管仅仅是可能的还是现实的,就**概念**而言都是一百塔勒,但对**我的财富状况**而言,[可能性和现实性的]这个区别却构成了一个根本区别。——没有什么比"我所思考或设想的东西并不因此**是现实的**" [136] 或"表象活动或概念还不足以确保存在"之类思想更加清晰明白的了。——但是,且不说把一百塔勒之类东西称作概念乃是一种没有文化的表现,关键在于,那些整天婆婆妈妈地拿着"**思维和存在是有差异的**"去反对哲学理念的人,竟然以为唯独哲学家不知道这件事;事实上还有比这更加肤浅的知识吗? 此外值得注意的是,当人们谈到**上帝**时,这个对象完全不同于一百塔勒乃至**任何一个**特殊的概念、表象或无论什么名目的东西。实际上,一切**有限者**都是并且**仅仅**是这样的东西,即**它们的定在和它们的概念是有差异的**。反之上帝显然应当是一个只能"**被思维为存在着**"的东西,在这里,概念在自身之内包含着存在。恰恰是概念和存在的这个统一体构成了上帝的概念。

当然,上帝还有一个形式上的规定,因此这个规定实际上仅仅包含着**概念**本身的本性。但很显然,概念即便在其完全抽象的意义上也已经在自身之内包含着**存在**。因为无论我们如何规定概念,概念至少都是通过扬弃中介活动而显露出来的,因而本身是一个**直接的自身关联**;但存在无非就是这样的东西。——不得不说,天底之下最荒谬的事情莫过于,精神的这个至深内核(亦即概念)或自我乃至具体的总体性(亦即上帝)是如此的荒芜,竟至于不能在自身之内包含着诸如"**存在**"之类贫乏的、甚至最贫乏和最抽象的规定。就内涵而言,没有比"**存在**"更微不足道的思想对象了。当然,如果人们在谈到"存在"时首先想到的是我面前的这张纸

[137] 之类**外在的**、**感性的**实存，那么这是更加微不足道的；但人们根本不屑于谈论一个受限制的、转瞬即逝的物之类感性的实存。——此外，康德的批判大谈"思想和存在是有差异的"这一肤浅的事实，这充其量只能干扰人心从上帝的**思想**出发走向确信上帝**存在**的过程，但不能杜绝这个过程。这个过渡，即上帝的思想和上帝的存在的绝对不可分性，在**直接知识**或**信仰**的观点下重新获得了合法性。关于这一点，后面还会加以讨论。

§52

通过这个方式，**规定性**对于达到其顶点的**思维**而言仍然是某种**外在的东西**；它始终只是一个完全**抽象的思维**，并且在这种情况下始终被称作**理性**。总而言之，理性能够提供的无非是经验的简化和体系化所需的**形式化统一体**，它是**真理的公则**（Kanon），不是**真理的工具**（Organon），不能提供一种有关无限者的**理论**，只能提供对于知识的**批判**。分析到最后，这个批判可以归结为这样一个**论断**：思维本身仅仅是一个**无规定的统一体**，仅仅是这个**无规定的统一体的活动**。

[**附释**]康德虽然把理性看作一种以无限者为对象的能力，但如果理性仅仅被归结为抽象的同一性，同时也就意味着放弃了自己的无条件性，而这样一来，理性实际上无非是空洞的知性。理性只有在这种情况下才是无条件的，即不是受一个外面的陌生内容所规定，而是自己规定自己，进而在它的内容里安然于自身。但康德明确指出，理性的活动仅仅在于应用范畴把知觉提供的材料加以体系化，亦即赋予材料一个外在的秩序，而理性在这里坚持的原则只不过是无矛盾原则。

[138]

§53

b）在康德看来，**实践理性**是一个以**普遍的**方式自己规定着自己的意志，亦即**思维着的**意志。它应当颁布命令式的、客观的自由规律，即指出什么事情**应当发生**。康德之所以有理由把思维看作一个**客观地进行规定的活动**(亦即实际上看作**同一个理性**),是因为实践自由能够**通过经验而得到证明**,亦即在自我意识的现象中得到证实。针对意识中的这个经验,决定论同样从经验出发得出一切相反的结论,尤其是怀疑主义(包括休谟)通过归纳人们的权利和义务(亦即那些应当客观化的自由规律)而指出它们的**无限差异性**。

§54

实践思维为自己制定的规律,**自身规定活动**的标准,其依据的仍然只能是知性的那个**抽象的同一性**,即规定活动不应当包含着矛盾;——在这种情况下,**实践**理性并没有超越那种作为**理论**理性之最终基石的形式主义。

但这种实践理性并不是仅仅把那个普遍的规定亦即"**善**"设定在**自身之内**,毋宁说,它之所以真正是**实践的**,是因为它要求善具有世间的定在,具有外在的客观性,也就是说,要求思想不仅是**主观的**,而且是完全客观的。关于实践理性的这个悬设,后面也会加以讨论。

[**附释**]康德把从理论理性那里夺走的东西——自由的自身规定——明确地托付给实践理性。康德哲学主要是凭借这个方面而广受赞誉,而这是完全合理的。为了公允地评价康德在这个方面作出的贡献,人们必须首先回忆一下实践哲学(确切地说道德哲学)的那个形态,即康德当时面临的那个占据支配地位的形态。简言之,这个 [139] 形态就是**幸福论**体系,其对于"人的使命是什么"这一问题的答复是:人必须把自己的**幸福**设定为目标。至于什么是幸福,按照人们的理解,它就是各种特殊的偏好、愿望、需要等等的满足,而这就把偶然的和片面的东西当作意志及其行为的本原。康德用实践理性去反抗这种缺乏任何固定的支撑点、并且为全部随心所欲敞开大门的幸福论,从而明确表明需要一个普遍的、对所有的人都具有同等约束力的

意志规定。正如前面几节已经指出的,理论理性在康德看来仅仅是一种以无限者为对象的否定的能力,没有自己的肯定的内容,只能局限于指出知性知识的有限性。反之康德明确承认实践理性的肯定的无限性,也就是说,他宣称**意志**能够以普遍的方式或者说以**思维**的方式自己规定自己。诚然,意志确实具有这个能力,而且这里有一个极为重要的观点,即人只有在具有这个能力并且在其活动中使用这个能力时才是自由的;但即便如此,也仍然没有回答意志或实践理性的**内容**是什么的问题。因此,当康德说人应当把**善**当作他的意志的内容时,我们马上就会追问内容是什么,亦即追问这个内容的规定性。单凭意志的自身一致性原则和"你应当为了义务而履行义务"这一要求,人们仍然是寸步难行的。

<h2 style="text-align:center">§55</h2>

c)康德认为**反思的判断力**具有一种**直观式知性**的原则,也就是说,虽然**特殊东西**对**普遍者**(抽象的同一性)而言是**偶然的**,而且不能从中推导出来,但在反思的判断力里却可以通过这个普遍者本身而得到规定,——这些情况是在艺术作品和**有机**自然界的产物里可以经验到的。

[140]   [**说明**]《判断力批判》的卓越之处在于,康德在其中明确说出了**理念**的表象乃至思想。**直觉式知性**、**内在的合目的性**等等的表象是一个**普遍者**,同时这个普遍者被看作本身即**具体的**。因此康德哲学唯有在这些表象里才表明自己是**思辨的**。许多人,尤其是席勒,已经通过"**艺术美**"、"思想和感性表象的**具体的统一体**"等理念而逃脱了分裂式知性的**抽象东西**,——另一些人则是通过对于**生命力**——无论是自然的生命力还是理智的生命力——的直观和意识而做到了这一点。——诚然,艺术作品和有生命的个体都是受限于自己的内容;但康德在自然界或必然性与自由目的的悬设的和谐里,在被设想为已实现的世界终极目的里,提出了一个甚至就内容而言也无所不包的理念。但"思想的懒惰"恰如其名,在面

对这个最高理念时却把"**应当**"当作一条捷径,即执着于概念和实在性的分裂,不承认终极目的可以得到现实的实现。与此相反,有生命的有机组织和艺术美的**当下在场**甚至已经给**感官**和**直观**揭示出了**理想的现实性**。就此而言,康德关于这些对象的反思尤其适合于引导意识去把握和思考**具体**的理念。

§56

知性中的**普遍者**和直观中的**特殊东西**的关系曾经是理论理性学说和实践理性学说的基础,而康德在这里提出了关于二者的另一种关系的思想。尽管如此,康德还没有认识到这种关系是**真实的**关系,甚至是**真理**本身,而是仅仅把这个存在于有限的现象中的统一体接纳下来,并且在**经验** [141] 中予以揭示。最初在**主体**中提供这类经验的,一方面是**天才**或生产出审美理念的能力,也就是说,天才通过自由的**想象力**生产出一些表象,这些表象服务于一个理念,并且让人**思考**这个理念,但这样的内容并没有在一个**概念**中表达出来,或者说不可能在其中表达出来,——另一方面是**鉴赏力判断**,亦即察觉到自由的**直观**或表象与合乎规律的**知性**的**和谐一致**。

§57

再者,反思的判断力原则被规定为**有生命的自然产物的目的**,即一个活动着的**概念**,一个内在地已规定的和进行规定的普遍者。与此同时,康德清除了**外在的或有限的合目的性**的表象,因为在这种表象中,目的对于实现目的的手段和材料而言仅仅是一个外在的形式。反之在**有生命的东西**里,目的是一种内在于材料的规定和活动,而且全部环节都既是彼此的手段,也是彼此的目的。

§58

虽然在这样的理念中,目的和手段、主观性和客观性之类知性关系被扬弃了,但康德重新陷入矛盾,宣称目的是一个**仅仅作为表象**,亦即作为

主观的东西而存在着和活动着的原因；——相应地，康德又宣称目的规定仅仅是一个隶属于**我们的**知性的评判原则。

[**说明**] 既然批判哲学已经得出"理性只能认识**现象**"这一结论，那么人们在看待有生命的自然界时，至少可以在两个**同等主观的**思维方式之间进行选择，而且按照康德的阐述，人们本来就有责任不再仅仅依据质、原因和作用、复合、组成部分等范畴去认识自然产物。只要**内在的合目的性**原则在科学应用中得到坚持和发展，就将带来迥然不同的、更高级的观察自然产物的方式。

[142]

§59

假若理念按照这个原则处于完全不受限制的状态，那么理性所规定的普遍性、绝对终极目的、**善**就将在世界上得以实现，而且这是通过一个第三者，通过一个亲自设定并实现这个终极目的的权力——**上帝**——而得以实现。因此在上帝里，在这个绝对真理里，普遍性和个别性、主观性和客观性等等的对立都被消解了，并且被宣称为非独立和非真实的东西。

§60

但是，世界的终极目的所依托的**善**从一开始就仅仅被规定为**我们的善**，被规定为**我们的**实践理性的道德法则；这样一来，统一体无非是指世界上的状况和发生的事情与我们的道德性相一致 *。伴随着这个限制，不但**终极目的或善**，就连所谓的**义务**，也都成为一个无规定的抽象东西。更有甚者，针对这个和谐，康德重新唤醒并主张那个在和谐的内容中被设

---

* 用康德自己的话来说就是："终极目的只是我们的实践理性的一个概念，既不可能**从任何经验素材中**推演出来，用于在理论上评判自然界，也不可能涉及我们对于自然界的知识。这个概念的唯一可能的用处就是帮助实践理性去寻找道德法则；**创世的终极目的**是世界的这样一个状况，这个状况与我们只能按照法则而明确规定的东西是一致的，亦即与**我们的纯粹实践理性**（就其应当是实践的而言）的终极目的是一致的。"（《判断力批判》第一版，第 427 页，§88。）——黑格尔原注

定为**非真实的**对立,而这就导致和谐被规定为一个单纯**主观的东西**,—— [143]
被规定为一个仅仅应当**存在**,同时却**不具有实在性**的东西,——被规定为
一个**信仰**,这个信仰只具有主观的确定性,却不具有真理,亦即**不具有那**
个与理性相符合的客观性。——诚然,这个矛盾看起来可以这样加以掩
饰,即把理念的实现托付给**时间**,托付给一个未来(那时理念也会存在),
但诸如时间这样的感性条件毋宁是解决矛盾的反面,而且那个相应的知
性表象,**无限进展**,直接地看来无非是被恒久地设定下来的矛盾本身。

[说明]批判哲学针对**认识活动**的本性而得出的结论已经上升为我
们这个时代的信念或普遍前提之一。关于这个结论,我们还可以作出一
个总评。

任何二元论体系,尤其是康德的体系,都是通过前后不一贯而暴露出
自己的根本缺陷,比如它前一秒钟刚宣称某些东西是独立的,亦即**不可联**
合的,然后立即将它们**联合起来**。同样,它刚才还在宣称联合起来的东西
是真实的,然后立即否认**两个**联合起来(并且将这个联合当作真理)的**环**
节具有自为的持存,转而认为它们只有处于分裂的情况下才具有真理和
现实性。这样的哲学思考完全没有意识到,这种反复无常的做法等于宣
称每一个个别规定都是不能令人满意的,而它的缺陷就在于它根本没有
能力把两个思想——因为就形式而言,只有**两个**思想——整合在一起。
总的说来,其最严重的前后不一贯在于,一方面承认知性只能认识现象,
另一方面宣称"**认识活动不能更进一步**"、"这是人类知识的**自然的**、绝对 [144]
的限制"等等,借此主张这种认识活动是**某种绝对的东西**。自然事物是
受限制的,而它们之所以是自然事物,只是因为它们对自己的普遍的**限制**
一无所知,以及它们的规定性仅仅是一个**对我们而言**,而不是**对它们自己**
而言的限制。只有当人**超越**某个东西时,才意识到、甚至感受到这个东西
是一个**限制**或缺陷。相比无生命的事物,有生命的事物的优越性在于能
够感受到痛苦;对于有生命的事物而言,哪怕一个**个别的**规定性也会转变
为对于一个**否定者**的感受,因为它们作为有生命的东西,本身具有一种**普**

115

遍的、**超越了**个别东西的生命力,能够在它们自身的那个否定者里依然维系自身,并且感受到**这个矛盾**就存在于它们自身之内。这个矛盾之所以存在于它们自身之内,只是因为**同一个**主体包含着两个东西,即主体的普遍的生命感和与之相对立的否定的个别性。同理,只有通过与普遍者、整全者、完满者的**现成的**理念的**比较**,认识活动的限制或缺陷才被规定为限制或缺陷。简言之,只有浑浑噩噩的笨蛋不知道,每当我们把某些东西称作有限的、受限制的,这本身已经证明了无限的、不受限制的东西的**现实的当下性**,而且只有当不受限定的东西**内在于**意识,我们才能够具有关于界限的知识。

针对那个关于认识活动的结论,我们还可以**进一步指出**,康德哲学不可能对科学研究产生任何影响。**康德哲学认为日常认识活动的范畴和方法是绝对不容置疑的**。虽然当时的一些科学著作偶尔会引用康德哲学的几句话,但从整部著作来看,那些话只不过是一种冗余的装饰,即使我们[145] 撕掉开篇的那几页,同样的经验内容依然会出现 *。

具体说到康德哲学和**形而上学化的经验论**的比较,可以说**朴素的**经验论虽然坚持感性知觉,但同样承认一种精神性现实性或一个超感性世界,不管这个世界的**内容**具有哪些性质,也不管这个内容究竟是起源于思想还是起源于幻想,如此等等。就**形式**而言,这个内容得到了一种精神性权威的认证,正如经验知识的其他内容得到了外在知觉的权威的认证。但那种秉承**前后一贯**原则的**反思的经验论**反对这种有着终极的最高内容的二元论,并且否认有一个独立的思维原则和一个在其中独立发展的精神性世界。**唯物主义、自然主义**是经验论的**前后一贯的**体系。——康德哲学依据思维原则和自由原则坚决反对这种反思的经验论,同时继承了

---

* 即如戈特弗里德·赫尔曼的《诗韵学教程》(*Handbuch der Metrik*,莱比锡 1799 年版),也是开篇就摘抄了康德的几段文字。该书 §8 甚至推导出这样的结论:音韵的规律必须 1. 是**客观的**规律,2. 是**形式的**规律,3. 是先天地**已规定的**规律。但如果人们把这些要求以及随后的因果性原则和交互作用原则拿来和对于韵律本身的研究相比较,就会发现那些形式化的原则对这项研究毫无影响。——黑格尔原注

那种朴素的经验论,且从未背离其普遍原则。在康德哲学的二元论里,一个方面依然是知觉和反思着知觉的知性的世界。康德虽然宣称这个世界是一个**现象**世界,但这只不过是一个单纯的说辞,一个纯粹形式化的规定,因为其源泉、内涵和观察方式仍然保持不变。反之,另一个方面是一个独立的、自己把握着自己的思维,即自由原则,这是康德哲学和旧的普通形而上学所共有的,但它已经清空了全部内容,并且不可能为自己重新创造出什么内容。这种思维在这里叫作**理性**,但被剥夺了任何规定和任何**权威**。康德哲学带来的主要影响,就是让人们重新意识到这个绝对的内在性,后者由于其抽象性的缘故,虽然不能从自身发展出任何规定,既不能产生出知识,也不能产生出道德法则,但拒不接受和认可任何具有**外在性**特征的东西。**理性的独立性**原则,理性的内在的绝对独立性,从现在起必须被看作哲学的普遍原则,被看作我们这个时代的信念之一。

[146]

[**附释1**]批判哲学有一个否定意义上的重大贡献,即它使人确信,知性规定属于有限性,因此那种活动于知性规定内部的知识不可能达到真理。与此同时,这种哲学的片面性在于把那些知性规定的有限性归咎为它们仅仅属于我们的主观思维,而对这种思维而言,自在之物应当永远是一个绝对的彼岸。但实际上,知性规定的有限性并不是基于它们的主观性,毋宁说,它们自在地就是有限的,它们的有限性必须在它们自身那里得到揭示。反之在康德看来,正因为**我们**思考着某个东西,所以这个东西是虚假的。——这种哲学的进一步的缺陷,就是仅仅以历史学的方式描述思维,仅仅列举出意识的各个环节。这种列举虽然大体上是正确的,但根本没有涉及那些通过经验的方式而把握的东西的必然性。康德在考察意识的不同层次之后,说出这样一个结论:我们所知道的东西的内容仅仅是现象。就有限的思维确实只是和现象打交道而言,我们不妨认可这个结论。然而现象这个层次并不意味着万事大吉,毋宁说还有一个更高远的国度,而这个国度对于康德哲学来说确实是一个遥不可及的彼岸。

[147]

[**附释 2**]康德哲学起初仅仅提出一个形式化的原则,即思维应当从自身出发自己规定自己。至于思维**如何**以及**在何等限度内**自己规定自己,康德却没有给出任何指示。与此相反,费希特认识到了这个缺陷,他在明确要求对范畴进行演绎时,也尝试着真正提供这样一个演绎。费希特把自我当作哲学发展的出发点,而范畴应当作为自我的活动的结果体现出来。现在的问题是,自我看起来并不是一个真正自由的和自发的活动,因为据说自我首先是由一个外部的阻碍(Anstoß)所激励的;自我应当对这个阻碍作出反应,而只有通过这个反应,它才能够达到自我意识。——在这里,阻碍在本性上始终是一个未知的外物,自我始终是一个有条件的、与一个他者相对立的东西。就此而言,费希特同样止步于康德哲学的那个结论,即我们只能认识有限者,至于无限者则是已经超越了思维。康德所说的"自在之物"在费希特那里变成了"外部的阻碍",这个东西是自我的他者,其唯一具有的规定就是作为否定者或一般意义上的非我而存在着。相应地,自我被看作与非我相关联,并且是在后者的激励下才作出自身规定的活动,也就是说,自我仅仅是一种持续不断地从阻碍那里解脱出来的活动,同时又不能达到真正的解脱,因为自我的存在仅仅是自我的活动,因此假若不再有阻碍,那么自我本身也将不再存在。进而言之,自我的活动所产生出来的内容无非是日常的经验内容,只不过补充了一点,即这个活动仅仅是现象。

[148]

C. 思想对待客观性的第三种态度

直接知识

§61

按照批判哲学的理解,思维是**主观的**,其**终极的**、不可克服的规定是

抽象的普遍性或形式化的同一性;就此而言,思维与真理(作为内在具体的普遍性)相对立。在思维的这个最高规定亦即理性里,丝毫没有考虑到范畴。——相反的立场是,把思维仅仅理解为**特殊东西**的活动,然后通过这个方式同样宣称思维没有能力去把握真理。

§62

思维作为特殊东西的活动只能把**范畴**当作它的产物和内容。知性所坚持的范畴是**"有条件者"、"有所依赖者"、"经过中介者"**之类受限制的规定或形式。对局限于此的思维而言,不存在无限者或真相;思维不可能过渡到无限者或真相(与对于上帝存在的证明正好相反)。这些思维规定也被称作**概念**;就此而言,所谓对一个对象加以**概念把握**(begreifen),无非意味着在**"有条件者"**和**"经过中介者"**等形式下把握这个对象,因此,哪怕对象是真相、无限者、无条件者,也必须被转化为一个有条件者和经过中介者,因此这不是以思维的方式去把握真相,毋宁是把真相颠倒为非真实的对象。

[说明]这就是那个主张直接认识上帝和真相的立场所提出的唯一的、简单的论辩。此前人们已经把各式各样所谓的拟人化观念从上帝那里清除掉,其理由是这些有限的观念配不上无限者,而这样一来,上帝也 [149] 成了一个无比空洞的存在者。但一般而言,思维规定还没有被算作拟人化观念,毋宁说,——按照此前(§5)指出的那个所有时代的信念,即人只有通过思索才能够达到真理——,思维的作用是去洗刷绝对者的表象的有限性。但到如今,就连全部思维规定也被看作拟人论,而思维则是被看作一种**仅仅将对象有限化**的活动。

雅各比已经在讨论斯宾诺莎的书信集附录七①里以无比明确的方式

---

① 弗利德里希·海因里希·雅各比:《论斯宾诺莎的学说:致摩西·门德尔松先生书信集》(*Über die Lehre des Spinoza in Briefen an den Herrn Moses Mendelssohn*),1785 年初版,1789 年增补版。——原编者注

宣告了这个论辩。顺便指出,他是从斯宾诺莎哲学本身那里汲取出这个论辩,然后用它去反对一切认识活动。在雅各比看来,认识活动仅仅是对于有限者的认识活动,即在思维中通过**有条件者到有条件者的一个序列**,——通过**诸多有条件的条件**——,向前推进,在这个序列里,每一个充当条件的东西本身又仅仅是一个有条件者。就此而言,所谓"解释"和"概念把握",就是揭示出某东西**以一个他者为中介**;相应地,全部内容都仅仅是一种**特殊的**、**有所依赖的**、**有限的**内容;认识活动局限于这类机械的联系,反之无限者、真相、上帝却是逍遥在外。——重要的是,康德哲学认为范畴的有限性主要是基于其**主观性**的形式化规定,反之雅各比的论辩不但谈到了范畴的规定性,而且认识到范畴本身就是有限的。——雅各比尤其注意到了那些研究自然界的科学亦即**精确科学**(sciences exactes)在认识自然力和自然规律时取得的辉煌成就。如果深陷于有限者的这片土地,当然不可能找到无限者;正如拉朗德①所说,他寻遍整个天空也没有找到上帝(参阅§60之"说明")。在这片土地上,作为最终的结果,**普遍者**表现为外在的有限者的**无规定的**堆积,亦即**物质**;雅各比正确地看到,按照单纯在**中介活动**中向前推进的方法,不可能有别的出路。

[150]

§63

与此同时,雅各比主张**真理是精神的对象**,而且唯独**理性**才使得人之为人,因为理性是**关于上帝的知识**。但是,因为经过中介的知识仅仅局限于有限的内容,所以理性是**直接知识**,亦即信仰。

[说明]在这个立场上,**知识**、**信仰**、**思维**、**直观**是一些经常出现的范畴。雅各比**假定**它们是**众所周知的**,所以总是随心所欲地按照单纯心理学的表象和区分去使用它们,却从来没有考察那个关键的问题,即它们的

---

① 拉朗德(Joseph Jerome Lalande,1732—1807),法国天文学家。——原编者注

本性和概念究竟是什么。比如我们发现他习惯于把**知识**和**信仰**对立起来，同时又把信仰规定为直接知识，因而立即承认它也是一种知识。诚然，我们注意到这样一些经验事实，比如人们所信仰的东西就在意识里，因此人们至少**知道这件事情**；又比如人们所信仰的东西作为某种**确知的**东西就在意识里，因此人们知道这个东西。

随后雅各比主要是把**思维**和直接知识或信仰对立起来，尤其是和直观对立起来。当直观被规定为**理智直观**，这种直观就只能叫作**思维着的直观**，除非人们把这种以上帝为对象的理智东西也理解为想象出来的表象和形象。按照这种哲学思考所使用的语言，信仰也涉及**感性**世界里的普通事物。雅各比说，"我们有一个**身体**"，这是我们的**信仰**；"**感性事物实存着**"，这也是我们的信仰。然而当我们谈到对于真相和永恒者的信仰，谈到上帝在直接知识或直观里启示出来并被给予我们时，这些都不是感性事物，而是一种**内在普遍的**内容，仅仅是**思维着的**精神的对象。哪怕是**个别的**自我，**人格性**，也不应当被理解为一个**经验的**自我或**特殊的**人格性；尤其是当上帝的人格性出现在意识面前时，其所指的是一个**纯粹的**、亦即**内在普遍的**人格性；这样的人格性是思想，且仅仅属于思维。[151]

此外，纯粹的**直观**和纯粹的思维完全是同一个东西。刚开始的时候，直观、信仰所指的是我们在日常意识里与这些词语结合起来的特定观念；在这种情况下，它们当然有别于思维，而这个区别几乎是每一个人都懂的。但直观和信仰也应当在一种更高的意义上被看作对于上帝的信仰，对于上帝的理智直观。也就是说，我们恰恰应当无视那个构成直观、信仰与思维的区别的东西。我们不能说，直观和信仰在这个更高的领域里仍然有别于思维。人们以为，用这些已然空洞的区别可以谈论和主张某种极为重要的东西，殊不知他们所批驳的和他们所主张的其实是同样一些规定。

尽管如此，"信仰"这个术语有一个特殊的便利，即它让人想到**基督教的**信仰，仿佛包含着、甚至完全等同于这个信仰。正因如此，这种信仰[152]

式的哲学思考佯装具有根本的虔诚和基督徒式的虔诚,然后仗着这种虔诚给自己大开方便之门,愈加自负和狂妄地提出各种随心所欲的论断。但人们千万不要受这种单纯由于字面相同而蒙混进来的假象的蒙蔽,而是必须看清这里面的区别。基督教的信仰在自身之内包含着教会的权威;但那种哲学立场上的信仰却仅仅以自己的主观启示为权威。此外,基督教的信仰是一种客观的、内在丰富的内容,一个由教义和知识构成的体系,反之雅各比的这种信仰却是如此地缺乏内在规定,以至于它既可以接纳基督教的内容,同样也可以包揽那种把达赖喇嘛、牡牛、猴子等等奉为上帝的信仰,因为它本身就局限于**一般意义上的**上帝或**最高的存在者**。在这种假冒的哲学意义上,信仰本身无非是一种枯燥而**抽象的**直接知识,一个全然形式化的规定。无论是从信徒的心灵和寓居其中的圣灵这一方面来看,还是从内容丰富的教义这一方面来看,我们都不应当把这个形式化的规定与基督教信仰的丰盈精神混淆起来,更不应当认为它就是这种丰盈精神。

此外,雅各比所谓的信仰和直接知识无非指的是通常所说的灵感、内心启示、天然植入人心的内容,尤其指的是健全人类知性、常识(common sense)。所有这些形式都以同样的方式把直接性(亦即一个出现在意识里的内容或事实)当作自己的原则。

§64

这种直接知识所知道的,就是我们的**表象**中的无限者、永恒者、上帝也**存在着**,——也就是说,它们的**存在**的确定性与这个**表象**在意识里直接地和不可分割地结合在一起。

[**说明**]哲学根本无意于去反驳直接知识的这些命题,毋宁更愿意祝贺这些原本由**哲学**自己提出的古老命题(它们甚至可以说表达出了哲学的完全普遍的内容)居然以这样的明显非哲学的方式在某种程度上也成了我们这个时代的普遍信念。实际上,我们唯一感到奇怪的是,有人竟然

认为哲学和"那被视为真理的东西是位于精神之内"（§63）、"真理是精神的对象"（同上）之类命题是相互对立的。从形式上看，尤其令人感兴趣的是这样一个命题："上帝的**存在**和上帝的**思想**，或者说**客观性**和思想起初具有的**主观性**，直接地和不可分割地结合在一起。"是的，直接知识的哲学在抽象的道路上走得如此之远，以至于**实存**的规定不仅和上帝的思想，而且在直观里和我的**身体**和外物的**表象**同样不可分割地结合在一起。——如果哲学的努力方向在于证明或指出这样的统一体，亦即思想或主观性本身在本性上和存在或客观性是不可分割的，那么不管这些证明是怎样的情况，哲学都必须完全满足于主张并指出她的这些命题同样是**意识的事实**，从而是和**经验**一致的。

　　最终说来，直接知识所主张的观点与哲学之间的唯一区别在于，直接 ［154］
知识持有一种**排他的**态度，或者说它执意要把自己和哲学对立起来。——但是，那个堪称让整个近代哲学最着迷的轴心命题，"**我思故我在**"（Cogito, ergo sum），也是由它的原创者以直接的方式说出来的。人们不需要多懂推论的本性，也知道当"**故**"（ergo）这个词出现在一个推论中，就是要求人们把那个命题看作一个推论。然而中词（medius terminus）在哪里呢？无论如何，中词是比"**故**"这个词更根本的推论组成部分。如果人们为了捍卫"推论"这个名称，就把笛卡尔的那个概念组合称作**直接推论**，那么这个多余的形式无非意味着，**各个区分开的规定不以任何东西为中介就结合在一起**。要这么说的话，直接知识的命题所表述的存在和我们的表象的结合，不多不少也是一个推论。——我从霍托先生于1826年发表的研究笛卡尔哲学的博士论文①里借用几句引文，以表明笛卡尔本人也明确宣称"**我思故我在**"这个命题不是一个推论。这些引文出自《第一哲学沉思集》对第二个反驳的答复、《谈谈方法》第四章、

---

　　① 　海因里希·古斯塔夫·霍托《论笛卡尔哲学》（*De philosophia Cartesiana*），柏林1826年版。——原编者注。译者按，霍托（H.G.Hotho，1802—1873），德国哲学家和艺术史家，黑格尔的学生。在黑格尔去世之后编辑出版了黑格尔的《美学讲演录》。

《书信集》第一卷第118页①。这里我主要是依据第一处引文略加阐述。笛卡尔首先说：我们是思维着的存在者，是 prima quaedam notio quae ex nullo syllogismo concluditur［一个不是通过任何三段论而得出的基本概念］；接着他又说：neque cum quis dicit：ego cogito，ergo sum sive existo，*existentiam ex cogitatione per syllogismum* deducit［当一个人说"我思故我存在着或实存着"时，他不是**通过三段论而从思维**推导出**实存**。］笛卡尔知道一个推论需要具备什么条件，因此他补充道，假若那个命题是一个相当于三段论的推导，那么还得加上这样一个大前提：illud omne，quod cogitat，est sive existit［凡是思考着的东西都存在着或实存着。］但这个大前提毋宁是从那个命题推导出来的结论。

[155]

关于我（作为思维者）和存在的不可分割性原则，笛卡尔指出：首先，意识的**单纯直观**里已经包含着并提示出这个联系，其次，这个联系是绝对第一位的东西，是本原，是最确定和最明晰的东西，因此无论多么离奇古怪的怀疑主义都不可能将其推翻。——这些表述是如此清晰和明确，以至于近代的雅各比等人关于这个直接结合的言论只能被当作多此一举的重复。

§65

雅各比的立场没有满足于指出**经过中介的**知识在**孤立**的情况下不能把握真理，毋宁说，这个立场的独特性在于仅仅以**孤立**的方式看待**直接**知识，同时在**排除**中介活动的情况下，把真理当作内容。——通过这种排除，我们立即发现这个立场重新落入形而上学的知性，落入知性所坚持的**非此即彼**，因而实际上落入一种外在的中介关系；这种中介关系的特征就是执着于有限者，亦即执着于片面的规定，却妄以为自己已经超越了形而

---

① 《笛卡尔书信集》(*Lettres de Mr. Descartes*)，克雷色列尔(Claude Clerselier)编辑，三卷本，巴黎1657年以后陆续出版。参阅《笛卡尔全集》第四卷，第440号书信(Nr. CDXL)。——原编者注

上学的观点。关于这一点，我们暂且存而不论；我们仅仅主张这种排他的
直接知识是**一个事实**，而且在目前的导言里只能按照这个外在的反思将
其接纳下来。自在地看来，关键在于直接性和中介活动的对立的逻辑性。[156]
但雅各比的立场禁止我们去考察事情的本性或概念，因为这样的考察会
带着我们走向中介活动，甚至走向知识。真正的考察，亦即对于逻辑性的
考察，必须在科学自身之内有自己的地位。

[**说明**]《逻辑学》的整个第二部分，**本质论**，就是讨论直接性和中介
活动的那个在根本上设定着自身的统一体。

§66

因此我们就停在这里，权且把直接知识当作一个**事实**。在这种情况
下，我们的考察就转向**经验**的领域，转向一种**心理学**现象。——从这个角
度来看，我们必须指出一种最普通的经验，也就是说，许多尽人皆知的真
理实际上是一些极为复杂和极为曲折的考察的结果，然后才**直接**呈现在
那个已经熟练掌握这些知识的人的意识里面。数学家，以及任何一个在
某一门科学里接受过训练的人，都是经过极为复杂的分析工作之后，才在
当下直接找到答案；任何一个有学问的人都在当下直接知道许多普遍的
观点和原理，但这些观点和原理实际上是经过反复的思索和漫长的人生
经验才产生出来的。一旦我们熟练掌握某种知识、艺术和技能，这些知识
和不同类型的活动就在当下**直接**出现在我们的意识里，甚至出现在我们
的对外行动和我们的肢体中。——在所有这些情况下，知识的直接性都
包含着知识的间接性（中介活动），而且二者是如此紧密地结合在一起，
甚至可以说，直接知识是间接知识的产物和结果。

[**说明**]直接的**实存**与经过中介的实存的结合同样是一个平淡无奇 [157]
的观点；对作为产物的幼儿而言，胚胎、父母是一个直接的、开端式的实
存。另一方面，虽然胚胎、父母在一般的意义上是**直接**实存着的，但同样

也是产物,反之幼儿虽然是一种经过中介的实存,但也是直接的,因为他们**存在着**。我在柏林,这是我的**直接的**当下性;但我是经过一段路程之后才来到这里,因此这件事情是**经过中介的**。

§67

至于那些以**上帝**、**法**、**伦理**为对象的**直接知识**——这里面也包括本能、天生的或天赋的观念、常识、自然理性等各式各样的规定——,无论其有着怎样的原初形式,我们都有一个普遍的经验,即那些包含在意识里的东西在本质上都需要通过**教育**或发展(此处也涉及**柏拉图所说的回忆**)才能够呈现在意识里。(基督教的洗礼虽然是一个仪式,但本身包含着一个更深远的义务,即必须接受基督教的教育。)也就是说,宗教、伦理即便是一种**信仰**或**直接知识**,也完全是以**中介活动**为条件,而这种中介活动就叫作发展、教育、教化。

[**说明**]和我们这里考察的对立相似,在**天赋**观念的支持者和反对者那里,占据支配地位的也是两种势如水火的观点之间的对立。大致说来,一方观点认为,某些普遍的规定在本质上就**直接地**与**灵魂**结合在一起,反之另一方观点认为,这个结合是以外在的方式发生的,而且是以**给定的**对象和表象为中介。有些人从经验论出发这样反驳**天赋观念**:假若所有的人都在自己的意识里具有这些观念,比如矛盾律(它和其他类似的命题都被算作天赋观念),那么他们就必须知道矛盾律[,但实际上他们并不知道]。实际上,这个反驳是基于一种误解,因为它所指的那些规定虽然是天赋的,但并不因此在**形式**上已经是观念、表象、已知的东西。但这个反驳用在直接知识身上却非常贴切,因为后者所明确主张的是那些已经出现在意识里的规定。——虽然直接知识的立场大致承认,尤其对于宗教信仰而言,一个发展和一个基督教的或宗教的教育是**必要的**,但当它谈到信仰时,又习惯性地企图抹杀教育的意义。要不然它就是完全不动脑筋,不知道它在承认教育的必要性时,恰恰已经说出了中介活动的根本重要性。

[158]

126

[**附释**]当柏拉图哲学宣称我们应当**回忆**理念时,其意思是说,理念自在地已经在人心里,而不是(像智者主张的那样)作为某种陌生的东西,从外面进入人心。柏拉图虽然把认识活动理解为**回忆**,但并没有否认那**自在地**在人心里的东西的发展,而这个发展无非是中介活动。同样的道理也适用于笛卡尔和苏格兰哲学家们所说的**天赋观念**,这些观念同样必须被看作起初仅仅**自在地**以禀赋的方式包含在人心里。

§68

在上述经验里,人们都是诉诸某种表明自己与直接知识**结合起来**的东西。如果人们起初只是把这个结合看作一个外在的、经验的联系,那么这个联系对于经验观察而言就是根本重要的和不可分割的,因为它是恒常不变的。但接下来,如果人们依据经验,把这个直接知识本身看作一种关于上帝和神性东西的知识,那么通常都会把这样的意识描述为一种**提升**,亦即对于感性东西、有限者以及自然心灵的直接欲望和偏好的**超越**,——这种提升过渡到对于上帝和神性东西的信仰,并以之为归宿,于是这个信仰成为一种直接的知识和信以为真,但同样把那个中介活动的过程当作自己的前提和条件。

[159]

[**附释**]我们已经指出,那些从有限存在出发的所谓的对于上帝存在的证明所表达的就是这种提升,而且它们不是由一种矫揉造作的反思发明出来的,而是精神固有的、必然的中介活动,尽管这些中介活动在那种普通的证明形式里没有得到完整而正确的表达。

§69

从主观理念到存在的过渡(§64)是直接知识的立场主要关心的东西,并且在本质上被宣称为一个原初的、无中介的联系。如果完全不考虑那些映现在经验中的结合,那么正是这个中心点在**自身之内**展现出一个具有其真实规定的中介活动,这个中介活动不是借助和依靠一个外在的东西,而是内在地自身闭合的。

§70

也就是说,这个立场主张,无论是作为一种单纯**主观**的思想的**理念**,还是单纯的存在,本身都不是真相;——单独而言的存在,一种与理念无关的存在,是世界的感性的、有限的存在。因此这就等于直接主张,理念[160] 只有以存在为**中介**,或反过来说,存在只有以理念为**中介**,才是真相。直接知识命题所追求的不是无规定的、空洞的直接性,不是抽象的存在或纯粹的、单独的统一体,而是**理念**和存在的统一体;这是它的合理之处。但它缺乏思考,没有看到那两个**区分开的**规定的统一体并非仅仅是一个纯粹直接的、亦即完全无规定的和空洞的统一体,毋宁说,这个统一体里面恰恰设定了这个情况,即其中一个规定只有以另一个规定为中介才具有真理,——或者如果人们愿意这么说的话,每一方都只有通过对方才获得一个经过中介的真理。——这就揭示出一个**事实**,即那种直接性本身就包含着中介活动的规定。对于这个事实,**知性**如果遵循直接知识的固有原理,就不可能提出任何异议。只有日常的抽象知性才会把直接性和中介活动这两个规定看作各自孤立的、绝对的,以为它们那里有某种**固定的**区分;在这种情况下,知性给自己制造出一个不可克服的困难,没有办法把这两个规定联合起来,——但同样可以说,正如我们已经指出的,这个困难事实上并不存在,因为它在思辨概念里消失了。

§71

这个立场的片面性带来一些规定和后果,它们的主要特征还需要在上述评论的基础上继续加以明示。**第一**,因为直接知识不是把**内容的本性**,而是把**意识的事实**树立为真理的标准,所以**主观的**知识和那样一个**论断**——我在**我的**意识里发现某种内容——就成了冒牌真理的基础。更有甚者,我在**我的**意识里发现的东西被拔高为在**所有的人**的意识里都能够被发现,并且被拿来冒充意识自身的**本性**。

[**说明**]过去所谓的对于上帝存在的证明也诉诸西塞罗已经援引过 [161] 的"**众心一致**"(consensus gentium)原则。"众心一致"是一个重要的权 威,而且人们很容易从"一个内容在**所有的人**的意识里都能够被发现"这 一观点过渡到另一个观点,即"这个内容包含在意识自身的本性里,并且 必然属于意识"。在"**普遍同意**"这个范畴里,有一个根本重要的、就连最 无文化的人都懂的看法,即个人的意识同时是一种**特殊的**、**偶然的**东西。 如果人们不考察这个意识自身的本性,也就是说,如果人们不把那些特殊 的和偶然的东西清除掉——因为只有通过思索的艰苦劳作,我们才能够 找出意识的自在且自为的普遍者——,那么,即使**所有的人**都同意某一个 内容,这也只能奠定一个值得尊重的信念,即大家只是相信这个内容属于 意识自身的本性。无论如何,"众心一致"不能满足思维的需要,即把那 个看上去**普遍的**东西当作**必然的**东西而加以认识;但哪怕是在人们仍然 以为那个普遍的事实是一个令人满意的证明时,"众心一致"作为信仰上 帝的证据也已经被放弃了,因为如经验所示,我们在有些个人和民族那里 没有发现对于上帝的信仰 *。天底下最便捷和最方便的事情,莫过于作 [162] 出这样一个单纯的**保证**:"因为我在我的意识里发现一个内容,对它的真

---

* 想要在经验中掌握无神论和信仰上帝传播到了什么程度,取决于人们是满足于"**一 般意义上的上帝**"这一规定呢,还是要求一种更明确的关于上帝的认识? 基督教世界至少 不会承认中国人和印度人的偶像、非洲人的神物以及希腊人的诸神等等是上帝;因此,谁相 信这样一些偶像,就是不信仰上帝。如果有人反过来主张,这种偶像崇拜毕竟**自在地**包含 着对于**一般意义上的上帝**的信仰,正如特殊个体包含着种,那么偶像崇拜就不仅是对于偶 像的信仰,也可以说是对于上帝的信仰。与此相反,雅典人已经把那些认为宙斯等神只是 云气,并且仅仅主张**一般意义上的上帝**的诗人和哲学家当作无神论者来对待。这里的关键 不是在于什么东西**自在地**包含在一个对象里,而是在于什么东西来到对象**外面**,呈现给意 识。如果人们放任这两个规定的混淆,那么任何直观,甚至是最普通的感性直观,都可以是 宗教,因为无论如何,每一个这样的直观或每一个精神活动都**自在地**包含着一个本原,而这 个本原可以通过发展和净化而上升为宗教。问题在于,**能够有宗教**(那个"**自在地**"表达出 了一种能力和可能性)是一回事,**实际有宗教**又是另一回事。比如,根据最近一些重走旧路

理抱有确定性,所以这个确定性不是属于我这个特殊的主体,而是属于精神自身的本性。"

§72

第二,把**直接知识**当作真理的标准,结果就是,不但宣称全部迷信和偶像崇拜都是真理,而且认为那些最荒谬和最无耻的意志内容也有合理之处。印度人不是基于所谓的经过中介的知识,不是基于推理和推论而把母牛、猴子、婆罗门、喇嘛当作上帝,而是**信仰**这些东西。但自然的欲望和偏好亲自把对它们的兴趣放置到意识里,因此那些不道德的目的也全然直接地出现在意识里;善的性格或恶的性格表达出意志的**已规定的存在**,这个存在是通过各种兴趣和目的而被意识到的,而且是以最直接的方式被意识到。

[163]

§73

第三,关于上帝的直接知识最多只能说出"上帝存在"**这件事**(daß),但不能说出"上帝是**什么**";因为后者将是一种知识,并且会导致经过中介的知识。在直接知识里,上帝作为宗教的对象被明确地限定为**一般意义上的上帝**,即一个无规定的超感性东西,而宗教在内容方面也被压缩到最低限度。

的旅行家(比如罗斯①和帕里②这两位船长)的记载,某些部落(爱斯基摩人)没有任何宗教,甚至没有我们在非洲的**巫师**(即希罗多德所说的**俾格米人**)那里都能找到的某种宗教痕迹。反之一位在罗马度过最近一次天主教大赦年的前几个月的英国人在其关于**罗马人**的游记里,从一个完全不同的方面告诉我们,普通民众是盲目迷信的,但那些能读会写的人全都是无神论者。附带说一句,"无神论"这个指责在近代已经变得很稀少了,而这主要是因为宗教的内涵和所需要的条件已经被压缩到最低限度。——黑格尔原注

① 约翰·罗斯爵士(Sir John Ross,1777—1856)《一个以探索巴芬湾为目的的发现之旅》(*A voyage of discovery … for the purpose of exploring Baffin's Bay*),伦敦1829年版。——原编者注
② 威廉·爱德华·帕里爵士(Sir William Edward Parry,1790—1855),曾经撰写大量游记。——原编者注

[说明]假若事情的必要性真的只在于让"**有一个上帝存在**"这样的信仰仍然保留下来,或者甚至促成这样的信仰,那么我们对于这个时代的贫乏就只能惊诧莫名了,因为这个时代竟然把最浅薄的宗教知识视为一种收获,甚至在自己的教堂里返回到**雅典**早已有之的、供奉着**未知的上帝**的祭坛!

§74

关于**直接性形式**的普遍本性,还需要略加说明。也就是说,正因为这个形式本身是**片面的**,所以它的内容也是片面的乃至**有限的**。这个形式赋予**普遍者**一种**抽象的**片面性,以至于上帝成了一个无规定的存在者;然而上帝只有当被意识到是在自身之内**以自身为中介**时,才叫作精神。只有这样,上帝才是**具体的**、有生命的,才是精神;因此,这种把上帝视为精神的**知识**恰恰在自身之内包含着中介活动。——至于直接性形式赋予**特殊东西**的规定,则是让它们**存在着**,并且**与自身**相关联,殊不知特殊东西在本质上就与一个外在的**他者**相关联;通过直接性形式,**有限者**被设定为绝对的。这个形式作为完全抽象的东西**与任何内容都漠不相关**,但恰恰因此能够接纳任何内容,所以,它既能认可偶像崇拜的、不道德的内容,也能认可相反的内容。只有当人们认识到这些内容不是独立的,而是**以一个他者为中介**,才会把它们贬低为有限的和非真实的东西。正因为内容本身就带有中介活动,所以这个认识是一种包含着中介活动的知识。唯有这种内容才被认作真相,即它不是以一个他者为中介,不是有限的,而是以自身为中介,以至于中介活动和直接的自身关联合为一体。——那种知性自以为已经摆脱了有限的知识,摆脱了形而上学和启蒙思想的**知性式同一性**,实则本身仍然直接地把这个**直接性**,把**抽象的自身关联**和抽象的同一性重新当作真理的原则和标准。**抽象的思维**(反思式形而上学的形式)和**抽象的直观**(直接知识的形式)是同一个东西。

[附释]只要直接性形式和中介活动形式被坚持看作相互对立

[164]

的,前者就是片面的,而且一切归结为这个形式的内容都带有这种片面性。一般而言,直接性是一种抽象的自身关联,随之同时是一种抽象的同一性或抽象的普遍性。接下来,如果人们仅仅在直接性形式中看待自在且自为的普遍者,那么它就只是一个抽象的普遍者,而从这个立场出发,上帝意味着一个全然无规定的存在者。即使人们后来也把上帝称作精神,这也仅仅是一个空洞的词语,因为精神作为意识和自我意识,在任何情况下都是它自己和一个他者的区分,因此同时是一个中介活动。

§75

为了**评判**思维对待真理的这第三种态度,我们唯一能做的就是让这个立场自己去招供它的观点。因此正如我们看到的,说什么**有一种直接知识**,一种不带中介活动的知识,既不以他者为中介,也不在自身之内以自己为中介,这在**事实上**就是错误的。同样,以为思维仅仅依靠着一些**以他者为中介**的规定——依靠一些有限的和有条件的规定——向前推进,而不是在中介活动里面扬弃这个中介活动本身,这在事实上也是错误的。毋宁说,认识活动既不是在片面的直接性中,也不是在片面的中介活动中向前推进;对于这个**事实**,**逻辑学**本身和**整个哲学**就是一个**例证**。

[165]

§76

如果我们把此前所谓的**朴素的**形而上学当作出发点,考察直接知识的原则,就会通过比较而发现,后者已经**倒退**到这种形而上学在近代作为笛卡尔哲学所采用的那个开端。简言之,直接知识原则和笛卡尔哲学都主张:

1. **思维**和思维者的**存在**是完全不可分割的,——首先,"我思故我在"和我的存在、实在性、实存在我的意识里直接启示给我,是同一回事(笛卡尔同时在《哲学原理》第一章第9节明确指出,他所理解的"思维"是指一般意义上的**意识本身**);其次,那个不可分割性是绝对**第一位的**

（没有经过中介的、未经证明的）和**最确定的**认识。

2. 上帝的**表象**和上帝的**实存**同样是不可分割的，因此实存就包含在上帝的表象里面，换言之，上帝的表象绝不可能缺少实存的规定，因此这个规定是一个必然的和永恒的规定 *。

3. 同样，那种以**外在**事物的实存为对象的直接意识无非是**感性**意 [166] 识；知道我们具有这样一种意识，乃是一种最微不足道的知识；我们唯一有兴趣想要知道的是，这种以外在事物的**存在**为对象的直接知识是一种幻觉和谬误，而且在感性东西本身那里也不是真理，毋宁说，这些外在事物的**存在**是一种偶然的、转瞬即逝的存在，是一个**映象**，——它们在本质上仅仅具有一个与它们的概念或本质可以分离的实存。

§77

但这两种立场也有区别：

1. 笛卡尔哲学从这些未经证明、并且被假定为不可证明的前提出

---

* 笛卡尔在《哲学原理》第一章第 15 节说：Magis hoc（ens summe perfectum existere）*credet*，si attendat，nullius alterius rei ideam apud se inveniri，in qua eodem modo necessariam existentiam contineri animadvertat；intelliget，illam ideam exhibere veram et immutabilem naturam，quaeque *non potest non existere*，cum necessaria existentia *in ea contineatur*.［读者将会更加**确信**这一点（存在着一个至高完满的存在者），倘若他注意到，任何别的事物的观念都没有以同样的方式包含着这个必然的存在；他将发现，这个观念所呈现出的是一个真实而恒常的、**不可能不存在**的本性，因为它**包含着**一个必然的存在。］接下来的一些说法虽然看上去是一个中介活动和证明，但对这个基本原理没有任何影响。——在斯宾诺莎那里也有完全同样的说法，即上帝的**本质**或抽象观念在自身之内包含着存在。斯宾诺莎的第一个定义是对自因（causa sui）的定义，即自因是这样一个东西，cujus essentia involvit existentiam；sive id，cujus *natura non potest concipi*，nisi existens［它的本质包含着存在，换言之，它的**本性只能被理解**为存在着。］（《伦理学》第一部分，定义一）也就是说，概念和存在的不可分割性是基本规定和前提。但什么样的概念是和存在不可分割的呢？不是**有限事物**的概念，因为有限事物的存在恰恰是一种偶然的、被创造出来的存在。——至于斯宾诺莎在定理 11 指出上帝必然存在着，并且附上证明，以及在定理 20 指出上帝的存在和上帝的本质是同一个东西，——这些都是一种打着证明旗号的多余的形式主义。上帝是实体（而且是唯一的实体）；实体是自因；**所以**，上帝必然存在着——这个伪装的三段论无非想说的是，上帝是这样一个东西，它的概念和它的存在是不可分割的。——黑格尔原注

发，**不断推进到**展开的知识，并通过这个方式给近代科学提供了源泉。反之雅各比的立场则是得出一个本身很重要的结论（§62），即依靠**有限的**规定而向前推进的认识活动只能认识有限者，但不包含真理；而且这个立场要求对于上帝的意识止步于这个完全抽象的信仰①。

[167]

2. 就此而言，一方面，雅各比的立场并没有改变笛卡尔开创的普通科学认识活动的方法，并且以完全相同的方式推动那些由此产生的研究经验事物和有限者的科学，——另一方面，他的立场又拒斥这个方法，而且因为它不知道还有什么别的方法，所以拒斥**一切**能够认识那种具有无限内涵的东西的方法；正因如此，这个立场沉迷于随心所欲的想象和论断，沉迷于道德上的自大狂和感受上的傲慢，沉迷于无节制的臧否和推理，而所有这些都无比强硬地向哲学和哲学论题宣战。因为哲学当然不允许单纯的论断和想象，也不允许随意的左右横跳的推理。

§78

我们之所以必须抛弃一个独立的、直接的内容或知识与一个同样独立的、与前者不能结合起来的中介活动的**对立**，首要的原因在于，这个对立是一个单纯的**前提**和随意的**论断**。同样，当我们进入科学时，也必须抛弃所有别的前提或成见，无论它们是来自表象，还是来自思维；因为科学恰恰首先要考察所有这类规定，并且去揭示它们本身和它们的对立的意义。

[168]

[**说明**]**怀疑主义**，作为一种贯穿全部认识形式的否定意义上的科学，似乎可以充当一个导论，以揭露这类前提的虚妄不实。但是，正如我

---

① 反之安瑟尔谟指出：*Negligentiae* mihi videtur, si postquam confirmati sumus in fide, non *studemus*, quod *credimus*, *intelligere*.[在我看来，如果我们有了坚定的信仰之后，却不去**努力理解**我们所**信仰**的东西，那么这是一种**懈怠**。]（《论上帝何以化身为人》，第一章第 1 节）——就此而言，安瑟尔谟针对基督教学说的具体内容给认识活动指派了一个艰巨的任务，而这完全不同于雅各比的信仰所包含的东西。——黑格尔原注

们立即将会看到的,因为辩证因素本身就是肯定意义上的科学的一个本质性环节,所以怀疑主义不仅是一种败坏兴致的做法,而且是一种多此一举的做法。更何况怀疑主义只能以经验的和非科学的方式找到各种有限形式,并且把它们当作给定的东西而接纳下来。要求一种彻底的怀疑主义,其实无非是要求我们在从事科学研究之前首先**怀疑一切**,亦即做到彻底地**无前提**。真正说来,这个要求是一个**愿意去纯粹地思考**的决心,并且是通过自由而完成的,而自由就是摆脱一切东西,去把握自己的纯粹抽象性或思维的单纯性。

逻辑学的进一步界定和划分

§79

逻辑性(das Logische)就形式而言有三个方面:α)**抽象的**或**知性的**方面,β)**辩证的**或**否定式理性**的方面,γ)**思辨的**或**肯定式理性**的方面。

[说明]这三个方面并非构成逻辑学的三个**部分**,而是**每一个逻辑的一实在的东西的三个环节**,亦即每一个概念或每一个真相的三个环节。它们全都可以被设定在第一个环节亦即**知性因素**下面,从而被孤立地分别对待,但这样它们就不是作为真实的东西而得到考察。——这里关于逻辑性的各个规定的说明,还有这里作出的划分,同样仅仅具有预制的和历史学的意义。

§80

[169]

α)思维作为**知性**始终止步于一些固定的规定及其相互之间的区别;这样的受限制的抽象东西在知性看来是自为持存着的、存在着的。

[附释]每当谈到一般意义上的思维,尤其谈到概念把握,人们

135

通常都是仅仅把知性的活动看在眼里。诚然,思维首先是知性式的思维,但思维不会止步于此,而概念也不只是单纯的知性规定。——一般而言,知性的活动在于赋予这种活动的活动以普遍性形式,也就是说,知性所设定的普遍者是一个抽象的普遍者,当后者坚持作为普遍者而与特殊东西相对立,同时就因此重新被规定为特殊东西。由于知性是以分裂的和抽离的方式对待自己的对象,所以它是直接直观和感觉的反面,而直观和感觉就其自身而言必须完全涉及具体的东西,并且止步于具体的东西。

正是基于知性和感觉的对立,人们反复提出对思维的责难,甚至认为思维是固执的和片面的,并且会一路走到黑导致各种败坏人心和摧毁秩序的后果。如果说这些责难就其内容而言有一定合理之处,我们却首先必须指出,其击中的不是一般意义上的思维,更不是理性思维,而是知性式思维。进而言之,即便是单纯的知性式思维,我们也必须首先承认它的权利和贡献,也就是说,假若没有知性,那么无论是理论领域还是实践领域,都不会达到确定性和规定性。首先,就认识活动而言,其出发点是去把握现成对象的特定区别,比如在考察自然界的时候,对各种质素、力、种属等等进行区分,并且在它们的这个孤立状态中将它们单独固定下来。思维在这些地方是作为知性而行动,而它的原则是同一性,即单纯的自身关联。认识活动起初也是以这个同一性为条件,然后从一个规定推进到另一个规定。

[170]

比如在数学里,就是依靠"大小"(Größe)这一凌驾于所有别的规定之上的**根本规定**而向前推进。类似地,人们在几何学里通过强调各种图形的同一性因素而对它们进行比较。即便在其他认识领域里,比如在法理学里,人们首先也是以同一性为准绳。在这里,当人们从一个规定推导出另一个规定,这个推论无非是遵循同一性原则而向前推进。

和在理论领域里一样,知性在实践领域里也是不可或缺的。行动的根本条件是性格,而一个有性格的人是一个知性式的人,他作为这样的人抱有明确的目的,并且坚定不移地追求这些目的。正如歌德所说,谁若想成就伟业,必须懂得限制自己①。反之那种什么东西都想要的人,实际上不想要任何东西,也做不成任何事情。这个世界上有大量有趣的事物;西班牙诗歌、化学、政治学、音乐,所有这些都是非常有趣的,如果有人对这些东西感兴趣,我们绝不能说他做得不对;但是,如果一个人想要在一个特定的处境下达到某种成就,那么他必须坚持某个特定的方向,而不是把自己的精力分散在许多方面。同样,任何职业都要求人们带着知性去坚持一项职业。比如,法官必须坚持法律,排除各种阻碍,仅仅遵循法律而作出他的判决,而不是左顾右盼听取各种辩解。——除此之外,知性总的说来也是教育的一个根本环节。一个有教养的人不会满足于云里雾里的、无规定的东西,而是紧紧抓住对象的固定的规定性,反之一个没有教养的人却是迟疑的,摇摆不定的,我们在和这种人谈话时,经常要耗费许多力气才能够明白他说的是什么事情,并让他一直专注于所讨论的特定问题。

再者,根据此前的讨论,如果说逻辑性不仅一般地意味着一种主观的活动,而且更应当被理解为一种绝对普遍的、从而客观的东西,那么这个情况也适用于逻辑性的第一个形式,亦即知性。就此而言,我们必须把知性看作一种与上帝的**仁慈**相对应的东西,因为根据我们的理解,上帝的仁慈就在于让事物**存在着**,让它们具有一个持存。比如人们在自然界里认识到,上帝的仁慈在于让各个种类的动物和植物都拥有它们为了生存和繁衍而需要的一切东西。对于人类,对 [171] 于个人和整个民族而言,同样也是如此。人们为了自己的生存和发展而需要的东西,有些是他们遇到的直接现成的东西(比如陆地的气候、性质和产物等等),有些是他们所拥有的禀赋、才能等等。按

---

① 歌德在《自然与艺术》(*Natur und Kunst*)一诗中的原话为:"谁若想做大事,必须凝神定气:限制之中方显大师,唯有法则能给予我们自由。"——译者注

照这个理解,客观世界的所有领域里面都有知性的身影,而从根本上来说,如果一个对象要达到完满,就必须服从自身内的知性原则。比如,如果在一个国家里面,各个阶层和职业还没有明确区分开,或那些在概念上各不相同的政治职能和行政职能还没有发展为特殊的机构(好比高级动物有机体具有感觉、运动、消化等各司其职的功能),那么这个国家就是不完满的。

此外,从以上评论可以看出,即便是那些在通常观念看来距离知性最为遥远的活动范围,同样不可以缺失知性,否则这种缺失必须被视为一个缺陷。这一点尤其适用于艺术、宗教和哲学。比如在艺术里,知性的表现就是牢牢地区分那些在概念上各不相同的美的形式,并且将它们呈现出来。对于个别的艺术作品来说也是如此。因此,一部戏剧诗要达到美和完满,就必须贯彻执行各个角色的纯粹而明确的性格,把他们关心的各种目的和兴趣清楚而鲜明地展示出来。——其次,在宗教领域里,如果不考虑内容和观点方面的其他差异性,那么可以说希腊神话优于北欧神话的地方主要在于,在前者那里,个别的诸神形态已经发展出一种雕像式的规定性,反之在后者这里,诸神的形态却笼罩在无规定的云雾之中,难以区分。——最后,哲学也不能缺失知性,因为经过以上讨论,这一点几乎是不言而喻的。从事哲学思考的首要条件是,对每一个思想都加以精确的把握,绝不容许有任何含糊和不确定的东西。

[172] 当然,经常也有人说,知性不可趋于极端。这个说法有其正确之处,即知性因素确实不是终极因素,而是有限的,确切地说,当知性因素被推到极端,就会转化为自己的反面。青年人都喜欢热衷于抽象的东西,反之有生活阅历的人却不会耽于抽象的**非此即彼**,而是紧抓着具体的东西。

§81

β)**辩证的**环节是这些有限规定的固有的自身扬弃,以及它们向着相

138

反规定的过渡。

[说明]1. 当辩证因素被知性单独地、孤立地看待,尤其在科学概念里被揭示出来,就构成了**怀疑主义**;怀疑主义包含着单纯的否定,将其当作辩证因素的结果。2. 辩证法经常被看作一种外在的技艺,可以随心所欲地在特定的概念里面制造出紊乱和**矛盾的假象**,因此人们认为这些规定不是虚假的,毋宁这个假象才是虚假的,反之知性因素则是真实的东西。此外,辩证法经常也被看作一个主观的、由荡来荡去的推理构成的秋千体系,仅仅通过这种机智的推理来掩饰自己的空无内涵。——但实际上,辩证法就其独特的规定性而言是知性规定乃至全部事物和有限者的固有的、真实的本性。反映首先意味着超越孤立的规定性,同时与之相关联,在这种情况下,规定性被设定在一种对比关系中,同时保持着自己的孤立的有效性。与此相反,辩证法是一种**内在的**超越,通过这个方式,知性规定的片面性和局限性呈现为其真正所是的东西,亦即呈现为自己的否定。一切有限者都在于自己扬弃自己。就此而言,辩证因素构成了推动着科学进展的灵魂,并且是本原;唯其如此,科学的内容才获得**内在的联系和必然性**,正如总的说来,唯有辩证因素才包含着真正的、而非外在的对于有限者的超越。 [173]

[**附释1**]恰当地理解和认识辩证因素乃是一件极为重要的事情。总的说来,它是现实世界中的全部运动、全部生命和全部行为的本原。同样,辩证因素也是全部真正的科学认识活动的灵魂。在我们的日常意识里,不要止步于抽象的知性规定似乎是一件天经地义的事情,符合"自己活,也让别人活"这一谚语,也就是说,既要认可这个东西,**也要**认可那个东西。但细看之下,有限者并非仅仅是受到外面的限制,毋宁说,它通过它自己的本性就自己扬弃自己,并且通过自己就过渡到自己的反面。比如,人们说"人是有死的",然后把死亡看作某种仅仅依据于外在情况的东西,仿佛"生"**和**"死"是人的

两个特殊属性似的。但真实的理解是,严格意义上的生命已经包含着死亡的萌芽,因此全部有限者都是自相矛盾的,进而自己扬弃自己。

此外也不可混淆辩证法和单纯的**诡辩**,因为后者的本质恰恰在于,只要每一次都能够给特殊处境下的个人带来好处,就把那些片面而抽象的规定孤立出来予以认可。比如就行为而言,我生存着并且有生存的手段,这是一个根本环节。但如果我把这个方面,把我自己的福利原则单独拿出来予以强调,并由此推论出我可以偷窃或出卖我的祖国,这就是一个诡辩。——同样,在我的行为里,我的这种意义上的主观自由也是一个根本原则,即我有自己的见解和信念。但如果我**仅仅**依据这个原则而进行推断,那么这同样是诡辩,并且会推翻全部伦理原理。——辩证法和这类行为的本质区别恰恰在于,前者致力于考察自在且自为的事物,并借此揭露片面的知性规定的有限性。

[174]   再者,辩证法在哲学里不是什么新东西。古人把柏拉图称作辩证法的发明者,这是有道理的,因为在柏拉图哲学里,辩证法第一次以自由的、科学的形式出现,从而同时以客观的形式出现。在苏格拉底那里,辩证因素与他的哲学思考基本风格是一致的,因此仍然具有一个强烈主观的形式,亦即**反讽**(Ironie)的形式。总的说来,苏格拉底经常用他的辩证法去反对全部日常意识,但主要是反对智者。他在和别人讨论某件事情时,经常装出一副虚心请教的样子;在这种情况下,他提出各种问题,从而引导他的对话伙伴走到他们起初以为正确的观点的反面。比如,智者经常以教师自居,于是苏格拉底通过向智者普罗泰戈拉提出一系列问题,迫使后者承认一切学习都仅仅是回忆。——柏拉图在他的具有严格科学意义的对话录里通过辩证讨论揭示出全部固定的知性规定的有限性。比如他在《巴门尼德斯篇》里首先从"一"推导出"多",然后指出"多"只能把自己规定为"一"。柏拉图在讨论辩证法时,都是采用了这种宏大的方式。

在近代,主要是康德重新让人们回忆起辩证法,并且重新赋予其光荣的地位。他的做法体现于此前(§48)已经谈到的理性的所谓的二律背反,而他在那里所关注的绝不只是双方的论据和一个单纯主观的行动,而是希望指出,每一个单独看来的知性规定都表明自己直接转化为自己的反面。——无论知性怎么绞尽脑汁反抗辩证法,我们都切不可把辩证法看作一种仅仅对于哲学意识而言才存在着的东西,毋宁说,这里所讨论的辩证法也已经出现在全部别的意识和普遍的经验里。我们周围的一切事物都可以被看作辩证法的例证。我们知道,全部有限者都不是固定的和终极的东西,而是可变化的和行将消失的,而这恰恰是有限者的辩证法,因此有限者自在地就是它自己的他者,并且超越它直接所是的那个东西,转化为自己的反面。虽然我们此前(§80)说过,知性必须被看作一种包含在上帝的**仁慈**表象里的东西,但现在针对同样的(客观的)意义上的辩证法,我们必须指出,辩证法本原是和上帝的**权力**表象相对应的。当我们说全部事物(亦即全部严格意义上的有限者)都要接受审判时,我们直观到辩证法是一个普遍的、不可抵挡的权力,在它面前,任何事物无论看起来多么可靠和稳固,都是摇摇欲坠的。虽然这个规定还没有穷尽深邃的神性本质,没有穷尽上帝的概念,但它至少构成了全部宗教意识的一个根本环节。 [175]

再者,辩证法在自然精神和精神世界的全部领域和形态分化里都发挥着自己的威力。比如在天体运动里就是如此。一颗行星现在在这个位置,但自在地看来,它也在另一个位置,并且通过它的运动而使它的这个异在达到实存。同样,物理元素表明自己是辩证的,而气象变化的过程就是这些元素的辩证法的现象。正是辩证法本原构成了其余的自然过程的基础,同时迫使自然界自己超越自己。至于辩证法在精神世界尤其是法和伦理的领域里的表现,这里只需要指出,正如普遍经验所教导的,一个极端的状态或行动总是转化为自己的反面,而且这种辩证法在许多谚语里也得到了承认。比如当人们说 summum ius summa iniuria[极端公正就是极端不公正]时,其意思是,当抽象法被推到极致,就转化为不法。同样大家都知道,在政治的领域里,极端的无政府主义和极端的专制主义总是相互转换的。而在"高傲者必跌倒"、"峣峣易缺"之类家喻户晓的谚语里,我们也看到了伦理领域里的辩证法意识的个别形态。——哪怕是感受,无论是身体上的还是精神上的感受,都有自己的辩证法。众所周知,极端的痛苦和极端的欢乐是相互过渡的;充满欢乐的心灵在泪水里得到释放,而至深的忧愁经常通过微笑而表现出来。

[176]

[**附释2**]怀疑主义不可以被看作一种单纯怀疑的学说,毋宁说,它对自己的观点,亦即全部有限者的虚无性,抱有绝对的确定性。单纯怀疑的人仍然抱有希望,希望他的怀疑能够得到解决,以及他为之徘徊不决的两个特定事物里有一个呈现为固定的和真实的东西。与此相反,真正的怀疑主义是对知性坚持的全部固定的东西所感到的彻底绝望,而由此得出的则是一种恬静的和止于自身的心境。这是崇高的古代怀疑主义,尤其体现在塞克斯都·恩皮里柯①的著述里,而且这种怀疑主义在后来的罗马时期得到充分发挥,成为斯多亚学派和伊壁鸠鲁学派的独断论体系的补充。我们切不可把这种崇高的古代怀疑主义和前面(§39)提到的近代怀疑主义混淆起来,后者一方面先于批判哲学,另一方面又出自批判哲学,其目的仅仅在于否认超感性东西的真实性和确定性,并且主张感性东西和直接感觉中给定的东西是我们应当坚持的东西。

此外,尽管直到今天,怀疑主义仍然经常被看作全部实证知识的死敌,随之也被看作一种与实证知识打交道的哲学的死敌,我们却必须指出,实际上,只有有限的、抽象的知性式思维才会害怕怀疑主义,

---

① 塞克斯都·恩皮里柯(Sextus Empiricus),公元2世纪的罗马哲学家,古代怀疑主义代表之一。——译者注

对其无能为力,反之哲学却是把怀疑主义当作一个环节,亦即当作辩证因素,包含在自身之内。与此同时,哲学不像怀疑主义那样止步于辩证法的单纯否定的结果。怀疑主义坚持认为它的结果是一种单纯的、亦即抽象的否定,因此错认了这个结果。虽然辩证法也把否定的东西当作自己的结果,但这个否定的东西作为结果而言同时是肯定的东西,因为它把自己的前提当作已扬弃的东西而包含在自身之内,并且不能脱离它的前提。这就是逻辑性的第三个形式亦即**思辨因素**或肯定式理性因素的基本规定。

§82

γ)**思辨因素**或**肯定式理性因素**把握着相互对立的规定的统一体,亦即把握着那个包含在诸规定的瓦解和过渡中的**肯定的东西**。

[**说明**]1. 辩证法之所以有一个**肯定的**结果,原因在于,它有一个已**规定的内容**,或者说它的结果真正说来不是**空洞的、抽象的无**,而是对**某些规定**的否定;这些规定之所以包含在结果里,又是因为结果不是一个**直接的无**,而是一个结果。——2. 因此,理性因素虽然是一个思想中的乃至抽象的东西,但同时是一个**具体的东西**,因为它不是**单纯的、形式化的**统一体,而是**区分开的规定的统一体**。正因如此,哲学根本不研究单纯的抽象东西或形式化的思想,而是仅仅研究具体的思想。3. 单纯的**知性逻辑**就包含在思辨逻辑里,并且可以从中抽绎出来;为此人们只需把思辨逻辑中的辩证因素和理性因素抛弃掉就行了;这样一来,它就变成了**普通逻辑**,变成了一种把思想规定编排起来的**历史学**,而这些编排起来的思想规定明明是有限者,却扮演着无限者的角色。

[**附释**]就其**内容**而言,理性因素并不是哲学的私有财产,毋宁必须说,它是全人类的共同财富,无关乎一个人的教化和精神发展处于什么层次,而在这个意义上,人们自古以来就正确地把人称作"理

性存在者"（vernünftiges Wesen）。人们最初是以一种经验上普遍的方式亦即信念和假设的方式认识到理性因素，而按照先前的讨论（§45），理性因素的基本特征在于，它是一个无条件者，从而在自身之内包含着自己的规定性。在这个意义上，当人知道有上帝，并且知道上帝是一个绝对地自己规定着自己的东西，就首先认识到了理性因素。进而言之，当一个公民知道他的祖国及其法律是无条件的、同时普遍的东西，是他的个体意志所必须服从的东西，那么他的这个知识也是关于理性因素的知识，而在这个意义上，甚至儿童的知识和意愿也是合乎理性的，因为他知道他的父母的意志，并且以这个意志为他的意志。

[178] 　　其次，一般说来，当思辨因素出现在**思想**中，无非就是理性因素，即肯定的理性因素。在日常生活里，人们经常是在一个模糊的、同时贬低的意义上使用"**思辨**"（Spekulation）这个词语，比如"婚姻思辨"或"商业思辨"就是如此，而在这些情况下，"思辨"仅仅意味着，一方面，直接的现成东西应当被超越，另一方面，那构成这类思辨的内容的东西虽然起初只是一个主观的东西，但不应当停留于此，而是应当得到实现或被转化为客观性。

　　此前关于理性而作出的说明同样适用于"思辨"的这个日常用法，而且我们还可以补充一点，即许多自以为很有文化的人在谈到"思辨"时，也是明确地把它当作一种**单纯**主观的东西，也就是说，他们宣称，某个关于自然界或精神世界的各种状况和关系的观点虽然单纯从思辨的角度来看是很美好的和正确的，但是并不符合经验，而且这类观点在现实里是不容许的。针对这一点，我们必须明确指出，真正意义上的思辨因素当然不是应时应景的，更不是一种单纯主观的东西，毋宁说，它把知性所坚持的那些对立（因此也包含主观东西和客观东西的对立）当作已扬弃的东西而包含在自身之内，并恰恰因此表明自己是具体的，是总体性。正因如此，一个思辨的内容也不可能通过一个片面的命题而表达出来。比如，当我们说"绝对者是主观东西和客观东西的统一体"，这虽然是正确的，但同时也是片面的，因为这里说出的和强调的仅仅是**统一体**，而实际上主观东西和客观东西不仅是同一的，而且也是区分开的。

关于思辨因素的意义，这里还需要提示，人们必须把它理解为过去涉及宗教意识及其内容时经常称作**神秘因素**（das Mystische）的那种东西。今天在谈到神秘因素时，通常都把它当作秘而不宣和不可理喻的同义词，而基于不同的教育程度和思维习惯，有些人认为这种秘而不宣的、不可理喻的东西是本真的、真实的东西，有些人认为它们纯属迷信和幻觉。对此首先需要指出，神秘因素确实是一种秘而 [179] 不宣的东西，但这仅仅是对知性而言，而原因也很简单，即知性把抽象的同一性当作自己的原则，反之神秘因素（作为思辨因素的同义词）乃是各种规定的具体的统一体，而知性却以为这些规定在分裂和对立的情况下仍然是真实的东西。另一方面，有些人虽然承认神秘因素是真实的东西，但却沉迷于此，仿佛神秘因素是一种绝对地秘而不宣的东西，而这只不过表明思维对于他们而言同样仅仅意味着设定一种抽象的同一性，而且如果要达到真理，就必须放弃思维，或者像人们经常说的那样，必须禁锢理性。但正如我们已经看到的，抽象的知性式思维并不是什么固定的和终极的东西，而是持续不断地扬弃自身并转化为自己的反面；与此相反，理性因素本身恰恰在于把对立双方当作观念性环节而包含在自身之内。因此，一切理性因素都应当同时被称作神秘的，但这只是说理性因素超越了知性，而绝不是说理性因素在根本上应当被看作一种对思维而言不可触及和不可理喻的东西。

§83

逻辑学分为三个部分：

I.**存在论**。

II.**本质论**。

Ⅲ.**概念论和理念论**。

也就是说,分为三种研究思想的学说:

Ⅰ.研究在其**直接性**中的思想的学说,——研究**自在**的概念。

Ⅱ.研究在其**反映**和**中介活动**中的思想的学说,——研究概念的**自为存在**和**映象**。

Ⅲ.**研究已经回归自身**,经过发展而安然于自身的思想的学说,——研究**自在且自为的概念**。

[180]

[**附释**]这里陈述的逻辑学的划分,和迄今关于思维的全部讨论一样,只能被看作一个预制,而只有通过对于思维本身的通盘研究,才能够得出对于这个预制的辩护或证明。因为在哲学里,所谓证明一个对象,无非就是揭示出对象如何通过自身和从自身出发而把它造成它所是的东西。——总的说来,我们应当这样理解思想或逻辑理念的这三个主要层次相互之间的关系,即只有**概念**才是真相,确切地说,只有概念才是**存在**和**本质**的真理;一旦存在和本质被孤立地单独固定下来,就被看作不真实的东西,——存在是不真实的,因为它起初仅仅是**直接的东西**,本质是不真实的,因为它起初仅仅是**经过中介的东西**。这里可能首先引发一个疑问:既然如此,我们为什么从不真实的东西,而不是立即从真相开始呢? 对此的答复是,真理作为真理而言恰恰必须**验证**自己,而在这里,在逻辑性内部,这个验证就是要让概念表明它以自己为中介而与自己结合,因此同时是真正直接的东西。而在具体的和实在的形态里,逻辑理念的上述三个层次的关系是这样表现出来的,即只有当我们同时承认上帝所创造的世界亦即自然界和有限精神在与上帝区分开时是不真实的,我们才认识到,上帝作为真理就在他的这个真理中,也就是说,上帝是绝对精神。

第一篇　存在论

§84

存在仅仅是**自在的**概念；它的各种规定是**存在着的**规定，并且被区分为对彼此而言的**他者**，而它们的进一步的规定（辩证因素的形式）则是一种**进入他者的过渡**。这种在某一个东西那里持续进行的规定活动是一种**出离**（Heraussetzen），随之是**自在地**存在着的概念的展开，同时还是存在的**内化**（Insichgehen），即存在的一种自身内深化（Vertiefen in sich selbst）。随着存在的直接性或存在本身的形式被扬弃，概念在存在层面上的展开同样转变为存在的总体性。

§85

存在本身以及随后的各种规定——这些规定不仅是存在的规定，而且是一般意义上的逻辑规定——可以被看作绝对者的定义或**上帝的形而上的定义**；但严格说来，这个定义始终只是一个层面上的第一类单纯的规定，然后是第三类规定，即从差异到单纯的自身关联的回归。因为，所谓给上帝一个形而上的定义，就是在严格意义上的**思想**之内表达出上帝的本性，而逻辑包揽着全部仍然处于"思想"形式下的思想。反之，**第二类**规定，即那些处于**差别**层面中的规定，则是**有限者**的定义。假若人们在这里使用定义的形式，这就意味着他们所想到的是一个基体；因为上帝在思想的意义和形式里应当被表述为**绝对者**，而绝对者相对于它的谓词（即一个在思想中已规定的和现实的表达式）而言，始终只是一个**意谓中的**思想，一个本身无规定的基体。这里的唯一关键在于思想或事情，但因为 [182]

思想或事情仅仅包含在谓词里,所以命题形式和那个主词一样,是某种多余的东西(参阅§31和后面关于判断的章节,即§166以下)。

[**附释**]逻辑理念的每一个层面都表现为诸多规定的一个总体性,即绝对者的一个呈现。存在也是如此,它在自身之内包含着三个层次,即**质**、**量**和**尺度**。**质**首先是一个与存在同一的规定性,也就是说,某东西一旦失去自己的质,就不再是它所是的那个东西。反之**量**是一个外在于存在、与存在漠不相关的规定性。比如一座房屋可以更大或更小,但始终是房屋,红可以更浅或更深,但始终是红。存在的第三个层次,**尺度**,是前面二者的统一体,即一个质的量。全部事物都具有自己的尺度,也就是说,它们在量上是已规定的,而它们的如此这般大小的存在对它们来说是漠不相关的;但与此同时,这种漠不相关也有自己的界限,一旦这个界限由于进一步的更多或更少而被逾越,事物就不再是它们以前所是的那个东西。于是从尺度出发,推进到理念的第二个主要层面,即**本质**。

这里所列出的存在的三个形式,正因为是最初的形式,所以同时是最贫乏的、亦即最抽象的形式。当直接的、感性的意识同时表现为一个思维着的东西,就主要限定在"质"和"量"等抽象规定上面。人们通常认为这种感性意识是最具体的、因而同时最丰富的意识;但这仅仅是就质料而言,反之从它的思想内容来看,它实际上是最贫乏和最抽象的意识。

A. 质(Qualität)

a. 存在(Sein)

§86

纯粹的存在构成了开端,因为它既是纯粹的思想,也是无规定的、单

纯的直接东西,而最初的开端不可能是什么经过中介的、具有进一步的规 　[183]
定的东西。

[**说明**]人们只要明白开端的本性意味着什么,就会抛弃所有那些针
对科学以抽象而空洞的**存在**为开端的做法而可能提出来的怀疑和警告。
存在可以被规定为"我＝我"、"**绝对无差别**"或"**绝对同一性**"等等。人们
必须要么以一个绝对**确定的东西**(即自身确定性)为开端,要么以一个关
于**绝对真相**的定义或直观为开端,由此看来,这些形式或别的诸如此类的
形式必须是最初的形式。但由于每一个这样的形式都已经包含着一个**中
介活动**,所以它们真正说来并不是最初的形式;中介活动意味着走出最初
的东西,来到第二个东西,并且从区分开的东西里显露出来。如果"我＝
我"或理智直观真的仅仅被当作最初的东西,那么它在这种纯粹的直接
性里面无非就是**存在**,正如纯粹的存在反过来不再是这个抽象的存在,而
是一个在自身之内包含着中介活动的存在,亦即纯粹的思维或直观。

当人们把**存在**当作绝对者的谓词而陈述出来,就得出绝对者的第一
个定义:**绝对者是存在**。这是一个(在思想中)最起初、最抽象而最枯燥
的定义。这是**埃利亚学派**提出的定义,同时也是一件众所周知的事情,即
上帝是全部实在性的总括(Inbegriff)。也就是说,上帝应当从每一个实
在性里面的限制中抽离出来,这样他仅仅是全部实在性里面的**实在东西**,
即**最实在的东西**。但由于实在性已经包含着一个反映,所以雅各比在论
述斯宾诺莎的上帝时,以更直接的方式宣称:上帝作为本原乃是**全部定在
里的存在**。

[**附释 1**]当我们开始思考的时候,我们所具有的思想无非是一 　[184]
种纯粹的、无规定的东西,因为"某一"(Eines)和"他者"(Anderes)
已经是一个规定;但我们在开端那里尚未发现任何他者。我们在这
里所看到的无规定的东西是一个直接的东西,既不是经过中介的无
规定性,也不是全部规定性的扬弃,而是直接的无规定性,是先于所

149

有规定性的无规定性,是作为绝对开端的无规定的东西。我们把这个东西称作"存在"。存在是不可感觉、不可直观、不可表象的,毋宁说,它是纯粹的思想,而作为这样的思想,它构成了开端。本质同样是一个无规定的东西,但这个无规定的东西已经贯穿了中介活动,并且已经把规定当作已扬弃的东西而包含在自身之内。

[**附释2**]在哲学史里,我们看到逻辑理念的不同层次在形态上是一些先后出现的哲学体系,而且每一个哲学体系都是基于绝对者的一个特殊定义。因此,正如逻辑理念的展开表现为从抽象东西到具体东西的推进,在哲学史里,最早的体系也是最抽象的、同时最为贫乏的体系。一般而言,早先的哲学体系与后来的哲学体系的关系就是逻辑理念的早先层次与后来层次的关系,而且其特点在于,后来的体系把早先的体系当作已扬弃的东西而包含在自身之内。那个在哲学史里经常遭到误解的一个哲学体系对另一个哲学体系(确切地说,后来的体系对早先的体系)的反驳,真正说来其实是这个意思。当谈到一种哲学遭到反驳时,人们惯常的做法是首先仅仅在抽象而否定的意义上看待这件事情,仿佛那种遭到反驳的哲学一无是处,可以抛到一边不予理会。假若真的是这样,那么哲学史研究就必定会被看作是一项悲惨的事业,因为这种研究所教导的是,所有那些在时间的长河里涌现出来的哲学体系如何被逐一反驳。但现在,我们既要承认全部哲学都已经遭到反驳,同时也必须主张,任何一种哲学都没有遭到反驳,也不可能遭到反驳。这个主张有两层意思:首先,任何一种名副其实的哲学都总是把理念当作自己的内容,其次,任何一个哲学体系都必须被看作理念的发展过程中的一个特殊环节或一个特殊层次。因此,所谓一种哲学遭到反驳,意思仅仅是说,它的局限性被突破了,它的特定本原被降格为一个观念性环节。相应地,哲学史就其本质性内容而言不是考察过去的东西,而是考察永恒的和绝对当下的东西,并且就其结果而言也必定不是人类精神的谬误展示,

[185]

150

而是一座供奉着诸神形态的万神殿。但这些诸神形态就是理念的不同层次，并且是在辩证的发展过程中先后出现的。现在，既然哲学史的任务在于详细地证明，哲学史的内容在这个过程中的展开与纯粹的逻辑理念的辩证展开如何一方面是一致的，另一方面又是偏移的，那么这里首先只需要指出，逻辑的开端和真正的哲学史的开端是同一个开端。我们在埃利亚学派的哲学里，确切地说在巴门尼德的哲学里，发现了这个开端，因为当他说"存在仅仅存在，而无不存在"时，已经把绝对者理解为存在。有鉴于此，这必须被看作哲学的真正开端，因为虽然哲学一般而言是一种思维着的认识活动，但在巴门尼德这里，纯粹的思维第一次得到坚持，并且已经把自己当作自己的对象。

诚然，人类从一开始就已经在思考，因为人类只有通过思维才区别于动物；但数千年的时间之后，人类才能够把握到思维的纯粹性，同时把思维理解为一种绝对客观的东西。埃利亚学派作为冷峻果敢的思想家举世闻名；但在这种抽象的赞美之后，人们经常又补充道，这些哲学家还是太极端了，因为他们只承认存在是真相，并且否认所有那些构成我们的意识对象的东西具有真理。诚然，说不能止步于单纯的存在，这是完全正确的；然而认为我们的意识的各种内容仿佛位于存在的**旁边**或**外面**，或认为它们仅仅是某种**也**存在着的东西，这也是没脑子的。反之真正的关系是这样，即存在本身不是一种稳固而终极的东西，而是以辩证的方式转化为自己的对立面，而这个对立面，当它同样被看作直接的东西，就是**无**。因此这里始终值得注意的是，首先，存在是第一个纯粹的思想，其次，无论人们用什么东西（我＝我，绝对无差别或上帝自身）当作开端，这类东西起初都仅仅是一个表象，不是一个思想，而且它就其思想内容而言恰恰只是存在。 [186]

§87

如今这个纯粹的存在是**纯粹的抽象**，因此是**绝对的否定者**，而当它同样被看作直接的东西,就是**无**。

[**说明**]1. 从这里得出绝对者的第二个定义:绝对者是**无**;实际上,这个定义已经包含在"自在之物是无规定的、绝对无形式的、随之绝对无内容的东西"或"上帝**仅仅是最高本质**,此外不是任何东西"之类说法里,因为上帝作为"最高本质",恰恰被陈述为同一种否定性;无——**佛教徒**把它看作万物的本原以及万物的终极目的和目标——也是同一种抽象。2.如果对立像这样直接地被表述为**存在**和**无**,那么每一个人都可以看出这个对立是虚妄的,而且人们不应当企图把存在固定下来并防止其发生过渡。从这个角度来看,思索必须努力为存在找到一个稳固的规定,借此把存在和无区分开。比如,人们把存在看作一种在全部更替中常驻的东西或一种无限可规定的**物质**等等,或不假思索地把存在看作某个**个别的**实存,看作某种权且如此的感性东西或精神性东西。然而所有这些更进一步的、更具体的规定都使得存在不再是**纯粹的存在**,不再是开端处的那个直接的存在。只有基于这个纯粹的无规定性,并且只有为着这个无规定性,存在才是**无**,——一种**不可言说的东西**;它与无的区别是一个单纯的**意谓**。——事情的关键恰恰只在于意识到这两个开端无非是这类空洞的抽象东西,而且二者是同样空洞的;人们想要在存在或在二者之内找到一[187] 个稳固的意义,而这个**冲动**就是**必然性**本身,是它引领着存在和无向前推进,并赋予它们一个真实的、亦即具体的意义。这个推进就是逻辑的具体实施过程,就是接下来将要呈现出来的历程。**思索**为存在和无**找到**了各种更深刻的规定,它就是逻辑思维,并且让那些规定自行产生出来,但不是以偶然的方式,而是以必然的方式。——正因如此,这些规定所包含的每一个后续意义都只能被看作**绝对者**的一个**更具体的规定**和**更真实的定义**;这样一来,那些规定或定义就不再是和存在以及无一样空洞的抽象东西,而是一种具体的东西,在其中,二者(存在和无)都是环节。——本身说来,无的最高形式应当是**自由**,但只要自由深入到自身之内,成为最高的内涵性,并且本身是一种绝对的肯定,它就是否定性。

[**附释**]存在和无首先只是**应当**被区分开,也就是说,二者的区别首先只是**自在的**,还不是**已设定的**(gesetzt)。总的说来,我们只要谈到一个区别,就发现有**两个东西**,其中一方所具有的规定没有出现在另一方那里。但存在恰恰只是绝对无规定的东西,而无也是同一种无规定性。因此,这二者的区别仅仅是一个意谓中的区别,一个完全抽象的、同时不是区别的区别。通常说来,我们在作出任何区分时都总是发现有一个共通者,它把区分开的东西统摄在自身之下。比如,当我们谈到两个不同的种,种就是二者的共通者。同样,当我们说"存在着自然本质和精神性本质",本质就是二者都具有的东西。反之在存在和无那里,区别是无根的,恰恰因此不是区别,因为这两个规定是同一种无根性。假若人们想说,二者(存在和无)毕竟都是思想,因此思想是二者的共通者,那么他们就忽视了,存在不是一个特殊的、已规定的思想,而是一个仍然完全无规定的、且正因如此与无没有区分开的思想。——诚然,有些人确实也把存在想象为绝对的富足,反过来把无想象为绝对的贫乏。但如果我们看遍全世界,却只能说"世界是一切,此外无他",这就等于抛弃了全部已规定的东西,于是我们所掌握的不是绝对的充盈,而是绝对的虚空。同样的情况应用到上帝的定义上面,把上帝定义为纯粹的存在,就会面临佛教徒的那个同样合理的定义,即上帝是无,而按照这个定义的推论,也可以主张:当人消灭自己,就因此成为上帝。 [188]

§88

无作为这个直接的、自身等同的东西,同样反过来和**存在**是**同一个东西**。因此存在和无的真理是二者的**统一体**;这个统一体就是**转变**。

[说明]1. 在**表象**或知性看来,"**存在和无是同一个东西**"这一命题是如此之悖谬,简直就像在开玩笑。实际上,这个命题也是思维所遭遇到的最大难关,因为存在和无的对立是一个完全**直接的**对立,也就是说,其

中一方那里并没有**设定**一个包含着双方之关联的规定。但正如前一节已经指出的,它们又**包含着**这个规定,而这个规定在二者那里恰恰是同一个规定。就此而言,它们的统一体完全是以**分析的**方式演绎出来的;同理,总的说来,哲学思考的整个推进过程作为一种遵循方法的、亦即**必然的**推进过程,无非是去**设定**那些已经包含在一个概念里的东西。——主张存在和无的统一体,和主张**它们也是绝对不同的**(一方**不是**另一方所是的东西),都是正确的。但因为这里还没有确定一个区别(而这又是因为存在和无仍然是直接的东西),所以在它们那里,区别是**不可言说的**,是单纯的**意谓**。

2. 人们只需要卖弄点小聪明,就可以让"存在和无是同一个东西"这一命题变得滑稽可笑乃至荒诞不经,同时假意宣称以下情况都是那个命题的推论和应用,比如,既然如此,那么我的房屋、我的财产、呼吸的空气、这座城市、太阳、法、精神、上帝等等,其**存在或非存在**是同一回事。一方面看来,上述例子罗列了一些**特殊目的**,或某些东西对**我**而言具有的**用处**,以质问**我**是不是对这些有用事物的存在或非存在漠不关心。殊不知哲学恰恰是这样一种学说,它把人从无穷多的有限目的和有限意图里面解放出来,让他对此漠不关心,以至于这类事物的存在或非存在对他而言确实是同一回事。但总的说来,只要谈到一个**内容**,就设定了它与**另外一些**实存或目的的联系,并且**预先设定**它们是有效的,而**这些预先设定的东西**决定了**一个特定的内容**的存在或非存在**究竟是不是同一回事**。这是用一个**内容充实的**区别混淆了存在和无的空洞区别。——另一方面看来,上述例子谈到了一些自在的根本目的、绝对的实存和理念,却仅仅用"**存在**"或"**非存在**"等规定去衡量它们。这类具体的对象完全不同于单纯的存在者或非存在者;诸如"存在"和"无"之类空疏的抽象说法只是现有的最空疏的规定(因为它们仅仅是开端的规定),完全不匹配那些对象的本性;真正的内容早就已经超越了这些抽象说法本身及其对立。——总的说来,当一个具体的东西与存在和无混淆起来,那些没脑子的人就习惯性地想象着一个完全不同的东西并夸夸其谈,殊不知这里所谈论的仅仅是

[189]

154

抽象的存在和无。

3. 有些人可能会轻易宣称自己不能对存在和无的统一体进行**概念** [190]
把握（begreife）。但我们在前面几节里已经阐明了统一体的概念，而这个
概念无非就是此前阐明的那些东西。对统一体进行概念把握，无非意味
着领会把握（auffassen）此前阐明的那些东西。但人们所理解的"概念把
握"是某种比真正的概念更宽泛的东西；他们需要一种更杂多的、更丰富
的意识，需要一个表象，进而让这样的概念表现为一件更具体的事情，这
样他们的思维才会更熟悉惯常的操作。如果"不能进行概念把握"仅仅
表明他们还不习惯于无须任何感性因素就掌握抽象的思想，理解思辨的
命题，那么唯一需要指出的是，哲学知识相比普通生活中习以为常的知识
以及其他科学里占据支配地位的知识，确实属于不同类型的知识。但如
果"不能进行概念把握"仅仅意味着人们不能**表象**存在和无的统一体，那
么这并不是事实，因为每一个人毋宁都对这个统一体具有无穷多的表象。
至于说人们不具有这类表象，无非想要表明，他们在那些表象里没有认识
到统一体的概念，不知道它们是这个概念的一个例子。这个概念的最切
近的例子是**转变**。每一个人都具有转变的一个表象，并且都会承认转变
是**一个**表象；接下来他们会承认，如果分析这个表象，就会发现其中不但
包含着**存在**的规定，而且包含着存在的绝对他者亦即**无**的规定；接下来他
们还会承认，在这**同一个**表象里，那两个规定是不可分割的，以至于转变
就是存在和无的统一体。——另一个同样切近的例子是**开端**；事情在其
开端**尚未存在着**，但开端并非仅仅是事物的**无**，毋宁说这个无也已经包含
着事情的**存在**。开端本身也是转变，但已经表达出对于继续推进的关 [191]
注。——为了迁就其他科学的更常见的进程，人们也可以让逻辑从"经
过纯粹思考的开端"亦即"作为开端的开端"这一表象出发，并对其进行
分析；这样或许人们更容易接受分析的结果，即存在和无表明自己是浑然
一体不可分割的。

4. 还有一点值得注意，即"存在和无是**同一个东西**"或"存在和无的
统一体"之类说法和所有类似的**统一体**（比如主体和客体的统一体）一

样,都很容易招致人们的反感,因为它们的偏颇之处在于只强调**统一体**,却没有同时把包含在其中的差异性(因为这里所设定的是存在**和**无的统一体)陈述出来并予以承认,因此仅仅是以不合适的方式将差异性抽离走,仿佛对其惘然不顾。实际上,思辨规定不可能用这样的命题形式正确地加以表达;统一体应当**基于同时既有的和已设定的**差异性而得到理解把握。"**转变**"是存在和无的结果的真实表达,相当于二者的统一体;它不仅是存在和无的**统一体**,而且是一种内在的**躁动**,——这个统一体并非仅仅是一种静止的自身关联,毋宁说,由于它包含着存在和无的差异性,所以它在自身之内反对自己。——与此相反,**定在**是处于"统一体"这个形式下的**统一体**或转变,因此定在是**片面的**和**有限的**。对立存在着,但仿佛已经消失了,它仅仅**自在地**包含在统一体里面,但并没有在统一体里面**被设定下来**。

5. **转变**的命题是:"存在是向着无的过渡,无是向着存在的过渡"。与之相对立的是物质的永恒性的命题,或者说泛神论的命题,即"**无中生**[192]**无**"或"某东西仅仅产生自某东西"。古人已经通过简单的反思认识到,命题"某东西产生自某东西"或"无中生无"实际上推翻了转变;因为,转变的源头和转变的结果是同一个东西;这里只不过是一个抽象的知性同一性命题。但最为令人惊诧的是,到了我们这个时代,有些人还在坦然自若地鼓吹"无中生无"或"某东西仅仅产生自某东西"等命题,却既没有意识到它们是泛神论的基础,也不知道古人已经穷尽了对这些命题的考察。

[**附释**]"转变"是第一个具体的思想,从而是第一个概念,反之"存在"和"无"只是空洞的抽象说法。当我们谈到"存在"概念时,这个概念只能是作为转变而存在,因为它作为存在乃是空洞的无,而作为无则是空洞的存在。我们在存在里看到的是无,在无里看到的是存在;但这个存在,这个在无里始终安然于自身的存在,就是转变。但在转变的统一体里,不能忽略[存在和无的]区别,因为假若没有这个区别,我们就会回到抽象的存在。转变仅仅是真正意义上的存

在的已设定的存在。

人们经常听到"思维和存在是对立的"之类老生常谈。针对这类主张，首先不妨质问，它所理解的"存在"是什么东西。如果我们像反思所规定的那样看待存在，那么只能说，存在是一种绝对同一的、肯定性的东西。然后我们考察思维，就必定会发现，思维至少同样是一种绝对的自身同一的东西。因此二者，存在和思维，具有同一个规定。但现在的关键是，我们不能在具体的意义上看待存在和思维的这个同一性，从而不能说，石头作为存在者和思考着的人是同一个东西。具体的东西和抽象的规定本身完全是两码事。但在存在那里，我们根本没有谈到任何具体的东西，因为存在恰恰只是完全抽象的东西。就此而言，去追问上帝的"存在"也是无聊之举，因为这个存在是一种在自身之内无限具体的东西。

"转变"作为第一个具体的思想规定，同时是第一个真实的思想规定。在哲学史里，与逻辑理念的这个层次相对应的是赫拉克利特 [193] 的体系。当赫拉克利特说"一切皆流"（πάντα ῥεῖ），就已经宣称**转变**是一切存在者的基本规定，反之正如早先指出的，埃利亚学派把存在，把僵化的、与过程无关的存在，理解为唯一的真相。针对埃利亚学派的本原，德谟克利特①随后指出："存在无非是非存在"（οὐδὲν μᾶλλον τὸ ὂν τοῦ μὴ ὄντος ἐσί），而这恰恰说出了抽象存在的否定性以及这个存在和那个抽象的、同样无着落的无在转变中已设定的同一性。——在这里，我们同时看到了一个哲学体系如何真正遭到另一个哲学体系的反驳的例子，即这个反驳恰恰在于，遭到反驳的哲学的本原在其辩证法中被揭示出来，并且降格为理念的一个更高的具体形式的观念性环节。——接下来，转变本身也仍然是一个极为贫乏的规定，必须在自身之内继续深化自身和充实自身。比如

① 此处的引文出自第尔斯－克朗茨（Diels-Kranz）编辑的《前苏格拉底残篇》（*Die Fragmente der Vorsokratiker*），"德谟克利特"B 156。——原编者注

在**生命**那里,我们就看到转变的这样一种自身内深化。生命是一种转变,只不过这一点还不足以穷尽生命的概念。在一个更高的形式里,我们在**精神**那里还能看到转变。精神也是一种转变,但这是一种比单纯的逻辑转变更有内涵、更丰富的转变。精神作为统一体,其环节并非"存在"和"无"之类单纯的抽象东西,而是逻辑理念和自然界的体系。

b. 定在(**Dasein**)

§89

那在转变里和无合为一体的存在,还有那[在转变里]和存在合为一体的无,仅仅是随时消失的东西;由于这个内在的矛盾,转变凝缩为一个在自身之内将二者扬弃了的统一体;因此转变的**结果**是**定在**。

[**说明**]在这第一个例子里,必须不厌其烦地提醒人们回忆起§82及
[194] 其说明里所说的情况;唯有牢牢把握那些真正意义上的结果,才能够奠定知识里的推进和发展。当矛盾在某一个对象或概念里被揭露出来(无论什么地方,**任何东西**那里都能够并且必定有相互对立的规定亦即矛盾被揭露出来;知性的抽象活动在于粗暴地坚持**其中一个**规定性,同时竭力在意识面前掩盖和消除另一个规定性),——当人们认识到这样一个矛盾,就习惯性地作出推论:"**因此**这个**对象是无**";好比芝诺先是揭示出运动的自相矛盾,然后宣称运动**不存在**,或像古人那样先是认识到转变的两个类型"**产生**"(Entstehen)和"**消灭**"(Vergehen)是不真实的规定,然后宣称**太一**(即绝对者)既不会产生,也不会消灭。也就是说,这种辩证法完全止步于结果的否定方面,却抽离了同时现实地明摆着的东西,这个**已规定**的结果,在这里是一个纯粹的**无**,但这既是一个在自身之内包含着**存在**的无,也是一个在自身之内包含着无的**存在**。因此,1)定在是存在和无的

统一体,在其中,这两个规定性的直接性消失了,相应地二者的矛盾也消失了,——在这个统一体中,二者仅仅是环节;2)结果是一个已扬弃的矛盾,因此它在形式上是一个**单纯的**自身统一体,或者说它本身相当于一个**存在**,一个带有否定或规定性的存在;它是转变,在自己的**其中一个**环节(即存在)的**形式**里被设定下来。

[**附释**]我们的观念里同样包含着一点,即如果有一种转变,那么就会由此得出某东西,因此转变具有一个结果。于是这里产生出一个问题:转变如何能够不再是单纯的转变,而是具有一个结果? 对于这个问题的答复来自于此前被我们揭示为转变的那个东西。也就是说,转变在自身之内包含着存在和无,而且这两个东西绝对地转化为彼此,并且在对方面前扬弃自身。在这种情况下,转变表明自己是一种绝对无休止的东西,但它在这种抽象的无休止中又不能保留下来,因为当存在和无在转变里消失,并且只有这种情况才是转变的概念,那么转变本身就是一个随时消失的东西,仿佛是一团通过消耗自己的材料而在自身之内熄灭的火。但这个过程的结果不是空洞的无,而是一个与否定同一的存在;我们把这个存在称作**定在**,而它的意义首先表明,定在是一个**转变而来的**东西。 [195]

§90

α)**定在**是具有**规定性**的存在,而规定性作为直接的或存在着的规定性,是**质**。当定在按照它的这个规定性反映回**自身之内**,就是**定在者**(Daseiendes)或**某东西**(Etwas)。——以下只能以概括的方式给出那些依据定在而发展出的范畴。

[**附释**]一般而言,**质**是一种与存在同一的、直接的规定性,有别于接下来需要加以考察的**量**,后者虽然同样是存在的规定性,但不再是一种与存在直接同一的规定性,而是一种与存在漠不相关、位于存

在之外的规定性。——某东西通过它的质而是其所是,而当它失去自己的质,就不再是其所是。进而言之,质在本质上仅仅是有限者的一个范畴,正因如此,这个范畴也只有在自然界里而非在精神性世界里具有其真正的位置。因此,比如在自然界里,酸性质素(氧)和黏性质素(氮)等等所谓的单纯质素就应当被看作实存着的质。反之在精神的层面里,质仅仅以一种次要的方式出现,并且不可能凭借自身就完全展示出精神的某个已规定的形态。比如我们在考察主观精神(它构成了心理学的对象)时,虽然我们可以说,所谓的**性格**在逻辑上意味着质,但这件事情不能这样理解,仿佛性格同样是一个渗透进灵魂、并且与灵魂直接同一的规定性,而在自然界里,刚才提到的那些单纯质素却是如此。反过来,当精神处于一个不自由的、生病的状态,质就在它那里更明确地表现为质。当精神处于激情状态和近于疯狂的激情状态,就尤其是如此。当一个疯子的意识完全充斥着嫉妒和恐惧之类东西,人们就有理由说他的意识被规定为质。

[196]

§91

质作为**存在着的**规定性,相对于那个包含在质之内、但与质区分开的**否定**而言,乃是**实在性**。否定不再是抽象的无,而是一个定在和**某东西**,因此仅仅是这个东西的形式,相当于**异在**(他者异在)。由于这个异在是质自己的规定,但起初是与质区分开的,所以质是**为他存在**,——是定在或某东西的一个宽度。质的**存在**,作为这样一个东西,相对于这个他者关联而言,乃是**自在存在**。

[**附释**]全部规定性的根基都是否定,或如斯宾诺莎所说,omnis determinatio est negatio [一切规定性都是否定]。不动脑筋的意谓把已规定的事物看作纯粹肯定的东西,坚持在存在的形式下看待它们。然而单纯的存在不解决任何问题,因为正如我们早先已经看到的,它是一种绝对空洞的、同时无休止的东西。除此之外,这里提到的混

淆,即定在(作为已规定的存在)与抽象的存在的混淆,也包含着正
确的一点,即定在确实包含着否定的环节,但这个环节起初仿佛只是
封裹着的,然后在自为存在里才自由地显露出来,获得自己的权
利。——接下来,如果我们把定在看作存在着的规定性,定在就表现
为人们所理解的**实在性**。比如,人们在谈到一个计划或一个意图的
实在性时,是这样理解的,即这些计划或意图不再是一个纯粹内在
的、主观的东西,而是已经显露到定在中。在同样的意义上,我们也
可以把身体称作灵魂的实在性,把法称作自由的实在性,或极为笼统
地把世界称作神性概念的实在性。再者,人们经常也在另一种意义
上谈到实在性,而他们对此的理解是,某东西表现出与它的本质规定
或它的概念的一致性。比如当人们说"这是一份实在的职业"或"这
是一个实在的人",就是如此。这里所指的不是一个直接的、外在的
定在,而是一个定在者与它的概念的一致性。但按照这个理解,实在 [197]
性和我们随后遭遇的作为自为存在的理念性就不再有什么区别。

§92

β)那个坚持被认为与规定性区分开的存在,**自在存在**,仿佛仅仅是存
在的一个空洞而抽象的说法。在定在里,规定性与存在合为一体,当它同
时被设定为否定,就是**界限**(Grenze)或**限制**(Schranke)。因此异在不是一
个位于定在之外的漠不相关的东西,而是定在自己的环节。**某东西**通过它的
质首先是**有限的**,其次是**可变化的**,因此有限性和可变化性属于它的存在。

[**附释**]定在里的否定与存在仍然是直接同一的,而这个否定就
是我们所说的**界限**。某东西只有在它的界限**之内**并且**通过**它的界限
才是其所是。就此而言,人们不可以把界限看作一种纯粹位于定在
之外的东西,毋宁说,界限贯穿着整个定在。有些人之所以把界限理
解为定在的一个纯粹外在的规定,是因为他们混淆了量的界限和质
的界限。这里首先讨论的是质的界限。比如,当我们观察到一块地

161

皮有三亩大,这是它的量的界限。至于这块地皮是草场而不是森林或池塘,这是它的质的界限。——只要人愿意成为现实的东西,就必须定在着,并且为了达到这个目的必须给自身划界。那些对有限者避之唯恐不及的人根本不可能达到现实性,毋宁只能固守抽象的东西,在自身之内渐渐寂灭。

接下来,当我们更仔细地考察我们对界限已有的理解,就会发现,它在自身之内包含着一个矛盾,从而表明自己是辩证的。也就是说,界限一方面构成了定在的实在性,另一方面又是定在的否定。进而言之,界限作为某东西的否定并不是一般意义上的抽象的无,而是一个存在着的无,或者说是我们称之为"他者"的那个东西。在某东西那里,我们立即注意到他者,而且我们知道,不仅存在着某东西,而且存在着他者。但他者并不是我们碰巧发现的一个东西,仿佛某东西即便没有他者也是可思考的,毋宁说,某东西**自在地**就是它自己的他者,而且某东西的界限只有在他者那里才成为客观的。现在,如果我们追问某东西和他者之间的区别,就会发现二者是同一个东西,而拉丁语通过把二者标示为 aliud-aliud [这个—那个]也表达出了这种同一性。与某东西相对立的他者本身也是一个某东西,于是我们说**"某个他者"**;另一方面,当他者被规定为某东西,起初与之相对立的那个某东西本身也是一个他者。当我们说**"某个他者"**,我们首先是这样想象的:某东西单独看来仅仅是某东西,至于它是一个他者,这个规定只有通过一个纯粹外在的观察才出现在它身上。比如,按照我们的意谓,月亮是太阳的某个他者,哪怕没有太阳这个东西,它也能够存在。但实际上,月亮(作为某东西)本身就具有它的他者,而这一点构成了它的有限性。柏拉图说:"神利用一的本性和他者的 (τοῦ ἑτεροῦ) 本性制造出世界;神把一和他者混合起来,由此制造出一个第三者,这个东西具有一的本性和他者的本性。"*——这就在

[198]

---

* 参阅柏拉图《蒂迈欧》,34f.。——黑格尔原注

一般的意义上说出了有限者的本性,即有限者作为某东西不是与他者漠不相关地并列的,而是自在地就是它自己的他者,从而发生变化。变化展示出内在的矛盾,这个矛盾从一开始就黏附在定在身上,驱使定在超越自身。首先,在人们的想象中,定在是一个纯粹肯定的东西,同时安静地固守在自己的界限之内;其次,人们虽然也知道全部有限者(定在就是这样的有限者)都服从于变化,但总是把定在的这个可变化性想象为单纯的可能性,而且认为定在本身不能促成这个可能性的实现。实际上,定在的概念就蕴含着定在的变化,而变化仅仅是定在的自在存在的展现(Manifestation)。有生命的东西之所以会死,原因也很简单,即它作为有生命的东西在自身之内就承载着死亡的萌芽。

§93

某东西转变为一个他者,但他者本身是一个某东西,于是同样转变为一个他者,如此以致无限。

§94

[199]

这种**无限性**是**恶劣的**或**否定的**无限性,因为它无非是对有限者的否定,但有限者一再地产生出来,从而一再地没有遭到扬弃,——换言之,这种无限性仅仅表明**应当**扬弃有限者。无限进展(Progreß ins Unendliche)仅仅说出有限者所包含着的一个矛盾(即**某东西**和它的**他者**都存在着),因此只是恒久地持续设定这两个相互连带的规定的更替。

[**附释**]当我们把定在的两个环节亦即"某东西"和"他者"区分开,我们看到的是:某东西转变为一个他者,这个他者本身是一个某东西,于是后者作为某东西同样发生变化,如此以致无限。人们在这样反思时,以为达到了某种非常崇高乃至最为崇高的东西。但这个无限进展并不是真实的无限者,后者毋宁意味着,在它的他者那里安

然于自身,或作为过程来说,在它的他者那里来到自身。有一件事情是至为重要的,即我们应当恰当地理解把握真实的无限性的概念,而不是仅仅止步于无限进展的恶劣的无限性。人们在谈到空间和时间的无限性时,通常坚持的都是一个无限进展。比如人们首先说"**这一个时间**"或"**现在**",然后往前和往后不断地超越这个界限。空间的无限性也是如此,亢奋的天文学家为此提出了许多空洞的夸夸其谈。此外还有一种常见的主张,说什么思维如果不专注于对这种无限性的考察,就必然会窒息。诚然,我们最终懒得在这样的考察中一步接一步地前进,这一点是正确的,但其原因不是在于这项事务多么崇高,而是在于它的无聊。对于这个无限进展的专心考察之所以是无聊的,原因在于,这里总是重复着同样的东西。一个界限被设定下来,然后被超越,然后又一个界限被设定下来,如此以致无限。也就是说,我们在这里看到的无非是一个肤浅的更替,一个总是止步于有限者的更替。或许人们以为通过迈向那个无限性就可以把自己从有限者那里解脱出来,实则这仅仅是一种逃避式的解脱。逃避者并不是自由的,因为他在逃避的时候仍然以他逃避的东西为条件。于是人们说:无限者是不可触及的;这句话是完全正确的,但原因仅仅在于,它把无限者规定为某种抽象的否定者。哲学不会为这类空洞的、纯粹彼岸的东西浪费时间。她所关切的始终是一种具体的和绝对当下的东西。——人们也曾断言哲学的任务在于回答"无限者如何决定走出自身"这一问题。这个问题在根本上已经预先设定了无限者和有限者的坚固对立,因此只能得到这样的答复:首先,这个对立是一个不真实的东西,其次,无限者永恒地走出了自身,也永恒地没有走出自身。——除此之外,当我们说"无限者是**非**有限者"时,实际上已经说出了真相,因为,既然有限者本身是第一个否定者,那么非有限者就是否定的否定者,就是一种与自身同一的否定,从而同时是真正的肯定。

以上讨论的反思无限性仅仅是一个想要达到真实无限性的尝

试,一个倒霉的半吊子东西。总的说来,这就是那个在近代德国风行一时的哲学立场。在这里,有限者仅仅**应当**被扬弃,无限者**应当**不仅是一个否定者,而且是一个肯定者。这种应当永远包含着一种无能,即某种东西虽然被认识到是合理合法的,却没有能力站稳足跟。康德哲学和费希特哲学在伦理领域就止步于这种应当的立场。在这条道路上,人们能够达到的极致就是恒久不断地趋近理性法则。随后人们又用这个悬设来论证灵魂的不朽。

§95

γ)事实上现在的情形是,某东西转变为他者,他者总的说来也转变为他者。某东西相对于一个他者而言,本身已经是他者的一个他者;既然某东西过渡而成的东西和正在过渡的某东西完全是同一个东西——二者仅仅具有同一个规定,即作为一个**他者**而存在——,那么在这种情况下,[201]当某东西过渡到他者,就仅仅是**与自身**汇合,而这个在过渡和他者那里的自身关联(diese Beziehung im Übergehen und im Anderen auf sich selbst)就是**真实的无限性**。或者从否定的方面来看:那发生变化的,是**他者**,他者又转变为**他者的他者**。这样一来,存在,作为否定之否定,就重新被树立起来,成为**自为存在**。

[**说明**]那种不能克服有限者和无限者之对立的二元论根本没有注意到,在这种情况下,无限者仅仅是**二者之一**,从而被当作一个完全**特殊的东西**,而有限者则是被当作另一个特殊的东西。这样的无限者,仅仅作为一个特殊的东西而与有限者**并列**,从而恰恰把有限者当作自己的限制或界限;它**不是**它应当是的那个东西,不是无限者,毋宁仅仅是**有限的**。——在这样的关系里,有限者位于**这边**,无限者位于**那边**,前者被置于**此岸**,后者被置于**彼岸**,于是有限者和无限者获得了"**持存**"和"**独立**"等**同样的荣誉**;有限者的存在被当作一种绝对的存在;它在这样的二元论里岿然不动。据说有限者只要接触无限者,就会被消灭;但它不应当接触

无限者,二者之间应当有一个深渊或一条不可跨越的鸿沟,无限者应当绝对地**固守**在那边,有限者应当绝对地**固守**在这边。人们在主张有限者和无限者的坚固对立时,以为超越了全部形而上学,殊不知他们完全只是以最庸俗的知性形而上学为立足点。这里发生的事情和无限进展所表达的是同一回事:人们有时候承认有限者**并非自在且自为地存在着**,承认它**不具有独立的现实性**和**绝对的**存在,毋宁仅仅是一种飘忽不定的东西,**有时候**又马上忘了这一切,将有限者和无限者完全对立起来,让它绝对地与无限者分离却不会消灭,并且把它想象为一种独立的、独自固守着的东西。——思维自以为通过这样的方式将自己提升到无限者,殊不知事实正相反,——它所达到的无限者仅仅是一个有限者,而它已经抛弃的有限者毋宁始终被它保留下来,并且被它当作一个绝对者。

[202]

经过以上对于有限者和无限者的知性对立的虚无性的考察(这方面可以好好参考柏拉图的《斐勒布》),如果人们可以在这里轻易地提出一些表述,比如无限者和有限者是**同一回事**,以及真相(真实的无限性)被规定和陈述为无限者和有限者的**统一体**等等,那么这些说法虽然包含着正确性,但同样是偏颇和错误的,而我们此前在谈到存在和无的**统一体**时已经指出这一点。这些表述遭遇到一个公正的指责,即它们把无限者有限化了,得出一个有限的无限者。也就是说,在这些表述里,有限者看上去保留着原状,而不是明确地作为**已扬弃的东西**而被表述出来。——换言之,只要人们反思到,当有限者被设定为和无限者是同一回事,就无论如何不再是它在这个统一体之外曾经所是的那个东西,而是至少在它的规定上有所损失(正如碱和酸结合之后就失去了自己的某些特性),那么这恰恰是无限者的遭遇,因为无限者作为否定者就其自身而言同样遭到了有限者的侵蚀。实际上,知性的抽象而片面的无限者那里也发生了这样的情况。但真实的无限者并不是表现为片面的酸之类东西,而是维系着自身;否定之否定不是一种中和作用;无限者是肯定的东西,只有有限者才是被扬弃的东西。

[203]

在自为存在里,出现了**理念性**(Idealität)的规定。**定在**,起初仅仅按照它的存在或按照它的肯定来理解,具有**实在性**(§91),于是有限性起初也被规定为实在性。但有限者的真理毋宁是它的**理念性**。同理,知性的无限者,那个与有限者**并列**的无限者,本身也仅仅是两个有限者之一,是一个非真实的无限者,一个**观念性东西**(ideelles)。有限者的这个理念性是哲学的基本原理,因此每一个真正的哲学都是**理念论**(Idealismus)①。一切的关键在于,切不可把那个本身按照其规定立即转变为特殊者和有限者的东西看作无限者。——正因如此,这里以更详尽的方式强调了上述区别;哲学的基本概念,真实的无限者,就是依赖于此。这个区别通过包含在本节里的一些极为简单的、因此或许不起眼的、但不可反驳的反思而得以解决。

c.自为存在(Fürsichsein)

§96

α)自为存在作为自身关联乃是**直接性**,而作为否定者的自身关联,它是自为存在者或**单一体**(Eins),——即一种在自身之内无区别的、从而**把他者排除**出自身的东西。

[**附释**]自为存在是已完成的质,并且本身就把存在和定在当作它的观念性环节而包含在自身之内。作为**存在**,自为存在是单纯的自身关联,而作为**定在**,它被规定为自为存在;但这样一来,这个规定性就不再是某东西在有别于他者时所具有的有限规定性,而是一种在自身之内包含着已扬弃的区别的无限规定性。

自为存在的最切近的例子出现在**自我**那里。我们知道自己作为

---

①　关于"理念性"和"观念性东西"的重要区别,以及"Idealismus"在什么语境下应当被译作"唯心论"、"理念论"或"观念论",参阅先刚:《黑格尔论"理念性"和"观念性东西"》,载于《广西大学学报》(哲学社会科学版),2017 年第 6 期。——译者注

定在者首先区别于其他定在者,然后与之相关联。接下来我们也知

[204]

道,定在的这个宽度仿佛聚拢为自为存在的单纯形式。当我们说
"**我**"时,已经表述出一个无限的、同时否定的自身关联。通常说来,
人之区别于动物乃至整个自然界的地方在于他知道自己是自我,而
这同时也表明,自然事物不可能达到自由的自为存在,而是被限定在
定在上面,始终只是一种为他存在。——进而言之,我们必须一般地
把自为存在理解为**理念性**,反之我们此前是把定在标示为**实在性**。
"**实在性**"和"**理念性**"经常被看作一对同样独立的、彼此对立的规
定,于是人们说,除了实在性之外,**也**有一种理念性。然而理念性并
不是某种在实在性之外和之旁存在着的东西,毋宁说,理念性的概念
明确地在于它是实在性的真理,也就是说,当实在性被设定为其自在
地所是的东西,就表明自己是理念性。就此而言,人们不要以为,只
要同意单凭实在性还不能解决问题,同时承认除了实在性之外必须
还有一种理念性,这就给予了理念性必要的尊重。这种与实在性并
列,甚至凌驾于实在性之上的理念性,实际上仅仅是一个空洞的名
称。只有当理念性是某东西的理念性,它才具有一个内容:但这个某
东西并非仅仅是未经规定的"这一个"或"那一个",而是一个被规定
为实在性的定在,这个定在单独而言不具有任何真理。人们已经正
确地认识到自然界和精神的区别,即前者必须回溯到实在性,后者必
须回溯到理念性,并且分别将其当作自己的基本规定。但自然界恰
恰不是一个单独而言就坚固和完结的东西,因此不可能脱离精神而
持存着,毋宁说,它只有在精神里才达到自己的目标和真理;同理,精
神单独作为一个部分也不仅仅是自然界的一个抽象彼岸,毋宁说,只
有当它把自然界当作已扬弃的东西而包含在自身之内,它才真正**存
在着**,才证明自己是精神。这里有必要提醒一点,即我们德语的"**扬
弃**"(aufheben)这个表述具有双重的意义。我们有时候把"扬弃"理
解为"清除"和"否定",相应地,我们会说"扬弃一条法律"或"扬弃
一个惯例"等等。但除此之外,"扬弃"也意味着"保存",而在这个意

义上，我们说"某东西被妥善地扬弃了"。这种习语中的双重意义（即同一个词语既具有否定意义也具有肯定意义）不可以被认为是偶然的，更不可以被拿来指责语言为紊乱提供了契机，毋宁说，我们 [205] 应当在其中认识到德语的思辨精神已经超越了单纯知性的非此即彼。

§97

β）否定者的自身关联是一个**否定的**关联，因此是单一体的自身区分，即单一体的**排斥**（Repulsion），或者说**诸多单一体**的设定。按照自为存在者的**直接性**，单一体是**诸多存在者**，这样一来，这些存在着的单一体的排斥就是现有东西**相互之间的**排斥，或相互之间的**排除**（Ausschließen）。

[附释]每当谈到单一体，我们总是首先想到"**多**"。于是这里产生出一个问题："多是哪里来的？"这个问题在表象里找不到任何答案，因为它本身就把"多"看作直接现有的，并且认为单一体仅仅是"多"中的"某一"。反之从概念来看，单一体构成了"多"的前提，而单一体的思想本身就蕴含着把自己设定为"多"。也就是说，自为存在着的单一体本身不像存在那样是一个无关联的东西，而是像定在那样完全是一个关联；但现在它不是作为某东西而与一个他者相关联，毋宁说，它作为某东西和他者的统一体，乃是一个自身关联，而且是一个否定的自身关联。正因如此，单一体表现为一个绝对地与自身不相容的东西，一个自己排挤自己的东西，而它把自己设定成的那个东西，就是"**多**"。我们可以把自为存在的过程里的这方面形象地称作**排斥**。人们首先是在考察物质的时候谈到排斥，而按照他们对这个词的理解，在诸多单一体中的每一个单一体里，物质都是"多"，并且排除所有其余的单一体。此外，人们不可以这样理解排斥的过程，仿佛单一体是**排斥者**，"多"是**被排斥者**。毋宁说，正如此前指出

的,单一体本身恰恰就是要自己排除自己,把自己设定为"多"。"多"中的每一个东西本身都是单一体,而由于它表现为单一体,所以在这种情况下,这个全方位的排斥就反转为自己的对立面——成为**吸引**。

§98

[206]　γ)但"**多**"意味着一方就是另一方,双方都是单一体,或者说也是"多中之一";因此它们是同一个东西。或者从排斥本身来看,排斥作为诸多单一体相互之间的否定**对待**,在本质上同样是它们的相互**关联**;由于单一体在排斥某些东西的时候又与之相关联,而那些东西也是单一体,所以单一体在它们那里与自身相关联。正因如此,排斥在本质上同样是吸引;排他的单一体或自为存在扬弃了自己。当质的规定性在单一体里达到它的自在且自为的已规定的存在,就过渡到**已扬弃的**规定性,亦即过渡到作为**量**的存在。

[**说明**]在**原子论**哲学这一立场上,绝对者把自己规定为自为存在、单一体,而且是诸多单一体。人们也假定,那种在单一体的概念里展现出来的排斥是原子的基本力量,同时假定,那把它们整合在一起的东西,不是吸引,而是**偶然**,即一种无思想的东西。当单一体被固定为单一体,它与其他单一体的整合确实可以被看作某种完全外在的东西。——**虚空**(它被假定为原子的另一个本原)就是排斥本身,只不过被想象为诸原子之间**存在着的**无。——近代原子论——物理学仍然一直保留着这个本原——已经放弃了原子,因为它所主张的是微粒或分子;在这种情况下,它更贴近感性的想象活动,却抛弃了思维着的规定。——进而言之,如果在排斥力旁边又设定一种吸引力,那么这个对立确实是**完整**了,而人们由于发现了这种所谓的自然力,颇为洋洋自得。关键在于,必须把这两种力的相互关联(它构成了两种力的具体性和真实性)从其模糊混乱的局面中拯救出来,予以澄清,但即便是康德的《自然科学的形而上学初始原

理》也仍然处于这个局面中。——相比在物理的领域里,近代以来,原子 [207]
论观点在**政治**的领域里变得更加重要。按照这个观点,严格意义上的**个
人**的意志是国家的本原;特殊的需要和偏好发挥着吸引作用,而普遍者,
国家本身,仅仅是一种外在的契约关系。

[**附释 1**]在理念的历史发展中,原子论哲学构成了一个根本重
要的层次,而总的说来,这个哲学的本原就是处于"多"的形态之下
的自为存在。直到今天,某些对形而上学嗤之以鼻的自然研究者仍
然对原子论偏爱有加,既然如此,这里有必要指出,即使人们投身原
子论的怀抱,也不可能逃脱形而上学,尤其免不了把自然界回溯到思
想,因为原子实际上本身就是一个思想,相应地,把物质理解为由原
子构成的,这是一个形而上学的理解。虽然牛顿公开警告物理学应
当提防形而上学,但为他的荣誉起见,我们必须指出,他本人就根本
没有遵循这个警告。纯粹的、纯然的物理学家实际上仅仅是动物,因
为动物是不思考的,反之人作为思维着的存在者,乃是天生的形而上
学家。这样一来,关键就仅仅在于,人们所运用的形而上学是否遵循
着正确的方式,尤其在于,人们所坚持的是具体的逻辑理念呢,抑或
是一些片面的、被知性固定下来的思想规定,而它们构成了我们的理
论活动和实践活动的根基。原子论哲学遭遇到的就是这个指责。古
代原子论者把一切都看作"多"(今天人们经常也是这样看的),认为
那些在虚空里窜来窜去的原子只是偶然地整合在一起。但诸多原子
相互之间的关联绝不是一个纯粹偶然的关联,毋宁说,这个关联(正
如前面指出的)就是立足于诸多原子本身。康德有一个公认的贡
献,即他把物质看作排斥和吸引的统一体,从而完善了对于物质的理
解。这个做法的正确之处在于,它承认吸引确实是包含在自为存在
的概念里的另一个环节,于是吸引和排斥在本质上都属于物质。另
一方面,这个所谓的对于物质的动力学建构也有一个缺陷,即它不假 [208]
思索地认定排斥和吸引是现成已有的,而不是将它们演绎出来,殊不

知唯有这个演绎才能够解释其单纯主张的统一体是什么样子,以及为什么是这个样子。除此之外,虽然康德不厌其烦地明确指出,人们不要以为物质本身是现成已有的东西,然后(仿佛顺带地)获得前面提到的那两种力,而是必须看到物质仅仅立足于那两种力的统一体,但一段时间以来,德国的物理学家们已经忘记了这种纯粹的动力学,正因如此,近代的大多数物理学家又觉得还是回到原子论的立场比较方便,并且无视他们的已故的同事凯斯特纳①的警告,把物质看作由一些无穷小的微粒(即所谓的原子)组成的东西,进而认为这些原子是通过那些在它们身上交织的吸引力、排斥力或别的随便什么力而被设定在相互关联中。但这些观点同样是一种形而上学,由于其不动脑筋的缘故,我们有足够多的理由对其保持警惕。

[**附释 2**]前一节里强调指出的从质到量的过渡并未出现我们通常的意识里。对这个意识而言,质和量是一对独立的、并列持存的规定,于是据说事物不仅在质上,而且在量上**也**是已规定的。至于这些规定是从何而来的,以及它们相互之间是怎样的关系,这里并没有去进一步追问。但量无非是已扬弃的质,而这里考察的质的辩证法恰恰表明,这个扬弃是如何实现的。也就是说,我们首先看到的是**存在**,而它的真理则是体现为转变;转变造成了向着定在的过渡,而我们认识到,定在的真理是变化。但变化在其结果中表明自己是这样一个自为存在,它不但摆脱了他者关联,也摆脱了向着他者的过渡,于是最终在它的过程的两个方面(即排斥和吸引)里表明它是一种自身扬弃,进而在它的诸环节的总体性里表明它是一般意义上的质的扬弃。但这个已扬弃的质既不是一个抽象的无,也不是一个同样抽象和无规定的存在,毋宁仅仅是一个与规定性漠不相关的存在,而

[209]

---

① 凯斯特纳(Abraham Gotthelf Kästner,1719—1800),德国数学家和哲学家。——原编者注

存在的这个形态在我们通常的表象里就是作为**量**而出现。相应地，我们首先是从事物的质的角度出发考察事物，并且把质看作一种与事物的存在同一的规定性。接下来，当我们考察量的时候，就立即得到一种漠不相关的、外在的规定性的表象，也就是说，一个事物虽然在量上发生变化，变得更大或更小，但仍然是它所是的那个东西。

B. 量(Quantität)

a. 纯粹的量(Die reine Quantität)

§99

量(Quantität)是纯粹的存在，在它那里，规定性不再与存在本身合为一体，而是被设定为**已扬弃的**或**漠不相关的**。

[**说明**]1. "大小"(Größe)这个说法由于主要标示着**已规定的**量，所以不适用于量。2. 数学通常把"大小"定义为一种能够**增加**或**减少**的东西；这个定义虽然很有缺陷(因为它本身又包含着那个被定义的东西)，但毕竟把大小规定设定为一种**可变化的**、**漠不相关的**规定，以至于即使其发生变化，即使其外延或内涵有所增减，事物也仍然是那个事物，比如房屋仍然是房屋，红仍然是红。3. 绝对者是纯粹的量，——总的说来，这个立场和另一个立场是合体的，即把**物质**的规定应用于绝对者，因为物质虽然具有形式，但形式是一个漠不相关的规定。再者，如果人们认为在绝对者或"绝对无差别者"那里，全部区别都仅仅是量的区别，那么量同样构成了绝对者的基本规定。——除此之外，如果把实在事物理解为**漠不相**[210]**关的**空间填充物或时间填充物，那么纯粹的空间和时间等等也可以被看作量的例子。

[附释]数学通常把"大小"定义为一种能够增加或减少的东西。乍看起来,这个定义似乎比那个包含在前一节里的概念规定更清晰、更有说服力。但细看之下,这个定义披着假定和表象的形式,却包含着那个只有在逻辑发展的道路上作为量的概念才得出的东西。也就是说,当人们宣称"大小的概念在于能够增加或减少"时,恰恰等于说大小(或更正确地说,量)——在有别于质的情况下——是这样一个规定,它的变化对已规定的事物而言是漠不相关的。至于刚才指出的量的通常定义的缺陷,确切地说,就在于增加和减少仅仅意味着对大小作出另外的规定。假若这样的话,那么量起初仅仅是一般意义上的可变化的东西。但现在的问题是,质也是可变化的,而前面指出的量和质的区别是通过前者能够"增加**或**减少"而表达出来的,而这意味着,无论大小规定沿着哪个方向发生变化,事物都仍然是它所是的那个事物。

接下来需要指出的是,我们在哲学里绝不是仅仅追求什么正确的定义,尤其绝不是仅仅追求那种具有说服力的、让想象着的意识直接明白其正确性的定义,毋宁说,我们所追求的是那种**得到验证的**定义,也就是说,我们不仅把定义发现的内容接纳下来,而且认识到这些内容是一种在自由的思维里、从而同时在其自身之内有理有据的东西。这一点应用到当前的情况上,就是说,无论数学关于大小的通常定义如何正确和直接具有说服力,都总是未能满足那个要求,即我们应当知道这个特殊的思想在何种意义上立足于普遍的思维,从而是必然的。与此相关联的是另外一个更深入的考察,即如果人们不以思维为中介,直接从表象中把量接纳过来,那么就很容易夸大量的有效性范围,甚至把量本身看作一个绝对的范畴。这在事实上已经发生了,因为人们只承认那些其对象能够服从于数学计算的科学是**精确**科学。于是这里重新出现此前(§98附释里)提到的那种恶劣的形而上学,即用片面的、抽象的知性规定取代具体的理念。实际上,假若我们因为自由、法、伦理乃至上帝本身之类对象是不能加以

[211]

测量和计算的,或不能在一个数学方程式中表达出来,就放弃对它们的精密认识,只是泛泛地满足于一个不确定的表象,然后在涉及它们的具体情况或特殊情况时,听任每一个人按照自己的喜好得出其想要的结论,那么我们的认识活动将是何其糟糕的局面。——这类理解会造成什么在实践上具有败坏意义的后果,这是一目了然的。除此之外,仔细看来,这里提到的绝对数学立场——它把量(逻辑理念的一个已规定的层次)等同于逻辑理念本身——无非是**唯物主义**的立场,而这件事情在科学意识的历史里,尤其在自上世纪中叶以来的法国,也得到了完全的证实。因为,抽象的物质恰恰是这样的东西,它虽然具有形式,但形式仅仅是一个漠不相关的、外在的规定。

此外,假若人们这样领会上述议论,仿佛数学的尊严因此遭到践踏,或只要把量的规定标示为纯粹外在的和漠不相关的规定,就为懒惰和肤浅找到一个心安理得的理由,可以把量的规定抛到一边置之不理,或至少是不必如此精确地看待它们,那么这是极大的误解。无论如何,量是理念的一个层次,本身必须具有它的权利,即首先作为一个逻辑范畴,然后也出现在客观世界亦即自然世界和精神世界里。但这里立即出现一个区别,即在自然世界的对象和精神世界的对象那里,量的规定并不具有同样的重要性。也就是说,自然界是那个同时处于"异在"和"自身外存在"形式下的理念,正因如此,量在自然界里相比在精神世界(自由的内在性的世界)里具有更大的重要性。诚然,我们也从量的角度考察精神内容,但很明显,当我们把上帝看作三位一体的上帝时,"三"这个数在这里所具有的意义远远不及我们在考察空间的三个维度或三角形的三条边时看到的"三",因为三角形的唯一基本规定恰恰在于,它是一个由三条线限定的平面。进而言之,即使在自然界里,量的规定的重要性也是可大可小的,比如量在无机自然界里就比在有机自然界里扮演着一个更为重要的角色。接下来,我们甚至在无机自然界内部又区分了机械领域以及狭义上的物理领域和化学领域,于是这里再次出现了同样的区别,而且

[212]

众所周知,机械论(力学)是一个最需要数学的帮助,甚至脱离了数学几乎就寸步难行的学科,正因如此,它和数学本身一起经常被看作杰出意义上的精确科学,而这里必须再次提醒注意刚才提到的唯物主义立场和绝对数学立场的合体。

除了以上所述的全部事例之外,必须指出,对于什么是精确而深刻的认识,人们具有许多极为错误的偏见,其中之一(而且这种情况经常发生)就是仅仅在量的领域里寻找客观事物的全部区别和全部规定性。比如,精神确实比自然界"更多",动物也比植物"更多",但如果人们仅仅止步于这样的更多或更少,而不是进而依据它们的独特性(这里首先指它们的质的规定性)去理解把握它们,那么人们对这些对象及其区别同样是一无所知。

§100

当量首先作为一种直接的自身关联,或者说,当量被规定为一种通过吸引而被设定的自身等同性,是**延续的量**;在另一个包含在它之内的规定亦即**单一体**的规定中,它是**区间的**大小。但延续的量同样是区间的,因为它仅仅是"**多**"的延续性;区间的大小同样是延续的,因为它的延续性是**统一体**,而这意味着诸多单一体是**同一个东西**。

[说明]1. 就此而言,我们不能把延续的大小和区间的大小看作两个**类**(Arten),仿佛其中一方具有的规定是另一方不具有的,毋宁说,它们的区别仅仅在于,**同一个整体**有时候被规定为延续的,有时候被规定为区间的。2. 关于空间、时间或物质究竟是无限可分的抑或是由部分组成的,这里遭遇的二律背反无非是有时候主张量是延续的,有时候主张量是区间的。如果空间、时间等等仅仅被规定为延续的量,那么它们是**无限可分的**;但如果它们被规定为区间的大小,那么它们自在地就是**已分割的**,并且是由不可分的单一体组成的;前者和后者都是片面的观点。

[213]

176

[**附释**]量,作为自为存在的直接后果,把自为存在的过程的两个方面(排斥和吸引)当作观念性环节而包含在自身之内,因此既是延续的,也是区间的。这两个环节的每一方都在自身之内包含着另一方,因此既**没有**单纯延续的大小,也**没有**单纯区间的大小。尽管我们在谈到二者时,仿佛把它们当作两类特殊的、彼此对立的大小,但这仅仅是我们的抽象反思的结果,因为量的概念包含着这两个不可分割的环节,而抽象反思在考察已规定的大小时,有时候忽略了其中一个环节,有时候忽略了另一个环节。比如人们说,这个房间所包容的空间是一个延续的大小,聚集在里面的这一百个人构成了一个区间的大小。但空间同时是延续的和区间的,相应地,我们也谈到"空间点",并且对空间进行划分,比如把一段长度划分为若干尺和若干寸等等,而这只能以"空间**自在地**也是区间的"为前提。同理,另一方面,由一百个人组成的区间的大小同时也是延续的,他们的共通者或"人"的种贯穿所有一百个个人,将他们相互联系起来,而这个种恰恰是这个大小的延续性的根据。

b. 定量(Das Quantum)

[214]

§101

当量在本质上伴随着它所包含的排他性规定而**被设定下来**,就是**定量**,即已限定的量。

[**附释**]定量是量的**定在**,反之纯粹的量对应于**存在**,而(随后将要考察的)度数则是对应于**自为存在**。——具体而言,纯粹的量之所以推进到定量,原因在于,在纯粹的量里,区别(作为延续性和区间性的区别)起初只是自在地已有的,反之在定量里,区别**被设定下来**,确切地说,就是从现在起,量完全显现为区分开的或已限定的东

西。在这种情况下,定量同时也分裂为一堆数目不明的量或已规定的大小。这些已规定的大小,每一个都与另一个区分开,并构成一个统一体,正如另一方面统一体本身单独看来也是一个"多"。但这样一来,定量就被规定为**数**。

§102

定量在**数**里得到发展并具有完满的规定性,而数把单一体当作自己的要素,当作定量的质的环节而包含在自身之内:单一体从区分性的环节来看是**数目**(Anzahl),从延续性的环节来看是**单位**(Einheit)①。

[**说明**]在算术里,**计算方式**通常被列为处理数的偶然方式。如果这些方式包含着一种必然性,随之包含着一种知性,那么知性必定立足于一个本原,这个本原又只能立足于一些包含在数的概念自身之内的规定;这里不妨简单谈谈这个本原。——数的概念的规定是"**数目**"和"**单位**",而数本身是二者的统一体。但如果统一体应用到经验的数上面,就仅仅是[215]这些数的**相等**;因此,计算方式的本原必定在于把数设定在单位和数目的关系中,得出这两个规定的相等。

由于诸单一体或数本身是彼此漠不相关的,所以一般而言,那个把它们整合起来的统一体看起来是一种外在的统摄。因此计算(rechnen)就是一般意义上的**计数**(zählen),计算**方式**的区别仅仅取决于那些被统计的数的性质,而性质的本原就是"单位"和"数目"等规定。

清点(Numerieren)是最初的构成**一般意义上的**数的方式,即把任意多的单一体统摄起来。——但计算**方式**却是去统计这样一些东西,它们已经是数,不再是单纯的单一体。

第一个规定:数**直接地**在完全无规定的情况下是一般意义上的数,因

---

① 本书在绝大多数场合都把"Einheit"这个术语翻译为"统一体",仅在本节及随后的几节里,为适应语境,将其翻译为"单位"。——译者注

此是完全不相等的;对这样的数进行统摄或计数,就是**加法**。

第二个规定:数是完全**相等的**,从而构成**一个单位**,而这些单位有一个**数目**;对这样的数进行计数,就是**乘法**,——在这样做的时候,如何把数目和单位这两个规定分配给两个数或两个因素,即把哪一个数当作数目,把哪一个数当作单位,这是无关紧要的。

最后**第三个规定**是**数目**和**单位**的**统一体**。对这些已规定的数进行统计,就是**幂方的提升**,并且首先是升到**二次方**。——随后的升幂是一种形式化的、重复若干次数的连续行为,即数的自乘。——由于在这第三个规定里已经达到了当前唯一的区别(即数目和单位的区别)的完全相等,所以除了这三种计算方式之外不可能有更多的计算方式。——与统计相对应的是,数按照上述三个规定发生分解。因此除了刚才提到的三个方式 [216] (它们在目前情况下也可以称作**肯定的**方式)之外,还有三个**否定的**方式。

[**附释**]由于一般意义上的数是具有完满规定性的定量,所以我们既用定量去规定所谓的区间的大小,也用它去规定所谓的延续的大小。因此几何学也必须求助于数,因为几何学的任务在于指出空间的已规定的形状以及这些形状的比例关系。

c. 度数(Der Grad)

§103

界限和定量的整体本身是同一的;界限作为**内在的多重东西**,是**外延的大小**,而作为内在的**单纯的规定性**,则是**内涵的大小**,即**度数**。

[**说明**]"延续的大小—区间的大小"与"外延的大小—内涵的大小"[这两组对立]的区别在于,前者涉及**一般意义上的量**,后者涉及严格意

义上的量的**界限**或规定性。——同理,外延的和内涵的大小也不是两个类型,仿佛其中一方包含着另一方不具有的一个规定性似的;外延的大小同样是内涵的大小,反之亦然。

[附释]**内涵的大小**或**度数**在概念上有别于**外延的大小**或**定量**,因此像人们经常做的那样,不承认这个区别,并且不假思索地把大小的这两个形式等同起来,这是不允许的。在物理学里尤其是如此。比如人们这样解释比重的区别,即如果一个物体的比重是另一个物体的比重的两倍,那么在同等的空间里,这个物体包含的物质部分(原子)也是另一个物体的两倍。在对待热和光的时候也是如此,即用热粒子或光粒子(或分子)的"更多"或"更少"去解释温度和亮度的不同度数。当这类解释被斥责为站不住脚,物理学家就会这样为自己辩解,即这类解释根本没有判定那些现象的(公认不可认识的)自在体(Ansich),毋宁说,他们之所以使用刚才提到的那些说法,纯粹是为了更大的**方便**。至于什么叫作"更大的方便",首先是指更容易计算;但我们搞不明白,为什么内涵的大小(它们同样是通过数而明确地表现出来)就不能和外延的大小一样便于计算? 要不然,干脆把计算和思维本身都抛到一边,岂不是更加方便? 再者,针对物理学家的那个辩解,有必要指出的是,只要人们听信了这类解释,就必定会超越知觉和经验的领域,进入形而上学和(在别的地方被宣称为无聊的乃至有害的)思辨的领域。我们在经验里确实发现,两个装满硬币的钱包,如果其中一个的重量是另一个的两倍,那么这是因为前者装有两百个硬币,后者仅仅装有一百个硬币。人们看到了这些硬币,并且总的说来用各种感官知觉到它们;与此相反,原子、分子之类东西却是位于感性知觉的范围之外,只有思维才能够判定它们的可靠性和意义。正如前面§96附释里提到的,正是抽象的知性把包含在自为存在的概念里的"多"这一环节固定为原子的形态,坚持这是一种终极的东西,而在当前的情况下,也是这个抽象的知性不但

[217]

违背朴素的直观,而且违背真实的、具体的思维,把外延的大小看作量的唯一形式,并且在任何出现内涵的大小的地方都不承认其独特的规定性,而是立足于一个本身站不住脚的假设,力图以粗暴的方式将其归结为外延的大小。人们对近代哲学多有指责,尤其是指责她把一切东西都归结为同一性,然后给予她"同一性哲学"的绰号。但从上述评论可以看出,恰恰是哲学才致力于区分那些在概念上和经验中不同的东西,反之经验论者最擅长把抽象的同一性提升为认识活动的最高本原,正因如此,把这些人的哲学称作"同一性哲学"恐怕更为贴切。除此之外,以下说法是完全正确的:首先,既没有纯粹延续的大小,也没有纯粹区间的大小,既没有纯粹内涵的大小,也没有纯粹外延的大小;其次,量的这两个规定不是独立的、彼此对立的类。任何内涵的大小也是外延的,反之亦然。比如,温度的某个度数是一个内涵的大小,而它也与一个完全单纯的感觉相对应;但如果我们看看温度计,就会发现,这个度数是与水银柱的某种广延相对应的,而这个外延的大小会随着温度(作为内涵的大小)而发生变化。精神的领域同样也是如此;一个更有内涵的性格比一个内涵较小的性格具有更为广阔的影响。

[218]

§104

在度数里,定量的**概念被设定下来**。度数是一个**独自漠不相关的**、单纯的大小,而在这种情况下,这个大小完全是通过**外在于它的**另外一些大小而被规定为定量。量的**无限进展**就被设定在这个矛盾中,即**自为存在着的**、漠不相关的界限同时是绝对的**外在性**,——这个**直接性**直接转化为自己的对立面,转化为**经过中介的存在**(超越了刚刚设定下来的定量),反过来,经过中介的存在也直接转化为直接性。

[说明]**数**是一个思想,但这个思想相当于一个完全外在于自身的存在。数不属于直观,因为它是一个思想,但这个思想又把直观的外在性当

作它的规定。——因此定量不仅**能够**无限地增加或减少,而且它本身通过它的概念就是这种自身**超越**。量的无限进展同样是不假思索地重复着同一个矛盾,这个矛盾就是一般意义上的定量,而当它在它的规定性中被设定下来,就是度数。我们没必要为这个处于无限进展形式下的矛盾多费口舌,关于这一点,亚里士多德引用的芝诺的话很有道理:"一件事情说**一遍**和说**一万遍**是一样的。"①

[219]

[**附释1**]诚然,如果按照前面(§99)提到的数学通常定义,把大小标示为一种能够增加或减少的东西,那么这里所依据的直观的正确性就是毋庸置疑的。尽管如此,这里仍然留下一个问题,即我们为什么要假设这样一种**能够增加**或**能够减少**的东西。假若人们仅仅通过诉诸经验来回答这个问题,那么这是不能令人满意的,因为在这种情况下,且不说我们只获得大小的表象,没有获得大小的思想,更重要的是,大小表明自己仅仅是一种可能性(即能够增加或减少),而我们并没有认识到这件事情的必然性。反之,在我们的逻辑推演的道路上可以看到,不但量是自己规定着自己的思维的一个层次,而且量的**概念**就在于绝对地超越自身,就此而言,我们在这里所讨论的并非仅仅是一个可能的东西,而是一个必然的东西。

[**附释2**]通常说来,当反思的知性讨论一般意义上的无限性时,主要坚持的就是量的无限进展。但首先,此前关于质的无限进展的评论同样适用于当前这个形式的无限进展,也就是说,它所表达出的不是真实的无限性,而是那个恶劣的无限性,即并没有超越单纯的**应当**,从而实际上是止步于有限者。其次,至于这个有限进展的量的形式——斯宾诺莎合理地把它称作单纯想象出来的无限性(infinitum

---

① 第尔斯-克朗茨,芝诺B1。——原编者注

imaginationis）——，经常也有一些诗人（尤其是哈勒尔①和克洛普斯托克②）利用这个观念去生动地呈现自然界乃至上帝自身的无限性。[220]比如，我们在哈勒尔那里看到这样一段著名的对于上帝的无限性的描述：

> 我将庞大的数字，
>
> 堆积成万千群山，
>
> 我将时间堆上时间，世界堆上世界，
>
> 当我站在可怕的巅峰，
>
> 晕眩着向你望来，
>
> 数的全部力量，哪怕乘以千万遍，
>
> 都不及你一星半点。③

在这里，我们首先看到量的持续的自身超越，其次看到数的持续的自身超越，而康德将这种情况称作"令人战栗的"（schauderhaft）④，殊不知真正令人战栗的仅仅是这样一种无聊，即不断地设定一个界限，然后重新将其扬弃，以至于不能前进半步。正因如此，刚才提到的那位诗人在这样描述恶劣的无限性之后，又加了一行作为结语：

> 我拿走它们，你就全然出现在我面前。

而这句话恰恰表明，首先，真实的无限者不应当被看作有限者的纯粹彼岸，其次，为了意识到真实的无限者，我们必须放弃那个**无限进展**（progressus in infinitum）。

[**附释 3**]众所周知，毕达哥拉斯已经对数进行哲学思考，并且把

---

① 哈勒尔（Albrecht von Haller，1708—1777），瑞士医学家、植物学家、诗人，其诗歌方面的代表作品为 1729 年发表的宏大诗作《阿尔卑斯山》（*Die Alpen*）。——译者注

② 克洛普斯托克（Friedrich Gottlieb Klopstock，1724—1803），德国诗人。——译者注

③ 阿尔布莱希特·冯·哈勒尔《关于永恒的未完成诗作》，出自《瑞士诗歌尝试集》，伯尔尼 1732 年出版。——原编者注

④ 康德《纯粹理性批判》A613＝B641。——译者注

万物的基本规定理解为数。对于普通意识而言,这种理解乍看起来
必定是完全荒谬的,甚至是疯狂的。于是这里产生出一个问题:"我
们应当如何看待数?"为了回答这个问题,首先需要提醒的是,一般
而言,哲学的任务在于把事物回溯到思想,而且是回溯到已规定的思
想。不可否认,数是一个思想,而且是一个与感性东西关系最为密切
的思想,或更确切地说,是感性东西本身的思想,因为我们总是把感
性东西理解为"彼此外在"和"多"。就此而言,在那个把宇宙理解为
数的尝试中,我们认识到了迈向形而上学的第一个步伐。众所周知,
毕达哥拉斯在哲学史上是居于伊奥尼亚哲学和埃利亚学派之间。正

[221]

如里士多德已经指出的,伊奥尼亚哲学仍然局限于把万物的本质看
作一种质料性东西(ὕλη),而埃利亚学派(确切地说巴门尼德)已经
通过"存在"的形式而推进到纯粹的思维,这样看来,毕达哥拉斯哲
学的本原仿佛构成了感性东西和超感性东西之间的桥梁。由此也可
以得出,我们应当如何看待那样一些人的观点。他们一方面认为毕
达哥拉斯把万物的本质理解为单纯的数的做法显然**走得太远**,另一
方面又补充道,虽然人们确实可以对事物进行计数,但事物无论如何
比单纯的数**更多**。说到事物的**更多**,我们当然乐于承认,事物比单纯
的数更多,只不过这里唯一的关键在于,这个"**更多**"究竟是什么意
思。通常的感性意识从自己的立场出发,毫不犹豫地通过诉诸感性
知觉来回答刚才提出的这个问题,进而指出事物除了是可计数的之
外,还是可见的、可嗅的、可触的,如此等等。在这种情况下,用我们
现代的术语来说,毕达哥拉斯哲学的罪状可以归结为一点,即她太过
于唯心主义了。但从前面关于毕达哥拉斯哲学的历史地位的评论可
以看出,实际情况正相反。也就是说,虽然我们必须承认事物比单纯
的数**更多**,但这件事情应当这样理解,即"**数**"这一单纯的思想还不
足以通过这个方式表达出事物的已规定的本质或概念。相应地,我
们不应当说毕达哥拉斯在他的数哲学里走得**太远**,毋宁应当反过来
说,他还走得**不够远**,因为埃利亚学派在此之前已经迈出了走向纯粹

思维的下一步。

再者,即使不看事物,但事物的状态乃至全部自然现象的规定性在本质上都是立足于已规定的数和数的比例关系。音调的区别以及音调的和谐一致就尤其是如此。众所周知,毕达哥拉斯首先知觉到这些现象,然后才把万物的本质理解为数。诚然,把那些立足于已规定的数的现象归结为数,这件事情已经具有重大的科学价值,但我们绝不允许把思想的全部规定性看作单纯的数的规定性。尽管人们觉得有理由把最普遍的思想规定与最初的几个数联系在一起,进而宣称"**一**"是单纯而直接的东西,"**二**"是区别和中介,"**三**"是前两者的统一体等等,但这些联系是完全外在的,而且这几个数本身并没有恰好表达出这些已规定的思想。除此之外,人们愈是按着这个方式前进,就愈是随意地把已规定的数和已规定的思想联系在一起。比如,人们可以把 4 看作 1+3 及相关思想的统一体;但 4 同样也是 2 的二倍;同理,9 既是 3 的平方,也是 8+1 或 7+2 的总和。今天的某些秘密社团仍然在各种事情上对数和图形无比重视,但这一方面只是一个无聊的游戏,另一方面也是思想薄弱的表现。当然,人们也可以说这些东西后面隐藏着深刻的意义,能够激发很多思考,但在哲学里,关键不在于人们**能够**思考某些东西,而是在于人们**现实地**思考某些东西,而思想的真正要素不能在随意挑选的象征里面,毋宁只能在思维自身之内去寻找。

[222]

§105

定量在它的**自在存在着**的规定性里存在于它自身之外,而这个**外在存在**构成了它的**质**;在其中,定量恰恰是它自己,并且与自身相关联,外在性(即量的东西)和自为存在(即质的东西)也联合在一起。——当定量这样**在其自身那里**被设定下来,就是量的**比例关系**(Verhältnis),——这个规定性既是一个**直接的**定量,亦即指数,也是一个**中介活动**,亦即比例关系的两个方面(某一个定量与另一个定量)的**关联**。与此同时,这两个方面不是按照它们的直接的数值而发挥作用,毋宁说,它们的数值仅仅存在于这个关联中。

[223]　　　　[**附释**]量的无限进展起初显现为数的持续的自身超越。但仔细看来,量在这个进展中却是表现为回归自身,因为从思想来看,那包含在进展中的东西,完全是数对数的规定,而这造成了**量的比例关系**。比如,当我们说 2∶4 时,我们看到两个大小,它们本身不是按照它们的直接性发挥作用,毋宁说,这里仅仅涉及它们的相互关联。但这个关联(比例关系的指数)本身是一个大小,而这个大小和那些相互关联的大小的区别在于,只要它发生变化,比例关系本身也会改变,反之比例关系与它的两个方面的变化是漠不相关的,并且只要指数不发生变化,它就会保持为同一个比例关系。正因如此,我们也可以用 3∶6 替代 2∶4,而比例关系不会发生变化,因为在这两种情况下,指数都是 2。

§106

比例关系的**两个方面**仍然是直接的定量,而且质的规定和量的规定仍然是彼此外在的。但它们的真理意味着,量的东西在它的外在性中是一个自身关联,或者说自为存在和漠不相关的规定性联合在一起。从这个真理来看,比例关系是**尺度**。

　　　　[**附释**]通过迄今考察的量的各个环节的辩证运动,量已经表明自己是向着质的回归。起初我们指出,量的概念是已扬弃的质,亦即一个并非与存在同一,毋宁与存在漠不相关的、纯粹外在的规定性。正如此前指出的,这个概念随后也奠定了数学通常对于大小的定义,即大小是一种能够增加或减少的东西。从这个定义来看,大小起初仿佛只是一般意义上的可变化的东西(因为增加或减少仅仅意味着对大小作出另外的规定),从而与那个按照自己的概念来说同样可

变化的**定在**(质的第二个层次)没有区别,因此我们必须这样完善那个定义的内容,即把量看作这样一种可变化的东西,它无论怎样变化,都始终是同一个东西。这样一来,量的概念表明它在自身之内包含着一个矛盾,而这个矛盾恰恰构成了量的辩证法。这个辩证法的　[224]结果不是单纯地回归质,仿佛质是真相,反之量却是不真实的东西似的,毋宁说,现在的结果是质和量的统一体和真理,即质的量,或者说**尺度**。

此外还有必要指出,当我们用各种量的规定去考察客观世界时,实际上已经把尺度作为目标看在眼里,而这一点在我们德语里面是这样暗示出来的,即我们在计算量的规定和比例关系时,把这称作**测量**①。比如人们在测量那些处于振动中的不同琴弦的长度时,就是考虑到这个长度的区别是与那个质的区别(即那些通过振动而发出的音调的区别)相对应的。同理,人们在化学里也计算彼此结合在一起的质素的量,以便认识到那些造成这种结合的尺度,亦即那些为已规定的质奠定基础的量。在统计学里,那些让人眼花缭乱的数的唯一价值也是在于得出一个以之为条件的质的结果。与此相反,假若没有以上指导观点,那么纯粹的、严格意义上的计算就有理由被当作一种空洞的雕虫小技,既不能满足理论兴趣,也不能满足实践兴趣。

C. 尺度(**Das Maß**)

§107

尺度是质的定量,它起初作为**直接的东西**,是一个与定在或质结合在一起的定量。

---

① 在德语里,尺度(Maß)和测量(Messen)具有同样的词根。——译者注

[附释]尺度是质和量的统一体,就此而言同时是已完成的存在。当我们谈到存在时,存在起初显现为一个完全抽象的、无规定的东西;但存在在本质上就是要自己规定自己,而它在尺度里达到了它的已完成的规定性。人们也可以把尺度看作绝对者的一个定义,因此有些人宣称:上帝是万物的尺度。这个直观也构成了某些古希伯来颂歌的基调,在这些颂歌里,上帝的荣耀从根本上说在于**他**为万物设定了各自的界限,不仅为海洋和大陆、河流和山岳,也为不同种类的动物和植物设定了各自的界限。——我们在希腊人的宗教意识里发现尺度之神被想象为涅墨西斯①,与伦理具有更密切的关系。总的说来,这个想象表明,一切属人的东西——财富、荣誉、权力,以及欢乐和痛苦等等——都有其已规定的尺度,只要逾越这个尺度,就会导致腐败和毁灭。——接下来,就尺度出现在客观世界里而言,我们在自然界里首先发现这样一些实存,它们的本质性内容是由尺度构成的。太阳系尤其是这样,因此我们总的说来必须把它看作自由尺度的王国。当我们在考察无机自然界的时候继续前进,就会发现各种质的规定和量的规定在方方面面都是彼此漠不相关的,而在这种情况下,尺度仿佛已经退居幕后。比如,一块岩石或一条河流的质并没有与一个已规定的大小结合在一起。但细看之下我们却发现,刚才提到的这些对象也不是绝对无尺度的,因为化学研究表明,河流里的水和岩石的组成部分也是一些质,而那些包含在河流和岩石中的质素的量的比例关系是这些质的条件。到了有机自然界,尺度更是明确地出现在直接的直观中。不同种类的植物和动物既在总体上也在其个别部分里具有一个尺度。这里还有一个情况值得注意,即那些更不完满的、更接近于无机自然界的有机物与高级有机物的区别在于,前者具有更大的无规定性。比如,在化石里,所谓的菊石目只能通过显微镜加以辨识,而另外一些化石却有车轮那么大。尺度的

[225]

———————————

① 涅墨西斯(Nemesis),希腊神话中的复仇女神,代表着无情的正义。——译者注

这种无规定性也表现在某些处于低级有机物层次的植物那里,比如蕨类植物就是如此。

§108

在尺度里,因为质和量仅仅处于**直接的**统一体中,所以它们的区别以一种同样直接的方式显露出来。就此而言,一方面看来,特殊的定量是单纯的定量,定在能够增加或者减少,而尺度(它在这种情况下是一个**规则**)却不会因此被扬弃,但另一方面看来,定量的变化也是质的变化。 [226]

[**附释**]尺度里出现的质和量的同一性起初仅仅是**自在的**,尚且不是**已设定的**。这意味着,虽然这两个规定统一为尺度,但每一个规定也能够单独发挥作用,确切地说,一方面看来,定在的量的规定能够发生变化,同时它的质不会因此受到影响,但另一方面看来,这种漠不相关的增加或者减少也有自己的界限,只要逾越这个界限,质就会发生变化。比如,水的温度起初和水的液态流动性是漠不相关的;但随着液态流动的水的温度增加或者减少,会出现一个点,在那里,这个凝聚状态发生质的变化,于是水一方面转化为蒸汽,另一方面转化为冰。当出现一个量的变化,这件事情起初看来是完全无关紧要的,只不过它后面还潜藏着另外某些情况,而这个貌似无关紧要的量的变化仿佛是一个狡计,最后捕获了质。希腊人已经在某些形式下呈现出尺度的这个二律背反。比如他们提出这样的问题:**一粒**谷种是否能够造成谷堆,或从马尾扯下**一根**毛是否能够造成秃尾?起初人们觉得量在本性上是存在的一种漠不相关的、外在的规定性,因此倾向于对此给出否定的答复。但随后他们不得不承认,这种漠不相关的增加或者减少也有自己的界限,并且最终会达到一个点,在那里,只要不断地增添**一粒**谷种,就会产生出谷堆,只要不断地扯下**一根**毛,就会产生出秃尾。这些例子和那个关于农夫的传说异曲同工。这个农夫给他的步履矫健的驴子**一两**接**一两**地增加负担,直到驴子

[227] 最终不堪重负,瘫倒在地。假若人们把这类例子仅仅解释为学究的无聊扯淡,这就犯下了大错,因为它们实际上涉及一些思想,而对这些思想的掌握对于实践生活尤其是伦理生活具有极为重要的意义。比如,在我们的日常开销里,起初有一个宽裕范围,在这个范围内,多花点还是少花点并不重要;但如果人们在这个方面或那个方面逾越了那个由每一个个别情况所规定的尺度,那么尺度的质的本性就会发挥作用(类似于刚才提到的水的不同温度的例子),而此前被看作精打细算的那些行为就转变为吝啬或奢侈。——同样的情况也可以应用到政治领域,也就是说,我们必须认为一个国家的制度既不依赖于,也依赖于它的疆域的大小、居民的数目以及诸如此类的量的规定。比如,当我们考察一个拥有一千平方公里领土和四百万居民的国家时,无疑会承认,几平方公里领土或几千居民的增加或减少不可能对这个国家的制度造成根本上的影响。但反过来,我们同样不能否认,随着国家的领土或居民不断增加或减少,最终会达到一个点,在那里,即使不考虑所有别的情况,这个量的变化也必定会使制度的质发生变化。瑞士的一个小邦的制度不适合一个庞大的帝国,正如罗马共和国的制度也不适合移植到德国的那些较小的帝国直辖市。

§109

无尺度起初是指一个尺度通过它的量的本性而超越了它的质的规定性。但由于后一种量的比例关系,即前一种量的比例关系的无尺度,同样是质的,所以无尺度同样是一个尺度;这两个过渡(即从质到量的过渡和[228] 从定量到质的过渡)仍然可以被想象为**无限进展**,——即尺度在无尺度里的自身扬弃和自身重建。

[**附释**]正如我们已经看到的,量不仅**能够**发生变化(亦即增加或减少),而且总的说来,量作为量就是自身超越。量的这个本性随后在尺度里也保留下来。当出现在尺度里的量逾越了某个界限,那

个与量相对应的质也因此被扬弃了。在这种情况下,遭到否定的不是一般意义上的质,毋宁仅仅是这个已规定的质,它的位置立即被另一个质重新取代。尺度的这个过程(它时而表现为量的单纯变化,时而表现为量之转化为质)可以通过节点线的形象生动地呈现出来,而我们在自然界里首先发现了这类节点线的各种形式。前面已经提到水的那些通过温度的增加或减少而在质上不同的聚合状态。金属的各种氧化层次也是类似的情形。音调的区别同样可以作为一个例子以证明那个在尺度的过程里发生的转化,即起初单纯的量转化为质。

§110

这里实际上发生的事情,就是尺度本身仍然具有的那种**直接性**被扬弃了。在尺度那里,质和量本身起初是**直接的**,而尺度只是它们的**相对的[相互关联的]同一性**。虽然尺度表明自己在无尺度里扬弃自身,但无尺度作为尺度的否定,本身也是质和量的统一体,因此尺度在无尺度里同样只是**与自身**汇合。

§111

无限者,即作为否定之否定的肯定,已经不再把"存在和无"、"某东西和他者"等更抽象的东西当作自己的对立双方,而是把"质和量"当作自己的对立双方。也就是说:a)质首先**过渡到**量(§98),量随后**过渡到**质(§105),因此二者都表现为**否定**。b)但在它们的**统一体**(尺度)里,它们起初是区分开的,而且一方只有以另一方为**中介**才存在着。c)当这个统一体的直接性表现为自身扬弃,从此以后,这个统一体就**被设定为**它**自在地**所是的东西,被设定为单纯的自身关联,并且把一般意义上的存在及其各个形式当作已扬弃的东西而包含在自身之内。——就此而言,存在或直接性(它通过自身否定而成为**自身**中介和自身关联)同样是一个中介活动,而当这个中介活动把自己扬弃为自身关联或直接性,就是**本质**。

[229]

[**附释**]尺度的过程并非仅仅是恶劣的无限性,即一个在形态上永恒地从质转化为量,又从量转化为质的无限进展,毋宁说,它同时是真实的无限性,即在它的他者之内与自身汇合。在尺度里,质和量起初作为某东西和他者相互对立。但质**自在地**是量,反过来,量同样**自在地**是质。因此,当二者作为两个规定在尺度的过程里过渡到对方那里,每一方都仅仅转变为它自在地已经是的那个东西,我们就得到一个在它的各个规定里遭到否定,而总的说来已经被扬弃的存在,即**本质**。自在地看来,尺度已经包含着本质,而尺度的过程仅仅在于把自己设定为它自在地所是的东西。——普通意识把事物理解为存在着的事物,并且从质、量和尺度的角度看待它们。但这些直接的规定随后表明自己不是稳固的,而是过渡着的,而本质就是它们的辩证法的结果。本质里面不再有过渡,毋宁只有关联。存在里的关联形式起初只是我们的反思;反之在本质里,关联是本质自己的规定。在存在的层面里,当某东西转变为他者,某东西就消失了。但在本质的层面里却不是这样;在这里,我们看不到真正的他者,毋宁只看到差异性,即一个东西与**它的**他者的关联。因此,本质的过渡同时不是过渡;因为当有差异的东西过渡到有差异的东西时,有差异的东西并未消失,毋宁说,这些有差异的东西始终处在它们的关联中。比如,当我们说**存在和无**,这时存在是自为的,无同样是自为的。但**肯定者和否定者**却是完全不同的情形。虽然它们具有存在和无的规定,但肯定者单独而言是没有意义的,而是只有在与否定者相关联的时候才是肯定者。否定者同样也是如此。在存在的层面里,关联状态仅仅是**自在的**;反之在本质里,这个关联状态是已设定的。总的说来,这就是存在的各种形式和本质的各种形式的区别。存在里的一切都是直接的,反之本质里的一切都是相对的[相互关联的]。

[230]

192

第二篇　本质论

§112

本质是概念作为**已设定的**概念,而本质里的各种规定仅仅是**相对的**[**相互关联的**],尚未完全反映回自身之内;正因如此,概念仍然不是**自为的**。本质,作为一个通过否定自身而以自身为中介的存在,是自身关联(它只有作为他者关联才是自身关联),但直接地看来,这个存在不是作为存在者,而是作为一个**已设定的**和**经过中介的**东西。——存在并没有消失,毋宁说,首先,本质作为单纯的自身关联,就是存在;其次,存在按照自己的片面规定而言是**直接的**存在,于是**降格**为一个纯粹否定的存在,降格为一个**映象**(Schein)。——在这种情况下,本质就是一个作为自身内**映现**(Scheinen in sich selbst)的存在。

[**说明**]绝对者是**本质**。——就存在同样是单纯的自身关联而言,这个定义和"绝对者是**存在**"是同一个定义;但它同时是一个更高层次的定义,因为本质是一个已经**内化**于自身的(das *in sich* gegangene)存在,也就是说,本质的单纯的自身关联是这样一个关联,它被设定为否定者的否定,被设定为一个内在的自身中介活动。——绝对者被规定为**本质**,但由于否定性经常只是被理解为全部已规定的谓词的**一个抽象**,所以这个否定的活动或抽离活动就落到本质之外,而本质本身仅仅是一个**没有它的这个前提**的结果,一具抽象的枯骨。但是,既然这个否定性并非位于存在之外,而是存在自己的辩证法,那么存在的真理,亦即本质,就相当于一个已经**内化**于自身

193

的存在,或者说一个存在于**自身之内**的存在;那个**反映**,亦即存在的自身内映现,构成了本质与直接存在的区别,而反映是本质本身特有的规定。

[**附释**]当我们谈到本质时,是把存在当作直接的东西而与之区分开,并且是在以本质为参照物的情况下,把存在看作一个单纯的**映象**。但这个映象并非根本不存在,不是一个无,而是存在作为已扬弃的存在。——总的说来,本质的立场就是反映的立场。"反映"(Reflexion)这一术语首先被用于光,指光在其直线式进程中撞上一个反光的平面,从那里折射回来。就此而言,我们在这里看到一个双重性东西:首先,这是一个直接的东西,一个存在者;其次,仍然是这个东西,但它已经是经过中介的或已设定的。当我们反思(reflektieren)一个对象,或如人们通常所说的,对一个对象进行**思索**时,恰恰就是这个情况,因为我们在这里不是把对象当作直接的东西,而是希望把它当作经过中介的东西而加以认识。人们经常也这样理解哲学的任务或目的,即她应当认识事物的本质,而这仅仅意味着,哲学不应当听任事物位于其直接性中,而是应当证明事物是以一个他者为中介或根据。在这种情况下,事物的直接存在被想象为一个外壳或一张幕布,而本质就隐藏在其后面。

再者,当人们说"全部事物都具有一个本质",就是想宣称,事物真正说来并不是它们直接看上去所是的那个东西。当然,如果只是从一个质飘荡到另一个质,或只是从质的东西推进到量的东西,那么问题并没有得到解决,毋宁说,事物里面有一个常驻的东西,这个东西首先就是本质。从现在起,关于本质范畴的其余意义和用法,这里首先可以提醒一点,即在德语的助动词"存在"(sein)里,我们如何用"**本质**"(Wesen)这个说法去标示"过去",即用"**已经成为本质**"(gewesen)①指

———

① 在日常德语里,gewesen 是 sein 的完成时,即"已经存在"或"曾经存在",其本身并无这里所说的"已经成为本质"的意思。但在当前的语境下,根据黑格尔的观点,"曾经存在"恰恰意味着"已经成为本质",因此我们采取了这个译法。——译者注

代"过去了的存在"。就此而言,这个强变化的日常用语的基础在于正确地直观到了存在与本质的关系,即我们确实能够把"本质"看作"过去了的存在",只不过这里还需要指出一点,即那个过去了的东西并不因此被抽象地否定掉了,而是仅仅被扬弃,因而同时被保存下来。比如,我们说"恺撒**曾经存在**于高卢",这仅仅否定了那个关于恺撒而直接陈述出来的东西,但并没有全然否定他在高卢的驻留,因为这个驻留恰恰构成了那个陈述的内容,而这个内容在这里被设想为已经遭到扬弃。

当人们在日常生活里谈到"本质"时,这个词语经常只是意味着 [233] 一个统摄或一个总括,于是就有"报刊本质"、"邮政本质"、"税务本质"之类说法①,而在这种情况下,它们仅仅意味着这些事物不应当被看作是个别的、直接的东西,而是应当被看作一个复合体,进而被看作处于各种各样的关联之中。唯其如此,这类日常用语才大致包含着我们称之为本质的那个东西。

此外人们也说到"**有限的**本质",并且把人称作一个有限的本质。殊不知在谈到本质的时候,人们其实已经超越了有限性,而在这个意义上,用"有限"来刻画人是不准确的。此外人们认为有一个最高的本质,而上帝就应当被标示为这样的本质。关于这一点,有两件事情需要注意。第一,"有"(es gibt)这个说法是针对有限者而言的,比如我们会说"有这么多的行星"或"有这样性质或那样性质的一些植物"。只要有什么东西,在它之外和旁边就有别的某些东西。然而上帝作为绝对的无限者,却不是一个仅仅"有"的东西,在他**之外**和**旁边**也没有另外一些本质。假若除了上帝之外还有别的什么东西,那么这些东西在与上帝分离的情况下就不具有本质性,毋宁说,我们必须把这种处于分离状态下的东西看作一个在自身内无支撑和

---

① 以上是严格按照字面意思的译法,通常的译法是"报刊事业"、"邮政事业"、"税务事业"等等。——译者注

无本质的东西,一个单纯的映象。相应地,第二,仅仅说上帝是**最高的**本质,这必定是不能令人满意的,因为这里使用的量的范畴实际上仅仅在有限者的领域里才有其位置。比如,当我们说"这是地球上最高的山"时,我们已经想到,除了这座最高的山之外,还有另外一些同样很高的山。基于同样的道理,我们也说某人是他那个国家最富有或最博学的人。但上帝并非仅仅是**一个**本质,也非仅仅是**最高的**本质,而是**本质本身**。但这里立即需要指出,尽管这种对于上帝的理解在宗教意识的发展中构成了一个重要而必然的环节,但还是没有穷尽基督教的上帝观的深刻意蕴。假若我们仅仅把上帝看作绝对的本质并满足于此,就只知道上帝是普遍的、不可抵挡的权力,换言之,只知道他是**主**。虽说敬畏主是智慧的开端①,但也仅仅是智慧的开端。——首先是犹太教,然后是伊斯兰教,把上帝理解为主,并且在本质上**仅仅**理解为主。总的说来,这两个宗教的缺陷在于它们不承认有限者的权利,与此相反,坚持自为的有限者(不管它是一个自然事物,或是一个有限的精神)的做法却构成了异教或多神教的根本特征。——再者,人们经常也主张上帝作为最高的本质不可能被认识,而这总的说来是现代启蒙的立场,确切地说,是抽象知性的立场,因此后者满足于说 il y a un être suprême[有一个最高的本质],然后不了了之。诸如此类的说法把上帝仅仅被看作最高的、**彼岸的**本质,进而把直接面对的世界当作某种稳固的、肯定的东西,却忘了本质恰恰是要扬弃一切直接的东西。假若"上帝"是抽象的、彼岸的本质,从而把一切区别和规定性排除在自身之外,那么这实际上只是一个纯粹的名称,只是抽象知性的一具单纯的枯骨。对于上帝的真正认识开始于知道事物在其直接的存在里不具有任何真理。

不仅对上帝是如此,在别的情况下,人们也经常以抽象的方式使用本质范畴,然后在考察事物的时候把它们的本质固定下来,当作一

[234]

---

① 参阅《旧约·箴言》(1,9),原文为"敬畏耶和华是知识的开端"。——译者注

种与事物现象的已规定的内容漠不相关、独自持存的东西。尤其是人们经常宣称，人的关键仅仅在于他的本质，不在于他的行为举止。诚然，这个说法有正确之处，即一个人的所作所为不应当按照其直接性来看待，而是应当仅仅被看作他的内心的中介或展现。与此同时我们不要忘了，本质和内心只有显露到现象中，才证明自己是本质和内心。通常说来，那种把人的行动内容和人的本质区分开的做法，其背后的意图只不过是要标榜他们的单纯主观性，并且逃避那自在且自为地有效的东西。

§113

本质里的自身关联在形式上是**同一性**或**自身内反映**；后者在这里取代了存在的**直接性**；二者都是自身关联的同样的抽象表述。

[**说明**]当感性不假思索地把全部受限制的、有限的东西当作一个**存** **在者**，就过渡到顽固的知性，把那些东西理解为**一种自身同一的、在自身之内与自身不矛盾的东西**。

§114

这种同一性来自存在，起初似乎只具有存在的各种规定，并且把它们当作一种**外在的东西**而与之相关联。如果这种外在的东西脱离本质，就叫作**非本质性的东西**。但本质是一种内化存在，它之所以是**本质性的**，只因为它在自身之内具有它的否定者，亦即在自身之内具有它的他者关联或中介活动。因此本质在自身之内把非本质性的东西当作它自己的映象。但由于区分活动就包含在映象或中介活动中，而区分出的东西虽然有别于同一性（它来自同一性，在同一性中不是区分出的东西，而是映象），但本身也获得了同一性的形式，因此在形式上是一种与自身相关联的直接性，或者说是存在；这样一来，本质的层面转变为**直接性**和**中介活动**的一个尚且不完满的联系。在这个层面里，一切东西都被这样设定下来,即一方面与自身相关联,另一方面又超越了自身,——被设定为**反映的存在**,即这样一种存在,他者在它那里映现,它也在他者那里映现。——因此这个层面也是**已设定的矛盾**的层面,而这个矛盾在存在的层面里仅仅是**自在的**。

[**说明**]因为**同一个**概念在一切东西里都是实体性东西,所以存在的发展和本质的发展包含着同样一些规定,只不过这些规定如今在形式上是一种**经过反映的东西**。也就是说,如今出现的形式不再是**存在和无**,而是**肯定者和否定者**;肯定者起初对应于无对立的存在,表现为**同一性**,而否定者映现在自身之内,发展为**区别**;——进而言之,**转变**立即发展为**定在的根据**,而当定在反映回根据,就是**实存**。

[236] 逻辑的这个(最困难的)部分主要包含着形而上学乃至全部科学的各个范畴,——这些范畴是反映式知性的产物,知性假定各种区别是**独立的**,并且设定了它们的相对性,但知性仅仅通过一个"**并且**"(Auch)把这两种情况以并列的或先后的方式联系起来,因此没有整合这些思想,没有把它们统一为概念。

A. 本质作为实存的根据(Das Wesen als Grund der Existenz)

a. 纯粹的反映规定(Die reinen Reflexionsbestimmungen)

α)同一性(Identität)

§115

本质映现在**自身内**,或者说是纯粹的反映;在这种情况下,它仅仅是自身关联,但不是直接的自身关联,而是经过反映的自身关系,——即**自身同一性**。

[说明]当人们执着于这种同一性,并且把它从区别那里**抽离出来**,它就是**形式化的**同一性或**知性**同一性。或更确切地说,所谓**抽离**或**抽象**,就是设定这个形式化的同一性,把一个本身具体的东西转化为这个单纯性形式,——要么(通过所谓的**分析**)**丢弃**具体事物本身具有的一部分多样性,仅仅强调**某一个**部分,要么通过丢弃它们的差异性而把丰富多姿的规定性**简化**为唯一的一个**规定性**。

如果把同一性和绝对者结合起来,把绝对者当作一个命题的主词,那么这个命题就是:"**绝对者是自身同一的东西。**"——这个命题虽然是真实的,但它所意谓的究竟是不是真理,却是含糊不清的;至少这个命题在表述上是不完整的,因为我们不确定它所意谓的究竟是抽象的知性**同一性**(亦即与本质的另外一些规定相对立),还是那种内在的**具体的**同一性? 正如我们将会看到的,具体的同一性首先是**根据**,然后在更高的真理里是**概念**。——而且在很多时候,"**绝对**"(absolut)这个词本身就和"**抽象**"(abstrakt)是同样的意思,比如**绝对的**空间和**绝对的**时间无非是指抽象的空间和抽象的时间。 [237]

当本质的各种规定被当作**本质性的**(wesentliche)规定,就成为一个预先设定的主词的谓词,而因为它们是本质性的,所以主词是一切。由此产生出来的一些命题被称作**普遍的思维法则**。比如同一性命题(同一律)指"**一切东西都是自身同一的;A = A**",或用否定的方式来说指"**A 不可能同时是 A 和非 A**"。——这个命题并不是真实的思维法则,毋宁仅仅是**抽象知性**的法则。**命题形式**和命题本身就是矛盾的,因为命题也应当说出主词和谓词之间的一个区别,但并没有完成它的形式交给它的任务。如下一些所谓的思维法则甚至推翻了同一律,因为它们把同一律的反面当作法则。——比如,人们宣称,虽然同一律不能被证明,但**每一个**意识都是遵循它而行事,并且从经验出发,只要听到这条法则就立即表示认同,但实际上,这种教材里的所谓的经验是与普遍经验相悖的,因为按照普遍经验,没有谁会按照同一律去思考或想象,也没有谁会宣称任何实存(无论什么类型的实存)都是按照同一律而实存着。假若人们按照这条自命为真理的法则,宣称"行星是行星"、"磁力是磁力"、"精神是精神"等等,那么这无疑是一种愚笨的做法;这才是普遍的经验。只有教材[238]才鼓吹这样的法则,但无论是在健全人类知性还是在理性那里,这些教材和它们一本正经宣讲的逻辑早就已经名誉扫地。

[**附释**]起初而言,同一性和我们此前所说的存在仍然是同一个东西,但它是通过扬弃直接的规定性而转变而来的,因此是理念性意义上的存在。——准确地理解同一性的真实意义,乃是一件极为重要的事情,而为了做到这一点,首要的关键在于不要把同一性仅仅理解为抽象的同一性,亦即一种排除了区别的同一性。这是一切恶劣的哲学与唯一名副其实的哲学的分水岭。真正的同一性,作为直接存在着的东西的理念性,对于我们的宗教意识乃至所有别的思维和意识而言都是一个崇高的规定。诚然,对于上帝的真正知识开始于知道上帝是同一性或绝对同一性,但这同时意味着,世界的全部权力和全部荣耀都在上帝面前坍塌了,并且只有作为**上帝的**权力和**上帝的**荣耀的映象才能够持存着。——同理,同一律作为自我意识把人类与一般意义上的自然界区分开,进而与动物区分开,但后面这种情况还不足以让人类把自己理解为自我,亦即理解为他与自身的纯粹统一体。——至于同一性在与思维相关联时的意义,首要的关键在于不要把真实的同一性(它把存在及其各种规定当作已扬弃的东西而包含在自身之内)和那种抽象的、单纯形式化的同一性混淆起来。所有对思维的指责,尤其是那些从感觉和直接直观的立场出发对思维的横加指责(比如说思维是一种片面的、僵化的、空无内容的东西等等),都是基于一个颠倒的前提,即认为思维的活动无非在于抽象地设定同一性,而当形式逻辑提出我们在前一节里讨论过的那条所谓的最高思维法则时,恰恰证实了这个前提。假若思维无非是那种抽象的同一性,那么它必定会被看作一项最多余和最无聊的事务。诚然,概念以及理念无论如何都是与自身同一的,但只有当它们

同时在自身之内包含着区别,它们才是与自身同一的。

β) 区别 (Der Unterschied)

§116

本质仅仅是纯粹的同一性和自身之内的映象,因为它是一种与自身相关联的否定性,从而自己排挤自己;也就是说,它在本质上包含着**区别**的规定。

[**说明**]在这里,异在(他者存在)不再是**质的东西**,不再是规定性或界限;毋宁说,在本质(作为一个与自身相关联的东西)里,否定同时相当于关联,即**区别、已设定的存在、经过中介的存在**。

[**附释**]当人们追问"同一性如何走向区别"时,这个问题已经预先设定,同一性作为单纯的亦即抽象的同一性,单独而言就是某种东西,同样,区别单独而言也是另外某种东西。但这个预先设定恰恰使得那个问题不可能得到解答,也就是说,如果人们已经断定同一性有别于区别,那么他们在这种情况下实际上就只看到区别,于是不可能证明从同一性到区别的推进,因为推进的起点本来应当是同一性,但这个起点对于那个追问推进如何可能的人而言根本就不存在。换言之,这个问题细看之下毫无意义,而对于那个提出这个问题的人,我们首先要问他另外一个问题,即他所设想的同一性究竟是什么东西?这时我们将会发现,他对此根本没有任何想法,因此同一性对他来说仅仅是一个空洞的名称。再者,正如我们已经看到的,同一性确实是一个否定的东西,但它不是抽象的、全然的无,而是存在及其各种规定的否定。但作为这样的否定,同一性同时是关联,即一种否定的自身关联或自身区分。

§117

1. 区别是**直接的**区别,即**差异性**(Verschiedenheit),在这种情况下,任何区分出的东西**自为地**(单独而言)**就是**它所是的东西,并且与它的他者关联漠不相关,因此这个关联对它来说是一个外在的关联。正因为这 [240] 些有差异的东西与它们的区别漠不相关,所以区别落入它们之外的一个第三者,落入**比较者**。这个外在的区别,作为相互关联者的同一性,是**等同**(Gleichheit),作为相互关联者的非同一性,是**不同**(Ungleichheit)。

[**说明**]知性固执地分别看待这些规定,以至于在进行比较的时候,虽然等同和不同具有同一个基体,而且这些有差异的**方面**和**角度**应当属于同一个基体,但知性仍然把等同单独看作同一性,把不同单独看作区别。

差异性同样转化为一个命题,即"**一切东西都是有差异的**"或"**没有两个彼此完全等同的事物**"①。相比最初的同一性命题,"**一切东西**"在这里获得了一个**相反的**谓词,因此服从于一条与同一性命题相矛盾的法则。尽管如此,因为差异性仅仅属于外在的比较,所以某东西**只应当**与自身同一,于是第二个命题与第一个命题并不矛盾。但另一方面,差异性**不属于**"某东西"或"一切东西",也没有构成这个主词的本质性规定,而在这种情况下,第二个命题根本不能成立。——按照这个命题,如果某东西**本身**就是有差异的,那么这是基于**它自己的**规定性;这样一来,命题所意谓的就不再是单纯的差异性,而是**已规定的**区别。——这也是莱布尼茨命题的意思。

[**附释**]当知性着手考察同一性时,实际上已经超越了同一性,而它所面对的是处在单纯差异性形态下的区别。也就是说,当我们

---

① 参阅莱布尼茨《单子论》第 9 节。——原编者注

遵循所谓的同一性思维法则说"大海是大海"、"空气是空气"、"月亮是月亮"时，这些对象对我们而言是彼此漠不相关的，于是我们所面对的，不是同一性，而是区别。但我们并没有止步于把事物仅仅看作有差异的，而是对它们彼此加以**比较**，进而通过这个方式得到"**等同**"和"**不同**"等规定。有限科学的工作在很大程度上就是去应用这些规定，而今天的人们在谈到"科学研究"时，通常都是把它理解为这样一种行事方式，即对那些有待考察的对象彼此加以比较。不可否认，人们在这条道路上获得了一些极为重要的成果，其中尤其值得一提的是近年来在比较解剖学和比较语言学等领域取得的重大成就。但与此同时，首先必须指出，假若人们觉得这种比较方法可以同样成功地应用到所有认识领域，这就是不切实际的；其次还需要强调一点，即单纯的比较终究不能满足科学的需要，至于此前提到的那些类型的成果，只能被看作真正的概念把握式认识活动的（诚然不可或缺的）预备工作。 [241]

除此之外，假若比较的目的是要把现有的区分开的东西归结为同一性，那么数学必定会被看作最圆满地达成这个目标的科学，因为量的区别仅仅是一种完全外在的区别。比如在几何学里，虽然一个三角形和一个四边形是质上有差异的，但人们可以抽离这个质的区别，依据二者的大小把它们设定为彼此等同的。但我们在前面（§99附释）已经指出，数学的这个优点无论是从经验科学方面来看，还是从哲学方面来看，都不值得羡慕。而从此前关于单纯的知性同一性的讨论中，也可以得出同样的结论。

据说莱布尼茨曾经在宫廷里提出差异性命题，于是宫廷的卫士和婢女在花园里四处奔走，企图找到两片彼此不能区分的树叶，然后拿出来反驳哲学家提出的思维法则。这无疑是一种惬意的、直到今天都备受喜爱的研究形而上学的方式；但就莱布尼茨的命题而言，必须指出，区别恰恰不应当仅仅被看作外在的、漠不相关的差异性，而是应当被看作自在的区别，因此在这个意义上，事物本身就是区分 [242]

开的。

§118

"等同"仅仅是这样一些东西的同一性,它们**不是同一些东西**,彼此不是同一的,——"不同"是不同的东西之间的**关联**。因此二者不是落入有差异的方面或角度,彼此漠不相关,而是一方映现在另一方之中。就此而言,差异性是反映的区别,或者说是**自在的区别本身**,是**已规定的**区别。

[**附释**]单纯有差异的东西表现为彼此漠不相关,反之"等同"和"不同"却是这样一对规定,它们绝对地相互关联,一方不能脱离另一方而被思考。就此而言,当我们承认,比较只有以已有的区别为前提才有意义,反过来,区分只有以已有的等同为前提才有意义,这时普通意识里面就已经出现了从单纯的差异性到对立设定(Entgegensetzung)的推进。相应地,如果任务在于揭示出一个区别,而某个人只是把那些其区别一目了然的对象(比如一支笔和一匹骆驼)区分开,那么谁都不会觉得这个人有多么敏锐的辨析能力,正如另一方面,如果某个人只懂得对关系密切的东西——山毛榉和橡树,寺庙和教堂——加以比较,也没有谁会觉得这个人有多么开阔的比较能力。也就是说,我们所要求的是,在区别那里看到同一性,在同一性那里看到区别。同样,经验科学的领域里也经常出现这样的情况,即人们只看到上述两个规定里的一方,却忘了另一方,于是科学的兴趣有时候只是为了把现有的各种区别归结为同一性,有时候只是为了片面地发掘出各种新的区别。自然科学尤其是如此。在这里,人们首先致力于源源不断地揭示出新的质素、力、种类等等,或者说致力于证明那些迄今被当作单纯元素的物体是复合的,比如近代的物理学家和化学家就经常嘲笑古人满足于四种根本谈不上单纯的元素。另一方面,人们又只盯着单纯的同一性,以至于不仅把电性和化学性看作同一个东西,甚至把消化和同化等有机过程看作单纯的化学过程。

[243]

204

此前(§103附释)我们已经指出,人们经常以嘲笑的方式把近代哲学称作"同一性哲学",殊不知哲学尤其是思辨逻辑恰恰揭露了那种抽离了区别的同一性(即单纯的知性同一性)的虚无性,尽管另一方面,哲学确实也教导人们不应当满足于单纯的差异性,而是应当认识全部定在者的内在统一体。

§119

2. 区别**自在地**是**本质性的**区别,即**肯定者和否定者**[的区别],也就是说,肯定者作为自身关联,**不是**否定者,否定者作为这样单独区分出来的东西,也**不是**肯定者。由于每一方只有在**不是对方**的情况下才单独是它自己,所以每一方都在对方那里**映现**,并且只有当对方存在着,它才存在着。因此,本质的区别是**对立设定**(Entgegensetzung),而这意味着,区分出来的东西不是以**一般意义上的他者**,而是以**它的他者**为它的对立面;换言之,每一方都只有在与对方的关联中才具有它自己的规定,只有在反映到对方的时候才反映回自身之内,而对方同样也是如此;这样一来,每一方都是**它的**对方的对方。

[说明]区别本身就得出"**一切东西都是在本质上区分开的**"这一命题,或者说"**某东西只能具有两个对立设定的谓词中的一个,没有第三种情况**。"——这个对立命题与同一性命题处于最明显的矛盾中,因为按照后者,某东西仅仅是**自身关联**,但按照前者,某东西应当是一个**对立设定的东西,与它的对方相关联**。抽象思维特有的草率之处在于,把这样两个相互矛盾的命题当作平分秋色的法则,甚至没有对它们进行一番比较。——**排中命题**(排中律)是已规定的知性提出的命题,因为知性想要排除矛盾,而当它这样做的时候,恰恰陷入矛盾。A应当要么是+A,要么是−A;但这种情况下已经说出了一个既**不是**+**也不是**−的A,而这个A既被设定为+A,**也**被设定为−A。如果+W意味着向东的6英里,−W意味着向西的6英里,并且+和−相互扬弃,那么无论有没有这个对立,6英里的

[244]

路程或空间仍然是 6 英里。如果人们愿意的话,甚至可以说数的抽象方向(亦即单纯的**加**和**减**)也是把零当作它们的第三者;但不可否认的是,对于数和方向这样的抽象东西,诸如+和-之类空洞的知性对立还是能派上用场。

在关于相互矛盾的(kontradiktorischen)概念的学说里,比如一个概念是**蓝**(这种学说把颜色等感性表象也称作概念),另一个概念是**非蓝**,在这种情况下,这个对方就不应当被看作一个肯定的东西,比如**黄**,而是只应当被看作抽象的否定者。——否定者在其自身之内同样是肯定的(参阅下一节);这个道理已经蕴含在那个规定中,即那个与对方对立设定的东西是**它的**对方。——把所谓的相互矛盾的概念对立起来,这种做法的虚妄性在一个普遍法则的堪称振聋发聩的表述那里有着充分的体现,也就是说,**任何事物都具有全部**对立设定的谓词中的一个,不具有另一个,以至于精神要么是白的,要么不是白的,要么是黄的,要么不是黄的,如此以至无限。

[245] 人们忘了同一性和对立设定本身是对立设定的,于是把对立设定命题也当作矛盾命题形式下的同一性命题,同时宣称,如果一个**概念**不具有两个相互矛盾的特征之一(参阅前述)或同时具有这两个特征,那么在逻辑上是错误的,比如一个四方的圆就是如此。与此同时,虽然一个多边形的圆和一条直的曲线都违背了这个命题,但几何学家还是毫不犹豫地把圆当作一个直边的多边形来看待和研究。问题在于,诸如"圆"(圆的单纯的规定性)之类东西尚且不是一个**概念**;在圆的概念里,圆心和圆周都是同样本质性的,这两个特征都属于圆;尽管如此,圆周和圆心又是对立设定的和相互矛盾的。

物理学里通行的"**两极性**"观念本身包含着一个更为正确的关于对立设定的规定,但如果物理学在思想上仍然坚持普通逻辑,那么当它展开这个观念并看到蕴含在其中的思想,就很容易感到惊恐。

[**附释 1**]肯定者也是同一性,但已经达到了一个更高的真理,相

当于同一的自身关联,同时不是否定者。否定者单独而言无非是区
别本身。同一的东西严格说来起初是无规定的;反之肯定者是自身
同一的,同时被规定为否定者的对立面,而否定者是严格意义上的区
别,同时被规定为不是同一性。这就是区别在其自身之内的区
别。——在人们的意谓中,肯定者和否定者是一个绝对的区别。但
自在地看来,二者是同一个东西,因此人们可以把肯定者也称作否定
者,反过来把否定者也称作肯定者。比如,财产和债务并不是财产的
两个特殊的、单独持存着的类型。同一个东西,在债务人那里是否定
者,在债权人那里是肯定者。同理,一条向东的道路同时也是一条向
西的道路。因此肯定者和否定者在本质上是互为条件的,并且仅仅
存在于它们的相互关联中。磁的北极不可能脱离南极而存在,南极
同样不可能脱离北极而存在。当人们把一块磁石切成两半,不可能 ［246］
其中一半是北极,另一半是南极。同理,在电那里,正电和负电也不
是两种有差异的、独自持存着的流体。在对立设定里,任何区分出的
东西都不是仅仅以任意**一个**他者,而是以**它的**他者为自己的对立面。
普通意识把区分出的东西看作彼此漠不相关的。比如人们说:"我
是一个人,我的周围是空气、水、动物和所有别的东西。"这时一切东
西都是四散分离的。反之哲学的目的是要祛除这种漠不相关性,并
且认识到事物的必然性,让他者看上去与**它的**他者相对立。比如,我
们不应当把无机自然界仅仅看作某种不同于有机物的东西,而是应
当将其看作有机物的必然的他者。二者处于本质上的相互关联中,
一方只有在排除对方的时候才是它自己,并恰恰通过这个方式而与
对方相关联。同理,自然界不能没有精神,精神也不能没有自然界。
总的说来,当人们在思考的时候不再说"别的情况也是可能的",这
就迈出了重要的一步。当人们那样说的时候,仍然纠缠于偶然的东
西,但正如此前指出的,真实的思维是一种关于必然性的思维。——
在近代自然科学里,当人们开始承认,起初在磁那里作为两极性而被
知觉到的对立设定是一种贯穿整个自然界的东西,是一条普遍的自

然法则,这无疑应当被看作科学取得的一个根本进步,只不过这里的关键是,不要在对立设定之外又随随便便认可单纯的差异性,否则的话,这就好比人们先是正确地把颜色看作以两极对立设定的方式相互对立,看作所谓的"补充颜色",然后又把颜色看作漠不相关的、单纯量的区别,比如红、黄、绿等等。

[247]

[**附释2**]我们不应当采用排中命题(这是抽象知性提出的命题)的说话方式,毋宁应当说:一切东西都是对立设定的。实际上,无论在天上还是地下,无论在精神世界里还是自然世界里,都没有知性主张的这种抽象的非此即彼。一切存在着的东西都是具体的,从而本身就是区分开的、对立设定的东西。事物的有限性在于,它们的直接的定在不符合它们的自在存在。比如在无机自然界里,酸自在地同时是碱,也就是说,酸的存在完全只在于与它的他者相关联。但这样一来,酸就不是安静地固守在对立里,而是努力要把自己设定为它自在地所是的东西。正是矛盾推动着世界,因此诸如"矛盾是不可设想的"之类说法是很可笑的。这个说法的正确之处仅仅在于,矛盾不可能不了了之,而是自己扬弃自己。但已扬弃的矛盾就不是抽象的同一性,因为后者本身仅仅是对立的一个方面。当对立设定被设定为矛盾,其紧接着的结果就是**根据**。根据在自身之内既包含着同一性,也包含着区别,但二者已经被扬弃,并且降格为单纯的观念性环节。

§120

肯定者是一个**有差异**的东西,它应当是自为的,同时又**不应当漠不相关**地对待**与它的他者**的关联。**否定者**同样应当是独立的,亦即作为否定的**自身关联**,**自为地存在着**,但与此同时,它作为否定者,只有在他者那里才完全具有它的这个自身关联,具有它的肯定者。在这种情况下,二者是已设定的矛盾,二者**自在**地是同一个东西。二者又都是**自为的**,因为每一方都扬弃对方和扬弃自身。于是它们走向**根据**①。——换言之,直接地看来,本质性的区别作为自在且自为的区别,仅仅是它自己与自己的区别,因此包含着同一的东西;因此区别本身和同一性都属于整个自在且自为地存在着的区别。——它**作为与自身相关联的**区别,同样已经被称作**自身同一的东西**,而一般说来,**对立设定**是这样一个东西,它在自身之内包含着"**某一方**"和"**对方**",包含着"**自己**"和"**自己的对立面**"。当本质的内化存在获得这个规定,就是**根据**。

γ)根据(Der Grund)

§121

根据是同一性和区别的统一体,是从区别和同一性那里得出的真理,——自身内反映(Reflexion-in-sich)同样是他者内反映(Reflexion-in-Anderes),反之亦然。根据就是被设定为**总体性**(Totalität)的**本质**。 ［248］

[说明]**根据命题**(根据律)的意思是"**一切东西都有其充足的根据**"。也就是说,某东西的真正的本质性既不在于它被规定为自身同一的或有差异的东西,也不在于它被规定为单纯的肯定者或单纯的否定者,而是在于某东西在一个他者那里具有它的存在,而这个他者作为某东西的自身同一者,是某东西的本质。这个本质同样不是抽象的**自身内反映**,而是**他者内反映**。根据是一个**内在存在着的本质**,这个本质在本质上是根据,而根据只有作为某东西的根据,作为一个他者的根据,才是根据。

[**附释**]当我们说"根据是同一性和区别的**统一体**"时,切不可把这个统一体理解为抽象的同一性,否则我们就只是换了一个称呼,但就思想而言仍然只掌握那个被认作非真实的知性同一性本身。正因

————————
① 德语的"走向根据"(zu Grunde gehen)同时有"消灭"的意思。——译者注

如此,为了避免这个误解,人们也可以说:"根据不仅是同一性和区别的统一体,而且是同一性和区别的区别。"起初在我们看来,根据是通过扬弃矛盾而得出的结果,而它如今却是显现为一个新的矛盾。但作为这样的矛盾,根据不是安静地固守在自身之内,而是自己排挤自己。根据只有在提供根据(begründen)的时候才是根据;但从根据里显露出来的东西却是根据本身,而这里蕴含着根据的形式主义。有根据的东西(das Begründete)和根据是同一个内容,二者之间的区别是单纯的形式区别,即单纯的自身关联与中介活动或已设定的存在的区别。一般而言,当我们追问事物的根据时,这就是此前(§112附释)已经提到的反映的立场;在这种情况下,我们希望看到事物仿佛有两个方面:事物一方面是直接的,另一方面依赖于它的根据,这时事物不再是直接的。这也是那条所谓的思维法则亦即"充足根据律"的简单意义,而这条法则恰恰只是表明,事物在本质上必

[249]

须被看作经过中介的。除此之外,形式逻辑在提出这条思维法则时,给其他科学树立了一个糟糕的榜样,因为它要求科学不应当直接认可它们的内容,而它自己在提出这条思维法则时,却既没有经过推导,也没有揭示出相关的中介过程。如果逻辑学家可以[武断地]宣称,总之我们的思维能力就是这个样子,即我们必须在一切东西那里追问根据,那么基于同样的权利,当医学家被问到为什么人落入水中会淹死时,也可以回答道,总之人的生理结构就是这个样子,即不能在水下活着,或当法学家被问到为什么罪犯应当遭到惩罚时,可以回答道,总之市民社会就是这个样子,即罪行不可以不遭到惩罚。逻辑有义务为根据律这一思维法则提供根据,但哪怕不考虑这一点,它至少必须回答这个问题,即"根据"究竟是什么意思。按照通常的解释,根据是一个有后果的东西;乍看起来,这个解释比刚才提出的概念规定更简单易懂,但如果人们继续追问什么是"后果",得到的答复却是:后果是一个有根据的东西。于是真相大白,即这个解释之所以简单易懂,只不过是因为它预先设定了我们此前的思想运动已经

210

得出的结果。然而逻辑的任务恰恰在于揭示出这些单纯被表象的、本身说来未经概念把握和未经证明的思想是一个自己规定着自己的思维的不同层次，从而同时让它们得到概念把握和得到证明。

　　无论是在日常生活里，还是在有限的科学里，人们都经常使用这个"根据"这个反映形式，企图通过这个形式的应用而窥探相关考察对象的真实情况。诚然，只要这个考察方式仅仅涉及日常生活必需的认识活动，那么这是无可指责的，但同时应当注意，这个考察方式既不能在理论领域，也不能在实践领域提供一种明确的满足，因为根据尚且不具有自在且自为地已规定的内容，而在这种情况下，当我们把某东西看作有根据的，只不过得到一个单纯的形式区别，即直接性和中介活动的区别。比如我们可以观察电的现象并追问其根据；如果我们得到的答复是说"电是这个现象的根据"，那么这个内容和我们此前直接看到的内容就是同一个内容，只不过被转述为一个内在东西的形式罢了。 [250]

　　再者，根据不仅是单纯的自身同一的东西，而且也是区分开的，正因如此，对于同一个内容可以提出不同的根据；按照区别的概念，根据的这种差异性进而演变为对立设定，而从形式上看，就是同一个内容得到这些根据的**赞成**，却遭到那些根据的**反对**。比如一个偷窃的行为，这是一个内容，其中可以区分出诸多方面。这个行为侵犯了财产；但如果偷窃者是一个穷人，他却可以因此获得满足生理需要的物资，又或者那个被偷窃的人所拥有的可能是不义之财。诚然，这里发生的对于财产的侵犯是一个决定性的观点，其他观点在它面前都必须靠边站，但根据律这一思维法则并没有包含着这种决定性。按照通常的观点，这条法则所讨论的并非仅仅是一般意义上的根据，而是**充足的**根据，因此人们可以说，在刚才那个作为例子的行为里，虽然除了侵犯财产之外还有很多可以强调的根据，但这些根据都不是充足的。但对此必须指出，当谈到充足的根据时，"充足"这一谓词要么是多余的，要么已经超越了严格意义上的根据范畴。如果这个臆想出来的谓词只是一般地表达出"提供根据"的能力,那么它就是多此一举的同语反复,因为根据恰恰只有在具有这种能力的情况下才是根据。如果一个士兵逃离战场,苟且偷生,这当然是违背义务的,但我们不能因此说:那个促使他这样做的根据不是充足的,否则他就会坚守在他的岗位上。此外必须承认,一方面看来,全部根据都是充足的,另一方面看来,没有任何根据本身就是充足的,原因恰恰在于,正如此前指出的,根据尚且不具有自在且自为地已规定的内容,从而不能自主地生产出任何东西。我们随后将会看到,**概念**就是这样的自在且自为地已规定的、从而自主的内容,而莱布尼茨在讨论

[251]

充足根据并强调要从这个角度来看待事物时,就是针对概念而言。莱布尼茨当时面对的是那种直到今天都备受偏爱的纯机械论理解方式,而他正确地宣称这种理解方式是有缺陷的。比如,把血液循环这一有机过程仅仅归结为心脏的收缩,这就是纯机械论的理解,同样,那种把"和平相处"、"威慑"或其他类似的外在根据当作刑罚目的的刑法理论也是机械论。实际上,如果人们以为莱布尼茨满足于形式化的思维法则(根据律)之类枯燥的东西,这对他是非常不公平的。毋宁说,莱布尼茨确立的考察方式恰恰是形式主义的反面,这种形式主义在涉及概念把握式认识的地方却满足于单纯的某些根据,然后不了了之。从这个角度出发,莱布尼茨把 causae efficientes[作用因]和 causa finalis[目的因]对立起来,并且要求人们不应当止步于前者,而是应当推进到后者。按照这个区别,光、热、水等等虽然可以被看作植物生长的作用因,但不能被看作目的因,因为目的因不是别的,恰恰是植物的概念本身。

此外还可以指出,一般说来,智者的立场和原则就是止步于单纯的某些根据,尤其在法和伦理的领域里更是如此。通常谈到智者的诡辩术时,人们总是仅仅将其理解为这样一种考察方式,即颠倒正义和真相,以虚假的方式呈现万事万物。但这个倾向并未直接包含在诡辩术之内,后者的立场起初无非是推敲(Räsonnement)的立场。希

腊智者出现在这样一个时代,这时希腊人在宗教和伦理的领域已经不再满足于单纯的权威和传统,并且迫切地想要把他们本应认可的那些东西当作一种以思维为中介的内容而加以认识。智者满足了这个要求,因为他们教人探寻不同的观点,据此考察事物,而这些不同的观点起初无非是各种根据。但正如此前指出的,根据尚且不具有自在且自为地已规定的内容,而无论是为不道德的和非法的行为,还是为道德的和合法的行为,都可以找到各种根据,至于哪些根据才是有效的,这个决定权落入主体,而主体的决定又取决于它的个人看法[252]和个人意图。这样一来,那自在且自为地有效的东西,那得到所有的人认可的东西,其客观的基础就被摧毁了,而诡辩术由于自己的这个否定方面而招致此前提及的坏名声,可谓罪有应得。众所周知,苏格拉底针对智者进行了坚持不懈的斗争,但他采取的方式不是简单地用权威和传统去对抗智者的推敲,而是通过辩证法揭示出那些单纯根据的武断随意,反过来又确立了正义、善乃至全部普遍者或意志的概念的有效性。今天的人们无论是在议论世间事物的时候,还是在布道的时候,都主要是采取推敲的方式,比如搜罗出一切可能的根据,让我们感恩上帝,反之苏格拉底和柏拉图却是斩钉截铁宣称这类推敲都是诡辩术,因为正如此前所述,诡辩术首先关心的不是内容(这些内容毕竟可能是真实的),而是根据的形式,从这些根据出发,一切东西都是可以辩护的,但一切东西也是可以攻击的。在我们这个充斥着反思和推敲的时代,假若一个人不能为一切东西(包括最恶劣和最扭曲的东西)找到一个好的根据,那么他一定会觉得意犹未尽。世界上的一切败坏的东西都是出于好的根据而败坏的。只要听说是"好的根据",人们的第一反应就是脱帽致敬,但只要他们随后经验到事情的真相,就会对那些根据充耳不闻,不再受其蛊惑。

§122

本质起初是**自身内的**映现和中介活动;如今它的自身统一体作为中

介活动的总体性,**被设定**为区别的自身扬弃以及中介活动的自身扬弃。因此这个情况是**直接性**或**存在**的重建,但这里所说的存在是**以扬弃中介活动为中介**,即**实存**。

[**说明**]根据尚且不具有自在且自为地已规定的**内容**,尚且不是**目的**,因此它既不是**主动的**,也不能**生产**出任何东西;毋宁说,一个实存仅仅[253] 从根据里**显露出来**(geht hervor)。正因如此,**已规定**的根据是某种形式化的东西,是某个规定性,这个规定性被设定为一个**与自身相关联**的东西,被设定为肯定,并且与那个与之联系在一起的直接实存相对应。只要是**根据**,就是**好的**根据,因为"**好**"在完全抽象的意义上无非意味着一个肯定者,而任何一个规定性,只要能够以某种方式被明确地称作肯定者,就都是好的。因此人们可以为一切东西找到并说出一个根据,而一个**好的根据**(比如一个好的行为动机)既可能造成,也可能**不**造成某种作用,既可能具有,也可能**不**具有一个后果。只有当意志把动机接纳下来,使之成为主动的根据,成为一个原因,动机才会造成某种作用。

b. 实存(Die Existenz)

§123

实存是自身内反映和他者内反映的直接统一体。因此实存是一些数量不定的实存者,这些实存者作为反映回自身之内的东西,同时映现在他者之内,因此是**相对的**[相互关联的],并且构成一个**世界**,在其中,根据和有根据的东西相互依赖,无限地联系在一起。各种根据本身就是实存,同样,实存者从多方面来看既是根据,也是有根据的东西。

[**附释**]"**实存**"(Existenz)这个术语来自拉丁语的 existere[站出],暗示着一种显露出来的存在,而实存就是一种从根据里显露出

来的东西,即通过扬弃中介活动而得以重建的存在。正如我们看到的,本质,作为已扬弃的存在,首先是自身内映现,而这个映现的诸规定是"同一性"、"区别"和"根据"。根据是同一性和区别的统一体,而作为这个统一体,它同时是一种自身区分活动。但这个与根据区分开的东西并不是单纯的区别,正如根据本身也不是抽象的同一性。根据是一种自身扬弃,而它把自己扬弃成的那个东西,它的自身否定的结果,就是实存。实存作为一种从根据里显露出来的东西,在自身之内包含着根据,但根据并非隐藏在实存后面,毋宁说,根据无非就是要扬弃自身,把自己转移到实存。这种情况也出现在普通意识里面,也就是说,当我们考察某东西的根据时,这个根据并不是一个抽象的内在东西,毋宁本身又是一个实存者。比如,我们把导致房子起火的雷电看作火灾的根据,把一个民族的伦常习俗和生活方式看作其国家制度的根据。总的说来,正是在这些形态下,实存着的世界在反思面前首先呈现为一些数量不定的实存者,它们反映回自身之内,同时也反映到他者那里,彼此之间表现为根据和有根据的东西。世界是实存者的总括(Inbegriff),在这个五光十色的世界里,任何地方都找不到一个稳固的支撑,一切东西都显现为相对的,既以他者为条件,也给他者提供条件。反思的知性忙于探究和追溯这些全方位的关联;但关于终极目的的追问始终没有答案,因此那个进行概念把握的理性为了满足自己,就伴随着逻辑理念的持续发展而超越了这种单纯的相对性立场。

[254]

§124

但实存者的他者内反映和自身内反映是不可分割的;根据是二者的统一体,而实存从这个统一体里显露出来。因此实存者本身就包含着相对性以及它与其他实存者的多重联系,并且**反映**回作为**根据**的自身之内。在这种情况下,实存者是**物**。

[**说明**]在这里,康德哲学里的著名的**自在之物**显示出它的起源。也就是说,自在之物是抽象的自身内反映,但被固执地看作与他者内反映乃至全部区分开的规定相对立,被看作它们的空洞的**根基**。

[255]

[**附释**]有人主张**自在之物**(Ding-an-sich)是不可认识的;如果"认识"是指领会把握一个对象的具体规定性,那么我们可以承认这个主张,因为自在之物无非是一般意义上的完全抽象的和无规定的物。此外,既然可以谈论**自在之物**,那么我们也有同样的权利去谈论**自在之质**、**自在之量**,乃至给所有别的范畴加上这个后缀,而在这种情况下,我们无非是抽象而直接地理解这些范畴,亦即完全不考虑它们的发展和内在的规定性。就此而言,仅仅把物固定在它的自在体(Ansich)之内,这只能被看作知性的武断随意的做法。除此之外,自在体也被应用于自然世界和精神世界的内容,相应地,不但有"**自在的电**"或"**自在的植物**"等说法,也有"**自在的人**"或"**自在的国家**"等说法,而人们通常都是把这些对象的自在体理解为它们的合理之处和独特之处。这些说法和一般意义上的自在之物没有什么不同,因为人们都是止步于对象的单纯的自在体,不是依据对象的真理,而是依据片面的形式(亦即单纯的抽象)去理解它们。比如,自在的人是小孩,而小孩的使命在于超越这个抽象的、未发展的自在体,将他最初仅仅**自在地**所是的东西——即一个自由的、合乎理性的本质——也转变为**自为的**。同理,自在的国家是一个尚未发展的、家长制的国家,在其中,各种蕴含在国家概念里的政治功能尚未达到其合乎概念的制度化。在同样的意义上,种子也可以被看作自在的植物。从这些例子可以看出,如果人们以为物的自在体或自在之物是我们的认识活动完全不能触及的某种东西,这是一个极大的谬误。一切事物起初都是**自在的**,但不会安于现状。正如种子作为自在的植物唯一要做的就是展开自身,全部事物也超越了自己的单纯的自在体(亦即抽象的自身内反映),力图表明自己也是他者内反映。**这样物就**

具有了特性。

c. 物（Das Ding）

[256]

§125

物是总体性，即"根据"和"实存"这两个规定在单一体之内已设定的发展。从它的一个环节亦即**他者内反映**来看，物本身就具有各种区别，因此是一个**已规定的**、具体的物。α）这些规定**彼此**是有差异的；它们不是在自身那里，而是在物那里具有它们的自身内反映。它们是物的**特性**（Eigenschaften），而它们与物的关联就是**具有**（Haben）。

[**说明**]**具有**作为关联取代了**存在**。诚然，**某东西**本身也具有各种**质**，但这种把具有移植到存在者的做法不够严密，因为规定性作为质已经和某东西合为一体，而某东西一旦失去自己的质，就**不再存在**。但**物**是自身内反映，即一种不但与区别区分开，而且与区别的各种规定区分开的同一性。——在很多语言里，"**具有**"也被用来标示**过去**，——这是有道理的，因为过去是**已扬弃的存在**，而精神是过去的自身内反映。过去唯有在精神之内还能持存着，但精神也把自己和这个在它之内已扬弃的存在区分开。

[**附释**]全部反映规定作为实存着的东西都依附于物。正因如此，物起初作为自在之物，是自身同一的东西。但正如我们已经看到的，同一性并没有脱离区别，而物具有的特性是在差异性形式下实存着的区别。此前我们看到，有差异的东西是彼此漠不相关的，而它们的相互关联只是通过一个外在于它们的比较而被设定下来；但现在我们发现，物是一个纽带，把那些有差异的特性相互联结在一起。除此之外，我们不要把特性和质混淆起来。虽然人们也说"某东西**具**

[257] 有质",但这个说法是不妥的,因为"具有"暗示着一种独立性,而某东西与它的质是直接同一的,因此没有获得这种独立性。某东西只有通过它的质才是它所是的东西,与此相反,虽然物同样只有在具有特性的情况下才实存着,但它并没有被束缚在这个或那个已规定的特性上面,因此哪怕失去某个特性也不会因此不再是它所是的东西。

§126

β)但**根据**里面的他者内反映本身直接地也是自身内反映,因此各种特性同样是自身同一的、**独立的**,并且摆脱了物的束缚。但因为它们是物的**彼此区分开的**,而且反映回自身之内的规定性,所以它们本身不是物(因为物是具体的),而是一些反映回自身之内的实存或抽象规定性,即**质料**。

[**说明**]质料(比如磁或电的质料)同样不被称作**物**。——它们是真正意义上的质,与它们的存在合为一体,是一种达到了直接性[或存在]的规定性,但这个存在是经过反映的存在,亦即实存。

[**附释**]当物**具有**的特性被看作独立的质料或质素(Stoffe),物的**持存**就是**基于**它们①。虽然这件事情是以物的概念为根据,因此也出现经验中,但如果人们因为看到一个物的某些特性(比如颜色、气味等等)能够作为特殊的色素、嗅素等等呈现出来,就得出结论说一切问题已经解决,进而觉得只需要把物分解为它的各种组成要素,就可以知道物的幕后真相,这同样是一种不动脑筋的想法,而且与经验相悖。这种把物分解为独立质素的做法只有在无机自然界里才有

————————

① 德语的"Etwas besteht aus B,C,D"通常译为"某东西是由 B,C,D 组成的",但在字面上也可以理解和翻译为"某东西的持存是基于 B,C,D"。鉴于当前的文本语境是讨论物的持存,我们采用了后面这种译法,同时提醒读者注意,这种译法同时也包含着前面那种译法的意思。以下不另作说明。—— 译者注

其地位,比如化学家就有权利把食用盐或石膏分解为它们的质素,然后说前者的持存是基于盐酸和钠,后者的持存是基于硫酸和钙。同理,地质学家也有权利把花岗岩看作由石英、长石和云母复合而成 [258]的。物的持存是基于某些质素,这些质素部分地本身又是物,于是能够被分解为一些更抽象的质素,比如硫酸的持存就是基于琉和酸。尽管这类质素或质料能够表明自己事实上是自为持存着的,但人们经常也把物的另外一些特性同样看作特殊的质料,哪怕它们并不具有这种独立性。比如人们谈到热的质素、电的质料和磁的质料等等,但这些质素和质料只能被看作知性的纯粹虚构。总的说来,抽象的知性反思的做事方式就是任意地抓来一些范畴进行解释,哪怕与朴素的直观和经验相矛盾,也要把全部有待考察的对象归结为这些范畴,殊不知它们只有作为理念的已规定的发展层次才具有有效性。甚至还有人变着法子把"物的持存是基于独立的质素"这个观点应用于它不再具有有效性的一些领域。单是在自然界内部,在有机的生命里,这个范畴已经表现出局限性。诚然,人们也说动物的持存是基于骨骼、肌肉、神经等等,但很显然,这和一块花岗岩的持存是基于那些质素具有完全不同的性质。这些质素和它们的结合完全是漠不相关的,即使没有结合在一起,也能够继续持存着,与此相反,有机躯体的不同部分和肢节只有结合起来才具有它们的持存,而它们一旦彼此分离,就不再作为部分和肢节实存着。

§127

因此**质料**是**抽象的**或未规定的**他者**内反映,或者说同时是**已规定的**自身内反映;就此而言,质料是**定在着的物性**,是物的持存(Bestehen)。通过这个方式,物在质料那里具有它的自身内反映(与§125所说的情况相反),不是基于它自己,而是**基于质料**而持存着,并且仅仅是这些质料的表面上的联系或外在的结合。

§128

γ) 质料作为实存与其自身的**直接统一体**也和规定性漠不相关;因此诸多有差异的质料合并为**唯一的质料**,即处于**同一性**这一反映规定中的实存;与之相对立的是这些区分开的规定性以及它们在物里具有的外在**关联**,即**形式**,——这就是"**区别**"这一反映规定,但它相当于实存者和总体性。

[**说明**]这个唯一的、无规定的质料和自在之物也是同一个东西,只不过后者是一个内在地完全抽象的东西,反之前者是一个自在的为他存在,并且首先是一个为着形式而存在着的东西。

[**附释**]物的持存是基于一些有差异的质料,**自在地看来**,这个质料和那个质料是同一个东西。这样我们就得到了一般意义上的**唯一的**质料,在它那里,区别被设定为外在的区别,亦即被设定为单纯的**形式**。认为全部事物都以唯一的同一个质料为根基,并且仅仅外在地在形式上彼此有差异,这在反思意识那里是一个非常流行的看法。在反思意识看来,质料本身是完全未规定的,但又能够具有一切规定,同时还是绝对恒常的,并且在一切转换和变化中保持自身等同。质料与已规定的形式的这种漠不相关性确实在有限事物那里有所体现,比如一块大理石究竟是具有这个还是那个雕像的形式,抑或也获得柱子的形式,这是漠不相关的。但我们不可忽视,诸如大理石这样的质料仅仅相对地(在与雕塑家相关的情况下)与形式漠不相关,但绝不是完全无形式的。正因如此,矿物学家也把仅仅相对地无形式的大理石看作一个已规定的石头形式,以区别于另外一些同样已规定的石头形式,比如砂石、斑岩等等。也就是说,只有抽象的知性才把质料固定为一种孤立的、本身无形式的东西,但事实上正相反,质料思想本身就彻底地包含着形式本原,因此任何经验里面都不

220

会出现一种实存着的无形式的质料。再者,把质料理解为一种原初
既有的并且本身无形式的东西,这是一个极为古老的观点,在希腊人
那里已经出现,并且最初是在"混沌"这一神话形态下被想象为实存 [260]
世界的无形式的根基。这个想象导致的后果,就是不把上帝看作世
界的创造者,而是看作世界的单纯塑造者或造物主(Demiurg)。反
之更深刻的直观却认为上帝从无中创造了世界,而这一般说来意味
着:首先,质料本身没有获得独立性;其次,形式不是从外面强加于质
料的,而是作为总体性在自身之内就包含着质料本原。后面我们将
会看到,这个自由的、无限的形式就是**概念**。

§129

也就是说,物分裂为**质料和形式**,其中每一方都是物性的**总体性**,并
且是独立自为的。但**质料**应当是一种肯定的、未规定的实存,因此它作为
实存,既包含着他者内反映,也包含着内化存在;它作为这两个规定的
统一体,本身就是形式的总体性。但形式作为这些规定的总体性已经
包含着自身内反映,或者说它**作为与自身相关联的**形式,具有那个应当
构成质料规定的东西。二者**自在地**是同一个东西。它们的这个统一
体,一旦**设定下来**,就是质料和形式的绝对**关联**,尽管二者同样也是区
分开的。

§130

物作为这种总体性是一个矛盾:一方面看来,物按照它的否定统一体
而言是**形式**,而质料在形式里接受规定,降格为**特性**(§125),另一方面
看来,物的**持存是基于质料**,这些质料在物的自身内反映里既是独立的,
同时也是被否定的。因此物是一种在自身之内自己扬弃着自己的本质性
实存,即**现象**。

[**说明**]物里面如此已设定的否定,作为质料的独立性,在物理学里

表现为**多孔性**(Porosität)。诸多质料中的每一种(色素、嗅素和其他质素,有些人甚至认为声素、热素、电的质料等等也包括在其中)**也**是**被否**

[261] **定的**,而在它们的这个否定里,或者说在它们的孔隙里,又有许多别的独立的质料,它们同样是多孔的,于是在自身之内让其他质料交互实存着。孔隙不是**经验到的**,而是知性的虚构。知性用这个方式想象着"独立质料的否定"这一环节,并且借助一种模糊混乱的想法(即一切质料既是**独立的**,同时也是**被彼此否定的**)去掩盖矛盾的持续发展。——当知性以同样的方式把精神里的各种能力或活动实物化,它们的活生生的统一体就同样转变为它们的混乱的交互作用。

正如孔隙(这里所说的不是树木或皮肤等有机物的孔隙,而是色素、热素等所谓的质料的孔隙,或金属、结晶体之类东西的孔隙)不能通过观察得到验证,同样,质料本身、与质料分离的形式,尤其是物及其各种情况(比如物的持存是基于一些质料,或物本身就持存着,只具有某些特性等等),这些都是反思知性的产物。知性进行观察并扬言要说出它观察到的情况,当它这样做的时候,毋宁炮制出一种方方面面充满了矛盾的形而上学,而它对于这些矛盾却是惘然不知。

B. 现象(Die Erscheinung)

§131

本质必定会**显现出来**(erscheinen)。它的自身内映现(Scheinen in ihm)就是把自己扬弃为直接性,这种直接性作为自身内反映,是**持存**(质料),而作为他者内反映或一种**扬弃着自身**的持存,则是**形式**。正是"映现"这个规定使得本质不再是存在,而是本质,而已展开的映现就是现

[262] 象。因此本质不是位于现象的**后面**或**彼岸**,毋宁说,正因为本质是实存着的东西,所以实存就是现象。

　　[**附释**]当实存在其矛盾中被设定下来,就是现象。我们切不可把现象和单纯的映象(Schein)混为一谈。映象是存在或直接性的最切近的真理。直接的东西不是我们自以为看到的那个样子,不是一个独立自足的东西,毋宁只是映象,而它作为映象,又被统摄为一个单纯的、内化存在着的本质。这个本质起初是自身内映现的总体性,但不会止步于这种内在性,而是作为根据显露到实存里,这个实存不是在自身之内,而是在他者之内具有它的根据,因此仅仅是现象。当我们谈到现象时,会联想到不确定的杂多的实存着的物,这些物的存在完全只是中介活动,因此物不是自足的,而是只有作为环节才具有有效性。但这同时也意味着,本质不是潜藏于现象的后面或彼岸,毋宁说,它仿佛是一种无限的仁慈,即放任自己的映象进入直接性,让这个映象分享定在的欢愉。这样设定下来的现象不是自给自足的,不是在自身之内,而是在他者之内具有它的存在。上帝作为本质之所以是仁慈,就是因为他让他的自身内映现的各个环节实存着,亦即创造出一个世界,同时表明他是统治世界的权力,并且是这样一种正义,即只要这个实存着的世界企图独自实存着,他就揭露出它的内容是单纯的现象。

　　总的说来,现象是逻辑理念的一个极为重要的层次,因此可以说哲学之区别于普通意识的地方在于她把普通意识以为是独立存在者的东西看作单纯的现象。但这里的关键是要正确理解现象的意义。也就是说,假若"某东西**仅仅**是现象"这个说法意味着,相比这个单纯的显现者,**存在者**或**直接的东西**是更高级的东西,那么这就是一个误解。事实上毋宁正相反,现象才是一个比单纯的存在更高级的东西。一般而言,现象是存在的真理,具有一个比存在更丰富的规定,因为这个规定在自身之内包含着"自身内反映"和"他者内反映"这两个环节,并且把它们联合在一起,反之存在或直接性仍然是片面地无关联的东西,仅仅看上去是自足的。再者,"**仅仅**是现象"这个说法确实暗示着一个缺陷,也就是说,现象仍然是一种内在破碎

[263]

223

的东西,一种不能以自身为支撑的东西。比单纯的现象更高级的东西首先是**现实性**,它作为本质的第三个层次,要到后面再加以讨论。

在近代哲学史里,康德的贡献之一在于首次重新确立了刚才所说的普通意识和哲学意识的区别。尽管如此,康德仍然是中途而废,因为他只在主观的意义上理解现象,并且把现象之外的抽象本质固定为我们的认识活动不能触及的**自在之物**。"仅仅是现象"——这是直接的客观世界本身固有的本性,但我们只要知道它是这样一个世界,就同时认识到了本质,而且这个本质不是位于现象的后面或彼岸,而是在把客观世界贬低为单纯的现象时,恰恰因此作为本质展现出来。

再者,朴素的意识在追求总体性时,对"我们完全只是和现象打交道"这一主观唯心主义的主张感到困惑不安,这是无可厚非的。这种朴素意识虽然致力于拯救认识活动的客观性,但很容易退回到抽象的直接性,把这种直接性立即当作真实的和现实的东西。费希特在一本标题为《就最新哲学的真正本质而面向广大公众的昭若白日的报道:一个强迫读者去理解的尝试》(*Sonnenklarer Bericht an das größere Publikum über das eigentliche Wesen der neuesten Philosophie;ein Versuch,den Leser zum Verstehen zu zwingen*,柏林 1801 年版)的小册子里,以作者和读者对话的通俗形式讨论了主观唯心主义和直接意识之间的对立。在这个对话里,读者向作者抱怨,说自己根本达不到主观唯心主义的立场,并且只要想到周遭事物不是现实的事物,而是单纯的现象,就感到彷徨无助。如果我们强迫读者把自己看作被禁锢在纯主观表象的一个不可逾越的怪圈里,那么他的这种愁苦心态确[264]实是很正常的。但另一方面,只要不是完全在主观的意义上理解现象,却不得不说,我们有足够的理由庆幸,我们在周遭事物里仅仅是和现象,而不是和固定的、独立的实存打交道,因为否则的话,我们无论在肉体上还是在精神上都很快会被饿死。

a. 现象世界（**Die Welt der Erscheinung**）

§132

显现者这样实存着，即它的**持存**直接被扬弃，而这个持存仅仅是形式本身的**一个**环节；形式把持存或质料当作它的诸规定之一而包揽在自身之内。因此，显现者是以形式为根据，而形式则是它的本质，是它的与直接性相对立的自身内反映，但在这种情况下，显现者仅仅是以形式的另一个规定性为根据。它的这个根据同样是一个显现者，于是现象发展为一个首先以形式、进而以非持存为中介而达到持存的无限中介活动。这个无限中介活动同时是一个自身关联的统一体，而实存则是发展为**总体性**和现象**世界**，即一种经过反映的有限性。

b. 内容和形式（**Inhalt und Form**）

§133

现象世界的彼此外在就是总体性，并且完全包含在它的**自身关联**之内。在这种情况下，现象的自身关联得到了完整的规定，在自身之内具有**形式**，并且由于这个同一性的缘故，成为本质性的持存。这样一来，形式就是**内容**，而就它的已发展的规定性来看，则是现象的**规律**。现象的否定者，亦即非独立的和可变化的东西，虽然反映到**形式**里面，但这**不是一种自身内反映**，——因此形式是漠不相关的、**外在的形式**。

[**说明**]在形式和内容的对立里，有一点是至关重要的，即内容并非无形式的，而是**在自身之内具有形式**，同时形式对内容而言是**一个外在的**东西。这里出现了形式的双重化：首先，形式作为反映回自身之内的东西乃是内容，其次，形式作为并未反映回自身之内的东西乃是一个外在的、 [265]

225

与内容漠不相关的实存。**自在地看来**,这里出现了内容和形式的绝对对比关系,即二者的相互转化,以至于**内容**无非指"**形式转化为**内容",**形式**无非指"**内容转化为形式**"。这个转化是最重要的规定之一。但它只有**在绝对的对比关系**里才被设定下来。

[**附释**]"形式和内容"是反思知性频繁使用的一对规定,而且知性在这样做的时候,总是把内容看作本质性的、独立的东西,反之把形式看作非本质性的、非独立的东西。为了反驳这一点,必须指出,实际上二者是同样本质性的,而且,正如没有无形式的质素,也没有无形式的内容,因此这两个东西(内容和质素或质料)的区别仅仅在于,质料尽管自在地不能脱离形式,但在定在里却是与形式漠不相关的,反之严格意义上的内容只有在包含着成熟的形式时才是内容。随后我们发现,形式也是一个与内容漠不相关、并且外在于内容的实存,而这件事情的原因在于,一般意义上的现象仍然与外在性纠缠不清。比如我们面前的这本书,它究竟是手抄的还是印刷的,或究竟是用纸还是用皮装订的,这些都与它的内容漠不相关。但我们不能因为这类形式是外在的和漠不相关的,就说书的内容本身是无形式的。不可否认,很多书就其内容而言完全有理由被称作无形式的,但在这个与内容的关联中,"无形式"的意思是指"乱七八糟",因此不是指根本没有形式,而是指没有**正确的**形式。但这个正确的形式并非与内容漠不相关,毋宁是内容本身。如果一件艺术作品缺乏正确的形式,那么它恰恰因此不是一件正确的、亦即真正的艺术作品,而对于一位艺术家而言,最糟糕的辩解莫过于说他的作品虽然内容是好的(甚至是很优秀的),但缺乏正确的形式。真正意义上的艺术作品恰恰在于,其内容和形式表现为绝对同一的。人们可以说,《伊利亚特》的内容是特洛伊战争,或更确切地说,是阿喀琉斯的愤怒;这个说法说出了一切,但又什么都没有说,因为《伊利亚特》是通过诗歌的形式才成为《伊利亚特》,而那些内容是遵循这个形式才塑造出来

[266]

的。同理,《罗密欧和朱丽叶》的内容是一对恋人由于其家族的仇恨而走向毁灭,但单凭这一点还不足以铸就莎士比亚的不朽的悲剧。

再者,关于内容和形式在科学里的对比关系,这里必须提醒读者注意哲学和其他科学之间的区别。一般而言,其他科学的有限性在于,思维在这里仅仅作为纯粹形式化的活动把它的内容当作给定的东西从外面接受下来,而且不知道内容是由一些更深层次的思想从内部加以规定的,因此形式和内容之间始终有着隔阂;与此相反,这个分裂在哲学里被扬弃了,因此哲学必须被称作无限的认识活动。诚然,人们经常也把哲学看作纯粹的形式活动,尤其认为逻辑只是与严格意义上的思想打交道,把逻辑的空无内容当作一个不言而喻的事实。假若人们所理解的"内容"是指看得见摸得着的东西或可以感性知觉的东西,那么我们必须承认,一般的哲学,尤其是逻辑,**不具有**内容,亦即不具有这类可以感性知觉的内容。但实际上,普通意识和一般的语言习惯所理解的"内容"根本没有局限于单纯的感性知觉,更没有局限于单纯的定在。众所周知,当人们说一本书空无内容时,他们的意思并不是指这本书只有空白的纸张,而是指它的内容有等于没有。因此通过仔细考察和深入分析可以看出,对于有教养的意识来说,那起初被称作内容的东西无非意味着富有思想。但这样一来,人们就等于承认,思想不应当被看作与内容漠不相关的、本身就空洞的形式,而且正如在艺术里一样,在所有别的领域里,内容的真理性和丰富意蕴在本质上都是依赖于内容表明自己和形式是同一的。 [267]

§134

直接的实存既是持存本身的规定性,也是形式的规定性;因此直接的实存虽然是一个外在于内容的规定性,但却是内容的本质性规定性,因为内容是通过自己的持存环节而获得这个外在性。当现象这样被设定下来,就是**对比关系**,也就是说,同一个东西(亦即内容)作为已发展的形式,既是各种独立实存的外在性和**对立设定**,也是这些实存的**同一性**关联,唯有在这个关联中,那些区分开的东西才是其所是。

c. 对比关系(Das Verhältnis)

§135

α)**直接的**对比关系是整体和**部分**的对比关系:内容是整体,并且是基于它的对立面亦即部分(形式)而**持存着**。各个部分是彼此有差异的,是独立的。但只有在它们相互之间的同一性关联中,或者说只有当它们联合起来构成整体,它们才是部分。但**联合**是部分的对立面和否定。

[**附释**]本质性对比关系是一种已规定的、完全普遍的显现方式。一切实存着的东西都处于对比关系中,而这个对比关系是每一个实存的真相。在这种情况下,实存者不是抽象自为的,而是仅仅位于一个他者之内,但它在这个他者之内又是自身关联,因此对比关系是自身关联和他者关联的统一体。

只要"整体"概念与实在性彼此不相符合,整体和部分的对比关系就是**不真实的**。"整体"按照概念来说包含着部分;但是,当整体被设定为它按照其概念所是的东西,当整体被分割为部分,就不再是一个整体。诚然,有些事物是与这个对比关系相符合的,但正因如此,它们仅仅是低级的、不真实的实存。这里必须明确指出,当哲学谈到**"不真实的东西"**时,并不是指那些东西没有实存着。一个糟糕的国家和一个生病的身体无论如何是实存着的;但这些对象是不真实的,因为它们的概念和它们的实在性彼此不相符合。

总的说来,整体和部分的对比关系,作为直接的对比关系,是反思知性首先想到的一种对比关系,正因如此,反思知性经常浅尝辄止,哪怕这里实际上涉及一些更深刻的对比关系。比如,一个活生生

[268]

的身体的肢节和器官不应当仅仅被看作身体的部分,因为它们只有在它们的统一体中才是肢节和器官,绝不可能与这个统一体漠不相关。只有在解剖学家的手术刀下,这些肢节和器官才成为单纯的部分,但这样一来,我们所面对的就不再是活生生的身体,而是尸体。我们的意思并不是要一般地反对这种分解,而是希望指出,整体和部分的外在的、机械的对比关系不足以让我们认识到真实的有机生命。——如果把这个对比关系应用于精神和精神世界的形态分化,事情就还要严重得多。虽然心理学没有明确谈到灵魂或精神的各个部分,但它仍然只是按照知性的方式去研究这些对象,亦即把精神活动的各种形式当作孤立的东西依次列举出来,并且描述为所谓的特殊力量和特殊能力,就此而言,这种研究方式同样是依据那个有限的对比关系。

§136

β)因此,这个对比关系中的唯一且同一的东西,即那个出现在其中的自身关联,直接地是一个**否定的**自身关联,而且是一个中介活动,也就是说,同一个东西与区别**漠不相关**,但它又是一个**否定的自身关联**,这个自身关联作为自身内反映把自己排挤出去,成为区别,同时一方面把自己设定为实存着的他者内反映,另一方面把这个他者内反映带回到自身关联,带回到漠不相关性,——这就是**力**及其**外化**(Äußerung)。

[说明]**整体和部分的对比关系**是一个直接的、因而无思想的对比关系,并且意味着自身同一性转化为差异性。人们时而从整体过渡到部分,时而从部分过渡到整体,并且在一方那里忘记了它与另一方的对立,因为每一方本身(无论是整体还是部分)都被当作独立的实存。换言之,因为部分应当位于整体之内,而整体的持存又应当是**基于**部分,所以有时候是整体、有时候是部分被当作**持存者**,而无论是在哪种情况下,另一方都被当作**非本质性的东西**。总的说来,**机械的**对比关系的肤浅形式就在于,各 [269]

个部分不但彼此之间是独立的,而且相对于整体而言也是独立的。

针对**质料的可分性**,**无限进展**也可以使用这个对比关系,于是麻木地在对比关系的双方之间切换。一个物有时候被当作一个**整体**,然后又过渡到**部分规定**;随后这个规定又被遗忘了,那曾经是部分的东西,如今被看作整体;再然后,部分的规定重新出现,如此以至无限。当这个无限性被看作否定者(而且它本来就是否定者),就是对比关系的**否定的**自身关联,亦即**力**,或者说一个作为内化存在而与自身同一的整体,——一方面,力作为这个内化存在扬弃自身,外化自身,另一方面,外化消失了,返回到力。

力即使具有这个无限性,也是有限的;因为内容,作为力和外化中的**唯一且同一的东西**,起初仅仅**自在地**是这个同一性;无论是对比关系中的哪一方,本身都仍然不是对比关系的具体的同一性,更不是总体性。因此双方对彼此而言都是有差异的东西,而对比关系是一个**有限的**对比关系。因此力需要一个外来的诱导,它盲目地发挥作用,而由于缺乏形式的缘故,内容也是受限制的、偶然的。内容尚且不是与形式真正同一的,尚且不是概念和目的之类自在且自为地已规定的东西。——这个区别是极为重要的,但也是很难理解的,只有到了目的概念本身那里才会得到更明确的规定。只要忽视了这个区别,就会陷入混乱,把上帝理解为力,比如赫尔德①所说的上帝就尤其处于这种混乱状态。

人们经常说,**力的本性**本身是**不可认识的**,只有力的外化才是可认识的。一方面,**力**的整个**内容规定**和**外化**的内容规定是同一个规定;正因如此,用一种力去解释一个现象,这是一种空洞的同语反复。那始终不能被认识的东西,实际上无非是自身内反映的空洞形式,而唯有通过这个形式,力才与外化区分开,——但这个形式同样是某种众所周知的东西。这个形式对于那些只能从现象出发而被认识的内容和法则毫无损益。再

[270]

———————
① 赫尔德(Johann Gottfried Herder,1744—1803),德国哲学家,康德的学生。——译者注

者,总有人断言这些说法和力毫无关系,但如果是这样的话,我们就不知道为什么要把力的形式引入科学。——另一方面,力的本性确实是一个未知的东西,因为我们尚未发现力的内在内容和力的受限制的内容(这个内容是借助一个外在的他者而具有它的规定性)之间的必然联系。

[**附释 1**]相比整体和部分的直接的对比关系,力及其外化的对比关系必须被看作无限的对比关系,因为在前一个对比关系里,双方起初只是自在地存在着,反之在后一个对比关系里,双方的同一性已经被设定下来。尽管自在地看来,整体是基于部分而持存着,但它只要被分割为部分,就不再是一个整体。与此相反,力只有通过外化才证明自己是力,或者说力在外化的同时回归自身,因为外化本身又是力。进而言之,这个对比关系又是有限的,而一般说来,它的有限性就在于这个经过中介的存在,正如反过来整体和部分的对比关系由于其直接性的缘故也表明自身是有限的。力及其外化的经过中介的对比关系是有限的,这个有限性的第一个表现,就是每一个力都是有条件的,需要借助自身之外的一个他者才能够持存着。比如,众所周知,磁力主要是以铁为它的载体,而铁的其他特性(颜色、比重、与酸的关系等等)却是独立于这个与磁的关联。所有别的力也是同样情况,即它们完全是以自身之外的他者为条件和中介。——再者,力的有限性也体现在力需要一个诱导才能够外化。那诱导着力的东西,本身又是一个力的外化,这个力同样必须受到诱导才能够外化。通过这个方式,我们要么重新得到一个无限进展,要么得到诱导和被诱导的交互性,而这两种情况都始终缺乏运动的一个绝对开端。力还不能像目的那样,在自身之内自己规定自己;内容是一个以特定方式给定的内容,而当力发生外化的时候,如同人们常说的那样,是盲目地发挥作用,而这一点恰恰应当被理解为"力的抽象外化"和"合乎目的的活动"之间的区别。

[271]

[附释2]我们必须严词拒斥"只有力的外化才是可认识的,而力本身是不可认识的"之类胡说八道,因为力本身恰恰只是一种外化活动,于是我们在那个被理解为法则的外化总体性中认识到力本身。尽管如此,这里却不能忽略一点,即这个关于力的自在体之不可认识的主张正确地预见到了这个对比关系的有限性。正如我们首先看到的,力的个别外化出现在未规定的杂多性中,并且在这些个别情况中表现为偶然的;然后我们将这个杂多性回溯到它的内在统一体,把这个统一体称作"力",而当我们认识到那个在其中占据支配地位的法则,就意识到这些貌似偶然的东西其实是必然的东西。但这些有差异的力本身又是一种杂多的东西,并且在它们的单纯的并列关系中显现为偶然的。相应地,人们在物理学里谈到重力、磁力、电力等等,在经验心理学里则谈到记忆力、想象力、意志力等五花八门的灵魂力量。于是这里重新出现一个需要,即必须意识到这些有差异的力同样是一个统一的整体,而这个需要并不会通过把这些有差异的力归结为它们共有的一个原初力而得到满足。实际上,这样的原初力仅仅是一个空洞的抽象,和抽象的自在之物一样空无内容。更何况力及其外化的对比关系在本质上是一个经过中介的对比关系,因此如果把力理解为一个原初的或自足的东西,那么这与它的概念相矛盾。

[272]

诚然,关于"实存着的世界是神性力量的外化"之类说法是否表达出了力的本性,我们可以不置可否,但我们坚决反对把上帝本身看作单纯的力,因为"力"仍然是一个次要的和有限的规定。在这个意义上,当文艺复兴时期的人们致力于把自然界的个别现象回溯到同样一些基本的力,教会也宣布这种做法是无神论,其理由是,假若天体的运动和植物的生长等等是由重力和生长力之类东西造成的,那么上帝对世界的统治就变得无所事事,而上帝也被贬低为力的现象的一个悠闲旁观者。诚然,自然科学家(尤其是牛顿)在用"力"这一反映规定去解释自然现象时全都信誓旦旦地保证,这样绝不会损害上帝作为世界的创造者和统治者的荣耀,但这种用各种力来解释的做法导致的后果,却是推理式知性一路高歌猛进,把每一个个别的力单独固定下来,并且坚持认为这些有限的力是终极的东西,而相比这个由各种独立的力和质素构成的有限世界,留给上帝的规定只能是 [273] 抽象的无限性,即把他看作一个不可认识的、最高的、位于彼岸的本质。这也是唯物主义和现代启蒙的立场,它们对于上帝的知识不再关注上帝是**什么**(Was),而是满足于"上帝存在"这一单纯的**事实**(Daß)。在这里提到的论战里,一方面,教会和宗教意识有其合理之处,因为有限的知性形式无论如何都不足以让我们真正认识到自然界和精神世界的形态分化,但另一方面,我们也不能忽视经验科学具有形式上的合理之处,而这个合理之处总的说来在于,我们应当认为当前世界的内容是由思维着的认识活动所规定的,而不要仅仅满足于"世界是由上帝创造和统治的"这一抽象的信仰。诚然,我们的基于教会权威的宗教意识教导我们,是上帝通过他的全能意志创造了世界,是他引领星球在轨道上运行,并且赋予一切受造物以持存和兴盛,但这些说法还应当回答"**为什么**"的问题,而总的说来,如何回答这个问题构成了科学的共同任务,既是经验科学的任务,也是哲学科学的任务。只要宗教意识不承认这个任务以及包含在其中的权利,而是以上帝的决断不可探究为借口,那么它本身就来到了此前提到的单纯的知性启蒙的立场,而这个借口只能被看作一种与基督教的公开律令"你应当在精神和真理中认识上帝"相矛盾的粗言妄语,它表现出的绝不是基督徒的谦逊,而是一种傲慢而偏激的卑贱。

§137

力作为整体(而整体本身是一个否定的自身关联),就在于自己排挤自己,并发生**外化**。但由于这个他者内反映(亦即各个部分的区别)也是自身内反映,所以外化是一个使力返回到自身而成为力的中介活动。力的外化本身就在于不但扬弃这个对比关系里的双方的差异性,而且设定 [274] 那个**自在地**构成了内容的同一性。因此外化的真理是一个仅仅区分**内核**

233

（Inneres）和**外观**（Äußeres）的对比关系。

§138

γ）**内核**是根据，这时根据作为单纯的形式乃是现象和对比关系中的**一方**，作为空洞的形式则是自身内反映；同样，与之相对立的实存亦即**外观**作为形式乃是对比关系中的另一方，作为空洞的规定则是他者内反映。它们的同一性是已充实的同一性，亦即**内容**，或者说在力的运动中设定下来的自身内反映和他者内反映的**统一体**；二者是**同一个**总体性，而这个统一体把它们当作内容。

§139

因此，**首先**，外观和内核是**同一个内容**。内在的东西也外在地存在着，反之亦然；凡是现象展示出的东西，没有不在本质之内的，凡是本质之内的东西，没有不展现出来的。

§140

其次，内核和外观作为两个形式规定，也是**对立设定的**，而且是绝对地对立设定的。这时它们是两个抽象，即自身同一性和单纯的杂多性或实在性。但由于它们作为同一个形式的环节在本质上是同一的，所以那起初**仅仅**在前一个抽象里被设定的东西，**直接地**也**仅仅**在后一个抽象里被设定。在这种情况下，**纯粹内在的东西**也是**纯粹外在的东西**，**纯粹外在的东西**也是**纯粹内在的东西**。

［**说明**］反思的常见错误在于把**本质**当作单纯的**内核**。如果这么简单地看待本质，那么这个观察就是一个完全**外在的**观察，而那个本质也是一个空洞的、外在的抽象。

一位诗人曾经说：

没有哪个受造的精神，

　能够深入自然界的**内核**,

　即便他只知道**外壳**,这已经何其幸运。*

　但实际上毋宁必须说,正因为他把自然界的本质规定为**内核**,所以他 [275]
才只知道**外壳**。①——因为在一般意义上的**存在**里,甚至在单纯的感性知
觉活动里,**概念**起初仅仅是内核,一个外在于存在的东西,——一个主观
的、不具有真理的存在或思维。——无论是在自然界还是在精神里,只要
概念、目的、法则起初只是**内在的**潜质或纯粹的可能性,它们起初就只是
一个外在的无机自然界,关于第三者的科学,陌生的力量等等。——当一
个人是外在的,亦即处在他的行动中(而不是仅仅在他的身体外在性
中),这时他也是内在的;如果他**仅仅**内在地,亦即**仅仅**从意图、意念来看
是有美德的、道德的,而他的外观却与之不同一,那么他的内核和外观都
同样是贫乏空洞的。

　　[**附释**]内核和外观的对比关系,作为前面两个对比关系的统一
　　体,同时也扬弃了单纯的相对性和一般意义上的现象。但知性坚持
　　认为内核和外观是分裂的,于是它们成了一对空洞的形式,彼此皆为
　　虚妄。无论是在考察自然界还是在考察精神世界的时候,正确认识
　　到内核和外观的对比关系乃是一件极为重要的事情,同时还应当提
　　防一个错误,即只把**内核**看作本质性的、真正关键的东西,反之把外

　*　作为对照,可参阅歌德在《论科学》(《论地貌学》)第一卷第三册(1820年版,第
304页)里发出的愤怒呐喊:

　　六十年来,我不断听到,
　　却只能悄悄咒骂那些说法……
　　但自然界既没有内核,也没有外壳,
　　和万物浑然一体。
　　　　　——黑格尔原注

_____

　①　参阅阿尔布莱希特·冯·哈勒尔《人类美德之虚妄》(收录于《瑞士诗歌尝试集》,
伯尔尼1732年版)第289行以下:没有哪个受造的精神能够深入自然界的内核,自然界仍
然显露外壳,这已经何其幸运! 结合语境可以看出,哈勒尔的诗是让自然界作为主体显露
出来,而黑格尔在这里把"显露"(weist)错看成了"知道"(weißt)。——原编者注

[276] 观看作非本质性的、漠不相关的东西。这个错误经常出现于这种情况，即把自然界和精神之间的区别归结为内核和外观的抽象区别。这种自然观认为，自然界不仅对于精神而言，而且**自在地**也是完全外在的东西。尽管如此，这里的"**完全**"不应当在抽象的外在性的意义上来理解，因为根本就没有这样的外在性，毋宁说，理念构成了自然界和精神的共同内容，虽然它在自然界里是纯粹外在的，但正因如此，它同时也是纯粹内在的。无论抽象的知性如何使用它的"非此即彼"去抗拒这种自然观，后者还是会出现在我们的各种意识里，尤其以最明确的方式出现在我们的宗教意识里。在宗教意识看来，自然界和精神世界一样，都是上帝的启示，但二者的区别在于，自然界不能意识到自己的神性本质，而这一点恰恰是精神（首先是有限精神）的明确任务。有些人认为自然界的本质是单纯的内核，因此是我们不能触及的东西，这样一来，他们就来到了古代那些认为上帝有嫉妒心的人的立场，而柏拉图和亚里士多德已经明确反对这种观点。关于上帝是什么，是上帝告诉我们的，是他启示出来的，而且首先是通过自然界并且在自然界之内启示出来的。

再者，一般而言，一个对象的缺陷或不完满就在于它仅仅是一个内在的东西，从而同时仅仅是一个外在的东西，或者说它仅仅是一个外在的东西，从而仅仅是一个内在的东西。比如小孩，作为一般意义上的人，虽然是一个理性存在者（Vernunftwesen），但小孩本身的理性起初只是作为一个内在的东西，亦即作为禀赋、天职等等而出现，与此同时，对于小孩而言，这个纯粹内在的东西作为他的父母的意志，作为他的老师的学识，总的说来作为一个围绕着他的理性世界，在形式上却是一个外在的东西。因此对于小孩的教育和培养就在于让小孩起初的**自在**存在（这同时也是一种为他存在，亦即为着成年人的存在）也转变为**自为**存在。起初在小孩那里作为内在可能性而出现的理性通过教育而得以实现，反过来，小孩也意识到起初那些被看作外在权威的伦理、宗教和科学是他自己固有的内核。——小孩是如

此,成年人同样也是如此,因为成年人也会违背自己的使命,深陷在
他的知识和意志的自然性之中不能自拔;比如对于罪犯而言,他所承
受的刑罚虽然在形式上是一个外在的暴力,但这个暴力实际上仅仅
是他自己的犯罪意志的展现。

通过迄今的论述可以看出,如果一个人碌碌无为甚至为非作歹,
同时却宣称他的内心截然不同,有着高尚的意图和意念,我们应当如
何看待这件事情。不可否认,在某些个别情况下,良好的意图由于恶
劣的外在环境而破灭,合乎目的的计划在实施过程中遭到歪曲,但总
的说来,内核和外观的统一体在这里也是有效的,以至于我们必须宣
称:人**做**什么,他就**是**什么;至于那些用"高尚内心"去自欺欺人的虚
妄之徒,我们不妨赠以福音书的那句箴言:"凭着他们的果子,就可
以认出他们来。"①这句伟大的箴言最初适用于伦理和宗教的领域,
进而也适用于科学和艺术的成就。就后面这种情况而言,如果一位
别具慧眼的老师看到一个小孩具有满满的天赋,可能会说"这将是
另一位拉斐尔或另一位莫扎特",而未来的成就将会表明这个意见
在何种程度上是有道理的。反之,如果一位拙劣的画家和一位糟糕
的诗人以他们的内心充满崇高理想来安慰自己,那么这只不过是一
种糟糕的安慰,而如果他们要求人们不应当依据他们的成就,而是应
当依据他们的意向来评价他们,那么我们当然有理由拒斥这种空洞
无根的装腔作势。反过来,经常也有这样的情况,即人们在评价某些
做事正直而勤奋的人时,却使用内核和外观的虚假区别,说这些只是
他们的外表,但他们的内心却是完全不同的,而他们做这些事情只是
为了满足自己的虚荣或其他可耻的情欲。这就是嫉妒,即自己没有
能力做出伟大的事业,于是尽量贬低和低估伟大的事业,将其拉到和
它一样低的层次。针对这一点,我们有必要回想起歌德的一句名言,
即"对于他人的伟大优点,除了去爱之外没有别的办法。"此外,有些

---

① 《新约·马太福音》7,16。——原编者注

[278] 　　人为了贬低别人的卓越成就,就指责别人是伪善;对此必须指出,人虽然在个别情况下能够伪装自己并隐藏某些东西,但不可能完全隐藏他的内心,毋宁说,他的内心在 decursus vitae［漫长人生］里一定会明白无误地展现出来,以至于我们在这里必须宣称:人无非是他的一系列行为。近代以来,尤其是所谓的实用主义的历史记述悍然不顾事实,通过割裂内心和外表而在很多事情上诋毁伟大的历史人物,抹杀和歪曲他们的真正观点。人们不满足于单纯地列举世界历史里的英雄人物完成的壮举,承认英雄人物的内心是与这些壮举的内容相符合的,而是认为自己有权利和义务去探究这些昭然若揭的东西后面的所谓的秘密动机,然后以为,历史研究愈是能够拆穿迄今得到称颂和赞美的东西的伪装,并依据它们的起源和真正意义而将其贬低到普通庸人的层次,就愈是具有深奥的意义。为了捣鼓这种实用主义的历史记述,人们对心理学研究推崇备至,因为据说心理学能够告诉我们,是哪些真正的动机彻底支配着人的行动。但这里所说的心理学无非是一种关于人情世故的细枝末节的知识,它不是考察人性的普遍内容和本质性内容,而是仅仅专注于个别的冲动、情欲等特殊的和偶然的东西。再者,关于伟人的壮举背后的动机,那些采用心理学—实用主义方法的历史学家通常首先都会面临着一个选择:一边是爱国主义、正义、宗教真理等实体性的关切,另一边是虚荣心、权力欲、贪婪等主观的和形式化的关切;但历史学家总是会把后面这些情况看作真正的动机,因为如果不这样的话,就不能证实他们预先设定的那个对立,即内心(行动者的意向)和外表(行动的内容)之间的对立。但从真理来看,由于内心和外表具有同一个内容,所以针对那种颐指气使的小聪明,我们必须旗帜鲜明地指出,假若历史上的英雄

[279] 人物所关切的只是主观的和形式化的东西,那么他们绝不可能完成他们想要完成的壮举,而基于内心和外表的统一体,我们必须承认,伟人们所意愿的就是他们所做的事情,他们所做的也是他们所意愿的事情。

§141

唯一的同一个内容仍然应当通过两个空洞的抽象东西而处于对比关系中,但这两个抽象东西在直接的彼此过渡中扬弃了自身;内容本身无非是它们的同一性(§138),而它们则是本质的被设定为映象的映象。通过力的外化,内核**被设定**到实存中;这个**设定**是通过那两个空洞的抽象东西而进行的**中介活动**;中介活动在自身之内消失了,成为**直接性**,在其中,**内核和外观自在且自为地**是同一的,而它们的区别被规定为单纯已设定的存在。这个同一性就是**现实性**。

C. 现实性(Die Wirklichkeit)

§142

现实性是本质和实存或内核和外观直接转变而来的统一体。现实东西的外化就是现实东西本身,因此现实东西在外化的时候仍然是本质性的东西,而且只有当它处在直接的、外在的实存中,它才是本质性的东西。

[说明]在这之前,"**存在**"和"**实存**"是作为直接东西的形式而出现;一般而言,**存在**是未经反映的直接性,是向着他者的**过渡**。**实存**是存在和反映的直接统一体,因此是**现象**,它来自根据,又回到根据。现实东西是那个统一体的**已设定的存在**,一个已经与自身同一的对比关系;因此它摆脱了**过渡**,而它的**外在性**就是它的实现(Energie);它在它的外在性里反映回自身之内;它的定在仅仅是**它自身的展现**(Manifestation),而不是一个他者的展现。 [280]

[**附释**]庸人们总是把现实性和思想(确切地说理念)对立起来。相应地,我们经常听到有人说,某个思想的正确性和真理虽然是无可

辩驳的,但这些情况并没有出现在现实性里,或者说在现实性里不可能得到实现。但那些人在这样说的时候,只不过表明他们既没有正确理解思想的本性,也没有正确理解现实性的本性。也就是说,这类言论一方面以为思想和主观的表象、计划、意图之类东西是同样的意思,另一方面以为现实性和外在的、感性的实存是同样的意思。鉴于人们在日常生活里不必如此精确地使用各种范畴及其名称,所以上述说法大致也说得过去,而且确实有这样的事情发生,比如某个征税措施的计划或所谓的理念虽然本身是好的和合理的,但并没有出现在同样所谓的现实性里,或者说在当前的局面下不可能得到贯彻。但抽象的知性掌握了这些规定并夸大它们的区别,把它们看作一个坚固不移的对立,以至于人们在这个现实的世界里不得不把理念从头脑中排除出去。既然如此,我们就必须以最坚决的方式拒斥这类打着科学和健全理性旗号的东西。简言之,一方面看来,理念绝不是仅仅寓居在我们的头脑里,理念也绝不是某种如此软弱无力的东西,仿佛要依赖于我们的喜好才得以实现,或根本就不能得以实现,毋宁说,理念是绝对地发挥着作用的东西,同时也是绝对现实的东西;另一方面看来,现实性也不是如某些头脑简单的或被思想折磨得痛不欲生的实践人士所想象的那样糟糕和不合理。须知现实性不同于单纯的现象,它起初作为内核和外观的统一体,根本不是一个与理性相对立的他者,而是一个完全合乎理性的东西,正因如此,凡是不合乎理性的,都不可能被看作现实的。此外,有教养的语言习惯也是与此符合的,比如如果一位诗人或政治家不能拿出任何卓越的和合乎理性的东西,人们就拒绝承认他是"现实的"诗人或"现实的"政治家。

[281]

以上所述的关于现实性的平庸观点,以及那种把现实性和看得见摸得着的、可以直接感知的东西混淆起来的做法,也蕴含着那个在亚里士多德哲学和柏拉图哲学的关系问题上广为流传的成见的根据。按照这个成见,柏拉图和亚里士多德之间的区别在于,前者主张理念,并且只承认理念是真相,反之后者在谴责理念的同时诉诸现实的东西,因此应当被看作经验论的奠基者和统帅。对此必须指出,现实性确实构成了亚里士多德哲学的本原,但这里所指的不是直接的眼前事物的普通现实性,而是指作为理念的现实性。确切地说,亚里士多德对柏拉图的批评要点在于,虽然二者都承认理念是唯一的真相,但亚里士多德反对柏拉图把理念看作单纯的"潜能"(dynamis),而是强调应当在本质上把理念看作"实现"(Energeia),亦即把理念看作一个绝对地显露在外的内核,进而看作内核和外观的统一体,或者说看作这里强调的意义上的"现实性"。

§143

现实性作为这样的具体东西,包含着上述两个规定及其区别,正因如此,它也是这两个规定的发展,以至于它们在它那里同时被规定为映象,被规定为单纯已设定的东西(§141)。α)现实性作为一般意义上的**同一性**,起初是**可能性**;——可能性是一个自身内反映,与现实东西的**具体的**统一体相对立,被设定为**抽象的**、**非本质性的本质性**。可能性是现实性的**本质性东西**,但与此同时,它**仅仅**是可能性。

[**说明**]或许正是基于**可能性**的特点,康德才把它和现实性以及必然性放在一起,看作**样式**(Modalitäten),"因为这些规定没有给作为客体的概念增添丝毫东西,而是仅仅表达出概念与认识能力的关系。"①实际上, [282] 可能性是自身内反映意义上的一个空洞而抽象的东西,亦即此前所谓的内核,唯一的区别在于,它现在被规定为一个已扬弃的、**单纯已设定的**、外在的内核,就此而言确实**被设定为**一个单纯的样式,一个不充分的抽象,或更具体地说,一个仅仅属于主观思维的东西。与此相反,真正说来,现实性和必然性对一个他者而言绝不是单纯的**样式和方式**(Art und

————————————
① 康德《纯粹理性批判》,B226。——原编者注

Weise），毋宁正相反，因为它们不是被单纯设定下来，而是被设定为内在地已完成的具体东西。

因为可能性起初相对于作为现实东西的具体东西而言是一个单纯的形式，即**自身同一性**，所以相应的规则仅仅是"某东西不应当自相矛盾"，这样一来，**一切东西都是可能的**；因为任何内容都可以通过抽象而获得同一性这一形式。但**一切东西**同样是**不可能的**，因为既然内容是一个具体的东西，那么在任何内容里面，规定性都可以被理解为已规定的对立，从而被理解为矛盾。——就此而言，没有比空谈这类可能性和不可能性更空洞的事情了。尤其在哲学里，我们千万不要说"**某东西是可能的**"或"**另外某些东西也是可能的**"，也不要像人们通常说的那样，说某东西是"**可设想的**"。同样，我们也奉劝历史学家不要使用这个本身已经被宣告为不真实的范畴；但在绝大多数情况下，机智的空洞知性很喜欢臆想各种可能性，而且是非常多的可能性。

[**附释**]起初在人们的想象中，可能性是一个更丰富和更全面的规定，反之现实性是一个更贫乏和更受限制的规定。相应地，人们说："一切东西都是可能的，但并非一切可能的东西因此也是现实的。"但实际上，亦即就思想而言，现实性才是更全面的东西，因为现实性作为具体的思想，把可能性当作一个抽象的环节而包含在自身之内。这一点尤其出现在我们的惯常意识里，比如我们在谈到可能东西和现实东西的区别时，会把前者称作**单纯**可能的东西。——按照通常的说法，可能性是以可设想为依据。但在这里，"设想"仅仅意味着在抽象的同一性形式下理解一个内容。但全部内容都可以获得这个形式，为此只需要把它们从它们所处的关联中割裂出来就行了。在这种情况下，甚至最愚蠢和最荒谬的东西也可以说是可能的。今天晚上月亮掉到地球上，这是可能的，因为月亮是一个与地球分离的物体，所以能够像一块被扔到空中的石头那样掉下来；土耳其皇帝成为教皇，这也是可能的，因为他既然是一个人，就可以皈依基督教，

[283]

然后成为天主教神甫,如此等等。这类关于可能性的言谈主要是依据根据律这一思维法则,并且是按照此前谈到的方式来进行,也就是说,只要我们能说出某个东西的根据,那么这个东西就是可能的。一个人愈是缺乏教养,在观察对象的时候就愈是看不到它们的已规定的关联,愈是喜欢追问各种各样的空洞的可能性,比如那些妄议国家大事的街头铁匠就是如此。再者,实际生活中经常也会出现这样的情况,即恶意和懒惰把自己隐藏在可能性的范畴后面,以此逃避特定的义务,而从这一点来看,此前关于根据律这一思维法则的使用的评论也是适用的。正因为可能的东西仅仅是可能的,所以那些理性的、实事求是的人才不为所动,而是以现实的东西为准,而这里所说的现实东西当然不是指单纯直接的定在者。此外,日常生活里也有很多名言警句表达出了对于抽象可能性的正当蔑视,比如"云中的仙鹤不如手中的山雀"。

进而言之,假若一切东西都被看作可能的,那么基于同样的权利,也可以把一切东西看作不可能的,因为任何一个内容本身说来始终是具体的东西,在自身之内不仅包含着有差异的规定,而且包含着相互对立的规定。比如,再也没有比"我存在"更不可能的事情了,因为我不但是单纯的自身关联,同时也是绝对的他者关联。自然世界和精神世界的所有别的内容也是如此。人们可以说,质料是不可能的,因为它是排斥和吸引的统一体。同样的话也适用于生命、法、 [284] 自由,尤其是适用于上帝本身,即真正的上帝或三位一体的上帝,但抽象的知性启蒙却从自己的原则出发宣称这个概念与思维相矛盾,对其大加谴责。总的说来,都是空洞的知性奔忙于这些空洞的形式,而哲学在这件事情上的任务是要揭示出这些形式的虚无性和空洞性。一个东西究竟是可能的还是不可能的,取决于内容,亦即取决于现实性的各个环节的总体性,而总体性在展开自身的时候就表明自己是必然性。

§144

β）现实东西虽然有别于作为自身内反映的可能性,但它本身仅仅是**外在的**具体东西或**非本质性的**直接东西。换言之,就现实东西起初直接地(§142)是内核和外观的单纯而直接的统一体而言,它是**非本质性的**外观,因此同时(§140)是**单纯**内在的东西,即自身内反映意义上的抽象东西;在这种情况下,它本身被规定为一个**单纯**可能的东西。当现实东西这样等价于单纯的可能性,就是一个**偶然的东西**,反过来,可能性就是单纯的**偶然性**本身。

§145

可能性和偶然性是现实性的两个环节,即内核和外观,当它们被设定为单纯的形式,就构成了现实东西的**外在性**。它们把**内在地**已规定的现实东西(亦即**内容**)当作它们的本质性规定根据,在那里具有它们的自身内反映。就此而言,偶然东西和可能东西之所以是有限的,主要是因为形式规定已经与内容区分开,因此**某东西究竟是不是偶然的和可能的,完全取决于内容**。

[**附释**]可能性,作为现实性的单纯内核,正因如此也是单纯外在的现实性,即**偶然性**。一般说来,偶然的东西是这样一个东西,它不是在自身之内,而是在他者之内具有它的存在的根基。现实性正是在这个形态里首先呈现在意识面前,而人们经常把这个形态与现实性本身混淆起来。实际上,偶然东西仅仅是这样的现实东西,它处在他者内反映这一片面形式之下,或者说意味着一个单纯可能的东西。相应地,我们把偶然东西看作这样一个东西,它可能存在,也可能不存在,可能这样存在,也可能那样存在,而它的存在或非存在,还有它的这样存在或那样存在,都不是以它自己,而是以他者为根据。总的说来,克服这样的偶然东西一方面是认识活动的任务,另一方面

[285]

也是实践领域的要求,即不要止步于意愿的偶然性,或者说不要止步于**意愿选择**(Willkür)。诚然,尤其是近代以来,人们经常夸大偶然性的意义,不管是在谈到自然界时还是在谈到精神世界时都赋予其实际上并不具有的价值。比如在谈到自然界的时候,人们经常只是由于看到自然万物的丰富性和杂多性就对自然界赞不绝口。严格说来,如果这种丰富性脱离了理念在其中的展开过程,那么根本就没有呈现出任何更高级的理性关切,而且无机物和有机物的巨大杂多性只不过是让我们直观到那种消失在无规定中的偶然性。无论如何,动植物的以外在环境为条件的形形色色的具体多样性,还有杂多变幻的风起云涌之类东西,都不能说比沉浸在任性状态下的精神的同样偶然的杂念更高级,而对这类现象的赞美也是一个极为抽象的态度,必须推进到对于自然界的内在和谐和合法则性的更细致的认识。

接下来尤为重要的是对意志的偶然性作出恰当的评价。当谈到意志的自由时,人们经常仅仅把意志理解为意愿选择,亦即那种处在偶然性形式下的意志。诚然,意志就其概念而言是自由的,因此意愿选择作为一种把自己规定为这样或那样的能力,确实是意志的一个本质性的环节,但它绝不是自由本身,毋宁起初只是一种形式化的自由。真正自由的意志是把意愿选择作为已扬弃的东西而包含在自身之内,意识到它的内容是一个自在且自为的坚实东西,同时知道这个内容完全是它的内容。与此相反,那种止步于意愿选择层次的自由 [286] 哪怕选择了那些就内容而言真实的和正当的东西,也始终带着一种虚幻的感觉,仿佛只要它喜欢的话,也可以选择另外一些东西。再者,我们细看之下就会发现,意愿选择无非是一个矛盾,因为形式和内容在这里仍然是彼此对立的。意愿选择的内容是一个给定的内容,并且被认为不是以意志本身,而是以外在环境为根据。因此,当自由与这样的内容相关联,就仅仅处于选择的形式,而这种形式化的自由必须被看作一种纯粹意谓中的自由,因为我们通过最终分析就会发现,摆在意志面前的内容是以一些外在环境为根据,而这些外在环境必定会导致意志恰恰做出这个决定,而不是做出别的决定。

尽管从迄今的论述来看,偶然性仅仅是现实性的一个片面环节,因此切不可与现实性本身混淆起来,但它作为理念的一个形式,在客观世界里也拥有相应的权利。这一点首先适用于自然界,也就是说,偶然性可以在自然界的表面自由地大展身手,这个情况本身应当得到承认,因此我们不要企图在其中找出一种非此不可的东西,而有些人错误地以为这是哲学的使命。同理,偶然东西在精神世界里也发挥着作用,而我们此前在谈到意志的时候已经指出了这个情况,即意志在自身之内包含着在形态上是意愿选择的偶然东西,只不过把它当作一个已扬弃的环节。在涉及精神及其活动的时候,人们也必须提醒自己不要受到理性知识的善意努力的误导,竟至于企图表明那些纯属偶然的现象是必然的,或像人们常说的那样,企图先天地建构出那些现象。比如语言就是如此。虽然语言就像是思维的躯体,但偶然性无疑也扮演着决定性的角色,至于法、艺术的各种形态分化,同样也是如此。认为科学尤其是哲学的任务一般在于认识到隐藏在偶然性映象下的必然性,这是完全正确的;但我们不能这样理解这句话,仿佛偶然东西仅仅属于我们的主观表象,以至于为了达到真理,必须被完全丢到一边。如果科学研究片面地遵循这条路线,就逃不脱"空洞的把戏"和"古板的学究"等正当的指责。

[287]

§146

进而言之,现实性的那种**外在性**包含着一点,即偶然性作为直接的现实性在本质上是自身同一的东西,同时仅仅是**已设定的存在**,但这个已设定的存在同样被扬弃了,是一种定在着的外在性。这样一来,外在性就是一个**预先设定的东西**(Vorausgesetztes),而它的直接的定在同时是一种**可能性**,并且注定会被扬弃,——这种可能性(即能够作为一个他者而存在)就是**条件**(Bedingung)。

[**附释**]偶然东西,作为直接的现实性,同时是一个他者的可能性,但不再只是我们此前看到的那种抽象的可能性,而是一种**存在着的**可能性,而这种可能性就是**条件**。当我们谈到一件事情的条件时,包含着两层意思:第一,它是一个定在,一个实存,简言之一个直接的东西;第二,这个直接的东西注定要被扬弃,以便让一个他者得以实现。——一般而言,直接的现实性本身并不是它应当是的那个东西,而是一种内在破碎的、有限的现实性,并且注定要被吞噬。但现实性的另一个方面是它的本质性。本质性起初是内核,而内核作为单纯的可能性,同样注定要被扬弃。作为已扬弃的可能性,它是一种新的现实性的显露,而新的现实性则是以起初直接的现实性为它的预先设定。条件的概念在自身之内就包含着这样的更替。当我们考察一件事情的各种条件时,这些条件首先显现为某种不偏不倚的东西。但实际上这样的直接现实性在自身之内包含着一个萌芽,要转变为全然不同的东西。这个他者起初只是一个可能的东西,但这个形式随后扬弃自身,过渡到现实性。当这种新的现实性这样子显露出来,就是它所消耗的直接现实性的真正内核。事物的一个全然不同的形态形成了,但也到此为止:因为起初的现实性仅仅是按照它的本质而被设定下来。这些自我牺牲的、已消灭的、被消耗的条件只不过是在另一种现实性里与自身汇合。——总的说来,现实性的过程就是这个方式。现实性并非仅仅是一个直接的存在者,毋宁说,它作为本质性的存在,扬弃了自己的直接性,从而达到了自身中介。 [288]

§147

γ)这样发展起来的外在性是一个由"可能性"和"直接的现实性"等规定构成的**圆圈**,而这两个规定相互之间的**中介活动**就是一般意义上的**实在的可能性**。进而言之,作为这样的圆圈,这种可能性是总体性,因此是**内容**,亦即一件自在且自为地已规定的**事情**;同样,按照这个统一体里的那些规定的区别,**形式**本身的具体的**总体性**就是指内核直接过渡到外观,外观直接过渡到内核。形式的这种自身运动是**活动**,即事情作为**实在的根据**所采取的行动,这时根据把自己扬弃为现实性;至于偶然的现实性(即各种条件)采取的行动,则是反映回自身之内,把自己扬弃为另外一种现实性,即**事情**的现实性。只要**全部条件**都已具备,事情就**必定会转变**为现实的,而且事情本身又是诸条件之一,因为它本身起初作为内核仅仅是一个预先设定的东西。这种**已发展的**现实性,作为内核和外观的合为一体的更替(这时它们的彼此对立的运动已经结合为**同一个**运动),就是**必然性**。

[**说明**]诚然,人们已经正确地将必然性定义为可能性和现实性的统一体。但如果只是言尽于此,那么这个规定就是肤浅的,因而是不可理解的。"必然性"概念是一个非常困难的概念,因为它就是概念本身,但概念的各个环节仍然作为现实事物存在着,与此同时,这些现实事物只能被[289] 理解为内在破碎的、过渡着的形式。正因如此,接下来的两节里应当更具体地阐释那些构成了必然性的环节。

[**附释**]只要说到某东西是必然的,我们首先会问为什么? 必然性应当表明自己是一个已设定的东西或一个经过中介的东西。但如果我们止步于单纯的中介活动,就还没有掌握必然性真正的意思。单纯的经过中介的东西并不是通过它自己,而是通过一个他者才是其所是,因此也是一个纯粹偶然的东西。与此相反,我们要求必然性是通过它自己就是其所是,也就是说,它虽然经过中介,但应当把中介活动当作已扬弃的东西而包含在自身之内。相应地,我们说必然的东西**存在着**,这就是把它当作一个单纯的自身关联,认为它已经摆脱了那种以他者为条件的存在。

人们常说必然性是**盲目的**;这句话有一定道理,因为**目的**尚未**作为目的**而**自为地**出现在必然性的过程中。这个过程起步于纷乱交错的情况的实存,这些情况看起来彼此毫无关系,本身也没有包含着任何联系。它们是一种直接的现实性,内在地崩溃了,而从这个否定中,一种新的现实性显露出来。这里我们看到一种就形式而言具有双重性的内容:第一,它是事情本身的内容;第二,它是纷乱交错的情况的内容,这些情况显现为一种肯定的东西,并且首先以这个样子发挥作用。后面这种内容,作为内在虚无的东西,相应地颠转为它的否定者,于是成为事情的内容。直接的情况作为条件消灭了,同时又作为事情的内容得以保留。于是人们宣称某种全然不同的东西从这些情况和条件中显露出来,并且把必然性(亦即这个过程)称作盲目的。与此相反,当我们观察一个合乎目的的活动时,我们是把一个预先已经知道的目的当作内容,因此这个活动不是盲目的,而是有所预见的。当我们说"世界是由预见[神意]统治着的",其实是想说,目的绝对地发挥着作用,是一个自在且自为地预先已规定的东西,因此后来显露出来的东西是与预先知道的和所意愿的东西相符合的。除此之外,人们切不可认为"世界是由必然性所规定的"和"相信神意"是两个彼此排斥的观点。就思想而言,我们随后将发现神意的基础 [290] 就是**概念**。概念是必然性的真理,并且把必然性当作已扬弃的东西而包含在自身之内,正如必然性就是**自在的**概念。必然性只有在没有得到概念把握的情况下才是盲目的,就此而言,最为颠倒黑白的事情莫过于指责历史哲学是一种盲目的宿命论,就因为她立志要认识万事万物的必然性!也就是说,历史哲学具有神义论(Theodizee)的意义,与此相反,有些人以为把必然性从神意那里排除出去,就是尊崇神意,殊不知这种抽象反而是把神意贬低为一种盲目的、无理性的任性。朴素的宗教意识宣称上帝的决断是永恒不移的,这个说法已经明确承认必然性属于上帝的本质。人不同于上帝,他有他的特殊的意谓和意愿,只管按照心情和任性去做事,所以他的行动才会搞出很多与他的意谓和意愿全然不同的东西,反之上帝知道自己所意愿的是什么,他的永恒意志也不是由内在的或外在的偶然事件所规定的,所以他才会势如破竹地完成他所意愿的东西。

总的说来,必然性的立场对我们的意向和行为来说都是极为重要的。当我们把发生的事情看作必然的,乍看起来,这似乎是一种完全自由的表现。众所周知,古人把必然性理解为**命运**,反之现代的立场却是把必然性理解为**慰藉**(Trost)。一般说来,后面这种立场的意思是,当我们放弃我们的目的和我们所关切的东西,是期盼着得到一些补偿。反之命运不提供任何慰藉。如果我们更仔细地考察古人对待命运的态度,就会发现这种态度绝不是让人直观到不自由,而是直观到自由。也就是说,不自由是因为执着于这样一个对立,即认为**存在着的**东西和发生的事情与**应当**存在的东西和**应当**发生的事情相矛盾。反之古人的态度是这样的:**因为**有这些东西,所以就有这些东西,它们既然是**这样的**,就应当是这样的。这里没有对立,因此也没有不自由,没有痛苦和煎熬。诚然,正如此前指出的,这种对待命运的态度不提供任何慰藉,但这样的态度也不需要慰藉,因为主体性在这里尚未掌握自己的无限意义。我们在比较古代的态度和我们近代的、基督教的态度时,必须注意到这个具有决定性意义的观点。但如果仅仅把主体性理解为有限的、直接的主体性(这种主体性把各种特殊的偏好和关切当作自己的偶然而任性的内容),简言之,如果仅仅把主体性理解为通常所说的"个人"(Person),以区别于大写意义上的"事情"(在这个意义上,人们常说的"对**事**不对人"确实是有道理的),人们就必须赞叹古人对于命运的恬静顺从,并且承认这种态度比现代人的态度更为崇高和尊贵,因为现代人一门心思追逐他们的主观目的,而当他们发现不得不放弃这些目的时,只能安慰自己也许会得到其他形式的补偿。关键在于,主体性同样不仅仅是一种与事情相对立的、恶劣的、有限的主体性,毋宁说,真正的主体性是内在于事情,因此是无限的主体性,是事情本身的真理。按照这个理解,慰藉的立场就获得了一个全然不同的、更为崇高的意义,而在这个意义上,基督教可以说是慰藉的宗教,而且是绝对慰藉的宗教。众所周知,基督教包含着"上帝愿意所有的人都得到救助"这一教义,这就

[291]

表明主体性具有一种无限的价值。确切地说,基督教提供的慰藉在于,由于上帝本身被认作绝对的主体性,而主体性在自身之内又包含着特殊性环节,所以**我们的**特殊性并非仅仅是一种应当抽象地加以否定的东西,毋宁同时是一种应当珍视的东西。诚然,古人的诸神同样被认为具有人格性,但宙斯、阿波罗等等的人格性并不是现实的、毋宁只是想象中的人格性,换言之,这些神仅仅是人格化的产物,他们并不**自知**,而是仅仅**被知道**。在古人的宗教意识里,我们同样看到了古代诸神的这个缺陷和无能,因为在古人看来,不仅人,而且诸神也是服从命运(即"注定的东西"或"应得的东西"),而这个命运必须被想象为赤裸裸的必然性,从而被想象为一种完全非人格性的、无 [292] 自主体的、盲目的东西。与此相反,基督教的上帝并非仅仅是被知道的上帝,而是绝对自知的上帝,并非仅仅是想象中的人格性,而是绝对现实的人格性。

以上提到的几点在宗教哲学里有进一步的详细阐述,因此这里只需要指出,如果人们能够按照那条古老的谚语"每一个人都决定着他自己的幸运"去理解他们的遭遇,这是非常重要的。它的意思是说,人最终只能自己珍惜自己。相反的观点是,我们把自己的遭遇归咎于其他人,归咎于恶劣的处境等等。这就重新回到不自由的立场,同时也是不满足的源泉。反之,当一个人承认他的遭遇仅仅是他的自身演变,并且他所承担的仅仅是他自己的过错,他就成为一个自由的人,并且相信他所遭遇的一切并非冤枉。如果一个人活在对自己和对命运的不满中,就会误以为别人对他有所亏欠,并恰恰因此做出很多蠢事和傻事。不可否认,发生在我们周围的很多事情都是偶然的。但这种偶然性是基于人的自然性。当人意识到自己的自由,他所遭遇的厄运就不会扰乱他的灵魂的和谐与心灵的平静。简言之,人的满足和不满足,还有他的命运本身,都取决于他对于必然性的看法。

§148

在**条件**、**事情**和**活动**这三个环节里，

1. α）**条件**是预先设定的东西；作为单纯**已设定的东西**，条件仅仅与事情有关，但作为"**预先**"，它又是自为的，——作为偶然的、外在的情况，脱离事情而实存着；但在这种偶然性里，这个预先设定的东西又不能脱离事情（亦即总体性），而是**许多条件构成的一个完整的圆圈**。β）这些条件是**被动的**，被当作材料而用于事情，从而渗透到事物的**内容**里；但它们同样是以这个内容为准，而且已经在自身之内包含着内容的**整个规定**。

[293]

2. α）**事情**同样是一个预先设定的东西；作为**已设定的东西**，它起初只是一个内核和可能东西，而作为"**预先**"，它是一个自为独立的内容；β）它通过使用条件而获得了外在的实存，实现了自己的内容规定（这些规定与条件是彼此对应的），也就是说，它通过这些条件而表明自己是事情，并且从中显露出来

3. α）**活动**（一个人，一个性格）同样是自为独立地实存着，与此同时，它只有依赖条件和事情才是可能的；β）活动是一个运动，即条件和事情作为实存的双方过渡到彼此那里；但实际上，这个运动只不过是把事情设定在条件的外面（事情**自在地**已经出现在条件中），并且通过扬弃条件所具有的实存而给予事情以实存。

由于这三个环节在形态上是**彼此独立的实存**，所以这个过程是一种外在的必然性。——这种必然性把一个**受限制的**内容当作它的事情。简言之，事情就是这个具有**单纯规定性**的整体；但由于这个整体在形式上是外在于自身的，所以它本身并且就它的内容而言也是外在于自身，而事情的这种外在性就是事情的内容受到的限制。

§149

因此，自在地看来，必然性是**唯一的与自身**同一的东西，但又是一个内容丰富的**本质**；这个本质如此映现在自身内，以至于它的各个区别具有

了**独立的现实事物**的形式,与此同时,这个同一的东西作为绝对的**形式**,是一个**活动**,即把直接性扬弃为经过中介的存在,把经过中介的存在扬弃为直接性。——必然的东西是通过一个**他者**才存在着,这个他者分裂为两个东西,一个是**进行中介的根据**(事情和活动),另一个是**直接的**现实性,后者是一个偶然的东西,同时又是条件。必然的东西既然是通过一个 [294] 他者才存在着,就不是自在且自为的,而是一个单纯**已设定的东西**。但这个中介活动直接地也是一种自身扬弃;根据或偶然条件过渡到直接性,相应地,那个已设定的存在被扬弃为现实性,而事情**已经与自身汇合**。在这个自身回归中,必然的东西**绝对地存在着**,成为无条件的现实性。——必然的东西是**经过中介的**(以一整圈情况为中介):因为各种情况是这个样子,所以它也是这个样子;与此同时,必然的东西又是**未经中介的**:因为它存在着,所以它是这个样子。

a. 实体性对比关系(**Substantialitätsverhältnis**)

§150

必然的东西在其自身之内是一个**绝对的对比关系**,也就是说,是一个(如前面几节所述)已发展的过程,在其中,对比关系同样把自己扬弃为绝对的同一性。

就其直接的形式而言,必然的东西是**实体性**(Substantialität)和**偶附性**(Akzidentalität)的对比关系。这个对比关系的绝对的自身同一性是严格意义上的**实体**(Substanz),而实体作为必然性,是对"内在性"这一形式的否定,也就是说,它把自己设定为**现实性**;但实体同样是对这个外在东西的**否定**,这样一来,现实东西作为直接的东西仅仅是一个**偶附的东西**,后者通过它的这个单纯的可能性过渡到另一种现实性;这个**过渡**就是作为**形式活动**(§148和§149)的实体性同一性。

§151

就此而言,实体是偶性(Akzidenzen)的总体性,并且在偶性中显示自己是它们的绝对的否定性,亦即一种**绝对的权力**,同时还是**全部内容的丰富性**。但这些内容无非是这个展现本身,因为那个反映回自身之内并且成为内容的规定性本身仅仅是一个环节,即形式,而这个环节服从实体的**权力**,发生过渡①。实体性是绝对的形式活动,是必然性的权力,而全部内容都仅仅作为环节而隶属于这个过程,——这就是形式和内容彼此之间的绝对转化。

[附释]在哲学史里,**实体**作为斯宾诺莎哲学的本原出现在我们眼前。斯宾诺莎在世的时候,他的毁誉参半的哲学已经引发了巨大的误解,而关于这个哲学的意义和价值,人们也已经多有议论。针对斯宾诺莎主义的指责,主要是泛神论,然后是无神论。因为他把上帝理解为实体,而且仅仅理解为实体。这些指责究竟是否站得住脚,首先取决于实体在逻辑理念的体系里所占的地位。实体是理念的发展过程中的一个本质性环节,但它不是理念本身,不是绝对的理念,而是一个仍然处在必然性这一有限形式下的理念。诚然,上帝确实是必然性,或者也可以说是**绝对的事情**,但它同时也是绝对的**人格性**,而这个要点恰恰是斯宾诺莎没有达到的,因此在这一点上我们必须承认,斯宾诺莎哲学没有掌握上帝的真正概念,而这个概念构成了基督教的宗教意识的内容。斯宾诺莎从血统来说是一个犹太人,而他的哲学表达出了东方人的思想,因为正是东方人把全部有限者仅仅看作飘忽不定的和随时消失的东西。东方人的这种思想主张实体性的统一体,它虽然构成了全部真实的进一步发展的基础,但我们不可能止步于此;它也缺失了西方的个体性本原,而这个本原的哲学形态

[295]

---

① 拉松建议在这里补充几个字,即"过渡到另一个环节"。——原编者注

首先是作为莱布尼茨单子论而与斯宾诺莎主义同时出现。

现在我们回过头来看看那个给斯宾诺莎哲学扣上无神论帽子的做法,就会明白发现这完全是没有根据的,因为这个哲学不但没有否认上帝,毋宁承认上帝是唯一真实的**存在者**。同样我们也不能说,虽然斯宾诺莎把上帝称作唯一的真相,但他所说的上帝因为不是真正的上帝,所以等于不是上帝。否则的话,人们就有同样的权利给所有别的哲学家,给犹太人和伊斯兰教徒,甚至给许多基督徒扣上无神论的帽子,因为哲学家的哲学思考止步于理念的一个较低层次,犹太人和伊斯兰教徒只知道上帝是**主**,而那些基督徒仅仅把上帝看作一个不可认识的、最高的和彼岸的本质。仔细看来,斯宾诺莎哲学之所以被指责为无神论,是因为这个哲学不承认差异本原或有限性本原的地位,以至于这个哲学里面根本没有一个肯定的存在者意义上的世界,因此我们与其说这个体系是无神论,毋宁必须反过来说它是**无世界论**①。从这里也可以看出,那个关于**泛神论**的指责究竟是否站得住脚。如果人们像通常那样把"泛神论"理解为一种把有限事物本身及其复合体看作上帝的学说,那么我们就不得不宣告斯宾诺莎哲学免于泛神论的罪名,因为在这个哲学看来,有限事物乃至于世界本身根本不具有任何真理;另一方面,这个哲学确实带有泛神论的意味,而这恰恰是由于它的无世界论。这个从**内容**来看的公认的缺陷同时表现为**形式**上的缺陷,也就是说,斯宾诺莎把实体置于他的体系之巅,并且把实体定义为思维和广延的统一体,却没有证明他是如何得出这个区别,以及如何把区别回溯到实体性统一体。接下来他关于内容的讨论又是遵循所谓的数学方法,即首先提出定义和公理,然后列出一系列定理,而在证明这些定理的时候,却是仅仅按照知性的方式回溯到那些未经证明的前提。有些人一方面严厉谴责斯宾诺莎哲学的内容和结论,另一方面又称赞它的方法具有严格的连贯性,殊

[296]

---

① 参阅本书§50之"说明"。——译者注

［297］
不知实际上这种对于形式的无条件承认和对于内容的无条件谴责都是没有根据的。斯宾诺莎哲学的内容之所以是有缺陷的,恰恰是因为他不知道形式是内在于内容,于是只懂得把外在而主观的形式和内容粘连在一起。斯宾诺莎所理解的实体是一个直接的、没有先行经历辩证中介活动的东西,它作为普遍的、否定的权力,仿佛只是一个黑暗无形的深渊,从一开始就把全部已规定的内容当作虚无的东西而加以吞噬,并且绝不产生出任何本身就具有肯定持存的东西。

§152

实体作为绝对的权力,是这样一种权力:它把自己当作单纯内在的可能性而**与之相关联**,从而把自己规定为偶附性,同时与那种由此设定下来的外在性区分开;从以上环节来看,如果说实体在必然性这一最初的形式下还只是实体,那么它现在已经是真正意义上的**对比关系**,——即**因果性对比关系**。

b. 因果性对比关系（**Kausalitätsverhältnis**）

§153

当实体过渡到偶附性,同时又反映回自身之内,就是**原因**（Ursache）,亦即**原初的事情**（ursprüngliche Sache）,但它同样也扬弃了它的自身内反映或单纯的可能性,把自己设定为自己的否定者,于是产生出一种**作用**（Wirkung）或一种现实性,后者虽然只是一个**已设定的**东西,但通过作用的过程同时又是必然的。

［**说明**］原因作为**原初的事情**,被规定为绝对的独立性和一个针对着作用而保留下来的持存,但它只有在必然性里才过渡到作用,而必然性的同一性构成了那个原初性本身。只要谈到一个已规定的内容,那么可以

说,作用里的任何内容都已经在原因里,——那个同一性是绝对的内容本身;但它同样也是形式规定,原因的原初性在作用里被扬弃了,而原因在作用里**转变为一个已设定的存在**。但在这种情况下,原因并没有消失,仿佛只有作用才是现实东西似的。因为这个**已设定的存在**同样直接被扬弃了,毋宁说,它就是原因的自身内反映,就是原因的原初性;只有在作用里,原因才是现实的,才是原因。因此原因自在且自为地就是**自因**(causa sui)。——雅各比坚持对于**中介活动**的片面看法,在《论斯宾诺莎书信集》(第二版,第 416 页①)里把**自因**或同样道理上的**自果**(effectus sui)仅仅当作一种形式主义,殊不知自因是原因的绝对真理。雅各比也曾经指出,上帝不应当被规定为根据,毋宁在本质上必须被规定为原因;但我们只要更深入地反思原因的本性,就可以发现他在无的放矢。哪怕在**有限的**原因及其表象里,内容也会体现出这个同一性;作为原因的雨和作为作用的湿是同一个实存着的水。诚然,从形式上看,原因(雨)在作用(潮湿)里消失了,但这样一来,作用的规定也消失了,因为它离开原因什么都不是,只剩下一种莫名其妙的潮湿。

在通常意义上的因果性对比关系里,原因是**有限的**,因为它的内容是有限的(正如在有限的实体那里一样),并且原因和作用被想象为两个彼此有差异的、独立的实存,——实则只有把因果性对比关系从它们那里抽离走,它们才是这样的东西。因为人们在有限性那里只看到这两个相互关联着的形式规定的**区别**,所以就交替着把原因**也**规定为一个已设定的**东西**,亦即规定为**作用**;于是它又需要**另一个**原因;这样一来,这里也出现了从作用到原因的无限进展。**下降的**进展也是如此,也就是说,作用按照它与原因的同一性被规定为原因,同时被规定为**另一个**作用,这个作用又产生另外的作用,如此以至无限。

[附释]通常说来,知性愈是反对实体性,就愈是依赖于因果性,

[298]

[299]

————

① 　参阅该书第 149 页,注释 8。——原编者注

亦即原因和作用的对比关系。只要任务是在于把一个内容理解为必然的,知性反思就大张旗鼓地追究因果性对比关系。诚然,这个对比关系确实是属于必然性,但它仅仅是必然性的过程中的一个方面,而这个过程同样会扬弃包含在中介活动中的因果性,进而表明自己是一个单纯的自身关联。只要人们止步于因果性本身,就没有认识到真正的因果性,而是仅仅认识到有限的因果性,于是这个对比关系的有限性就在于坚持原因和作用的区别。但这两个东西不仅是区分开的,同样也是同一的,而我们的日常意识也知道这一点,比如我们会说,原因只有在有作用的情况下才是原因,作用只有在有原因的情况下才是作用。就此而言,原因和作用是同一个内容,它们的区别起初只是**设定活动**和**已设定的存在**的区别,这个形式区别随后同样会扬弃自身,也就是说,原因不但是一个他者的原因,而且是它自己的原因,作用不但是一个他者的作用,而且是它自己的作用。从这一点来看,事物的有限性就在于,尽管原因和作用就概念而言是同一的,但这两个形式却是以分离的**样式**出现,而在这种情况下,虽然原因也是作用,作用也是原因,但原因并不是在每一个关联中都表现为原因,作用也不是在每一个关联中都表现为作用。于是这里再次展示出一个无限进展,而从形态上来看就是:无穷系列的原因同时是无穷系列的作用。

§154

[300]　　作用和原因是**有差异的**;作用作为作用乃是一个**已设定的存在**。但已设定的存在同样是自身内反映和直接性;只要我们坚持原因和作用的差异性,原因的作用,或者说原因的设定活动,同时就是**预先设定**(Voraussetzen)。这样一来,作用就导致**另一个实体**出现。这个实体作为**直接的东西**,不是一种与自身相关联的否定性,不是**主动的**,而是**被动的**。但作为实体,它同样是主动的,不但扬弃了预先设定的直接性和设定在它之内的作用,而且发挥**反作用**,也就是说,它扬弃了第一个实体的主动性,

而第一个实体同样扬弃了自己的直接性或设定在它之内的作用,从而扬弃了第二个实体的主动性,并且发挥反作用。这样一来,因果性就过渡到**交互作用**的对比关系。

[**说明**]在交互作用里,尽管因果性仍然没有在它的真实规定中被设定下来,但原因和作用的无限进展,作为进展,已经以一种真实的方式被扬弃了,因为从原因到作用和从作用到原因的直线式突破已经**发生弯转**,**回到自身**。无论在什么地方,当无限进展这样弯转为一个内在封闭的对比关系,就都是一个单纯的反映,也就是说,那个无聊的重复里面只有同一个内容,即**这一个**原因和**那一个**原因及其相互之间的关联。这个关联的发展,这个交互作用,本身是交替着**作出区分**,只不过不是区分各种原因,而是区分各个环节:在**每一个自为的环节**那里,基于**同一性**(即原因在作用里才是原因,反之亦然),——基于这种不可分割性,**另一个环节**重新被设定下来。

c. 交互作用(Die Wechselwirkung)

§155

交互作用里面有两个被坚持区分开的规定:α)**自在地看来**,它们是 [301] 同一个东西;其中一方是原因,是原初的、主动的、被动的等等,另一方同样也是如此。同样,预先设定对方和作用于对方是同一回事,直接的原初性和通过更替而设定的存在也是同一回事。被当作第一原因的原因由于其直接性的缘故,是**被动的**,是**已设定的存在**和作用。因此,**两个所谓的原因的区别是空洞的**,因为**自在地看来**只有**一个**原因,它在它的作用里扬弃作为实体的自己,与此同时,它只有这样发挥作用才作为独立的原因而出现。

§156

β)但这个统一体也是**自为的**,因为这整个更替是原因自己的**设定活动**,而且只有它的这个设定活动才是它的**存在**。区别的虚无性不仅是自在的东西或我们的反思(参阅前一节),而且交互作用本身就在于重新扬弃每一个已设定的规定,将其颠转为相反的规定,亦即把诸环节的那个自在的虚无性设定下来。当一个作用被设定到原初性之内,原初性就被扬弃了;原因的作用转变为反作用,如此等等。

[**附释**]交互作用就是那个在其完整的发展中设定下来的因果性对比关系。通常说来,当反思从因果性的角度去观察事物,却由于刚才提到的无限进展的缘故不能得到满足,就把交互作用意义上的对比关系当作自己的避难所。比如在考察历史的时候,首先要讨论一个问题,即是否应当把一个民族的性格和伦常习俗看作其制度和法律的原因,反过来把制度和法律看作那些东西的作用? 于是人们宣称,应当从交互作用的角度去理解这两个方面(一方面是性格和伦常习俗,另一方面是制度和法律),也就是说,在同一个关联中,原因既是原因,同时也是作用,作用既是作用,同时也是原因。随后这[302]个考察方法也被应用于自然界,尤其是被应用于有生命的有机体,因为它的个别器官和功能看起来同样处于交互作用的对比关系中。不可否认,交互作用确实是原因和作用的对比关系的初步真理,而且可以说已经站在了概念的门口,但正因如此,人们在进行概念把握式的认识活动时就不应当满足于这个对比关系的应用。如果人们只是从交互作用的角度去考察一个给定的内容,以为这样就万事大吉,那么这实际上是一个完全没有概念的态度。在这种情况下,人们只看到枯燥的事实,却始终没有满足中介活动的要求,而这才是因果性对比关系的应用的关键。确切地说,交互作用对比关系的应用之所以是不能令人满意的,就在于这个对比关系不可能充当概念的替代品,毋

宁说它本身首先需要得到概念把握,而为了做到这一点,我们就不应
当把对比关系中的双方当作一个直接给定的东西而接受下来,而是
必须如前面两节已经指出的那样,认识到它们是一个更高层次的第
三者的不同环节,而这个第三者正是概念。比如,我们把斯巴达民族
的伦常习俗看作它的制度的作用,反过来又把斯巴达的制度看作它
的伦常习俗的作用,这些当然都是正确的,但这个观点并没有提供终
极的满足,因为实际上无论是斯巴达的制度还是其伦常习俗都没有
通过这个观点而得到概念把握,而要做到这一点,唯一的办法就是要
认识到那两个方面(以及一切其余展示出斯巴达民族的生活和历史
的特殊方面)是以"斯巴达民族"这个概念为根据。

§157

γ)这样一来,这种纯粹的自身更替就是**已暴露的**或**已设定的必然
性**。必然性本身的纽带是同一性,但这仍然是一种**内在的**和隐蔽的同一
性,因为它是那些作为**现实事物**而发挥作用的东西的同一性,而它们的独
立性恰恰应当是必然性。就此而言,实体之贯穿因果性和交互作用的过
程仅仅在于**设定**一件事情,即**独立性**是一种无限的、**否定的自身关
联**,——之所以是"否定的",是因为它使区分活动和中介活动转变为**彼
此独立的现实事物**的原初性,——而之所以是"无限的**自身关联**",则是
因为现实事物的独立性恰恰只是它们的同一性。 [303]

§158

就此而言,**必然性的真理**是**自由**,**实体的真理**是**概念**,——即独立性,
也就是说,独立事物排挤自己并区分自己,但在这样排挤自己的时候又是
与自己同一的,因此这个始终**停留于自身**的交互运动只是**与自身**打交道。

[**附释**]人们常说必然性是"铁石心肠的";只要它所指的是严格
意义上的必然性,即那种保持在其直接形态中的必然性,那么这个说

法是有道理的。我们在这里看到一个状态或一个能够独自持存的内容,而必然性首先意味着,另一个东西降临到这个内容身上,导致其消灭。直接的或抽象的必然性之所以号称铁石心肠和令人悲伤,就是这个原因。二者在必然性里看起来是结合在一起的,似乎因此失去了它们的独立性,而它们的同一性起初只是一个内在的同一性,还没有出现在那些服从必然性的人眼前。同理,这个立场上的自由起初也仅仅是抽象的自由,这种自由只有通过放弃人们直接所是和所拥有的东西才得以挽救。

进而言之,正如我们迄今看到的,必然性的过程采取了这个方式:那种起初直接的僵化外在性通过它而被克服,启示出自己的内核,随后又表明,那些彼此结合在一起的东西实际上并不是彼此陌生的,毋宁只是**同一个**整体的环节,而每一个环节在与另一个环节相关联的时候都是停留于自身,并且与自身汇合。这意味着必然性升华为自由,而这种自由不再是抽象否定的自由,而是具体的和肯定的自由。由此可知,把自由和必然性看作彼此对立和彼此排斥的东西,这是何其谬误。不可否认,必然性就其自身而言仍然不是自由;但自由是以必然性为前提,并且把必然性当作已扬弃的东西而包含在自身之内。有德行的人意识到他的行动内容是一种必然的、自在且自为地有效的东西,因此他的自由不会因此遭到损害,毋宁说,他的自由只有通过这个意识才转变为现实的和内容丰富的自由,而这有别于意愿选择,亦即那种尚且空无内容的、单纯可能的自由。遭受到惩罚的罪犯可能会觉得这是对他的自由的限制,但实际上,惩罚不是一个陌生的、强加在他身上的暴力,毋宁只是他自己的行动的展现,而他只要承认这一点,就会因此表现为一个自由的人。总的说来,人的最高独立性就在于知道自己是完全由绝对理念所规定的,而斯宾诺莎把这种意识和态度称作 amor intellectualis Dei [对上帝的理智的爱]。

[304]

§159

这样一来,**概念**就是**存在和本质的真理**,因为自身内反映的映现同时是独立的直接性,而各种现实性的这个**存在**直接地只是一种**自身内**映现。

[**说明**]概念已经表明自己是存在和本质的真理,二者把它当作它们的**根据**而**返回到其中**,反过来概念又把**存在**当作它的**根据**而从中发展出自身。我们可以把这个进程的前一个方面看作存在的自身内**深化**(通过这个进程,存在的内核已经一览无遗),把后一个方面看作**较为完满的东西从较不完满的东西**里显露出来。很多人只看到这个发展过程的后一个方面,因此对哲学横加指责。关于较不完满的东西和较为完满的东西,思想肤浅的人能想到的更明确的内涵是这样一个区别,即**存在**(作为**直接的自身统一体**)与**概念**(作为**自由的自身中介活动**)的区别。当**存在**表明自己是概念的一个**环节**,概念在这种情况下也表明自己是存在的真理;概念作为它自己的自身内反映,作为中介活动的扬弃,就在于**预先设定直接的东西**,——这个预先设定与自身回归是同一的,而这个同一性构成了自由和概念。因此,如果把**环节**称作不完满的东西,那么概念就是完满的东西,只不过它是从不完满的东西里发展出来的,因为它在本质上就要扬弃它的预先设定。但正如整个因果性尤其是交互作用已经表明的那样,概念只有在设定自身的同时才做出预先设定。 [305]

也就是说,概念在与存在和本质的关联中被规定为**一个已经回归存在的本质**(这时"存在"相当于**单纯的直接性**),因此这个本质的映现具有现实性,而它的现实性同时是一种**自由的自身内映现**。通过这个方式,概念所具有的存在就是它的单纯的自身关联,或者说是它的直接的内在统一体;存在是一个如此贫乏的规定,而这个规定在概念里面是最难揭示出来的。

从必然性到自由或从现实东西到概念的过渡是一个最棘手的过渡,因为按照我们的理解,独立现实性在过渡的时候,只有达到与**其他**独立现实性的同一性,才具有它的实体性;同时概念也是最棘手的东西,因为它本身恰恰是这个同一性。现实的实体本身,亦即原因,虽然在它的自为存在中不愿意任何东西渗透进来,但已经服从于**必然性**或命运,不得不过渡到已设定的存在,而这个服从其实是最棘手的事情。反过来,对于必然性的**思维**毋宁是那个棘手局面的解脱;因为思维就是在他者那里与**它自己**

[306] 汇合,——这个**解放**不是对于抽象东西的逃避,而是指现实东西通过必然性的权力而与另一个现实东西结合,在那里不是把自己当作别的东西,而是当作它自己的存在和它自己的设定活动。这个解放,作为**自为实存着的东西**,叫作**自我**;作为发展起来的总体性,叫作**自由的精神**;作为感受,叫作**爱**;作为享受,叫作**极乐**。——斯宾诺莎对于实体的伟大直观仅仅是**自在地**从有限的自为存在那里**解放出来**;但概念本身**自为地**是必然性的权力,是**现实的**自由。

[**附释**]我们既然在这里把概念称作存在和本质的真理,就不免遭到诘问:为什么不从一开始就讨论概念呢? 对此的答复是,当涉及思维着的认识时,不能以真理为开端,因为那种构成开端的真理只是基于单纯的论断,反之思维中的真理本身却必须接受思维的检验。假若我们把概念放置于逻辑的开端,并且就内容而言完全正确地把它定义为"存在和本质的统一体",那么就会产生一个问题,即究竟应当怎样理解"存在"和"本质",以及这两个东西是如何被统摄到概念的统一体里面。这样一来,我们就只是在名义上,而不是在事实上以概念为开端。真正的开端应当是存在,而德国已经有人这样做,只不过有一个区别,即他们是直接从表象里把存在和本质的各种规定接受下来,反之我们是在存在和本质自己的辩证发展中考察它们,并且认识到它们自己把自己扬弃为概念的统一体。

第三篇　概念论

§160

概念是**自由的东西**，是**自为存在着的实体性权力**，也是**总体性**，因为其中的**每一个**环节都是**概念**所是的**整体本身**，并且被设定为一个与概念不可分割的统一体；就此而言，概念在它的自身同一性中是**自在且自为地已规定的东西**。

[**附释**] 一般而言，概念的立场就是绝对唯心主义的立场；哲学是一种进行概念把握的认识活动，因为在她那里，一切被其他意识看作存在者和直接独立者的东西都仅仅被认作一个观念性环节。在知性逻辑里，概念通常都是被看作思维的一个单纯形式，确切地说，被看作一个普遍的表象，这种关于概念的低级理解又和那些从感受和心灵方面出发的老生常谈结合在一起，说什么概念本身是某种僵死的、空洞的和抽象的东西。但实际上正相反，概念毋宁是全部生命的本原，因此同时是绝对具体的东西。这个事实已经作为迄今的整个逻辑运动的结果体现出来，所以不需要现在再加以证明。尤其在这里，因为误以为概念是单纯形式化的东西，所以在形式和内容之间制造出来的那个对立，已经和反思所坚持的所有别的对立一起被辩证地克服了，亦即通过它们自身就被克服了，已经被我们抛在身后了，而恰恰是概念把思维的全部早先的规定当作已扬弃的东西而包含在

265

自身之内。不可否认,概念应当被看作形式,但它是无限的、创造性的形式,在自身之内包含着全部丰盈的内容,同时又放任它们挣脱出去。同理,假若人们所理解的"具体东西"仅仅是指感性具体的东西或一切可以直接知觉的东西,那么概念确实可以说是抽象的;概念本身是看不见摸不着的,因此,如果要讨论概念,我们无论如何必须把听和看放在一边。与此同时,正如此前指出的,概念是绝对具体的东西,因为它在自身之内包含着存在和本质,进而在观念统一体里包含着这两个层面的全部丰富内容。

[308]

如果像曾经指出的那样,逻辑理念的不同层次能够被看作一系列对于绝对者的定义,那么我们现在得到的定义就是:"绝对者是**概念**"。当然,人们在这样做的时候,必须站在比知性逻辑更高的立场上去理解概念,因为知性逻辑仅仅把概念看作我们的主观思维的一个自在地空无内容的形式。但这里人们或许首先会问:"如果概念在思辨逻辑里具有的意义完全不同于人们通常看到这个术语时联想到的意义,为什么还是要把这个完全不同的东西也称作概念,从而造成误解和混乱呢?"对此大概可以这样答复:无论形式逻辑所说的概念和思辨概念之间有多大的差距,我们细加考察就可以发现,概念的更深刻的意义对于普遍的语言习惯来说绝不是像乍看起来那样陌生。人们谈到了内容的推导,比如从财产的概念推导出那些与财产有关的法律规定,反过来又从这些内容回溯到概念。这样一来,人们就等于承认概念并非仅仅是一个自在地空无内容的形式,因为,一方面看来,从空洞的形式里根本不能推导出任何东西,另一方面看来,把给定的内容回溯到概念的空洞形式只会剥夺内容的规定性,不会促进我们对内容的认识。

§161

概念的推进不再是过渡,也不再是一种他者内映现,而是一种**发展**(Entwicklung),因为区分出的东西直接地同时被设定为彼此同一的,并且是与整体同一的,而规定性是整个概念的一个自由的存在。

[附释]"过渡到他者"是**存在**层面的辩证过程,而"他者内映现"是**本质**层面的辩证过程。反之**概念**的运动是发展,通过发展,那被设定下来的,仅仅是那自在地现成已有的东西。在自然界里,是有机生命与概念的层次相对应。比如植物就是从它的种子发展出来的。种子已经在自身之内包含着整株植物,但却是以观念性的方式包含着,因此人们不应当这样理解植物的发展,仿佛植物的根茎叶等不同的部分已经**以实在的方式**作为极为微小的东西出现在种子里。这种观点就是所谓的"预先成形猜想",其缺陷在于把那些起初仅仅以观念性的方式出现的东西看作已经实存着的。反之这个猜想的正确之处在于,概念在其发展过程中始终安然于自身,因此这个过程就内容而言并未设定任何新的东西,毋宁只是产生出一种形式上的变化。概念的这个本性就在于要表明整个过程都是它自己的发展。人们正是因为看到了这一点,才会谈到人的天赋观念,或像柏拉图那样认为一切学习都仅仅是回忆,与此同时,我们不应当这样理解柏拉图的观点,仿佛有教养的意识通过学习而掌握的那些内容预先已经以明确展开的方式出现在这个意识里。

[309]

概念的运动仿佛只应当被看作一种游戏;这个运动所设定的他者实际上不是一个他者。这个观点在基督教的学说里是这样表述出来的:上帝不仅创造出一个作为他者而与上帝相对立的世界,而且自永恒以来已经生出一个儿子,并在儿子那里作为精神而安然于自身。

§162

概念论分为三个部分:首先讨论主观的或**形式化的**概念,然后讨论被规定为直接性的概念,或者说讨论**客观性**,最后讨论**理念**,即主体—客体,概念和客观性的统一体,绝对的真理。

[说明]普通逻辑仅仅包含着在这里作为整体的三个部分之一而
出现的材料。此外还包括前面已经出现的那几条所谓的思维法则以
及应用逻辑里与认识活动有关的某些东西,但因为它们作为思维形
式本身不再能够让人满足,所以又增补了一些心理学的、形而上学
的、甚至别的经验材料,而在这种情况下,这门科学已经迷失了明确的
方向。——除此之外,那些至少属于逻辑的真正领域的形式只被看作
规定,而且这些规定仅仅被当作知性的规定,而不是被当作理念的
规定。

[310]

诚然,前面讨论过的那些逻辑规定,即存在和本质的各种规定,并
非单纯的思想规定;在它们的过渡中,在辩证的环节里,在它们的自身
回归和总体性里,它们都表明自己是概念。但它们(参阅§84 和
§112)仅仅是已规定的概念,自在的概念,或者换个同样意思的说法,
仅仅在我们看来是概念,因为每一个规定性都过渡到对方或在对方那
里映现,从而是相对的东西,但这个对方并不是特殊东西,它们的第三者
也尚未被规定为个别东西或主体,而相互对立的规定性的同一性也没有
被设定为它们的自由,因为同一性不是普遍性。——通常被理解为概念
的东西,其实是知性规定,或者说仅仅是普遍的表象:简言之,是一些有限
的规定;参阅§62。

按照通常的理解,概念逻辑是一门纯粹形式化的科学,它所关心的
是概念、判断、推论等形式本身,但完全不管某东西是不是真实的,因为
据说真实性只是由内容决定的。假若概念的逻辑形式真的是表象或思
想的僵死的、不起作用的、漠不相关的容器,那么相关知识对于真理而
言就是一种极为多余的、可有可无的历史掌故。但实际上正相反,它们
作为概念的形式乃是现实东西的活生生的精神,而现实东西只有借助
这些形式、通过这些形式并且在这些形式之内才是真实的。直到现在
为止,这些形式本身的真理以及它们的必然联系都还没有得到重视和
研究。

A. 主观概念（Der subjektive Begriff）

a. 严格意义上的概念（Der Begriff als solcher）

§163

严格意义上的概念包含着三个环节：1）**普遍性**，它在它的规定性里是一种自由的自身等同；2）**特殊性**，即这样一个规定性，普遍者在其中纯然地保持着自身等同；3）**个别性**，即普遍性和特殊性这两个规定性的自身内反映，而这个否定的自身统一体不但是**自在且自为地已规定的东西**，同时也是自身同一的东西或普遍者。

［说明］个别东西就是现实东西，只不过前者是从概念中显露出来的，因而**被设定为**普遍者或否定的自身同一性。因为**现实东西**起初仅仅**自在地**或**直接地**是本质和实存的**统一体**，所以它**能够**发挥作用；但概念的个别性是绝对地**发挥着作用**，也就是说，它不再像**原因**那样是通过映象而对一个他者发挥作用，而是**对它自己**发挥作用。——但我们不应当像谈到个别的物或个别的人那样，仅仅把个别性理解为**直接的**个别性，因为个别性的这个规定性只有到判断那里才出现。概念的每一个环节都是整个概念（§160），但个别性或主体是**被设定为**总体性的概念。

［**附释 1**］当谈到概念的时候，人们通常想到的只是一种抽象的普遍性，于是概念通常也被定义为一个普遍的表象。在这种情况下，人们谈到了颜色、植物、动物等等的概念，而这些概念之所以产生出来，是通过摒弃特殊东西（它把不同的颜色、植物、动物等等彼此区分开），坚持它们的共通者。这就是知性理解概念的方式，而情感确实有理由把这样的概念称作贫乏而空洞的东西，称作单纯的范式和

阴影。但实际上,概念的普遍者并非仅仅是一个与独自持存的特殊东西相对立的共通者,而是一个将自身特殊化(细分化)、并且在它的他者那里纯然清晰地安然于自身的东西。无论是对于认识活动而言,还是对于我们的实践行为而言,都有一个极为重要的关键,就是不要把单纯的共通者与真正的普遍者(即普泛者)混淆起来。一切从情感的立场出发而提出的针对思维本身,尤其是针对哲学思维的指责,还有那个经常重复的主张,说什么思维走得太远会带来危险,都是以那个混淆为根据。毋宁说,真正的、无所不包的普遍者是一个思想,对此我们必须说,这个思想要耗费数千年的时间,才会进入人的意识,并且只有通过基督教才得到完全的承认。希腊人固然在别的方面达到高度的文明,却没有认识到真正普遍性意义上的上帝和人。希腊诸神仅仅是精神的一些特殊力量,而普遍的上帝,亦即民族之神,对于雅典人而言仍然是一个隐蔽的上帝。在这种情况下,希腊人和野蛮人之间也有一个绝对的鸿沟,而人作为人尚未在其无限价值和无限权利中得到承认。过去已经有人提问奴隶制在现代欧洲消失的原因,但他们只会时而用这个特殊情况,时而用那个特殊情况来解释这个现象。为什么基督教统治的欧洲不再有奴隶,这件事情的真正原因只能在基督教的本原自身之内去寻找,此外别无他法。基督教是绝对自由的宗教,而且只有基督徒才把人本身看作无限而普遍的人。奴隶所缺失的,是对他的人格性的承认;但人格性的本原是普遍性。主人不把奴隶看作人,而是看作无自主体的物,奴隶也不把自己当作自我,而是把主人当作他的自我。

[313]   前面提到的单纯共通者与真实普遍者之间的区别也出现在卢梭的名著《社会契约论》里,并且以一种贴切的方式表述出来,即一个国家的法律必须是从普遍意志(volonté générale)里产生出来的,但普遍意志不需要是**全体公民**的意志(volonté de tous)。假若卢梭始终牢记着这个区别,他在国家理论方面就会取得更深刻的成就了。普遍意志是意志的**概念**,而法律则是意志在这个概念的基础上的各

种特殊规定。

[**附释 2**]针对知性逻辑常说的概念的产生和形成问题,这里还有必要指出,概念根本就不是由**我们**构成的,而且全部概念都不应当被看作某种后来产生的东西。无论如何,概念并非仅仅是存在或直接的东西,而是也包含着中介活动;关键在于,中介活动就包含在概念自身之内,因此概念是一个通过自身而与自身达成中介的东西。然而一种颠倒的观点却认为,首先有一些对象构成了我们的表象的内容,然后我们的主观活动通过之前提到的那种操作(即抽离和统摄诸对象的共通者),构成了它们的概念。实际上,概念才是真正第一位的东西,而事物是通过寓居在它们之内并且在它们之内启示自身的概念的活动才成为事物。这个情况也出现在我们的宗教意识里,并且通过如下说法表达出来,比如"上帝从无中创造出世界"或"世界和有限事物是从上帝的充盈思想和上帝的决断中显露出来的"。这等于承认思想(或更确切地说,概念)是无限的形式或一种自由的、创造性的活动,它不需要一种外在于它的质料就能够实现自身。

§164

概念是绝对**具体的东西**,因为否定的自身统一体作为自在且自为地已规定的东西(即个别性),本身构成了它的自身关联,即普遍性。就此而言,概念的诸环节不应当脱离彼此;诚然,每一个反映规定都应当被理解为脱离相反规定而单独发挥作用的东西;但由于它们的**同一性**是在概念中被设定下来的,所以概念的每一个环节都直接地只有从其他环节出发,并且与其他环节一起,才能够得到理解。 [314]

[**说明**]抽象地看来,普遍性、特殊性和个别性分别就是同一性、区别和根据。但普遍者作为自身同一的东西,**明确地意味着**,它同时包含着特

殊东西和个别东西。进而言之,特殊东西是区分开的东西或规定性,同时
又意味着,它在自身之内是普遍的,是个别东西。同理,个别东西意味着,
它是**主体**或根基,在自身之内包含着种和属,并且本身是实体性的。——
以上就是那些环节在其区别中的**已设定的**不可分割性(§160),——即
概念的**清晰性**(Klarheit),因为在概念里,每一个区别都没有构成中断或
模糊,毋宁同样都是透明的。

　　各种老生常谈里,最常见的莫过于说"概念是某种**抽象的东西**"。这
句话有其正确之处,一方面是因为概念不是以经验中的具体的感性东西
为要素,而是以一般意义上的思维为要素,另一方面是因为概念尚且不是
理念。就此而言,主观概念仍然是**形式化的**,但这绝不意味着它除了自己
之外还应当具有或获得另外一个内容。——作为绝对形式本身,概念是
全部**规定性**,但这是指规定性在其真理中而言。概念虽然是抽象的,但同
时也是具体的东西,而且是绝对具体的东西,是严格意义上的主体。绝对
具体的东西是精神(参阅§159之说明),——即作为概念而**实存着的**概
念,它把它自己和它的客观性区分开,但即便有这个区分,客观性仍然始
终是**它的**客观性。所有别的具体东西,无论多么丰富多姿,都不是内在地
自身同一的,因此本身并不是具体的;至于人们通常理解的"具体东西",
即那种外在地拼凑起来的杂多性,更是与具体性毫不沾边。——通常所
谓的概念,确切地说,已规定的概念,比如人、房屋、动物等等,只是一些单
纯的规定和抽象的表象,——这类抽象东西仅仅拿来概念的普遍性环节,
却抛弃了特殊性和个别性,因此它们不是从特殊性和个别性里发展出来
的,而是从概念里抽象出来的。

[315]

§165

　　个别性环节起初把概念的诸环节**设定为**区别,因为个别性是概念的
否定的自身内反映,因此**首先**作为**最初的否定**对概念做出自由的区分,而
在这种情况下,概念的**规定性**就被设定下来,但却是被设定为**特殊性**,也
就是说,第一,区分开的东西被规定为概念的彼此对立的环节;第二,它们

的同一性同样被**设定下来**,以至于这个环节就是那个环节;概念的这个**已设定的特殊性**是**判断**。

[**说明**]人们通常把概念区分为"**清晰的**"(klare)、"**明白的**"(deutliche)和"**充分的**"(adäquate)等类型,但这个区分不属于概念本身,而是属于心理学,因为"清晰的"和"明白的"概念所指的是**表象**,前者强调这是一个抽象的、单纯已规定的表象,后者强调这个表象具有一个**特征**或一个规定性,以标示**主观的**认识活动。没有什么东西比"**特征**"(Merkmal)这一备受青睐的范畴更适合担当逻辑的外在性和堕落的特征。"**充分的**"概念更接近于概念本身,甚至接近于理念,但它所表达出的仍然无非是一种形式化的东西,即一个概念或一个表象与它的客体或一个外在的物的符合。——至于所谓的"**从属的**"(subordinierte)和"**并列的**"(koordinierte)概念的区别,则是基于普遍者和特殊东西之间的无概念的区别,而且是基于它们在一个外在反映中的对比关联。此外人们还可以列举出"**相反的**"(konträre)和"**矛盾的**"(kontradiktorische)、"**作肯定的**"(bejahende)和"**作否定的**"(verneinende)概念等等,但这无非是以偶然的方式把思想的某些规定性编排在一起,殊不知这些规定性本身属于存在或本质的层面,并且在那里已经得到考察,但是与严格意义上的概念规定性本身毫无关系。——概念的真正区别是"普遍性"、"特殊性"和"个别性"的区别,但如果它们被一个外在的反映当作彼此分离的东西,就只是构成了概念的三个**种类**(Arten)。——概念的内在区分活动和内在规定活动出现在**判断**里,因为判断活动就是对概念做出规定。 [316]

b. 判断(Das Urteil)

§166

判断是处在其特殊性中的概念,即以区分的方式把概念的各个环节

273

关联在一起;这些环节被设定为自为存在着的、自身同一的,而不是彼此同一的。

[**说明**]通常人们谈到判断的时候,首先想到的是两个端项亦即主词和谓词的**独立性**,仿佛主词是一个物或一个单独的规定,同样谓词也是那个主词之外的一个普遍规定,——这个普遍规定仿佛首先出现在我的脑子里,然后被我拿来和主词的规定放在一起,从而得出判断。但实际上,当系词"**是**"陈述出主词的谓词,那种外在的、主观的**归摄**(subsumieren)就重新被扬弃了,而判断则是被当作**对象**本身的一个规定。——在我们德语里,"**判断**"有一种更深刻的**词源学**意义,它表明概念的统一体是最初的东西,而概念的区分是一种"**原初分割**"(ursprüngliche Teilung),——这才是判断的真正意思。

命题"**个别东西是普遍者**"是一个抽象的判断。它们是**主词**和**谓词**首先具有的两个相互对立的规定,因为概念的诸环节被理解为直接的规定性或最初的抽象东西。(命题"**特殊东西是普遍者**"和"**个别东西是特殊东西**"属于判断的更进一步的规定。)最令人诧异的是,有些人是如此缺乏观察力,竟然看不出任何逻辑都已经揭露出的一个事实,即**每一个判断**都已经陈述出了这样一个命题:"**个别东西是普遍者**",或更确切地说:"**主词是谓词**"(比如"上帝是绝对精神")。当然,个别性和普遍性、主词和谓词等规定也是区分开的,但这并不能消弭一个完全普遍的**事实**,即每一个判断都把它们作为同一的东西陈述出来。

[317]

系词"**是**"来自概念的本性,即在它的外化中保持自身**同一**;个别东西和普遍者作为**概念的**环节,是两个不可能被孤立出来的规定性。此前讨论过的那些反映规定性在其对比关系中**也**具有相互关联,但它们的联系仅仅表现为"**具有**",不是表现为"**是**",亦即**作为同一性而被设定下来的同一性**或普遍性。正因如此,判断才是概念的真正的**特殊性**,因为判断是概念的规定性或区分,但这个区分始终是**普遍性**。

[**附释**]判断通常被看作某些概念的结合,而且是不同类型的概念的结合。这个观点的正确之处在于,概念确实是判断的前提,并且在判断里面出现在区别的形式中;反之"不同类型的概念"这一说法是错误的,因为严格意义上的概念虽然是具体的,但在本质上却是**同一个**概念,而那些包含在其中的环节不应当被看作不同的类型;同样错误的是"判断里的两端的**结合**"这一说法,因为当谈到"结合"时,人们总觉得那些结合起来的东西即使没有结合在一起,也能够独自存在着。这个外在的理解更明确地体现在另外一种说法里,即判断之所以出现,是因为一个谓词被**添附**在主词身上。在这个说法里,主词被当作独自存在于外面的东西,而谓词被当作存在于我们的头脑里的东西。但系词**"是"**已经与这个表象相矛盾。当我们说"这朵玫瑰**是**红的"或"这幅画**是**美的",我们已经表明,并非**我们**通过附加的动作使得玫瑰是红的或画是美的,毋宁说,"红"和"美"是这些对象自己的规定。形式逻辑通常对于判断的理解还有一个缺陷,即把任何判断都仅仅看作某种偶然的东西,从而不能证明从概念到判断的推进。但实际上,严格意义上的概念并不是像知性以为的那样僵持在自身之内,与过程无关,毋宁说,它作为绝对的形式,绝对地活动着,就仿佛是全部生命的 punctum saliens [源泉],从而是自己区分着自己。概念之所以分化为它的各个环节的区别,是由概念自己的活动设定下来的,而这个分化就是**判断**,因此其意义必须被理解为概念的**特殊化**。诚然,概念**自在地**已经是特殊东西,但在严格意义上的概念里,特殊东西尚未**被设定下来**,而是仍然与普遍者形成一个透明的统一体。因此,正如此前(§160 之附释)指出的,一株植物的种子虽然已经包含着根茎叶等特殊东西,但这些特殊东西起初仅仅**自在地**存在着,只有当种子发芽之后才被设定下来,而这件事情可以被看作植物的判断。再者,这个例子也可以用来说明,无论是概念还是判断都不是仅仅存在于我们的头脑里面,不是仅仅由我们造成的。概念寓居于事物自身之内,使事物是它们所是的东西,因此,所谓对一个对象进

[318]

行概念把握,就是意识到它的概念;这样一来,当我们对一个对象作出判断时,就不能说是我们的主观行动给对象添附上这个或那个谓词,毋宁说,我们是在那个由对象的概念所设定的规定性里考察对象。

§167

判断通常在**主观的**意义上被看作一个仅仅出现在**自我意识**的思维之内的**动作**(Operation)和形式。但这个区别在逻辑的层面里尚未出现,而在最一般的意义上,必须认为**全部事物都是一个判断**,——也就是说,全部事物都是**个别东西**,它们在自身之内是一种**普遍性**或内在本性,亦即一个**个别化了的普遍者**;普遍性和个别性在事物之内是区分开的,同时又是同一的。

[319]

[**说明**]按照判断的那个纯粹主观的意义,仿佛是**我把一个谓词添附**到主词身上;与之相矛盾的是判断的更具有客观意味的表述,比如"玫瑰**是红的**",或"黄金是金属"等等;不是**我**给它们添附上某种东西。——判断也不同于**命题**,后者包含着主词的一个规定,但这个规定与主词之间没有一种普遍的对比关系,——也就是说,命题所包含的是一个状态或一个个别行动之类东西;比如"恺撒于某年某月出生于罗马"、"恺撒在高卢进行了10年战争"、"恺撒渡过卢比孔河"等等都是命题,不是判断。除此之外,诸如"我今晚睡得很香"或"举枪致敬!"之类命题虽然也**能够**转化为判断的形式,但根本没有说出任何东西。诚然,诸如"有一辆马车飞驰而过"这样的命题也可以是一个判断(一个主观的判断),但唯一的前提是,我们不确定飞驰而过的东西究竟是不是一辆马车,或究竟是对象在动,还是我们的观察立场动;换言之,我们在这种情况下所关心的是去规定一个尚未得到合适规定的表象。

§168

判断的立场是**有限性**,而在这个立场上,事物的有限性在于,首先,它们是一个判断,其次,它们的定在和它们的普遍本性(它们的身体和灵魂)虽然是统一起来的(否则它们就是无),但它们的这些环节不但是已经有差异的,而且是完全可以割裂的。

§169

在"**个别东西是普遍者**"这一抽象的判断里,主词作为否定的自身关[320]联者是直接**具体的东西**,反之谓词是**抽象的**、未规定的东西,即**普遍者**。但当它们通过"**是**"联系在一起,谓词作为普遍者就必定也包含着主词的规定性,于是这个规定性就是**特殊性**,而特殊性则是主词和谓词的**已设定的同一性**;就此而言,特殊性作为与这个形式区别漠不相关的东西,是**内容**。

[说明]主词只有在谓词里才具有其明确的规定性和内容;正因如此,单独的主词是一个单纯的表象或空洞的名称。在"**上帝**是最实在的东西"或"**绝对者**是自身同一的"等判断里,"**上帝**"或"**绝对者**"是一个单纯的名称;只有谓词才说出主词**是**什么。至于谓词究竟是怎样的具体东西,跟**这一个**判断毫无关系(参阅§31)。

[**附释**]诸如"主词是被谓述的东西,谓词是谓述出来的东西"之类说法是极为平淡无味的,因为通过这个方式,人们对于二者的区别并未有更深入的了解。起初从思想上来看,主词是个别东西,谓词是普遍者。但判断的进一步的发展却表明,主词并非始终是直接的个别东西,谓词也并非始终是抽象的普遍者;这样一来,主词也意味着特殊东西和普遍者,而谓词则是意味着特殊东西和个别东西。在判断的双方亦即那两个分别被称作主词和谓词的东西里,它们的意义恰恰发生了这个更替。

§170

至于主词和谓词的更具体的规定性,可以说**主词**作为一个否定的自身关联(§163,§166 之"说明"),是谓词的坚实根据,而谓词则是通过主词而具有自己的持存,并且是观念性的(它**依附于**主词);由于主词一般而言**直接地**是具体的,所以谓词的已规定的内容仅仅是主词的**诸多**规定性**之一**,而主词比谓词更丰富和范围更广。

[321] 　　反过来,**谓词**作为普遍者,独自持存着,与主词是否存在漠不相关;它超越了主词,把主词**归摄**到自身之下,并且从它自己这方面来看比主词范围更广。唯有谓词的**已规定的内容**(参阅前一节)才构成了二者的同一性。

§171

　　首先,主词、谓词和已规定的内容或者说同一性在判断里既是相互关联的,也是**有差异的**,并且被设定为彼此分离的。**自在地看来**,亦即从概念来看,主词和谓词是**同一的**,因为主词作为具体的总体性并不是某种未规定的杂多性,毋宁仅仅是**个别性**,即处于同一性中的特殊东西和普遍性,而这个统一体恰恰是谓词(§170)。——再者,主词和谓词的**同一性**虽然在系词里**被设定下来**,但起初只是作为抽象的"**是**"。按照这个**同一性**,主词也必须在谓词的规定中**被设定**,于是谓词也获得了主词的规定,系词得到**充实**。也就是说,判断通过内容丰富的系词而**被进一步规定为推论**。判断的进一步的规定首先是把最初抽象的、**感性的普遍性**规定为**全体性**(Allheit)、**种**(Gattung)和**属**(Art),规定为已发展的**概念普遍性**。

　　[**说明**]只有当我们认识到判断的进一步的规定,通常列举的那些判断**类型**才不但获得一个**联系**,而且获得一个**意义**。通常的列举方法看起来是完全偶然的和肤浅的,而且在指出各种判断的区别时也是杂乱无章;比如"肯定判断"、"直言判断"和"实然判断"的区分一方面是捕风捉影,另一方面始终是不确定的。毋宁说,我们必须把各种判断看作必然地前后相继的,看作**概念的一种持续规定**,因为判断本身无非是**已规定的概念**。

从**存在**和**本质**这两个先行的层面来看,**已规定的概念**作为判断就是 [322] 重新制造出这两个层面,同时在概念的单纯关联中把它们设定下来。

[**附释**]判断的不同类型并非仅仅是一种经验上的杂多性,毋宁必须被看作一种由思维所规定的总体性,而康德的伟大贡献之一就在于他第一次提出了这个要求。康德提出的划分方法就是按照他的范畴表的模式把判断划分为质的判断、量的判断、关系判断和样式判断。这个做法不能说是令人满意的,一方面是因为他仅仅形式化地使用这些范畴的模式,另一方面是因为这些范畴没有内容。尽管如此,这种划分方法却是基于一个真正的洞见,即正是逻辑理念本身的普遍形式规定着判断的不同类型。在这种情况下,首先,我们获得判断的三个主要类型,分别对应于存在、本质、概念这三个层面。其次,第二个主要类型的判断对应于本质(作为差别的层面)的特性,在自身之内仍然是双重化的。这个判断体系的内在根据就在于,概念是存在和本质的观念性统一体,因此当概念在判断里得以展开,就必须按照一种与概念相契合的新形态重新制造出存在和本质这两个层面,与此同时,概念本身表明是它规定着真正的判断。

判断的不同类型不应当被看作具有同等价值的并列的东西,而是应当被看作构成了一个层级秩序,而它们的区别就是立足于谓词的逻辑意义。这些情况已经出现在通常意识里,因为人们毫不迟疑地断定,如果一个人只能想到"这面墙是绿的"、"这个炉子是热的"之类判断,那么他的判断力是极为低下的。反之,如果一个人的判断所涉及的是一件艺术品是否为美,或一个行动是否为善等等,人们就说他真正懂得如何作出判断。在刚才提到的第一种判断里,内容仅仅构成一个抽象的质,只需直接的知觉就足以断定其是否存在;反之在谈到一件艺术品是否为美或一个行动是否为善时,这些对象必须与它们应当所是的东西相比较,亦即与它们的概念相比较。

[323]   α）质的判断（Qualitatives Urteil）

§172

直接的判断是**定在判断**；主词在一个普遍性中，亦即在它的谓词中，被设定下来，而谓词则是一个直接的、因而感性的质。1. **肯定**判断："个别东西是一个特殊东西。"但是，2. **否定**判断："个别东西**不**是一个特殊东西"；确切地说，这样一个个别的质不符合主词的具体本性。

[**说明**]逻辑的最根深蒂固的成见之一，就是认为"玫瑰是红的"或"玫瑰不是红的"之类质的判断能够包含着真理。诚然，它们能够是**正确的**（richtig），也就是说，在知觉的有限范围内或在思维的有限的表象活动里是正确的；这一点取决于内容，而内容同样是一个有限的、本身不真实的内容。但真理仅仅依赖于形式，亦即依赖于已设定的概念和与之相符合的实在性；但这样的真理并未出现在质的判断里。

[**附释**]在日常生活里，"正确性"和"真理"经常被当作同义词，相应地，人们经常谈到一个内容的真理，而这里实际上只涉及单纯的正确性。总的说来，正确性仅仅指我们的表象与其内容在形式上的一致，至于这个内容究竟是怎么样的，却无关紧要。与此相反，真理是立足于对象的自身一致性，亦即对象与它的概念的一致性。诸如"某人生病"或"某人偷东西"之类说法很有可能是正确的，但这样的内容却不是真实的，因为一个生病的身体与生命的概念并不一致，同样，偷窃行为也不符合人类行动的概念。从这些例子可以看出，当我们用一个抽象的质去谓述一个直接的个别东西时，这个直接的判断即便是正确的，也不可能包含着真理，因为在这个判断里，主词和谓词之间的关系并不是实在性和概念之间的关系。

再者，直接的判断之所以无真理可言，是因为它的形式和内容彼
[324]   此不符合。当我们说"这朵玫瑰是红的"，系词"**是**"意味着主词和谓

词是彼此一致的。但玫瑰作为一个具体的东西,不仅是红的,而且是香的,而且具有一个特定的形式和许多别的规定,而这些规定都没有包含在谓词"**红**"里面。另一方面,这个谓词作为一个抽象的普遍者,并非仅仅出现在这个主词身上。也有另外一些花朵乃至另外一些对象,它们同样是红的。因此,在直接的判断里,主词和谓词仿佛仅仅在**一个**点相互接触,但并不覆盖彼此。但概念判断就不一样。当我们说"这个行动是善的",这就是一个概念判断。人们立刻注意到,主词和谓词在这里不像在直接的判断里那样仅仅处于一个松散的和外在的对比关系中。在直接的判断里,谓词是立足于一个抽象的质,这个质可以出现在主词身上,也可以不出现在主词身上,反之在概念判断里,谓词仿佛是主词的灵魂,而主词作为这个灵魂的身体,完全是由谓词所规定的。

§173

否定判断作为**第一个**否定仍然包含着主词和谓词的**关联**,这时谓词是一个相对的普遍者,只有它的**规定性**已经遭到否定。("玫瑰**不**是红的"表明,玫瑰还是有颜色的,有另外一种颜色,而这仅仅是另一个肯定判断。)但个别东西又**不**是一个普遍者。在这种情况下,判断又分为两种:一种是空洞的**同一性**关联:即"个别东西是个别东西"这样的**同一性**判断;另一种是主词和谓词之间显而易见的完全不相干,——所谓的**无限**判断。

[**说明**]比如,"精神不是大象"或"狮子不是桌子"等等就是无限判断的例子。这些命题和"狮子是狮子"或"精神是精神"之类同一性命题一样,虽然是正确的,然而是荒谬的。诚然,这些命题是直接的判断(所谓的质的判断)的真理,但它们根本不是判断,并且只能出现在一种主观的思维里,而这种思维也只能抓住一种不真实的抽象。——客观地看来,[325]它们表达出了**存在着的**或**感性的**事物的本性,也就是说,它们分裂为一个

281

空洞的同一性和一个**得到充实**的关联,但后者是**相关双方的质的异在**,表明双方完全是不相干的。

[**附释**]在否定的无限判断里,主词和谓词之间根本没有任何关联,而形式逻辑通常只是把这种判断看作一种无意义的臆想。但实际上,这种无限判断并非只是主观思维的一个偶然形式,毋宁说,正如我们看到的,它是前面两种直接判断(肯定判断和否定判断)的第一个辩证结果,并且明确揭示出了那两种判断的有限性和非真实性。比如罪行可以说是否定的无限判断的一个客观例子。如果一个人犯下罪行(比如偷窃),那么他不仅像在民法争讼里那样否定了他人对于这一个特定事物的特殊权利,而且一般地否定了他人的权利,正因如此,他不仅被勒令归还他所偷窃的东西,而且还额外受到惩罚,因为他已经损害了法本身,亦即损害了普遍意义上的法。反之民事争讼是单纯的否定判断的一个例子,因为这时只有这个特殊的权利遭到否定,但一般意义上的权利却因此得到承认。与此类似的是"这朵花不是红的"这一否定判断,它在花那里仅仅否定了这种特殊的颜色,但没有否定全部颜色,因为花可能是蓝的或黄的,如此等等。同理,死亡也是一个否定的无限判断,反之生病则是一个单纯的否定判断。生病意味着只有这个或那个特殊的生理机能发生障碍或遭到否定,反之死亡就像人们常说的那样意味着身体和灵魂的分离,也就是说,意味着主词和谓词完全分道扬镳。

β)反映判断(Das Reflexionsurteil)

§174

当个别东西**作为**个别东西(反映回自身的东西)被设定到判断里面,就具有一个谓词,与此同时,主词作为与自身相关联的东西,始终是一个**他者**。——在**实存**里,主词不再直接地具有一个质,而是在**与一个他者**或

[326]

外在世界的**对比关系**和**联系**中具有一个质。这样一来,**普遍性**就意味着
这种相对性。(比如"有用"和"危险","重力"和"酸",乃至于"冲动"等
等都是这种相对的普遍性。)

[**附释**]一般而言,反映判断和质的判断的区别在于,反映判断
的谓词不再是一个直接的、抽象的质,而是这样的东西,主体通过它
而表明自己与一个他者相关联。比如,当我们说"这朵玫瑰是红
的",我们考察的是这个直接的、个别的主词,与别的东西无关;反
之,当我们说"这株植物是有疗效的",我们就把主词(植物)看作通
过它的谓词(疗效)而与别的东西(可治疗的疾病)相关联。同理,
"这个物体是有弹性的"、"这件工具是有用的"、"这个刑罚起着威慑
作用"等等也是反映判断。总的说来,这些判断的谓词是一些反映
规定,它们虽然超越了主词的直接的个别性,但并没有揭示出主词的
概念。——通常的推理主要热衷于以这个方式进行判断。其考察的
对象愈是具体,对象就把愈多的观点呈现在反思面前,但这些观点并
没有穷尽对象的独特本性或概念。

§175

第一,主词,(单称判断里的)**作为**个别东西的个别东西,是一个普遍
者。第二,在这个关联里,主词超出了自己的单称性。这个拓展是一个外
的或主观的反映,最初是(特称判断里的)未规定的**特殊性**。(特称判
断直接地既是肯定判断,也是否定判断;——个别东西在自身之内分裂
了,一方面与自身相关联,另一方面与他者相关联。)第三,有些东西是普
遍者,于是特殊性拓展为普遍性;换言之,这种由主词的个别性所规定的
普遍性是**全体性**(即共通性或通常所说的**反映的**普遍性)。

[**附释**]当主词在**单称**判断里被规定为普遍者,就超出了作为这
个单纯个别东西的自身。当我们说"这株植物是有疗效的",就意味 [327]

着不仅这株个别的植物是有疗效的,而且很多或有些植物是有疗效的,于是得出**特称**判断,比如"有些植物是有疗效的","有些人是擅于发明的"等等。通过特称性,直接的个别东西失去了自己的独立性,与别的东西发生联系。人作为**这一个**人不再只是这个个别的人,而是与另外一些人并列,因此成为一定数量的人。恰恰在这种情况下,他属于他的普遍者,从而得到提升。特称判断既是肯定判断,也是否定判断。如果只有某些物体是有弹性的,这就意味着其余的物体不是有弹性的。

这样就推进到了反映判断的第三个形式,即全体性判断(全称判断),比如"所有的人都是有死的","所有的金属都是导电的"等等。通常说来,反思首先想到的普遍性形式就是全体性。在这里,个别东西构成了根基,而通过我们的主观行动,这些个别东西被统摄起来,被规定为全体性。普遍者在这里仅仅显现为一个外在的纽带,把那些独自持存着的、彼此漠不相关的个别东西捆绑起来。但实际上,普遍者是个别东西的根据、根基、根源和实体。当我们考察盖乌斯、提图斯、森普罗尼乌斯和一座城市或一个国家的其余公民时,那使得他们全都是人的东西,并非仅仅是他们的某种共通者,而是他们的**普遍者**或**种**,假若没有他们的这个种,那么所有这些个人都不会存在。反之那种流于表面的、仅仅所谓的普遍性(即全体性)却是另外的情形,它实际上只不过是所有个别东西都具有的共通者。人们已经指出,人之区别于动物的地方在于,所有的人都有耳垂。但很显然,即使一个人没有耳垂,他的其余的存在,他的性格,他的能力等等也不会受到影响,反之假若盖乌斯虽然不是一个人,但却是勇敢的、博学的等等,这就太荒诞不经了。无论个别的人有着什么特殊情况,他首先都应当是真正意义上的人,并且位于普遍者之内,而这个普遍者并非只是诸多抽象的质或单纯的反映规定中的一个,而是贯穿着全部特殊东西,将它们包揽在自身之内。

§176 [328]

当主词同样被规定为普遍者,它和谓词的同一性,还有判断规定本身,就**被设定为**漠不相关的。**内容**(一种与主词的否定的自身内反映同一的普遍性)的这个统一体使判断关联成为一个**必然的**关联。

[**附释**]当我们说"全体都具有的东西属于种,所以是必然的",这就表明,我们的通常意识里已经出现了从全体性反映判断到必然性判断的推进。因此,当我们说"所有的植物"或"所有的人"等等,就等于在**种**的意义上说"**植物**"或"**人**"。

γ)必然性判断(Urteil der Notwendigkeit)

§177

第一,必然性判断作为区分开的内容的同一性的判断,在谓词里一方面包含着**主词**的**实体**或**本性**,即**具体的**普遍者或种(Gattung),另一方面——因为这个普遍者同样在自身之内包含着否定的规定性——包含着一个**排他的**本质性规定性或属(Art),——这就是**直言判断**。

第二,主词谓词按照它们的实体性获得了独立现实性的形态,它们的同一性仅仅是一种**内在的**同一性,因此一方的现实性同时**不是它自己的**现实性,而是**对方**的存在,——这就是**假言判断**。

第三,在概念的这个外化里,内在的同一性同时**被设定下来**,因此普遍者是一个排他的、个别的、与自身同一的种;判断里的双方都是这个普遍者:一方直接表现为普遍者,另一方表现为它的整个排斥着自身的特殊化过程,而它们的"**非此即彼**"(Entweder-Oder)或"**既是此也是彼**"(Sowohl-Als)同样都是种,——这就是**选言判断**。普遍性首先作为种,然后作为它的各个属的整体,被规定和设定为总体性。 [329]

[**附释**]"黄金是金属"、"玫瑰是植物"等直言判断是**直接的**必然性判断,并且在本质的层面里与实体性对比关系相对应。一切事物都是一个直言判断,也就是说,它们具有自己的实体性本性,而这个本性构成了事物的坚固而恒定的根基。只有当我们从事物的种的角度把它们看作由必然性规定的,判断才成为一个真实的判断。如果把"黄金是昂贵的"和"黄金是金属"当作同一个层次的判断,这就是缺乏逻辑素养的表现。"黄金是昂贵的"涉及黄金与我们的偏好和需要之间的一个外在关联,比如为了获得黄金需要付出多大代价等等。但即使这个外在关联发生变化或被取消,黄金也仍然是黄金。反之金属性却构成了黄金的实体性本性,假若失去了这个本性,那么黄金本身的情况和我们关于它所说的一切都无法立足。同理,当我们说"盖乌斯是一个人",也是如此;我们想要表达的是,无论盖乌斯的情形是怎样的,只有当他符合他的这个实体性本性,亦即是一个人,这些情形才有价值和意义。

进而言之,直言判断在某些方面也是有缺陷的,因为特殊性环节在其中尚未获得自己的地位。比如,黄金诚然是金属,但银、铜、铁等等同样也是金属,而金属性与它的这些特殊的属是漠不相关的。这就蕴含着从直言判断到**假言**判断的推进,后者可以用这个公式表达出来:"如果 A 存在,那么 B 存在。"这个推进和此前所说的从实体性对比关系到因果性对比关系的推进是同一个推进。在假言判断里,内容的规定性显现为经过中介的、依赖于他者的东西,而这个他者恰恰是原因和作用的对比关系。一般而言,假言判断的意义在于把普遍者设定为特殊东西,于是我们获得了必然性判断的第三个形式,即**选言**判断。A 要么是 B,要么是 C,要么是 D;诗歌艺术作品要么是叙事的,要么是抒情的,要么是戏剧的;颜色要么是黄,要么是蓝,要么是红,如此等等。选言判断里的双方是同一的;种是它的各个属的总体性,而属的总体性是种。普遍者和特殊东西的这个统一体是概念,而概念现在构成了判断的内容。

δ）概念判断（Das Urteil des Begriffs）

§178

概念判断把概念当作自己的内容，而概念是一个在形式上单纯的总体性，一个具有完整规定性的普遍者。第一，主词起初是一个个别东西，把从特殊定在到它的普遍者的**反映**当作谓词，——也就是说，依据主词和谓词这两个规定的一致或不一致而判定某东西是好的、真的、正确的等等。——这就是**实然**判断（assertorisches Urteil）。

［**说明**］在日常生活里，只有去判断一个对象或行动是否为好和坏，是否为真、美等等，这才叫作判断。如果一个人只懂得作出"这朵玫瑰是红的"或"这幅画是红的、绿的、尘封的"之类肯定判断或否定判断，那么没有谁会承认他具有判断力。

虽然在公众看来，自以为是的实然判断毋宁是一种骄狂的做派，但通过直接知识和信仰的原则，这种判断竟然在哲学里已经成为唯一的和基本的宣讲形式。在某些以那个原则为旨归的所谓的哲学著作里，人们可以读到千百次关于理性、知识、思维等等的**论断**，但因为外在的权威已经不再奏效，所以这些论断企图通过无休止地重复同一个东西而赢得人们的认可。

§179

实然判断在它最初直接的主词里并未包含着特殊东西和普遍者的关联。这个关联是在谓词里表达出来的。因此这种判断仅仅是一种**主观的**特称性，而与之相反的论断同样也有道理，或更确切地说，同样没有道理。［331］因此，第二，它仅仅是一种**悬疑**判断（problematisches Urteil）。第三，当客观的特称性在**主词**那里被**设定下来**，当主词的特殊性成为它的定在的状况，主词就表达出特殊性与它的状况（亦即它的种）的关联，进而表达出那个（参阅前一节）构成了谓词的内容的东西。比如，在"这座有着如此这般的状况的房屋是好的或坏的"这一判断里,"**这座**"代表着直接的个别性,"**房屋**"代表着种,"**如此这般的状况**"代表着特殊性。——这就是**必然**判断(apodiktisches Urteil)。——**全部事物**都是一个**种**(即它们的规定和目的)在一个**个别的**现实性里的**特殊**状况;它们的有限性在于,它们的特殊状况可能符合,也可能不符合普遍者。

§180

按照这个方式,主词和谓词各自都是整个判断。主词的直接状况首先表现为一个在现实东西的个别性及其普遍性之间**发挥中介作用的根据**,或者说表现为判断的根据。实际上被设定下来的东西,是主词和谓词的统一体,即概念本身;概念是空洞的系词"**是**"的充实,而由于它的环节同时被区分为主词和谓词,所以它被设定为二者的统一体,亦即通过中介活动而把二者关联起来,——这就是**推论**。

c. 推论(Der Schluß)

§181

推论是概念和判断的统一体;——它是概念,亦即单纯的同一性,而判断的形式区别已经回归这种同一性;它也是判断,因为它同时是在实在性(亦即它的各种规定的区别)中被设定下来。推论是**理性的东西**(das Vernünftige),并且是**全部**理性的东西。

[332]　　[**说明**]虽然人们通常把推论看作**理性东西的形式**,但又认为它仅仅是一个主观的形式,没有揭示出形式和其他理性内容(比如一条理性原理,一个理性行动,理念等等)之间的任何联系。总的说来,人们经常大谈理性,并对其推崇备至,但他们从来没有指出理性具有**哪些规定性**,理性是**什么东西**,更没有在这个时候想到推论活动。实际上,**形式化的推论**

活动是一种如此不合乎理性的方式,可以说跟理性内涵没有半毛钱关系。但由于这个内涵只有依赖于**思维**之所以是理性的那个规定性才是理性内涵,所以它只能通过推论的形式而存在着。——但正如前一节指出的,推论无非是**已设定的**、(起初形式化的)**实在的概念**。正因如此,推论是**全部真相的本质性根据**;因此从现在起,**绝对者的定义**就是"绝对者是推论",换言之,这个规定可以用这样一个命题来表达:"**一切东西都是一个推论**。"一切东西都是**概念**,而它们的定在就是概念的各个环节的区别,于是概念的**普遍**的本性就通过**特殊性**而给予自己一种外在的实在性,随之作为否定的自身内反映而成为**个别东西**。——反过来看,现实东西是一**个个别东西**,它通过**特殊性**而把自己提升到**普遍性**,达到自身同一。——现实东西是单一体,但同样也是概念的各个环节的分离过程,而推论则是概念的各个环节的中介活动的圆圈,通过这个圆圈,现实东西把自己设定为单一体。

[**附释**]与概念和判断一样,推论经常也仅仅被看作我们的主观思维的一个形式。相应地,据说推论就是去证明判断。诚然,判断确实会走向推论,但并非我们的主观行动造成了这个推进,毋宁说,是判断自己把自己设定为推论,并且在推论里回归概念的统一体。确切地说,正是必然判断导致了向着推论的过渡。在必然判断里,我们看到一个个别东西通过它自己的状况就与它的普遍者相关联,亦即与它的概念相关联。与此同时,特殊东西显现为一个在个别东西和普遍者之间发挥中介作用的中项,而这就是推论的基本形式。至于推论的进一步的发展,从形式上来看,就是让个别东西和普遍者也占据中项的位置,于是造成从主观性到客观性的过渡。 [333]

§182

所谓的**直接推论**,就是概念规定作为**抽象的东西**,相互之间仅仅处于一个外在的**对比关系**中,以至于两个**端项**分别就是**个别性**和**普遍性**,而概念作为一个将二者结合起来的中项,同样只是**抽象的特殊性**。这样一来,端项就被设定为**独自持存的东西**,不但彼此之间**漠不相关**,而且与它们的中项也**漠不相关**。就此而言,这种推论是一个无概念的理性东西,——即形式化的**知性推论**。——在这种推论里,与主词相结合的是**另一个规定性**;换言之,通过这个中介活动,普遍者被归摄到一个**外在于**它的主词下面。反之理性推论却是让主词通过中介活动而**与自己**结合。只有在这种情况下,主词才是主词或本身就是一个理性推论。

[**说明**]在接下来的考察里,知性推论是按照其惯常而通行的意义以主观的方式来表述的,而这个方式意味着,是**我们**作出这类推论。实际上,知性推论**仅仅**是一个**主观的**推论活动;但这个推论活动同样具有客观的意义,即它仅仅表达出事物的**有限性**,只不过是采取了形式在这里已经达到的一个确定的方式。在有限事物那里,主观性相当于 物性(Dingheit),不但可以脱离事物的特性或特殊性,而且可以脱离事物的普遍性,因为普遍性既是事物的单纯的质以及这个事物与其他事物的外在联系,也是事物的种和概念。

[334]

[**附释**]基于前面提到的那个观点(即把推论看作理性东西的形式),人们也把理性本身定义为"作出推论的能力",反之把知性定义为"构成概念的能力"。姑且不论这些定义所依据的那个肤浅想法(即把精神当作一些并列持存的力或能力的单纯总括),单就这种把知性和概念、把理性和推论放在一起的做法而言,必须指出,正如概念不应当仅仅被看作知性规定,推论同样也不应当被立即看作理性东西。也就是说,一方面,形式逻辑的推论学说通常讨论的那些东西实际上无非是单纯的知性推论,而这种推论根本不配享有"理性东西的形式"这一荣誉,更不配被看作绝对的理性东西,另一方面,严格意义上的概念也不是单纯的知性形式,毋宁说,只有那种抽离式知性才把概念贬低为知性形式。不可否认,人们也区分了单纯的知性

概念和理性概念,但这件事情不能这样理解,仿佛**有**两种概念似的,毋宁说,这个区分取决于**我们的**行动,即要么仅仅止步于概念的否定而抽象的形式,要么按照概念的真正本性,把它同时理解为肯定的和具体的东西。比如,自由的单纯知性概念就是把自由看作必然性的抽象对立面,反之自由的真正概念或理性概念却是把必然性当作已扬弃的东西而包含在自身之内。同理,所谓的理神论(Deismus)提出的上帝定义也是上帝的单纯知性概念,反之基督教却包含着上帝的理性概念,即知道上帝是三位一体的上帝。

α)质的推论(Qualitativer Schluß)

§183

正如前一节已经指出的,第一种推论是**定在推论**或**质的推论**,即推论的第一式:**个别性—特殊性—普遍性**①。也就是说,主词作为个别东西, [335] 通过**某一个质**而与一个普遍的规定性相结合。

[**说明**]至于主词或小词(terminus minor)除了个别性规定之外还具有更多的规定,以及另一个端项(结论命题的谓词或大词,terminus maior)除了被规定为普遍者之外也具有更多的规定,这里皆略过不论,而是只讨论它们借以作出推论的形式。

[**附释**]定在推论是单纯的知性推论,也就是说,个别性、特殊性和普遍性在这里是完全抽象地相互对立的。就此而言,这种推论是概念的最严重的自身分裂。我们在这里把一个直接的个别东西当作主词,然后在它那里强调一个特殊方面或一个特性,而个别东西借此

———————————

① 黑格尔在这里及随后的章节用 E 指代"个别性"(Einzelheit),用 B 指代"特殊性"(Besonderheit),用 A 指代"普遍性"(Allgemeinheit)。为方便中文读者起见,我们将它们重新还原为中文概念。——译者注

表明自己是一个普遍者。比如这样一个推论,"这朵玫瑰是红的;红是一种颜色;所以这朵玫瑰是有颜色的东西",就是普通逻辑主要讨论的推论形态。过去人们把推论看作认识活动的绝对规则,并且认为,一个科学观点只有在通过推论而得到证明之后,才可以说已经得到辩护。今天的人们几乎只能在各种逻辑纲要里面看到各种形式的推论,因此他们把相关知识看作空洞的书斋智慧,认为它无论是对实践生活而言还是对科学而言都没有进一步的用处。对此首先需要指出,诚然,在任何场合都要炫耀无比细致的形式化推论,这确实是一种无聊的、学究气十足的做法,但与此同时,各种形式的推论在我们的认识活动里仍然持续地发挥着作用。比如,当一个人在寒冬的早晨醒来时听到马车在大街上嘎吱作响,于是想要去看看是不是结冰很严重,他就已经实施了一个推论活动,而我们每天都在繁多复杂的局面中重复着这个活动。因此,明确地意识到这种日常活动属于一个思维着的人,这件事情的意义至少不亚于那件公认有意义的事情,即我们不但应当了解我们的有机生命的各种功能(比如消化、血液循环、呼吸等等),而且应当了解周遭世界里面发生的事情及其产物。这样人们将毫不犹豫地承认,正如我们不需要先学习解剖学和生理学,然后才会正确地消化和呼吸,同样,我们也不需要先学习逻辑,然后才会作出正确的推论。

[336]

亚里士多德第一个考察并描述了推论的各种主观意义上的形式和所谓的"推论式",而且他的工作是如此之稳妥和明确,以至于不需要再作任何重大的补充。不可否认,这个成就给亚里士多德带来了极高的荣誉,但他在自己的真正的哲学研究中却根本没有使用知性推论的形式,并且总的说来根本没有使用有限思维的形式。(参阅§189之说明)

§184

aa)这种推论从它的各种规定来看是完全**偶然的**,因为中项作为抽象的特殊性,**仅仅**是主词的**某一个规定性**,而主词作为**直接的**、亦即经验中的具体东西,具有多个这样的规定性,从而同样能够与**另外一些普遍性**结合,正如一个**个别的**特殊性也能够在自身之内又具有各种规定性,也就是说,主词能够通过**同一个中词**(medius terminus)而与**各种**普遍者相关联。

[**说明**]形式化推论之所以失宠,主要是因为它已经过时了,而不是因为人们已经认识到它的谬误,并通过这个方式证明其毫无用处。本节和下一节恰恰是要指出,这种推论为什么对于追求真理毫无用处。

此前已经指出,通过这种推论,哪怕是有着天壤之别的东西都能够得到**证明**(如果人们愿意使用这个词的话)。只需随便拿来一个**中词**,就可以由之出发过渡到我们想要得出的规定。但借助另一个**中词**,我们同样可以**证明**不同的乃至相反的结论。——一个对象愈是具体,就具有愈多能够服务于**中词**的方方面面。至于这些方面里面哪一个比另一个更根本,这又是基于另一个推论,后者只盯着个别的规定性,并且同样能够轻松地为它找到一个方面和**角度**,以表明这个规定性是**重要的**和**必然的**。　　[337]

[**附释**]虽然人们在日常生活的交往里很少想到知性推论,但后者却一直在其中扮演着自己的角色。比如在民事争讼中,律师的任务就在于只强调那些对他的当事人有利的法律条文。但从逻辑的角度看,这些法律条文无非是一个**中词**。同样的情形也出现在外交谈判中,比如当列强都对同一块土地提出主权要求时就是如此。在这里,[王位]继承权、土地的地理位置、其居民的民族渊源和语言或任何一个别的理由都可以作为**中词**而得到强调。

§185

bb)从这种推论包含的**关联**形式来看,它同样是偶然的。根据推论的概念,真相就是不同的东西以一个中项(即它们的统一体)为中介的关联。但实际上,端项与中项的关联(所谓的**大前提**和**小前提**)是**直接的**关联。

[**说明**]推论的这个矛盾又表现为一个无限**进展**,即要求每一个前提也通过一个推论而得到证明;但由于后面这个推论同样具有两个直接的前提,所以这个永远双重化的要求就一直重复下去,**直至无限**。

§186

这里出于经验的重要性而为推论指出的**缺陷**(虽然大家都承认推论在这个形式中具有绝对的正确性),必须在推论的持续规定中自己扬弃自己。在这里,在概念的层面之内,就和在判断里一样,**对立设定的**规定性并非仅仅是**自在地**已有的,而是**已设定的**,因此对于推论的持续规定而言,我们只需要接纳那个通过推论本身而在任何时候都被设定下来的东西。

[338]

通过"个别性—特殊性—普遍性"这一推论,**个别东西**以普遍者为中介,在这个**结论命题**里被设定为**普遍者**。这样一来,个别东西作为主词,本身就是普遍者,从而是两个端项的统一体和中介者;这就得出了推论的**第二式**:普遍性—个别性—特殊性。第二式表达出了第一式的真理,即中介活动是在个别性里面发生的,从而是某种偶然的东西。

§187

第二式把普遍者——它是从之前的结论命题里转移过来的,受个别性规定,因此现在占据了直接主词的位置——和特殊东西结合在一起。相应地,**普遍者**通过这个结论命题而被设定为特殊东西,亦即被设定为两个端项的中介者,而这两个端项的位置现在被另外两个端项所占据:这就是推论的**第三式**:特殊性—普遍性—个别性。

[**说明**]在通常的讨论里,人们仅仅排列出推论的所谓的**式**——亚里士多德正确地只承认**三个式**;因为**第四式**是多余的,甚至可以说是近代人的一个无聊补充——却丝毫没有想到要指出它们的必然性,更没有想到要指出它们的意义和价值。正因如此,这些式后来被当作一种空洞的形

式主义来对待,这就不足为奇了。但这些式具有一个极为深刻的意义,而这个意义又是基于一种必然性,即**每一个环节**作为概念规定本身都必定会转变为**整体**,转变为一个**起中介作用的根据**。——至于命题除此之外 [339] 还具有哪些规定,比如它们究竟应当作为普遍命题抑或否定命题才能够在各个式里得出一个**正确的推论**,这些都是一种**机械的**研究,而这种研究由于其无概念的机械性和内在的无意义的缘故,被人遗忘实属理所应当。——无论如何,人们绝不可以援引亚里士多德作为这类研究和知性推论的重要性的担保人,哪怕他确实描述了精神和自然界的这些形式以及无数别的形式,并且探索并指出了它们的规定性。亚里士多德在他的形而上学**概念**以及自然事物和精神事物的**概念**里坚决反对把知性推论的形式当作根基和标准,以至于人们可以说,假若他服从的是知性法则,那么这些概念没有一个能够产生出来或留存下来。诚然,亚里士多德在很多适合描述和知性理解的领域做出了独特而重大的贡献,但他最重视的始终是**思辨的**概念,至于他决定首先加以阐述的那种知性的推论活动,则被挡在这个层面之外。

[**附释**]一般而言,各种推论式的客观意义在于,一切理性东西都表明自己是一个三重的推论,也就是说,这个推论的每一个环节都既占据了端项的位置,也占据了起中介作用的中项的位置。这一点尤其体现于哲学科学的三个环节,即逻辑理念、自然界和精神。第一,自然界在这里是居中的、起联结作用的环节。自然界,作为直接的总体性,在逻辑理念和精神这两个端项里展开自身。但精神只有以自然界为中介,才是精神。第二,精神,亦即我们所知的个体的、行动着的精神,同样是中项,而自然界和逻辑理念则是端项。正是精神在自然界里认识到逻辑理念,并通过这个方式把自然界提升到它的本质。第三,逻辑理念本身也是中项;它是精神以及自然界的绝对实 [340] 体,是贯穿一切东西的普遍者。以上就是绝对推论的各个环节。

§188

当每一个环节都经历了中项和端项的位置,它们相互之间的已规定的**区别**就扬弃了自身。从这个形式来看,推论的各个环节之间没有区别,因此推论里的关联是一种外在的知性同一性,亦即**等同**;——这就是**量的推论**或**数学推论**。当两个物都等同于第三个物,它们就是彼此等同的。

[**附释**]众所周知,这里所说的量的推论在数学里是作为公理(Axiom)而出现的,而按照通常的说法,这个公理和别的公理一样,其内容是不能得到证明的,但也不需要证明,因为它是自明的。但实际上,这些数学公理无非是一些逻辑命题,就这些命题陈述出一些特殊的和已规定的思想而言,它们是能够从一种普遍的、自己规定着自己的思维中推导出来的,而这一点恰恰可以被看作对它们的证明。那在数学里作为公理而提出的量的推论也是如此,而它将表明自己是质的推论或直接推论立即得出的后果。——除此之外,量的推论是一种完全无形式的推论,因为在它那里,诸环节由概念所规定的区别被扬弃了。至于哪些命题应当在这里充当前提,这取决于外在的情况,因此人们在应用这种推论的时候,预先设定了某些在别的地方已经确立或得到证明的东西。

§189

这样一来,首先在**形式**上得出两个后果:第一,每一个环节都获得了**中项**的规定和位置,因而完全获得了整体的规定和位置,相应地也**自在地**失去了它的抽象的片面性(§182 和 §184);第二,**中介活动**(§185)已经完成,但同样只是**自在地**已经完成,亦即仅仅成为一个由相互预先设定的中介活动衔接而成的**圆圈**。在推论的第一式"个别性—特殊性—普遍性"里,"个别性—特殊性"和"特殊性—普遍性"这两个前提仍然是未经中介的;前者在第三式里得到中介,后者在第二式里得到中介。但无论是

[341]

296

第三式还是第二式,为了让它的前提得到中介,都同样预先设定了另外两
个式。

　　由此看来,概念这个起中介作用的统一体就再也不应当仅仅被设定
为抽象的特殊性,而是应当被设定为个别性和普遍性的**已发展的**统一体,
并且首先被设定为这两个规定的**经过反映的**统一体;**个别性同时**被规定
为普遍性。这样的中项就导致**反映推论**。

β）反映推论（Reflexionsschluß）

§190

　　因此,第一,中项不仅是主词的抽象的、**特殊的**规定性,而且同时是**全
部个别的**、**具体的**主词,这些主词共同具有那个规定性,从而得出**全体性**
推论。大前提把特殊的规定性,把**中词**（terminus meidus）当作具有全体
性意义的主词,这本身就**预先**设定了**结论命题**,而结论命题本来应当以大
前提为预设。因此,第二,大前提是基于**归纳**,而归纳的中项是**全部**严格
意义上的个别东西,比如 a,b,c,d 等等。但由于直接的经验个别性有别
于普遍性,随之不能提供全体性,所以,第三,归纳是基于 **类推**
（Analogie）,而类推的中项是这样一个个别东西,其所指的是它的本质上
的普遍性,即它的种或它的本质规定性。——第一种推论（全体性推论）
的中介活动取决于第二种推论（归纳）,归纳的中介活动又取决于第三种
推论（类推）,而类推同样需要一个内在地已规定的普遍性或作为种的个
别性,因为个别性和普遍性的外在关联形式已经贯穿着反映推论的各
个式。

　　[**说明**]通过全体性推论,§184 揭示出的知性推论的基本形式的缺
陷得到了改善,只不过这又导致一个新的缺陷产生出来,即大前提本身预 ［342］
先设定了那个本来应当是结论命题的东西,并且将其预先设定为一个**直
接的**命题。——"全部人都是有死的,**所以**盖乌斯是有死的。""全部金属

都是导电的,**所以**铜是导电的。"这些大前提把**直接的**个别东西当作**全部**个别东西来表达,并且在本质上应当是**经验命题**,而为了说出这些命题,需要**预先**确定那些关于个别的人(盖乌斯)或**个别的**铜的命题本身就是正确的。——无怪乎每一个人都觉得"全部人都是有死的,盖乌斯是人,所以盖乌斯是有死的"之类推论不仅学究气十足,而且是一种无所云谓的形式主义。

[**附释**]全体性推论取决于归纳推论,而在归纳里,个别东西构成了起联系作用的中项。当我们说"全部金属都是导电的",这是一个经验命题,是通过对全部个别的金属进行检验而得出的结果。在这种情况下,我们得到一个具有如下形态的归纳推论:

特殊性—个别性—普遍性

个别性

个别性

……

金是金属,银是金属,同样,铜、铅等等也是金属。这是大前提。当加上"所有这些物体都是导电的"这一小前提,就得出结论命题:"全部金属都是导电的。"因此在这里,个别性作为全体性起联系作用。这个推论同样又推进到另一个推论,并且把全部个别东西当作它的中项,而这就预先设定,某个领域里的观察和经验已经完成了。但因为这里所处理的是个别东西,所以这就重新导致一个无限进展(个别东西,个别东西,个别东西……)。在进行归纳时,个别东西是绝不可能被穷尽的。当人们说"全部金属"或"全部植物"时,无非是指他们迄今所知的全部金属或全部植物。正因如此,任何归纳都是[343]不完满的。无论人们已经观察到了多少情况,都还没有观察到全部情况和全部个体,而恰恰是归纳的这个缺陷促使人们走向**类推**。在类推推论里,人们是从某个种类的某些物具有某个特性而推出这个种类的其他事物也具有同样的特性。比如,当人们说,既然我们迄今为止在全部行星那里都看到了这个规律,那么一个新发现的行星也极有可能是遵循同一个规律而运动,这就是一个类推推论。类推有理由在经验科学里享有崇高的声望,而且人们通过这个方法获得了一些极为重要的成果。正是理性的本能让我们预感到这个或那个在经验中发现的规定是以一个对象的内在本性或种为根据,并且在这个基础上继续前进。与此同时,类推既可能是肤浅的,也可能是深刻的。比如,当人们说,盖乌斯这人是一位学者,而提图斯也是一个人,所以提图斯也是一位学者,这就无论如何是一个极为糟糕的类推,因为一个人的"博学"并不是直接以"人"这个种为根据。尽管如此,这类肤浅的类推是随处可见的。比如人们经常说,地球是一个星球,有人居住,而月球也是一个星球,所以也有人居住。这个类推和刚才提到的那个类推完全是半斤八两。地球之所以有人居住,并非仅仅因为它是一个星球,而是因为它具有另外一些规定,比如被一个大气层环绕,相应地也存在着水等等,而就我们目前所知,这些条件恰恰是月球所缺乏的。近代以来人们所说的"自然哲学"在很大程度上就是无聊地玩弄一些空洞的、外在的类推,同时标榜这是一些深奥的成果。在这种情况下,哲学对于自然界的考察遭到鄙视实属咎由自取。

γ) 必然性推论(Schluß der Notwendigkeit)

§191

就其纯粹抽象的规定来看,这种推论是把**普遍者**当作中项,正如反映推论是把**个别性**当作中项——后者遵循第二式,前者遵循第三式(§187);普遍者被设定为一个内在地在本质上已规定的东西。第一,**特殊东西**作为已规定的**种**或**属**,是一个起中介作用的规定,——这是**直言推论**里的情形;第二,**个别东西**作为直接的存在,既是起中介作用的,也是被中介的,——这是**假言推论**里的情形;第三,起中介作用的**普遍者**也被设定为它的各种**特殊化**的总体性,并且被设定为一个**个别的**特殊东西或一 [344]

个排他的个别性，——这是**选言推论**里的情形；——这样一来，同一个普遍者在这些规定里只不过是出现在区别的各个形式中。

§192

推论已经按照它所包含着的区别而得到考察。这些区别的历程的普遍结果，就是概念的这些区别或自身外存在在这个历程中的自身扬弃。也就是说，第一，其中的每一个环节本身都体现为环节的**总体性**，从而体现为完整的推论，因此它们**自在地**是同一的；第二，对它们的区别的**否定**，以及这些区别的中介活动，构成了**自为存在**；这样一来，其实是同一个普遍者出现在这些形式中，并因此也被设定为它们的同一性。在诸环节的这个理念性里，推论活动获得了一个规定，即它在本质上就包含着对那些规定性的**否定**（这些规定性使它成为一个历程），因此它是一个通过扬弃中介活动而达成的中介活动，并且主词不是与**他者**结合，而是与**已扬弃的他者**，亦即**与它自己**结合。

[**附释**]在普通逻辑里，一般都是通过讨论推论学说来结束第一部分，即那个构成了所谓的要素论的部分。接下来的第二部分是所谓的方法论，其中应当证明如何通过把要素论中讨论过的思维形式应用到既有客体上面而得出科学知识的整体。至于这些客体是哪里来的，以及这个关于客观性的思想究竟是怎么一回事，知性逻辑对此根本没有给出任何答复。在这里，思维被当作一种纯粹主观的、形式化的活动，而那种与思维相对立的客观东西则被当作一种固定的、独自现存着的东西。但这种二元论不是真相，而不由分说地把"主观性"和"客观性"等规定接受下来，却不去追问它们的来源，乃是一种不动脑筋的做法。无论是主观性还是客观性，二者都同样是思想，而且是已规定的思想，它们必须表明自己是以普遍的、自己规定着自己的思维为根据。就主观性而言，这一点在这里首先已经做到了。我们已经认识到，主观性或主观的概念（它在自身之内包含着严格意

[345]

义上的概念、判断和推论)是逻辑理念的前两个主要层次(亦即存在
和本质)的辩证结果。当人们说概念是主观的并且仅仅是主观的,
如果这是指概念无论如何是主观性本身,那么这个说法是完全正确
的。同理,严格意义上的概念、判断和推论也是主观的,这些规定和
普通逻辑里的所谓的思维规律(即同一律、差异律和根据律)一起构
成了所谓的要素论的内容。但这种主观性及其这里所说的概念、判
断和推论等规定不应当被看作一个空洞的框架,仿佛只有由外而内
通过一些独自现存着的客体才得到充实,毋宁说,主观性本身作为辩
证的东西就打破了自己的限制,并通过推论而把自己开辟为客观性。

§193

概念的这种**实在化**(Realisierung)①——在其中,普遍者就是**同一个**
已经返回自身的总体性,它的各个区别同样是这个总体性,而且总体性已
经通过扬弃中介活动而把自己规定为**直接的**自身统一体——,就是**客体**。

[**说明**]乍看起来,这个从主体,从一般意义上的概念乃至于从推论
走向客体的过渡是很奇特的——尤其当人们只懂得知性推论,并且把推
论看作意识的一种活动时,就更是如此——,但我们并不打算向表象证明
这个过渡的合理性。唯一需要考虑的是,我们通常关于所谓的**客体**的表 [346]
象是否大致符合那个在这里构成了客体的规定的东西。但通常说来,人
们所理解的客体并非只是一个抽象的存在者或实存着的物或一般意义上
的现实东西,而是一个具体的、内在**完整**的独立东西;这个完整性就是**概
念的总体性**。至于**客体**也是一个**对象**和一个**外在于**他者的东西,这一点
将在后面再讨论,那时它已经把自己设定为**主观东西的对立面**;在这里,
客体起初是指概念从它的中介活动里过渡而来的客体,它仅仅是**直接的**、
单纯的客体,而概念同样只有在后来的对立里才被规定为**主观东西**。

---

①　这个术语在通常的语境里也可以翻译为"实现"。以下不另作说明。——译者注

再者,一般意义上的**客体**是**同一个**仍然内在地无规定的整体,即一般意义上的客观世界、上帝、绝对客体。但客体本身同样具有区别,它在自身内分裂为无规定的杂多性(作为客观**世界**),而且每一个**个别化的东西**也是一个客体,一个内在具体的、完整的、独立的定在。

正如客观性已经被拿来与存在、实存和现实性相比较,向着实存和现实性的过渡(因为存在是最初的、完全抽象的直接东西)也可以被拿来与向着客观性的过渡相比较。实存由之显露出来的**根据**,还有那个把自己扬弃为现实性的反映**对比关系**,无非是那个仍然没有完满地**已设定的概念**,换言之,它们仅仅是同一个东西的抽象方面,——根据仅仅是这个东西的本质性**统一体**,对比关系仅仅是那些**实在的、仅仅应当反映回自身**的方面相互之间的关联;——概念是双方的统一体,而客体不仅是本质性统一体,而且是内在普遍的统一体,不仅在自身之内包含着实在的区别,而且把这些区别当作总体性。

[347]　　此外可以看出,所有这些过渡的目的绝非只是为了一般地指出概念或思维是与存在不可分割的。我们已经多次指出,**存在无非是单纯的自身关联**,而这个贫乏的规定当然也包含在概念里面,或者说也包含在思维里面。这些过渡的意义不在于把那些**仅仅包含在其中**的规定接受下来(比如在关于上帝存在的本体论论证里,那个命题"存在是诸实在性**之一**"就是这样做的),而是在于,首先把概念看作本身起初**应当被规定为**概念,尚且和"存在"或"客观性"等相隔甚远的抽象东西没有任何关系,其次把概念的规定性看作**概念**规定性,只看它是否以及如何过渡到一个有别于规定性的形式,以及这个形式如何隶属于概念并**在概念中**显现出来。

这个过渡的产物就是客体,当客体被设定为与概念相关联(概念在这个过程中已经失去其独特的形式),那么结论就可以这样**正确地**表述,即**自在地看来**,概念(或者也可以说主观性)和客体是**同一个东西**。但同样**正确**的是,它们是**有差异的**。既然两个结论都是正确的,那么它们就都是错误的;这类表述方式不能呈现出真实的情况。刚才所说的"**自在**"是一个抽象,甚至比概念本身更片面,因为当概念把自己扬弃为客体,扬弃为相反的片面性,它就在总体上扬弃了自己的片面性。既然如此,那个"自在"也必须通过自身**否定**而把自己规定为**自为存在**。无论什么时候,思辨的同一性都不是指"概念和客体自在地看来是同一的"之类肤浅的同一性;——这个要点我们已经不厌其烦地说过很多遍,但无论说多少遍都仍然不够,因为我们的意图是要彻底消除那些关于这种同一性的陈腐而充满恶意的误解;但不言而喻,这件事情是很难指望成功的。 [348]

此外,如果人们在最一般的意义上看待那个统一体,却没有注意到它的**自在存在**的片面形式,那么众所周知,它就在关于上帝存在的**本体论论证**里被当作**前提**,而且是被预设为**最完满的东西**。安瑟尔谟首次提出了这个极为值得注意的证明思想,虽然他最开始只是讨论一个内容是否仅仅存在于**我们的思维**里。他的原话简述如下:Certe id,quo maius cogitari nequit,non potest esse in intellectu solo.Si enim vel in solo intellectu est,potest cogitari esse *et in re*:quod maius est.Si ergo id,quo maius cogitari non potest,est in solo intellectu:id ipsum,quo maius cogitari non potest,est,quo maius cogitari potest.Sed certe hoc esse non potest.[那个"不能设想比它更伟大的东西"很显然不可能仅仅存在于理智里。因为,如果它仅仅存在于理智里,那么我们就能够设想一个同时在现实中存在着的东西,比它更伟大。因此,如果"不能设想比它更伟大的东西"仅仅存在于理智里,我们就能够设想一个比"不能设想比它更伟大的东西"更伟大的东西,而这当然是不可能的。]①——按照我们在这里接受的规定,**有限**事物意味着,它们的客观性与它们的思想不一致,也就是说,与它们的普遍规定,与它们的种和目的不一致。笛卡尔和斯宾诺莎等人已经以更客观的方式说出了这个统一体;但那些主张直接确定性或信仰的人却更多的是按照安瑟尔谟的主观方式去看待这个统一体,亦即认为上帝的存在规定与上帝的**表象在我们的意识里**是不可分割地结合在一起的。如果这个信仰原则的

---

① 坎特伯雷的安瑟尔谟《宣讲录》(*Proslogion*),第 2 节。——原编者注

[349] 观点是,外在的有限事物的表象和关于事物及其存在的意识也是不可分割的(因为事物**在直观里**和实存规定是结合在一起的),那么它当然是正确的。但如果有人以为,在我们的意识里,实存以同样的方式一方面与有限事物的表象结合,另一方面与上帝的表象结合,那么这就太肤浅了;因为他们忘了,有限事物是变动不居的,换言之,实存只是暂时和它们结合在一起,这个结合不是永恒的,而是可分离的。正因如此,安瑟尔谟毫不理睬这些出现在有限事物那里的联系,正确地宣称只有那个不是仅仅以主观的方式存在着,而是同时以客观的方式存在着的东西才是完满的。针对所谓的本体论论证,针对安瑟尔谟的这个关于完满东西的规定,一切装腔作势的叫嚣都是徒劳的,因为这个规定不但平等地蕴含在每一个朴素的人类意识里,而且也蕴含在每一种哲学里,甚至违背人的知识和意愿一再回归,就像在直接信仰原则里一样。

但安瑟尔谟的论证,还有笛卡尔和斯宾诺莎以及直接知识原则,有一个共同的缺陷,即**预先设定**了那个**统一体**,或者说仅仅假定那个统一体是**自在的**,然后宣称它是最完满的东西,或在主观的意义上也是真实的知识。这个就此而言抽象的同一性立即与两个规定的**差异性**形成对立,而很早以前就有人批评安瑟尔谟,说他实际上把**有限者**的表象和实存与无限者对立起来了,因为正如之前指出的,有限者是这样一种客观性,它同时与它的目的、本质和概念是不一致的,有差异的,——或者说它是这样
[350] 一种表象或主观东西,本身并不包含着实存。为了消除这个指责和对立,唯一的办法就是要表明有限者是一种非真实的东西,以及这些规定**单独而言**是片面的和虚无的,因此同一性是那种让诸规定过渡到其中,并在那里得到和解的同一性。

B. 客体(**Das Objekt**)

§194

客体与区别漠不相关(因为区别已经在客体之内扬弃自身),因此是

直接的存在,并且是内在的总体性,与此同时,由于这个同一性仅仅是诸环节的**自在存在着的**同一性,所以客体同样与它的直接统一体漠不相关;客体是一种分裂活动,它分裂为不同的事物,其中每一个事物本身都是总体性。因此客体是一个绝对的**矛盾**:一方面是杂多事物的彻底的独立性,另一方面是不同事物的同样彻底的非独立性。

[**说明**]"绝对者是客体"这一定义最为明确地包含在**莱布尼茨的单子**里,因为单子是一个客体,但**自在地**进行着表象活动,而且应当是世界表象的总体性;在单子的单纯统一体里,全部区别都只是一个观念性的、非独立的区别。没有任何东西从外面进入单子,它在自身之内就是整个概念,仅仅通过概念本身的或大或小的发展程度而有所区别。同样,这个单纯的总体性分裂为绝对多样的区别,以至于这些区别都是独立的单子。在单子之单子以及诸单子的内在发展的前定和谐里,这些实体再度被归结为非独立性和理念性。就此而言,莱布尼茨的哲学是完整展开的**矛盾**。

[**附释 1**]如果人们把绝对者(上帝)理解为客体,并且止步于此,那么正如近代以来尤其是费希特正确指出的,这一般说来就是迷信和奴隶式畏惧的立场。上帝确实是客体,但他是绝对的客体,相对于这个客体而言,我们的特殊的(主观的)意谓和意愿不具有任何真理和有效性。但上帝作为绝对的客体恰恰不是一种与主观性相敌对的黑暗力量,而是把主观性当作一个本质性环节而包含在自身之内。这一点在基督教学说里有着明确表述,也就是说,上帝愿意所有的人皆得救,他愿意所有的人都获得极乐。人之所以得救,之所以获得极乐,是因为他们意识到自己和上帝的统一体,并且不再把上帝看作单纯的客体,从而恰恰不再把他看作畏惧和恐惧的对象,而这个情况对于罗马人的宗教意识来说是尤其显著的。进而言之,基督教宣称上帝是爱,而且上帝在那个与他合为一体的儿子那里作为这个个别的人向人启示自身,并因此使人解脱,这就同样表明,客观性和主观性

［351］

的对立**自在地**已经被克服了,而我们的任务在于分享这个解脱,进而放弃我们的直接的主观性(摆脱旧的亚当),并且意识到上帝是我们的真实的、本质上的自主体(Selbst)。

现在,正如宗教和宗教仪式在于克服主观性和客观性的对立,科学(尤其是哲学)的唯一任务也是在于通过思维而克服这个对立。一般而言,认识活动就是为了消除这个与我们相对立的客观世界的陌生性,就像人们常说的那样,在其中找到我们自己,而这无非意味着,把客观东西归结为概念,认识到概念是我们的最内在的自主体。通过迄今所述也可以看出,把主观性和客观性看作一个固定而抽象的对立乃是一件何其颠倒的事情。二者都是绝对辩证的。概念起初只是主观的,但它无须任何外在的材料或质料,单凭它自己的活动就将自己客观化;同样,客体也不是一个僵化的、与过程无关的东西,毋宁说,它的过程在于表明自己同时是主观东西,而这构成了向着**理念**的推进。如果一个人不熟悉主观性和客观性等规定,并且企图坚持把它们当作抽象的东西,他就会恍然之间发现这些抽象的规定从他的手指间溜走,而他所说出的恰恰是他本来想要说的话的反面。

[352]

[**附释 2**]客观性包含着**机械性**、**化学性**和**目的关联**这三个形式。**机械地**已规定的客体是直接的、无差别的客体。这个客体虽然包含着区别,但这些有差异的东西是彼此漠不相关的,它们的结合对它们而言仅仅是外在的。反之在**化学性**里,客体表明自己在本质上是有差别的,也就是说,诸客体只有通过其相互之间的关联才是它们所是的东西,因此是差别(Differenz)构成了它们的质。客观性的第三个形式,**目的论对比关系**,是机械性和化学性的统一体。目的和机械客体一样,是一个自成一体的总体性,但它通过那个在化学性里显露出来的差别原则而得到充实,在这种情况下,目的就与那个与它相对立的客体关联在一起。这样一来,目的的实在化就构成了向着**理念**的过渡。

a. 机械性（Der Mechanismus）

§195

1. 直接的客体是单纯**自在的**概念，它起初把概念当作**外在于客体**的主观东西，而全部规定性都是一种外在地已设定的规定性。因此，客体作为区别的统一体是一个**复合的东西**，一个集合，而它对其他客体的作用始终是一个外在的关联，——这就是**形式化的机械性**。——诸客体虽然是相互关联的、非独立的，但同样始终是独立的、相互抵抗和彼此**外在**的。

[**说明**]正如压力和冲力都是机械对比关系，同样，如果一些词语对于我们而言毫无意义，始终外在于我们的知觉、表象和思维，我们就是机械地，亦即通过**死记硬背**的方式掌握它们；它们本身同样是彼此外在的，是一种无意义的前后相继。如果一个人的行为是由仪式法规或一位良知顾问等等所规定的，而不是遵循着他自己的精神和意志去行动，也就是 ［353］说，如果那些规定对他而言是外在的，那么他的行为和虔诚等等同样也是**机械的**。

[**附释**]机械性作为客观性的第一个形式，也是反思在观察客观世界时首先注意到的范畴，而且反思几乎总是止步于这个范畴。然而这是一种肤浅的、不动脑筋的观察方式，既不能让我们与自然界关联在一起，更不能让我们与精神世界关联在一起。在自然界里，只有那种尚未在自身之内揭示出来的物质的完全抽象的对比关系才服从机械性；反之在狭义的所谓的物理学领域里，各种现象和进程（比如光、热、磁、电等现象）已经不可能仅仅以机械的方式（亦即通过压力、冲力、各个部分的位移之类东西）得到解释。至于把这个范畴应用和移植到有机自然界领域的做法，就更不能令人满意，因为这里的关键在于理解把握有机体的特殊性质，尤其是植物的营养和生长，或

甚至是动物的感觉。无论如何,我们都必须把那种做法看作近代自然研究的一个极为严重的乃至于根本上的缺陷,即在本应用一些完全不同的、更高级的范畴去替代单纯的机械性范畴的地方,却仍然固执地坚持机械性范畴,全然不顾它与那些出现在朴素直观眼前的东西相矛盾,并因此阻断了正确认识自然界的道路。

至于精神世界的形态分化,机械观在对其进行考察时也经常违背常理。比如它认为人是由身体和灵魂**组成**的。在这种情况下,身体和灵魂仿佛各自都具有其持存,仅仅以外在的方式结合在一起。与此类似的是,灵魂也被看作各种彼此独立的力量和能力组成的一个单纯复合体。

[354]

一方面,如果机械的观察方式企图冒充概念把握式认识,把机械性当作绝对的范畴,那么我们必须对其严加拒绝,但另一方面,我们也必须明确承认机械性具有一个普遍的逻辑范畴的权利和意义,相应地也不应当把这个范畴仅仅限定在它由之得名的那个自然领域里。就此而言,我们并不反对在严格的机械论(亦即力学)的范围之外,尤其是在物理学和生理学里,也注意到一些机械活动(比如重力、杠杆之类东西的活动);但与此同时,我们不应忘记,在这些领域里,机械法则不再发挥着决定性作用,毋宁只是居于从属的地位。紧接着还需要指出一点,即在自然界里,一旦那些更高级的,尤其是有机的功能的常规作用以这个或那个方式遭到干扰和阻碍,那个本来居于从属地位的机械性就会立即显露为起主导作用的东西。比如一个有胃病的人只吃了少量食物,就感觉到了胃里的**压力**,而其他消化功能健全的人尽管也吃了同样多的食物,却不会有这个感觉。同样,身体羸弱的人也会普遍地感觉到四肢里的**重力**。

甚至在精神世界的领域里,机械性也有其地位,但同样只是居于从属的地位。人们正确地谈到机械记忆以及各种各样的机械举止,比如阅读、写作、奏乐等等。具体到记忆而言,行为的机械方式甚至属于这种行为的本质;这个情况经常遭到近代教育学的忽视,后者盲目地推崇理智的自由,却给青少年的教育带来了巨大危害。另一方面,假若某人在探究记忆的本性时把机械论当作避难所,企图不由分说地把机械法则应用到灵魂上,那么他同样表明自己是一位糟糕的心理学家。记忆的机械性恰恰在于,仅仅通过纯粹外在的结合去理解某些符号、音调等等,然后在这个结合中将它们重新生产出来,同时不需要特别关注它们的意义和内在联系。为了认识到机械记忆的特点,不需要进一步研究机械论,更何况这种研究不能给严格意义上的心理学提供任何帮助。

§196

[355]

客体之所以具有非独立性并遭到**压迫**(参阅前一节),仅仅因为它是独立的。自在地看来,其中一个规定(即独立性)作为已设定的概念,并没有在另一个规定(即非独立性)里扬弃自身,毋宁说,客体只有通过自身否定,通过它的非独立性,才与自身融合,才是独立的。当客体区别于外在性,同时在它的独立性里否定了外在性,它就是**否定的**自身**统一体**、**核心性**、主观性,并因此指向外在东西并与之相关联。外在东西同样是一个内在的核心,同样仅仅与别的核心相关联,同样在他者那里具有它的核心性;——2. 这就是**有差别的机械性**(比如降落、欲望、社交冲动之类东西)。

§197

这个对比关系的发展构成了一个推论,也就是说,内在的否定性作为一个客体(抽象核心)的**核心**个别性,把那些非独立的客体当作另一个端项而与之相关联,而中项则是在自身之内把诸客体的核心性和非独立性联合起来,成为一个相对的核心;——3. 这就是**绝对的机械性**。

§198

上述推论("个别性—特殊性—普遍性")是一个三重的推论。形式化的机械性寓居在**非独立的**客体里面,这些客体的恶劣的**个别性**作为非独立性,同样是一种外在的普遍性。因此这些客体是介于**绝对核心**和**相对核心之间的中项**(其推论形式为"普遍性—个别性—特殊性");也就是说,正是通过这些非独立的客体,那两个核心才分裂为端项,同时相互关

[356] 联。同样,**绝对的核心性**作为实体意义上的普遍者(始终保持同一的重力),作为纯粹的否定性,同样在自身之内包含着个别性,并且在**相对核心**和**非独立**的客体之间起中介作用,而其推论形式则是"特殊性—普遍性—个别性",也就是说,它一方面在本质上按照内在的个别性而发生分裂,另一方面按照普遍性而进行同一化的整合,成为一个坚固的内化存在。

[说明]和太阳系一样,比如在实践的领域里,国家就是一个具有三种推论的体系。1. **个别的人**(个人)通过他的**特殊性**(各种生理需要和精神需要,这些东西本身通过进一步塑造就得出市民社会)而与**普遍者**(社会、法、法律、政府)结合;2. 个体的意志和行为是起中介作用的东西,它通过社会、法等等满足自己的需要,同时也让社会、法等等得到充实并得以实现;3. 但普遍者(国家、政府、法)才是实体意义上的中项,在其中,个体及其满足具有并且维系着已充实的实在性、中介活动和持存。当中介活动把其中每一个规定与另一个端项结合在一起,这个规定就恰恰因此与自身结合,并生产出自身,而这种生产就是自身保存。——只有通过这种结合活动的本性,通过同一些**端项**的推论的这种三重性,我们才能够真正理解一个处于其有机组织中的整体。

§199

客体在绝对的机械性里具有实存,而**自在地看来**,这个实存的**直接性**就在于客体的独立性以它们的相互关联或以它们的非独立性为中介,并遭到否定。这样一来,**实存着的**客体必须被设定为与**它**的他者是**有差别的**(different)。

b. 化学性（Der Chemismus）

§200

有差别的客体具有一个内在的**规定性**,后者构成了客体的本性,而客体因此具有实存。但客体作为**概念**的已设定的总体性乃是一个矛盾,即它的这个总体性和它的实存的规定性的矛盾;因此客体努力扬弃这个矛盾,努力让它的定在等同于概念。

[**附释**]化学性是客观性的一个范畴,它通常并没有得到特别强调,而是与机械性合并在一起,在这个合并中被统称为机械性对比关系,并且经常被拿来与**合目的性**对比关系相对立。这件事情的原因在于,**机械性**和**化学性**确实有一个共同点,即它们都仅仅是起初**自在地**实存着的概念,反之**目的**必须被看作**自为地**实存着的概念。但除此之外,机械性和化学性就非常明确地区分开了,也就是说,客体在机械性的形式里起初只是一种漠不相关的自身关联,反之化学客体却表明自己完全与其他客体相关联。诚然,在机械性的发展中,它那里同样已经显露出与其他客体的关联,但机械客体相互之间的关联起初只是一种外在的关联,以至于那些相互关联的客体身上还残留着独立性的假象。比如在自然界里,那些构成了太阳系的不同天体就处在运动的对比关系中,并表明它们是通过这个运动而相互关联的。然而运动作为空间和时间的统一体仅仅是一种完全外在的、抽象的关联,以至于那些外在地相互关联的天体仿佛即使没有这个关联也仍然是,并且始终是它们所是的东西。——反之在化学性那里则是另外的情形。化学上有差别的客体显然只有通过它们的差别才是它们所是的东西,因此它们是一种绝对的冲动,要彼此贯穿并整合在一起。

§201

因此化学过程的产物是它的两个处于紧张关系中的端项的**中和物**，而两个端项**自在地**就是这个中和物。概念作为具体的普遍者，通过客体的差别，通过特殊化，与作为产物的个别性结合，因此在这个过程中仅仅是与它自己结合。同样，其他推论也包含在这个过程里；个别性作为活动同样是一个起中介作用的东西，正如具体的普遍者就是处于紧张关系中的端项的本质，而这个本质在产物里达到了定在。

§202

化学性作为客观性与客体的有差别的本性之间的反映对比关系，同时以客体的**直接的**独立性为前提。过程就是一个形式和另一个形式之间的来回过渡，与此同时，这两个形式始终是彼此外在的。——在中和的产物里，两个端项在相互对立的情况下曾经具有的已规定的特性被扬弃了。这个产物虽然符合概念，但**起激励作用的**(begeistende)差别化原则并未在产物之内实存着，因为产物已经重新沉陷在直接性里；正因如此，中和物是可分解的。但判断原则——它让中和物分裂为两个有差别的端项，并且把它的差别赋予全部无差别的客体，激励客体与一个他者相对立——和紧张分裂的过程都落在那个最初的过程之外。

[**附释**]化学过程仍然是一个有限的、有条件的过程。严格意义上的概念起初只是这个过程的内核，在它的这个自为存在里还没有达到实存。在中和的产物里，过程消失了，而那个激励者落在过程之外。

§203

上述两个过程，一个是有差别的东西归结为中和物，另一个是无差别的东西或中和物的差别化。这两个过程的**外在性**让它们看上去是独立于彼此的,但在过渡到产物的时候却揭示出它们的有限性,因为它们在产物中被扬弃了。另一方面,过程表明有差别的客体的预先设定的直接性是一种虚妄的直接性。——通过**否定**概念作为客体曾经沉陷其中的外在性和直接性,概念被设定为**自由的**、**自为地**与那个外在性和直接性**相对立**的东西,——**被设定为目的**。

[**附释**]当化学过程的两个形式相互扬弃,就已经包含着从化学性到目的论对比关系的过渡。由此产生的结果,就是那个起初仅仅**自在地**包含在化学性和机械性里的概念获得自由,而这个如今自为地实存着的概念就是**目的**。

c. 目的论(Teleologie)

§204

目的是那个已经进入自由的实存,**自为地存在着的**概念,而这是以**否定**直接的客观性为中介。目的被规定为**主观的**,因为那个否定起初只是**抽象的**,因此起初也是与客观性相对立。但相比概念的总体性,主观性的这个规定性是**片面的**,亦即**对概念本身而言**是片面的,因为全部规定性都已经在概念里面把自己设定为已扬弃的规定性。因此对于目的而言,预先设定的客体也仅仅是一种观念性的、**自在地虚妄的**实在性。目的是一个矛盾:一方面是它的自身同一性,另一方面是设定在它自身之内的否定和对立,因此目的本身就是一个**扬弃活动**,即去否定对立,把对立设定为与它自己是同一的。这就是**目的的实在化**,在这个过程里,当目的把自己当作它的主观性的他者并将自己客观化,就已经扬弃了二者的区别,**仅仅与自己**结合并**维系着**自己。

[**说明**]把目的概念称作**理性概念**,一方面是多此一举,但另一方面 [360]

也是有道理的,因为这就把它与知性的抽象普遍者对立起来,后者仅仅以**归摄**的方式与特殊东西相关联,而不是在其自身就具有特殊东西。——进而言之,目的作为**目的因**与单纯的**作用因**(亦即通常所说的"原因")之间的区别是极为重要的。原因属于仍然未揭示的、盲目的必然性;因此它看起来已经过渡到它的他者那里,于是在已设定的存在里失去了自己的原初性;只有自在地看来或对我们而言,作用里的原因才是原因,并且已经返回到**自身之内**。反之目的被设定为这样一个东西,它**在自身之内**就包含着那个在因果性里仍然显现为异在的规定性,亦即作用,以至于它在发挥作用的时候并没有发生过渡,而是**维系着**自己,也就是说,它仅仅作用于它自己,并且在**开端**或原初性里就已经达到了**终点**;只有通过这种自身维系,才有真正的原初东西。——目的要求一种思辨的理解把握,因为概念作为它的各种规定的**统一体**和**理念性**,本身就包含着**判断**或否定,包含着主观东西和客观东西的对立,同样又扬弃了这个对立。

当谈到目的时,我们不应当立即想到或仅仅想到那个形式,即目的在意识里是一个存在于表象中的规定。借助"**内在的**合目的性"这一概念,康德已经重新唤醒了一般意义上的理念,尤其唤醒了生命的理念。亚里士多德关于生命的规定已经包含着内在的合目的性,就此而言,他达到的高度是现代目的论的概念所望尘莫及的,因为后者看到的只是一种**有限的、外在的**合目的性。

[361]　需要、冲动是目的的最切近的例子。它们是一个**感觉到的**、出现在活生生的主体自身**之内**的矛盾,而它们的目的就是要通过行动去否定这个否定,否定这个仍然单纯的主观性。**满足**制造出主体和客体之间的和平,因为那个在持续的矛盾(需要)里**位于对面**的客观东西通过与主观东西结合,同样扬弃了自己的片面性。——那些津津乐道于有限者(即主观东西和客观东西)的坚固性和不可克服性的人,在每一种冲动里都看到相反的例子。也就是说,冲动是这样一种**确定性**,即知道主观东西和客观东西一样,都是片面的,都不具有真理。其次,冲动是这种确定性的**实现**;冲动完成了一件事情,即扬弃了"主观东西是并且始终是主观东西,客观

东西同样是并且始终是客观东西"这一对立,扬弃了它们的这个有限性。

说到目的的活动,还需要指出一点,即这个活动是一个**推论**,它使目的通过实在化的手段而与自己结合,而这在本质上是**对两个端项的否定**;——这恰恰是刚才提到的那个否定,即不但否定出现在目的自身之内的直接的主观性,而且否定**直接的**客观性(亦即手段和预先设定的客体)。正是这同一个否定,也被用于提升精神走向上帝,不但超越世界上的偶然事物,而且超越它自己的主观性;正如**导论**和§192里已经提到的,恰恰是这个环节在知性推论的形式下被忽视和抛弃了,反而是这个形式在所谓的关于上帝存在的证明里得到提升。

§205

直接的目的论关联起初是一种**外在的**合目的性,而概念则是与客体(一个**预先设定的东西**)相对立。因此目的是**有限的**,这一方面是鉴于它的**内容**而言,另一方面则是因为它以一个既有的客体为外在条件,把后者当作它的实在化的**材料**;就此而言,它的自身规定仅仅是**形式化的**。直接性还包含着一点,即**特殊性**显现为一个反映回自身的特殊性(目的的**主观性**显现为**形式规定**),内容显现为一个与形式的**总体性**,与**自在的**主观性,与概念区分开的东西。这个差异性构成了目的**在其自身范围之内的有限性**。在这种情况下,内容同样是一个受限定的、偶然的、给定的东西,正如客体是一个特殊的、既有的东西。 [362]

[**附释**]人们在谈到目的时,通常只看到外在的合目的性。按照这种观点,事物不是在自身之内承载着自己的规定,而是仅仅充当**手段**,被用来实现一个位于它之外的目的,甚至为之作出牺牲。总的说来,这就是**功用**的立场,这个立场曾经在科学里也扮演着重要的角色,但后来遭到应有的唾弃,被看出来没有能力真正认识事物的本性。毫无疑问,当人们把有限事物本身看作一种非终极的、指向自身之外的东西,这个观点是合理的。但有限事物的这种否定性是它们

315

固有的辩证法,而为了认识到这一点,人们必须首先关注它们的肯定内容。除此之外,如果目的论观察方式是出于一种善意的兴趣,比如企图揭示出上帝启示在自然界中的智慧,那么对此必须指出,人们在搜寻那些以事物为手段的目的时,并没有超越有限者,而且很容易陷入琐碎无聊的反思,比如不仅从一个众所周知的观点出发去考察葡萄树的用处,而且考察黄檗树与软木塞的关系,琢磨怎么剥下树皮做成软木塞,用来封装酒瓶。过去有很多书都是在这种意义上写成的,而我们很容易看出,这样的方式既不能增进对于宗教的真正兴趣,也不能增进对于科学的真正兴趣。外在的合目的性距离理念只有咫尺之遥,但这种站在门槛前的东西恰恰经常是最不能令人满意的。

[363]

§206

目的论关联是一个推论,在其中,主观的目的通过一个中项而与一种外在于它的客观性结合,而中项作为二者的统一体,作为**合目的的活动**,作为**直接**设定在目的下面的客观性,就是**手段**。

[**附释**]从目的到理念的发展经历了三个层次:**第一**是主观的目的,**第二**是实现着自身的目的,**第三**是已实现的目的。——我们首先看到的是主观的目的,它作为自为地存在着的概念,本身是诸概念环节的总体性。其中的第一个环节是那种自身同一的普遍性,它仿佛是中性的最初的水,包含着一切东西,但没有将它们区分开。第二个环节是这个普遍者的特殊化,通过这个方式,普遍者获得了一个已规定的内容。在这之后,当这个已规定的内容通过普遍者的活动而被设定下来,普遍者就通过这个内容而返回自身,与自己**闭合**(schließen)。相应地,当我们设定一个明确的目的,我们就说"把某东西**封闭起来**"(etwas beschließen),亦即**决心**做某件事情,也就是说,我们首先把自己仿佛看作开放的,可以接受这个或那个规定。除此之外,人们也用"**解封**某东西"(etwas entschließen)来表示"**决心**做

某件事情",而这意味着,主体从它的单纯自为地存在着的内在性里走出来,和那种与它对立的客观性打交道。这就导致了从单纯主观的目的到转向外面的、合目的的活动的推进。

§207

1. **主观的**目的是一个推论,在其中,**普遍的**概念通过特殊性而与个别性这样结合,即个别性作为自身规定而**作出判断**,也就是说,一方面把那个仍然无规定的普遍者设定为一个特殊的、已规定的**内容**,另一方面设定主观性和客观性的**对立**,——个别性本身就是一种自身回归,与此同时,当它以那种内在闭合的总体性为参照,把概念的预先设定的主观性(这是相对于客观性而言)规定为一个有缺陷的东西,它就转向**外面**。[364]

§208

2. 这个**转向外面的活动**,亦即那种在主观的目的里与特殊性(除了内容之外,**外在的客观性也已经融入其中**)同一的**个别性**,首先**直接**与客体相关联,并且把后者当作一个**手段**来加以掌控。概念就是这个直接的**权力**,因为它是一种自身同一的否定性,客体的**存在**在其中完全只是被规定为一种**观念性**的存在。——**整个中项**就是概念的这个内在的权力,亦即这样一种**活动**,它把**客体**当作**手段**而直接与之结合,并且掌控着客体。

[**说明**]在有限的合目的性里,中项**分裂为**两个彼此外在的环节:一个是活动,另一个是充当手段的客体。目的作为**权力**而与这个客体的关联,以及客体对于目的的服从,都是**直接发生的**,——这个关联是推论的**第一前提**,——由于概念是自为地存在着的理念性,所以客体在其中**自在地**就被设定为虚无的东西。这个关联或第一前提**本身就转变为中项**,与此同时,这个中项是一个**内在的**推论,因为通过这个关联,通过目的包含在其中并起主导作用的活动,目的就与客观性结合在一起。

[附释]目的的实现是目的的经过中介的实在化方式;但直接的
实在化同样也是必要的。目的直接掌控着客体,因为它是一个凌驾
于客体之上的权力,因为它包含着特殊性,而特殊性又包含着客观
性。——生物有一个躯体;灵魂掌控着躯体,并在其中直接客观化自
身。人的灵魂必须付出很多努力,才能够把它的身体当作手段。我
们几乎可以说,人必须首先占领自己的身体,这样身体才会成为他的
灵魂的工具。

[365]

§209

3. 合目的的活动和它的手段仍然是指向外面的,因为目的同样**不是
与客体同一的**;因此目的首先必须把客体当作一个中介。在这**第二前提**
里,手段作为客体与推论的**另一个端项**(预先设定的客观性或材料)**直接**
相关联。这个关联就是如今**服务于**目的的机械性和化学性的层面,因为
目的是后面二者的真理和自由的概念。理性的**狡计**(List der Vernunft)在
于,**客观东西**在各种过程里面相互损耗和相互扬弃,而主观目的作为掌控
着这些过程的权力,却一方面**置身其外**,另一方面在其中**维系着自身**。

[附释]理性是**狡诈的**,同时也是**强大的**。一般而言,狡计是基
于一种起中介作用的活动,这种活动让各个客体按照它们自己的本
性相互作用,相互损耗,而它自己并不直接介入这个过程,同时却实
现了**它自己的**目的。在这个意义上,相对于世界及其过程而言,神意
就表现为一种绝对的狡计。上帝放任人类沉迷于他们的特殊激情和
特殊关切,而由此造成的后果,却是**上帝的**意图的实现,这些意图与
他命令某些人首先追求的那些东西是大不相同的。

§210

因此,已经实在化的目的是主观东西和客观东西的**已设定的**统一体。
但这个统一体在本质上具有这样一个规定,即主观东西和客观东西仅仅按

照它们的**片面性**而被中和、被扬弃,同时客观东西服从于目的,并且遵循着 ［366］
目的,因为目的是自由的概念,是一种凌驾于客观东西之上的权力。目的
在客观东西的对面和内部**维系着自身**,因为目的除了是**片面的**主观东西和
特殊东西之外,也是具体的普遍者,是主观东西和客观东西的自在地存在
着的同一性。这个普遍者,作为单纯的反映回自身之内的东西,就是**内容
本身**,而内容经历了推论的三个**端项**及其运动之后,仍然是**同一个东西**。

§211

但在有限的合目的性里,已经实现的目的同样是一个内在分裂的东
西,正如手段和起初的目的也是如此。因此现在得到的结果仅仅是一个
在既有的材料那里**外在地**设定下来的形式,这个形式基于其目的内容的
有限性,同样是一个偶然的规定。就此而言,已达到的目的仅仅是一个客
体,这个客体又成为其他目的的手段或材料,如此以至**无限**。

§212

但在目的的实在化过程里,**自在地**发生了一件事情,即**片面的主观性**
和那个假象(仿佛有一种与主观性相对立的、客观的独立性)都被扬弃
了。**概念**通过掌控手段,把自己设定为客体的**自在地**存在着的本质;在机
械过程和化学过程里,客体的独立性**自在地**已经消失了,而当它们开始服
从于目的的统治,那个独立性的**假象**,那个**与概念相对立**的否定者,就扬
弃了自身。但是,当已实现的目的**仅仅**被规定为手段和材料,这个客体就
立即被设定为一个自在地虚无的、单纯观念性的东西。这样一来,**内容和
形式**的对立也消失了。当目的通过扬弃形式规定而与自身结合,形式就
成为自身**同一**的东西,进而被设定为内容,以至于**概念作为形式活动**仅仅
把**自己**当作**内容**。也就是说,通过这个过程,那曾经是目的的**概念**的东西 ［367］
就完全被**设定下来**,而从现在起,主观东西东西和客观东西的**自在地存在
着**的统一体已经是**自为地存在着**,——如今的这个统一体就是**理念**。

[**附释**]目的的有限性在于,在目的的实在化过程中,那被当作手段来使用的材料只是以外在的方式归属并服从于目的。但实际上,客体**自在地**就是概念,概念作为目的的实在化过程,仅仅是概念自己的内核的展现。就此而言,客观性仿佛只是一个把概念隐藏起来的外壳。在有限者那里,我们不可能体验到或看到目的真正得以实现。无限目的的实现仅仅在于扬弃"目的仿佛还没有实现"这一幻觉。善,绝对的善,永恒地在世界上实现自身,其结果就是,它自在且自为地已经实现,不必等着我们去做什么。我们恰恰是生活在这个幻觉中,与此同时,唯有这个幻觉作为推动着的力量营造出世界上的各种关切。理念在其过程中亲自制造出这个幻觉,设定一个他者与自己对立,而理念的行动就在于扬弃这个幻觉。只有从这个谬误里面,真理才显露出来,同时与谬误和有限性达成和解。当异在或谬误被扬弃,就成为真理的一个必然的环节,而真理只有在把自己当作自己的结果时才是真理。

C. 理念(Die Idee)

§213

理念是**自在且自为的真相**,**概念和客观性的绝对统一体**。它的观念性内容无非是那个处于自己的各种规定中的概念;它的实在的内容仅仅是概念本身在外在定在的形式里的呈现,而当概念把这个形态包揽到它的理念性之内,使之服从它的掌控,它就在这个形态里维系着自身。

[368]　[**说明**]现在,"绝对者是理念"这一定义本身就是绝对的。迄今的所有[关于绝对者的]定义都返回到这个定义中。——理念是**真理**;因为真理就是指客观性符合概念,——而不是指外在事物符合我的表象,因为这些只不过是**我这个人**所具有的**正确的**表象。理念无关乎这一个人,无关

乎表象,无关乎外在事物。——但**一切**现实的东西,只要是真实的,就都
是理念,并且只有通过理念并借助于理念才具有其真理。个别的存在是
理念的某一个方面,因此仍然需要另外一些现实事物,而这些事物同样显
现为独自持存着的东西;只有在它们的整体和关联之内,概念才得以实在
化。单独的个别东西并不符合概念;它的这个受到限制的定在构成了它
的**有限性**并导致它走向消灭。

理念本身不应当被看作**某一个东西的**理念,正如概念不应当仅仅被
看作已规定的概念。绝对者是普遍的、**唯一的**理念本身,后者通过**判断**或
原初分割把自己特殊化为诸多已规定的理念的**体系**,但这些理念之所以
形成一个体系,只是为了回归唯一的理念本身,回归它们的真理。正是通
过这个判断或原初分割,理念**起初**只是唯一的、普遍的**实体**,但它的已发
展的、真正的现实性却是指它作为**主体**,亦即作为精神而存在着。

由于理念不是把一个**实存**当作它的出发点和支撑点,所以人们经常把
理念看作一个纯粹形式化的逻辑要素。不难看出,这类观点是基于那样一
些立场,在它们看来,实存着的物和一切尚未达到理念的规定都仍然是所
谓的**实在东西**和真正的**现实东西**。——同样错误的是那样一种观点,即认
为理念仅仅是**抽象的东西**。诚然,就理念在自身之内消融了一切非真实的
东西而言,它是抽象的;但理念本身在本质上是**具体的**,因为它就是那个自
由的、自己规定着自己的、进而把自己规定为实在性的概念。只有当概念 [369]
(亦即理念的本原)被看作抽象的统一体,而不是如其应然的那样被看作一种
否定的自身回归,被看作**主体性**,才可以说理念是一种形式化的抽象东西。

[**附释**]人们起初把真理理解为"我**知道**某东西如何**存在**"。但
这只是一种与意识相关联的真理,或者说是一种形式化的真理,即单
纯的正确性。与此相反,更深刻意义上的真理在于客观性和概念是
同一的。当人们谈到一个**真实的**国家或一件**真实的**艺术作品时,就
是指这种更深刻意义上的真理。这些对象之所以是**真实的**,在于它
们是它们**应当**所是的东西,也就是说,它们的实在性和它们的概念是

符合的。按照这个理解,非真实的东西就是指通常所说的恶劣的东西。一个恶劣的人是一个非真实的人,也就是说,这个人不符合他的概念或他的规定[使命]。但假若完全缺失了概念和实在性的同一性,那就没有任何东西能够存在。恶劣的或非真实的东西之所以**存在着**,仅仅因为它的实在性仍然以某种方式符合它的概念。正因如此,彻底的恶劣东西或违背概念的东西是一种内在分裂的东西。唯有通过概念,世界上的各种事物才具有持存,而这个意思用宗教的语言来说就是:事物只有通过那个寓居在它们之内的神性思想(造物主的思想)才是它们所是的东西。

当谈到理念的时候,人们不应当把它想象为某种遥远的、位于彼岸的东西。毋宁说,理念是绝对在场的东西,而且这个东西也出现在每一个意识里面,哪怕是以模糊而扭曲的方式。——我们把世界想象为一个由上帝创造的巨大整体,而且认为上帝已经在这个世界上向我们启示自身。同样,我们把世界看作由神意所统治的,而这意味着,世界起源于一个统一体,因此世界上的分裂状态也将回归统一体并服从统一体。——自古以来,哲学的工作无非在于以思维的方式去认识理念,而一切配得上"哲学"之名的东西都始终基于一种意识,即知道知性顽固坚持的分裂东西[其实]是一个绝对的统一体。——我们不是直到现在才要求证明"理念是真理";思维的整个迄今的发挥和发展就包含着这个证明。理念是这个历程的结果,但这不是指理念仿佛**仅仅**是以别的东西而不是以它自己为中介,毋宁说,理念是它自己的结果,因此它既是直接的东西,也是经过中介的东西。迄今考察的存在、本质、概念、客观性等层次虽然彼此有别,但并不是一种固定的、停留于自身的东西,而是表明自己是辩证的,而它们的真理仅仅在于它们是理念的各个环节。

[370]

§214

理念可以被理解为**理性**(这是真正的哲学意义上的**理性**),进而被理解为**主体—客体**,观念性东西和实在东西、有限者和无限者、灵魂和身体的统一体,以及一种**本身就具有其现实性的可能性**,或其本性只能作为实存而得到概念把握的东西,如此等等,因为它在自身之内包含着知性的全部对比关系,而这些对比关系已经处在**无限的**自身回归和自身同一性之中。

[**说明**]知性有一项轻松的工作,即指出一切关于理念的谓述都是自相**矛盾**的。这一点同样可以用来回击知性,或更确切地说,理念已经完成了这个回击;——这是理性的工作,而它当然不像知性的工作那样轻松。——知性列举出很多理由来表明理念是自相矛盾的,比如主观东西仅仅是主观的,与客观东西相对立,存在是某种不同于概念的东西,因此不能从概念中"刨出来"(herausklauben)①,同样有限者仅仅是有限的,与无限者针锋相对,因此和无限者不是同一的;总之一切规定都是如此。但逻辑学所揭示出的毋宁正相反,也就是说,如果主观东西只应当是主观的,有限者只应当是有限的,无限者只应当是无限的,如此等等,那么它们就不具有真理,而是自相矛盾,并且过渡到自己的反面,相应地,这个过渡和统一体(在其中,各个端项已经被扬弃了,成为映象或环节)就表明自己是它们的真理。 [371]

知性对理念的挑衅是出于一种双重的误解。**首先**,理念的**各个端项**(这个名称是无关紧要的)明明**处于统一体之中**,但知性却**没有**把它们看作具体的统一体,而是仍然把它们看作位于统一体之外的**抽象东西**。同样,哪怕[端项的]**关联**已经被明确地设定下来,知性同样置若罔闻,比如它甚至忽视了判断里的**系词**的本性,不知道系词在谓述个别东西或主词的时候已经表明个别东西同样不是个别东西,而是普遍者。——**其次**,知性坚持认为**它的**那个反思(即自身同一的理念包含着自己的**否定者**,或

_____

① 黑格尔经常用康德自己使用的这个术语来讽刺康德,比如先刚译《黑格尔著作集(第 5 卷)·逻辑学 I》人民出版社 2019 年版第 69 页,《黑格尔著作集(第 6 卷)·逻辑学 II》人民出版社 2021 年版第 209、211、324 页,以及本书 TWA 8,109。——译者注

者说包含着矛盾）是一个**外在的**反思，而不是属于理念本身。但实际上，这不是知性特有的智慧，毋宁说，理念本身就是辩证法，它永恒地把自身同一的东西与有差别的东西，把主观东西与客观东西，把有限者与无限者，把灵魂与身体割裂和区分开，并且只有在这种情况下才是永恒的创造、永恒的活力和永恒的精神。哪怕它这样亲自过渡乃至转移到**抽象的知性**，它也仍然永恒地是理性；理念是辩证法，这种辩证法重新理解这些有差异的知性东西，带领它们超越自己的有限本性，超越它们的独立产物的虚假映象，返回到统一体。由于这个双重运动不但与时间无关，而且不会以某种方式分裂和区分开——否则它就仍然只是抽象的知性——，所以它是在他者之内进行的永恒的自身直观；这就是那个在其客观性里**已经实现自身**的概念，或者说那样一个客体，它是**内在的合目的性**，是本质上的主观性。

[372]

　　各种理解理念的**方式**，比如将其理解为观念性东西和实在东西的统一体、**有限者**和**无限者**的统一体、**同一性**和**差别**的统一体，如此等等，或多或少都是**形式化的**，因为它们标示着**已规定的概念**的某一个层次。只有概念本身才是自由的，才是真正的**普遍者**；因此在理念里，概念的**规定性**同样仅仅是概念本身，——在这种客观性里，概念作为普遍者持续设定自身，仅仅具有它自己的、整全的规定性。理念是**无限判断**，其中的每一方都是独立的总体性，而且只要其中一方达到完成，就恰恰因此过渡到另一方。除了**概念**本身和**客观性**之外，任何别的已规定的概念都不是这种在它的两个方面都达到完成的总体性。

§215

　　理念在本质上是**过程**（Prozeß），因为只有当理念是绝对的否定性，从而是辩证的，它的同一性才是概念的绝对的、自由的同一性。理念是这样一个**历程**（Verlauf），即概念作为个别的普遍性，把自己规定为与普遍性相对立的客观性，然后这种把概念当作其实体的外在性通过其内在的辩证法而把自己重新带回到**主观性**。

[**说明**]a)正因为理念是**过程**,所以正如我们经常提醒的,诸如"绝对者是有限者和无限者的**统一体**,是思维和存在的**统一体**"之类表述是错误的,因为统一体所表达出的一种是抽象的、**静止**不动的同一性。b)同样,正因为理念是**主观性**,所以那些表述是错误的,因为那个统一体所表达出的是真正的统一体的**自在体**或**实体性**方面。就此而言,无限者仿佛只是与有限者进行了**中和**,主观东西与客观东西,思维与存在同样也是如此。但在理念的**否定的**统一体里,无限者统摄着(greift hinüber)有限者, [373] 思维统摄着存在,主观性统摄着客观性。理念的统一体是主观性、思维、无限性,因此在本质上必须有别于那种作为**实体**的理念,正如**居于统摄地位的**主观性、思维、无限性也必须有别于**片面的**主观性、片面的思维、片面的无限性,因为前者是通过自身判断(自身的原初分割)和自身规定才降格为后者。

[**附释**]理念,作为过程,在其发展中经历了三个层次。理念的第一个形式是**生命**,亦即处于直接性形式中的理念。第二个形式是中介活动或差别,亦即作为**认识活动**的理念,而认识活动又在**理论**理念和**实践**理念这个双重的形态中显现出来。认识活动的过程得出的结果,就是重新制造出那个通过区别而变得丰富的统一体,而这就给出了第三个形式,亦即**绝对理念**。绝对理念作为逻辑过程的最后一个层次,同时表明自己是真正的最初东西和仅仅通过自己而存在着的东西。

a. 生命(**Das Leben**)

§216

直接的理念是**生命**。概念作为灵魂,在一个**身体**里得以实在化。相对于身体的外在性而言,灵魂是直接的、与自身相关联的**普遍性**,而身体的**特殊化**意味着,它所表达出的不是别的区别,毋宁只是它本身具有的概念规定。最后,**个别性**是无限的否定性,——这就是身体的彼此外在存在着的客观性的辩证法,而客观性已经摆脱独立持存的假象,被带回到主观性,以至于全部肢体任何时候都是互为**手段**和互为目的;至于生命,既是**起初的特殊化**,也是一个**结果**,即一个**否定的**、**自为地**存在着的统一体,而生命在这个辩证的身体性里仅仅与它自己结合。——因此,生命在本质

[374]　上是**有生命的东西**,并且就其直接性而言是**这一个有生命的个别东西**。有限性在这个层面上意味着,理念的直接性导致灵魂和身体是**可分的**;这个事实构成了有生命的东西的有死性。但只有当它死了以后,理念的那两个方面才可以说是不同的**组成部分**。

　　[**附释**]身体的个别肢体只有通过它们的统一体以及与这个统一体的关联才是它们所是的东西。比如亚里士多德就曾经指出,如果一只手从身体上砍下来,那么就仅仅在名称上叫作"手",但实际上已经不是手。——从知性的立场来看,生命经常被看作一个秘密,甚至是**不可思议的**。但在这种情况下,知性只不过供认了自己的有限性和虚无性。实际上,生命绝不是什么不可思议的东西,毋宁说,我们在生命那里看到了概念本身,确切地说,看到了作为概念而实存着的、**直接的**理念。但这也立即暴露出生命的缺陷。这个缺陷在于,概念和实在性在这里仍然不是真正彼此契合的。生命的概念是灵魂,而这个概念把身体当作自己的实在性。灵魂仿佛倾注到它的身体之内,而身体起初只是**有感觉的**,但尚且不是自由的自为存在。这样一来,生命的过程就在于去克服那个仍然束缚着生命的直接性,这个过程本身又是一个三重的过程,其结果是处于判断形式中的理念,亦即作为**认识活动**的理念。

§217

有生命的东西是一个推论,其各个环节本身又是内在的体系和推论

（§198，§201，§207），但这些主动的推论或过程在有生命的东西的主观统一体里仅仅是**同一个**过程。因此，有生命的东西就是它与它自己相结合的过程，而这个结合又经历了**三个过程**。

§218

1. 第一个过程是有生命的东西**自身内部**的过程，在其中，它本身发生分裂，把它的身体当作它的客体，当作它的**无机**自然界。这个自然界作为相对外在的东西，本身就表现为它的各个环节的区别和对立，这些环节相互损耗，相互同化，并且以生产出自身的方式维系着自身。但肢体的这个活动仅仅是主体的各种活动之一，其产物返回到这个活动中，以至于只有主体被生产出来，也就是说，只有主体自身被重新生产出来。

[375]

　　[**附释**]有生命的东西自身内部的过程在自然界里具有三重形式，即感受性、应激性和再生性。作为感受性，有生命的东西是直接而单纯的自身关联，即灵魂，后者弥漫在它的身体里，无处不在，因此身体的彼此外在对它而言不具有真理。作为应激性，有生命的东西显现为内在分裂的东西；作为再生性，它从它的各个肢体和器官的内在区别里不断地重新制造出自身。有生命的东西仅仅作为这个在其自身内部不断地更新着自身的过程而**存在着**。

§219

2. 但概念的**判断**或**原初分割**是自由的，于是放任**客观东西**离开，成为一种独立的总体性，而有生命的东西的否定的自身关联，作为**直接的**个别性，**预先设定**了一个与自己相对立的无机自然界。由于这个自身否定同样是有生命的东西的一个概念环节，所以它在有生命的东西（同时是一个具体的普遍者）里表现为一个**缺陷**。通过辩证法，客体作为**自在的**虚无东西扬弃自身，而辩证法就是那种具有自身确定性的有生命的东西的活动；在这个**与无机自然界相对立的过程**里，有生命的东西**维系着自**

身、发展自身、客观化自身。

[**附释**]有生命的东西与无机自然界相对立,在这个对比关系里,前者表现为一种掌控着后者的权力,并且同化了后者。这个过程的结果不像在化学过程里那样是一个中和的产物,以至于相互对立的双方的独立性都被扬弃了,毋宁说,有生命的东西表明自己统摄着它的他者,后者不可能与它的权力相抗衡。无机自然界之所以服从于有生命的东西并忍受这一切,原因在于,无机自然界**自在地**所是的东西,就是生命**自为地**所是的东西。就此而言,有生命的东西在他者那里仅仅与它自己结合。当灵魂逃离身体,客观性的各种基本力量就开始大展身手。也就是说,这些力量一直都在跃跃欲试,企图在有机的身体里开启它们的过程,而生命就是不断地与这些力量作斗争。

[376]

§220

3. 有生命的个体在它的第一个过程里表现为内在的主体和概念,当它通过它的第二个过程同化了它的外在的客观性,从而把实在的规定性**设定在它自身之内**,这时它就是**自在的种**(Gattung),即实体意义上的普遍性。种的特殊化是主体与同种的**另一个主体**的关联,而判断或原初分割是种和这些相互对立的已规定的个体之间的对比关系;——这就是**性别**。

§221

种的过程使种成为**自为存在**。因为生命仍然是直接的理念,所以过程的产物分裂为两个方面:从**其中一个方面**来看,全部有生命的个体起初都是被预先设定为直接的东西,而现在则是作为一种**经过中介的**、**被产生的东西**而显露出来;但从**另一个方面**来看,有生命的**个别性**由于其最初的**直接性**的缘故,与普遍性之间是一种**否定的**关系,并且在作为权力的普遍性里**走向消灭**。

[**附释**]有生命的东西会死去，因为它是一个矛盾，即它**自在地**是普遍者或种，但又直接地仅仅作为个别东西而实存着。在死亡里，种表明自己是掌控着直接的个别东西的权力。——对动物而言，种的过程是它的生命性的巅峰。但动物不可能在它的种里自为地存在着，而是屈服于种的权力。在种的过程里，直接的有生命的东西以自身为中介，从而超越了它的直接性，但这始终只是为了重新沉陷在直接性里。就此而言，生命起初只是奔走于无限进展的恶劣无限性。但从概念来看，生命的过程所确立的结果，就是扬弃和克服理念作为生命而仍然陷身其中的直接性。 ［377］

§222

但这样一来，生命的理念不是仅仅摆脱了**某一个**（特殊的）**直接的**定在，而是完全摆脱了这种最初的直接性；于是这个理念**走向自身**，走向它的**真理**；也就是说，它作为**自由的、自为的种进入实存**。单纯直接的、个别的生命的死亡就是**精神的显露**。

b. 认识活动（Das Erkennen）

§223

理念自由地、**自为地**实存着，因为它把普遍性当作**它的实存**的要素，换言之，理念是作为概念的客观性本身，并且把自己当作对象。理念的主观性已经被规定为普遍性，这种主观性是一种**自身内部进行的纯粹区分活动**，——一种在这个同一的普遍性里维系着自身的直观活动。但作为已规定的区分活动，理念是进一步的**判断**或**原初分割**，亦即把自己当作总体性而从自己那里排除出去，或者说首先把自己**预先设定为外在的宇宙**。这是两个判断或原初分割，它们**自在地**是同一的，但还没有**被设定**为同一的。

§224

这两个理念**自在地看来**或作为生命而言是同一的,因此二者的关联是一个**相对**的关联,而这构成了这个层面里的**有限性**的规定。这就是**反映对比关系**,因为理念在其自身之内作出的区分仅仅是**最初的判断**或原初分割,仅仅是**预先设定**,而这尚且不是**一种设定**,因此对于主观的理念而言,客观的理念是**现成已有的**、直接的世界,或者说是作为生命的理念,并且处在**个别的实存**的现象中。与此同时,只要这个判断或原初分割是理念自身**内部**进行的纯粹区分活动(参阅前一节),那么**自为的**理念和**另一个理念**都是理念本身;因此理念对于它和这个客观世界的**自在地**存在着的同一性抱有**确定性**。——理性是抱着一个绝对的信念来到世界上,也就是说,它相信自己能够设定同一性,并且把它的确定性提升为**真理**。同时理性还有一个冲动,要把那个**对它而言自在地**虚无的对立也设定为虚无的东西。

[378]

§225

一般而言,这个过程就是**认识活动**。**自在地看来**,在这个过程里,通过**同一个**活动,片面的主观性和片面的客观性之间的对立被扬弃了。但这个扬弃起初只是**自在地**发生的;就此而言,过程本身就直接黏附着这个层面的有限性,并且分裂为冲动的**双重的**、已设定为不同的运动,——也就是说,一方面通过把**存在着的**世界纳入自身之内,纳入主观的表象和思维,从而扬弃理念的片面的**主观性**,并且把这种公认真实的客观性当作**内容**,去充实思维的抽象的自身确定性,另一方面反过来扬弃**片面的**客观世界(在这种情况下,客观世界反而只是被看作一个**映象**,一堆偶然的东西和自在地虚无的形态),通过主观东西的**内核**(它在这里被看作真正存在着的客观东西)去规定客观世界,把这个内核塑造到客观世界之内。前者是知识追求真理的冲动,亦即**认识活动本身**,或者说理念的**理论**活动,——后者是善实现自身的冲动,亦即**意愿**,或者说理念的**实践活动**。

α）认识活动（Das Erkennen）

§226

认识活动的普遍有限性在于最初的判断或原初分割，即**预先设定了**
对立（参阅§224），而在这种情况下，它的行动本身就是一个内在的矛
盾。确切地说，基于认识活动自己的理念，其有限性的明确表现，就是理
念的各个环节在形式上成为彼此有差异的东西，而且因为这些环节是完
整的，所以它们相互之间是反映的对比关系，而不是概念的对比关系。因
此，把质料当作给定的东西而予以同化，看起来就是把质料纳入那些同时
始终**外在于**质料的概念规定，而概念规定同样显露为彼此有差异的东西。
以上所述就是作为**知性**而活动着的理性。就此而言，这种认识活动所达
到的真理同样只是**有限的**真理；反之概念的无限真理则是被固定为一个
仅仅**自在地**存在着的目标，位于认识活动的**彼岸**。尽管如此，认识活动的
外在行动仍然服从概念的引导，而概念的各个规定构成了认识进程的内
在线索。

[**附释**]认识活动的有限性在于预先设定了一个现成已有的世
界，而且认识主体在这里显现为一块**白板**（tabula rasa）。据说这个观
点起源于亚里士多德，殊不知没有谁比亚里士多德更加拒斥这种外
在地看待认识活动的做法。认识活动还不知道自己是概念的活动，
它仅仅**自在地**，但并非**自为地**是这个活动。它的举止在它自己看来
是被动的，但实际上却是主动的。

§227

第一，由于认识活动把区分开的东西预先设定为一种现成已有的、与
它相对立的存在者，把它们当作外在自然界或意识的杂多**事实**，所以它的
活动形式首先具有**形式化的同一性**或**抽象的**普遍性。因此，这个活动就
是把给定的具体东西予以分解，单独看待后者的各种区别，并且赋予这些

区别以**抽象普遍性**的形式;换言之,把具体的东西当作**根据**,并且通过抽离那些看起来无关本质的特殊性而凸显出一个具体的普遍者,亦即**种**或**力**和**规律**;——这就是**分析的方法**。

[**附释**]人们经常这样谈论**分析的**方法和**综合的**方法,仿佛我们可以仅凭自己的喜好就采用这种或那种方法。但事实绝非如此,毋宁说,在这两种起源于有限认识活动的概念的方法里面,究竟应当使用哪一种,这完全取决于认识对象本身的形式。认识活动首先是分析的;客体对它而言具有个别化的形态,而分析的认识活动就是要把它所面对的个别东西归结为一个普遍者。在这里,思维仅仅意味着抽象或形式化的同一性。这就是**洛克**以及一切经验论者所处的立场。很多人说,认识活动唯一能做的就是把给定的具体对象分解为抽象的要素,然后孤立地考察这些要素。但很显然,这就颠倒了事物,而且当认识活动**想要**抓住如其**所是**的事物时,反而陷入了自相矛盾。比如,化学家把一块肉放在蒸馏器上进行各种分解,然后说他发现这块肉是由氮、碳、氢等组成的。但这些抽象的质素却不再是肉。当经验论心理学家把他考察的一个行为分解为不同方面并坚持孤立地看待它们时,也是同样的情形。在这些情况下,以分析的方法去研究对象,无异于拿着洋葱一层又一层地剥皮。

§228

第二,这种**普遍性**也是一种**已规定的**普遍性;在这里,活动是遵循概念的各个环节而不断推进的,而概念在有限的**认识活动**里不是无限的概念,而是一个**以知性的方式被规定的**概念。把对象纳入这个概念的各种形式,就是**综合的方法**。

[381]　　　　　　[**附释**]综合方法的运动和分析方法正好相反。后者是从个别东西出发走向普遍者,反之前者则是以普遍者(亦即**定义**)为出发

点,由此通过特殊化(亦即**划分**)而走向个别东西(亦即**定理**)。就此而言,综合方法是概念的各个环节在对象那里的发展。

§229

aa)当对象首先通过认识活动而一般地具有已规定的概念的形式,从而设定了对象的**种**及其普遍的**规定性**,这就是**定义**。定义的材料和证明是通过分析的方法而得出的(参阅§227)。尽管如此,规定性只是一个**特征**,亦即仅仅服务于那种外在于对象的、单纯主观的认识活动。

[**附释**]定义本身包含着概念的三个环节,即普遍者(作为最近的种, genus proximum)、特殊东西(作为种的规定性, qualitas specifica)和个别东西(作为被定义的对象本身)。——定义首先引发一个问题,即定义是哪里来的? 通常对此的答复是,定义是以分析的方式产生出来的。但这也立即引发了关于所提出的定义的正确性的争议,因为这里的关键在于人们是从哪些知觉出发,并且采取了哪些观点。有待定义的对象愈是丰富,也就是说,这个对象愈是呈现出诸多不同的方面,人们也就愈是会提出诸多不同的定义。比如,关于"生命"和"国家"等等就有大量定义。反之几何学就很容易下定义,因为它的对象(空间)是一个如此抽象的对象。——除此之外,关于有待定义的对象的内容,也根本没有什么必然性可言。人们经常随意地说有一个空间,有一些植物和动物等等,而几何学和植物学等等并没有义务去揭示出上述对象的必然性。正因如此,对于哲学而言,无论是综合方法还是分析方法都是不合适的,因为哲学的首要任务是证明她的对象的必然性。尽管如此,人们在哲学里也多次尝试使用综合的方法,比如斯宾诺莎就是从"实体是**自因**"之类定义出发。他的这些定义包含着最思辨的因素,但在形式上却是一些独断的保证。谢林同样也是如此。

[382]

§230

bb）指出第二个概念环节,亦即通过普遍者的规定性而进行**特殊化**,就是从某个外在的观点出发进行**划分**。

[**附释**]划分必须是完整的,为此它需要一个原则或划分的根据,而且在这个基础上必须完全包揽定义所标示出的整个领域。进而言之,划分的原则必须取自于被划分的对象本身的本性,这样划分才是自然的,而非单纯人为的,亦即随意武断的。比如在动物学里,对哺乳动物的划分主要是把牙齿和爪子当作划分的根据,而这是有道理的,因为哺乳动物本身就是通过身体的这些部分而彼此区分开,而不同类型的哺乳动物的普遍类型也可以归结于此。——总而言之,真正的划分必须被看作是由概念所规定的。正因如此,真正的划分首先是三分法;但由于特殊性呈现为一种双重的东西,所以划分也会走向四分法。在精神的层面里,三分法占据着主导地位,而康德的贡献之一就在于指出了这个情况。

§231

cc）在**具体的个别性**里,由于定义里的单纯的规定性被理解为**一种对比关系**,所以对象是那些**区分开的规定**之间的一个综合的关联;——这就是**定理**。因为这些规定是有差异的,所以它们的同一性是一种**经过中介的同一性**。把那些构成了中介环节的材料列举出来,就叫作**建构**（Konstruktion）,而中介活动本身就是**证明**（Beweis）,即把那个关联的必然性呈现在认识活动面前。

[383]

[**说明**]按照通常所说的综合方法和分析方法的区别,仿佛人们使用哪一种方法完全取决于自己的喜好。当具体的东西（它是综合的方法所呈现出的**结果**）被当作**前提**,就可以从它那里分析出一些抽象的规定,把

它们当作它的**结论**,而这些结论又构成了证明的**前提**和**材料**。代数对于曲线的**定义**是几何学进程里的**定理**;因此,假若毕达哥拉斯定理被看作直角三角形的定义,那么它同样可以得出几何学里那些通过分析而得到证明的定理,虽然它本来是那些定理的结果。选择的随意性在于,两种方法都是从一个**外在的前提**出发。从概念的本性来看,分析是在先的,因为它必须首先把给定的、经验具体的质料提升到普遍抽象的形式,唯其如此,这些抽象的东西才能够作为定义而在综合的方法里被摆在最前面。

　　不言而喻,这两种方法虽然具有如此根本重要的意义,并且在各自的领域里取得了如此辉煌的成就,但它们对于哲学的认识活动而言却是没有用处的,因为它们具有一些前提,以至于其中的认识活动表现为知性,表现为对形式化同一性的亦步亦趋。斯宾诺莎主要是用几何学方法来表述**思辨的**概念,因此这种方法的形式主义在他那里尤为显著。沃尔夫哲学对于几何学方法的使用达到了迂腐的极致,而且就其内容也是知性形而上学。——当这些方法的形式主义在哲学和科学里面泛滥成灾之后,［384］最近人们又开始滥用所谓的**建构**。康德引领了一个流行的观点,即数学**建构**它的**概念**,而这无非是说,数学所研究的**不是概念**,而是**感性直观**的抽象规定。从此以后,所谓"**概念的建构**",就是指绕开概念,提出一些**感性的**、从**知觉**里信手拈来的规定,进而指这样一种形式主义,即依据一个预先设定的范式,再加上自己的随意喜好,以图表的方式对哲学对象和科学对象进行分类。诚然,人们在这样做的时候,隐约地也知道**理念**是**概念和客观性**的统一体,以及理念是具体的。但那个所谓的建构活动的游戏远远不能呈现出这个**统一体**,因为只有严格意义上的**概念**才是这样的统一体,而且直观中的感性具体的东西也不是理性和理念中的具体东西。

　　除此之外,因为**几何学**所研究的是空间的**感性的**和**抽象的直观**,所以它能够轻松地把空间里的一些单纯的知性规定固定下来;正因如此,唯有几何学才完满掌握了有限认识活动的综合方法。但有一点极为值得注意,即综合方法在其进程中最终遭遇到**不可通约的**和**无理的东西**,而当它在这里企图继续进行规定时,就被迫**超越**了知性的原则。这里和别的地方一样,经常出现了术语的颠倒,即那被称作**有理的**,其实是**知性的东西**,反之那被称作**无理的**,其实是**合理性**的开端和痕迹。另外一些科学所研究的不是空间或数之类单纯的东西,因此当它们的知性推进过程来到边界(这对它们而言是必然的,而且是经常发生的),就可以轻松地摆脱困境。也就是说,它们打断推进过程的顺序,甚至经常违背自己的前提,以便从外面,从表象、意谓、知觉或别的什么地方,采纳它们所需要的东西。这种有限的认识活动对自己采用的方法的本性及其与内容的关系一无所知,因此它既不知道它沿着定义、划分等等而推进的过程是一直由**概念规定**的必然性所引导的,也不知道自己的边界在哪里,更不知道当它逾越了这个边界,就已经置身于一个不再适用知性规定的领域,而它在那里仍然肆无忌惮地使用着这些规定。

[385]

§ 232

有限的认识活动通过**证明**而得出的**必然性**,起初是一种外在的、仅仅对于主观的视角而言已规定的必然性。但在真正的必然性里,这种认识活动已经抛弃了它的前提和出发点,抛弃了它的**现成已有的**、**给定的**内容。自在地看来,真正的必然性是那个与自身相关联的概念。因此,主观的理念自在地达到了那个自在且自为地已规定的东西,即那个**非给定的**、**因此内在于主体的东西**,并且过渡到**意愿的理念**。

[**附释**]认识活动通过证明而得出的必然性,是那个构成其出发点的东西的反面。认识活动的出发点是一个给定的、偶然的内容;但现在,当认识活动结束了自己的运动,就知道它的内容是一个必然的内容,而且这个必然性是以主观的活动为中介。同样,主观性起初是完全抽象的,是一块单纯的**白板**(tabula rasa),但它如今表明自己是做出规定的东西。正是在这里,出现了从认识活动的理念到意愿的理念的过渡。确切地说,这个过渡意味着,真正的普遍者必须被理解为主观性,亦即一个自己推动着自己的、主动

的、设定着各种规定的概念。

β）意愿（Das Wollen）

§233

主观的理念作为自在且自为地已规定的东西和自身等同的、单纯的**内容**，就是**善**。它的想要实现自身的冲动与**真相**的理念正好相反，亦即力图按照它的**目的**去规定现成已有的世界。——一方面，这个**意愿**确信预先设定的客体是**虚无的**，但另一方面，它作为有限者，同时预先设定善的目的是单纯**主观的**理念以及客体是**独立的**。

§234

因此这个活动的有限性是一个**矛盾**，也就是说，在客观世界的那些自相矛盾的规定里，**善的目的**既是已实现的，也是未实现的，既被设定为本质性的，也被设定为非本质性的，既被设定为现实的，也被设定为仅仅可能的。这个矛盾呈现为善的实现的**无限进展**，而善在这个过程中仅仅被固定为一种应当。但从**形式**上看，这个矛盾之所以消失，是因为活动扬弃了目的的主观性，随之扬弃了客观性，扬弃了那个把二者皆规定为有限者的对立，而且活动并不是仅仅扬弃了**这一个**主观性的片面性，而是扬弃了一般意义上的片面性；**另一个**这样的主观性（它意味着对立的**重新产生**）与那个应当在先的主观性没有区别。这种自身回归同时是**内容的深入内核过程**（Erinnerung），而内容就是**善**，就是主观性和客观性的自在地存在着的同一性，——所谓深入内核过程，就是回忆起理论态度的那个前提（§224），即客体在其自身那里就是实体性东西和真相。

[**附释**]理智（Intelligenz）的任务仅仅在于接受如其**所是**的世界，反之意志的任务在于使世界成为它**应当**所是的东西。对意志而言，直接的、现成已有的东西不是一种坚固的存在，毋宁只是一个假象，

一个自在地虚无的东西。这里出现了各种矛盾,即人们在道德的立场上陷身其中的那些矛盾。总的说来,在实践的领域里,这就是康德哲学和费希特哲学所处的立场。据说善应当得到实现;人们必须努力制造出善,而意志仅仅是一个实现着自身的善。问题在于,假若世界已经是它应当所是的样子,那么意志就会停止活动。因此意志本身就要求它的目的不应当得到实现。这就正确地说出了意志的有限性。但人们不应当止步于这种有限性,而意志的过程本身就扬弃了这种有限性,扬弃了包含在其中的矛盾。所谓和解,就是意志在它的结果里回归认识活动的前提,进而置身于理论理念和实践理念的统一体。意志知道目的是它的目的,而理智把世界理解为一个现实的概念。以上所述就是理性认识活动的真实态度。那些虚无的、行将消失的东西仅仅构成世界的表面现象,并没有构成世界的真实本质。这个本质是自在且自为地存在着的概念,因此世界本身就是理念。当我们认识到,世界的终极目的一方面永恒地实现着自身,另一方面已经得到实现,那些不满的欲求就消失了。总的说来,这就是成年人的立场,而年轻人总以为世界糟糕透顶,必须将其改造成完全不同的东西。与此相反,宗教意识把世界看作由神意统治着的,因此与那个**应当**存在的世界是符合的。但存在和应当的这个符合不是僵化的和一蹴而就的;因为善(即世界的终极目的)只有通过不断地产生出自身才**存在着**。相应地,精神世界和自然世界之间仍然有一个区别,即自然世界仅仅不断地回归自身,而精神世界却是不断地向前推进。

§235

因此,当善的**真理被设定**为理论理念和实践理念的统一体,就达到了自在且自为的善,——在这种情况下,客观世界自在且自为地就是理念,与此同时,它永恒地把自己设定为**目的**,并且通过活动而产生出自己的现实性。——这种已经从认识活动的差别和有限性那里返回自身、并且通过概念的活动而达到与概念同一的生命,就是**思辨的或绝对的理念**。

[388]

c. 绝对理念（**Die absolute Idee**）

§236

理念作为主观理念和客观理念的统一体，就是理念的概念，对这个概念而言，严格意义上的理念是对象，是客体；——在这个客体里，全部规定都汇聚在一起。就此而言，这个统一体是**绝对的真理和全部真理**，是自己思维着自己的理念，而且在这里是**作为**思维着的理念，作为**逻辑**理念。

[**附释**]绝对理念首先是理论理念和实践理念的统一体，因此同时也是生命理念和认识活动理念的统一体。在认识活动里，我们看到的是处于差别形态中的理念，但认识活动的过程已经表明，它克服了这个差别，重建了那个统一体，而统一体本身作为直接的东西，首先是生命理念。生命的缺陷在于，它起初仅仅是**自在地**存在着的理念；反之认识活动起初仅仅是**自为地**存在着的理念，因此同样是片面的。二者的统一体和真理是**自在且自为地**存在着的理念，因此是**绝对的**理念。——迄今为止都是**我们**把那个贯穿其发展过程的不同层次的理念当作我们的对象；但从现在起，理念把自己当作自己的对象。这就是νόησις νοήσεως[对思维的思维]，而亚里士多德已经把它称作理念的最高形式。

§237

绝对理念是自为的，因为其中没有过渡，没有前提，总的说来，没有任何非流动和非透明的规定性；它是概念的**纯粹形式**，这个形式把**它的内容**当作它自己而加以直观。绝对理念是自己的**内容**，因为它是一种观念性的自身区分，而在区分出的东西里，其中一方是自身同一性，但这种同一性已经包含着形式的总体性，亦即包含着内容规定的体系。这个内容是**逻辑性**的体系。理念作为**形式**在这里所具有的无非是这个内容的**方** [389]

法,——即一种由它的各个环节的持续发展所规定的知识。

[**附释**] 当谈到绝对理念,人们可能以为,直到这里才算万事大吉,这里必须得出全部真理。诚然,人们可以漫无边际地空谈绝对理念,但真正的内容无非是整个体系,而我们迄今为止已经考察了这个体系的发展过程。就此而言,也可以说绝对理念是普遍者,但普遍者并非仅仅是一个与他者亦即特殊的内容相对立的抽象形式,而是绝对的形式,也就是说,全部规定及其所设定的全部丰盈的内容都已经返回到这个形式中。由此看来,绝对理念可以比拟为一位老人,虽然他和小孩说出同样的宗教信条,但对老人而言,这些信条却具有他的整个人生的意义。哪怕小孩理解了宗教的内容,这些内容对他而言仍然是一种位于整个人生和整个世界之外的东西。——全部的人生,还有那些构成了人生内容的经历,同样也是如此。一切劳动都仅仅指向目标,而达到这个目标之后,人们惊诧地发现,他们所找到的无非是他们所意愿的东西。意义就在整个运动中。当人回顾自己的一生,会发现其目的是极为狭隘的,但整个 decursus vitae[生命之旅]恰恰以此为归宿。——绝对理念的内容也就是我们迄今看到的整个扩张过程。最终我们认识到,这整个展开过程构成了内容和意义。——进而言之,哲学的观点在于知道一切单独看来受限制的东西之所以获得其价值,就是因为它们隶属于整体,是理念的一个环节。我们已经拥有内容,此外我们也知道内容是理念的活生生的发展过程,而这个单纯的回顾就包含在形式里面。每一个迄今考察过的层次都是绝对者的一幅肖像,但起初处于受限的方式,因此它驱使着自己走向整体,而整体的展开过程就是我们称作"方法"的那个东西。

[390]

§238

思辨的方法包含着如下环节:α)**开端**,即**存在**或**直接的东西**;它是自为的,原因很简单,即它是开端。但从思辨的理念来看,这是理念的**自身**

规定,后者作为概念的绝对否定性或运动,**作出判断**或**原初分割**,把自己设定为它自己的否定者。因此,存在虽然对于严格意义上的开端而言显现为抽象的肯定,但实际上是**否定**、**已设定的存在**、一般意义上的经过中介的存在和**预先**设定的存在。但**概念**在它的异在里是与自身绝对同一的,是自身确定性,因此存在作为概念的否定乃是一个尚未被设定为概念的概念,或**自在的概念**。——就此而言,这个存在作为一个仍然未规定的概念(亦即仅仅自在地或直接地已规定的概念),同样是**普遍者**。

[**说明**]当开端意味着直接的存在,它就是来源于直观和知觉,——这是有限认识活动的**分析**方法的开端;而当开端意味着普遍性,它就是有限认识活动的综合方法的开端。但由于逻辑性直接地既是普遍者也是存在者,既是由概念所预先设定的东西,也直接地是概念本身,所以它的开端既是综合的开端,也是分析的开端。

[**附释**]哲学方法既是分析的,也是综合的,但这并不意味着有限认识活动的这两种方法是单纯并列的或可以随意切换的,毋宁说,哲学方法把二者当作已扬弃的东西而包含在自身之内,相应地,哲学方法在单独每一方的运动里都同时表现为分析的和综合的。当哲学思考仅仅把它的对象(理念)接受下来,对其听之任之,仿佛仅仅观望着理念的运动和发展,它就是遵循着分析的方法。在这种情况下,哲学思考是完全被动的。但哲学思考同样也是综合的,并且表明自己是概念本身的运动。但为了做到这一点,必须尽力克制那些总是蠢蠢欲动的个人臆想和特殊意见。 [391]

§239

β)**推进过程**(Fortgang)是理念的已设定的**判断**或**原初分割**。直接的普遍者,作为自在的概念,乃是一个辩证运动,即它本身就把它的直接性和普遍性贬低为一个环节。这样一来,就设定了开端的**否定者**或第一个已规定的东西;它**为着某一个东西**而存在着,是区分开的东西之间的**关联**,——这就是**反映的环节**。

[**说明**]这个推进过程是**分析的**,因为内在的辩证法所设定的仅仅是包含在直接概念里的东西,——它也是**综合的**,因为在这个概念里,这个区别还没有被设定下来。

[**附释**]在理念的推进过程里,开端表明自己是它自在地所是的东西,也就是说,它是已设定的、经过中介的东西,而不是直接的存在者。只有对于本身直接的意识而言,自然界才是起初的直接东西,而精神则是以自然界为中介。但实际上,自然界是由精神所设定的,是精神自己预先设定了自然界。

§240

推进过程的抽象形式,在存在那里是一个**他者**并**过渡**到一个他者,在本质那里是**对立面里的映现**,在**概念**那里则是**个别东西**与**普遍性**的区分,这个普遍性本身就**延续**到个别东西里,**表现为**与个别东西的**同一性**。

§241

在第二个层面里,最初自在地存在着的概念发生**映现**,**因此自在地**已经是**理念**。——这个层面发展为向着第一个层面的回归,正如第一个层面发展为向着第二个层面的过渡;只有通过这个双重的运动,区别才获得其应有的地位,因为本身说来,区分开的双方各自都完满地成为总体性,进而表明自己和对方是一个统一体。只有当**双方本身**就扬弃了自己的片面性,它们的统一体才不是片面的。

[392]

§242

第二个层面把区分开的双方之间的关联发展为起初的关联,即关联在其自身——在**无限进展**里——就具有的**矛盾**,c)这个矛盾瓦解为**终点**,也就是说,有差别的东西被设定为它在概念里所是的东西。终点是开端的否定者,而它作为与开端的同一性,是开端的自身否定性;就此而言,终点是统一体,在其中,这两个开端成为观念性东西,成为已扬弃的、亦即同时保存下来的环节。因此,当概念从它的自在存在出发,把它的差别及其扬弃当作中介,与它自己结合,就是**实在化了的**概念,亦即这样一个概念,它在它的**自为存在**里包含着它的各种规定的**已设定的存在**,——或者说是**理念**,同时也是(方法里的)绝对开端,对它而言,终点仅仅是**映象的消失**,仿佛开端是一个直接的东西,而理念反倒是一个结果似的;——这就达到了"理念是唯一的总体性"的认识。

§243

由此看来,方法不是外在的形式,而是内容的灵魂和概念;只有当**概念**的各个环节**本身**作为**已规定的东西**就显现为概念的总体性,方法才有别于内容。当这个规定性或内容和形式一起返回到理念,理念就呈现为一个**系统的**总体性,而这是**唯一的**理念,其各个特殊环节不但**自在地**是这个理念,而且通过概念的辩证法产生出理念的单纯的**自为存在**。——当科学把握到它自己的概念是一个以理念为对象的纯粹理念,就通过这个方式达到了自己的结局。

§244

[393]

自为地存在着的理念,按照它的这个自身**统一体**来看,就是**直观活动**;进行直观的理念是**自然界**。但理念作为直观活动,在其片面的直接性规定或否定中是由外在的反映所设定的。反之理念的绝对**自由**在于,它既不是仅仅过渡到**生命**,也不是作为有限的认识活动而让生命在自身之内**映现**,而是在它自身的绝对真理里作出**决断**,即把它的特殊性(或者说最初的规定活动和异在)这一环节,把**直接的理念**当作它的镜像(Wider-schein),自由地**放任自己外化为自然界**。

[**附释**]现在我们已经回到理念的概念,而理念曾经是我们的出发点。与此同时,这个向着开端的回归是一个推进过程。过去我们是以存在(抽象的存在)为开端,但从现在起,我们掌握了作为**存在**的**理念**,而这个存在着的理念就是**自然界**。

人名索引

(说明:条目后面的页码指德文原版的页码,
即本书正文中的边码)

A

Anselm 安瑟尔谟 27,167,348—350
Aristoteles 亚里士多德 22,25,31,38,
  51,75,80,106,219,276,281,336,
  338,339,360,374,379,388
阿喀琉斯 266

B

Baader,Franz von 巴德尔 27—29,30,
  34
Böhme,Jakob 波墨 24,28
Brougham,Henry 布鲁汉姆 51
Brucker,J. J. 布鲁克尔 22—23

C

Cäsar,Julius 凯撒 232,319
Canning,George 坎宁 51
Cicero 西塞罗 32,161

D

Dante 但丁 34
Demokrit 德谟克利特 193
Descartes,Rene 笛卡尔 154—155,158,
  165—167,348,349

F

Fichte,J. G. 费希特 117,147,200,263,
  350,387

G

Goethe,J. W. von 歌德 16,87,110,170,
  275,277
Grotius,Hugo 格劳秀斯 50

H

Haller,Albrecht von 哈勒尔 219—220,
  275
Hegel,G. W. F. 黑格尔 33,112
Heraklit 赫拉克利特 57,193
Herder,J. G. 赫尔德 270
Hermann,Gottfried 赫尔曼 145
Herodot 希罗多德 161
Homer 荷马 24
Hotho,H. G. 霍托 154
Hume,David 休谟 112,113,124,131,
  138

J

Jacobi,F. H. 雅各比 28,132,133,149—

152,155—156,166—167,183,298

K

Kant,Immanuel 康德　74,93,113—129,
　130, 131, 135—147, 149, 174, 200,
　206,220,254,263,281,322,360,382,
　384,387
Kästner,A. G. 凯斯特纳　208
Klopstock,Fr. G. 克洛普斯托克　219

L

Lalande,J. J. 拉朗德　150
Leibniz,G. W. 莱布尼茨　240,241,250,
　251,295,350
Lessing,莱辛　22
Liverpool,Earl of 利物浦　51
Locke,John 洛克　380
Long,Sir Charles 朗　51
Luther,Martin 路德　49

M

Mendelssohn,Moses 门德尔松　149

N

Nemesis 涅墨西斯　225
Newton,Isaac 牛顿　50,207,272

P

Parmenides 巴门尼德　185,221
Parry,W. E. 帕里　161
Pelagius 佩拉纠　20

Pilatus 彼拉多　69
Platon 柏拉图　22,25,31,55,106,157,
　158,174,198,202,252,276,281,309
Proteus 普罗透斯　94
Pythagoras 毕达哥拉斯　220—221,383

R

Reinhold,C. L. 莱茵霍尔德　54
Ross,John 罗斯　161

S

Schelling,F. W. J. 谢林　81,112,382
Schiller,Friedrich 席勒　140
Sextus Empiricus 恩皮里柯　176
Sokrates 苏格拉底　22,174,252
Solon 梭伦　78
Sozzini,Fausto 索奇尼　20
Spinoza,Baruch 斯宾诺莎　20—22,133,
　149, 165, 183, 196, 219, 295—297,
　304,306,348,349,382,383

T

Tholuck,August 托鲁克　19—20, 25—
　26,27
Thomson,Thomas 汤姆生　50

W

Wolff,Christian 沃尔夫　383

Z

Zenon 芝诺　194,219

主要译名对照及索引

（说明:概念后面的页码指德文版的页码,即本书正文中的边码）

A

Abgrund 深渊 99,201,297

das Absolute 绝对者 103,118,120—121, 135, 149, 178, 181—187, 202, 209, 231, 236, 308, 320, 332, 350, 367—368

abstrahieren 抽离 74,83,121,183,194, 231,236,313,380

Abstraktion 抽象,抽象东西 37,67,71, 105, 130, 135, 140, 142, 169, 184, 186—187,244,279,284,316,369,371

aktiv 主动 72,76,252—253,300

Akzidentalität 偶附性 294,297

Akzidenz 偶性 294

das Allgemeine 普遍者 49,52,59,61—62, 72—74, 77—78, 81—84, 139—140, 163, 169, 311—312, 316—317, 319—321, 326—330, 338, 343—344, 363,372,380—381,389—391

Allgemeinheit 普遍性 37,56—57,59, 72—75,82—83,108,111,113,130—132, 142, 148, 310—311, 313—314, 316—319, 321, 326—328, 333—334, 336, 338, 340—341, 355—356, 372, 376—377,380,391

Allheit 全体性 321,326—328,341—342

Analyse 分析 54,109—110,112,131, 190—191,266,286,383

analytisch 分析的 99,109,188,191, 380—381,390—391

Anderes 他者 56,63—64,74,78,84, 95, 105—106, 117, 112, 147, 149, 163—165, 181, 184, 196—201, 203, 229, 243, 246—248, 253—258, 267, 271, 279—280, 287, 293—294, 326, 375—376,391

Anderssein 异在 63—64,175,196—197,211,239,325,360,390,393

Anfang 开端 35,41,49,52,54,56,60—63, 130, 182—186, 190—191, 233, 306,360,390—393

an sich 自在地看来 21,42,82,155, 175,229,245,259,265,270,293,301, 321, 347, 355—356, 360, 377—378, 385

das Ansich 自在体 79,92,94,116,122, 128,217,255,372

Ansichsein 自在存在 67,88,196—198, 247,276,348,350,392

Anstoß 阻碍 147,170,354

Antinomie 二律背反　126—129, 174, 213, 226

an und für sich 自在且自为　31, 61, 63—64, 68—69, 74, 76, 85, 87, 91, 97, 100, 114—115, 126, 161, 164, 179, 201, 206, 234, 247, 250—252, 270, 279, 288, 294, 298, 307, 367, 385, 387—388

Arithmetik 算术　214

Art 属　64, 314, 321, 328—330, 344

Art und Weise 样式和方式　282

Atom 原子　72, 129, 206—208, 216—217

Attraktion 吸引　205—208, 212—213, 284

Attraktionskraft 引力　206, 208

Attribut 属性　173

aufgehoben 已扬弃的　95, 99, 106, 122, 176, 178, 184, 194, 202—204, 206, 208—209, 223, 229, 232, 238, 247, 253, 256, 282, 285, 287, 289—290, 344, 359, 392

aufheben 扬弃　25, 58, 62, 88, 132—133, 136, 165, 172—173, 199, 204, 247, 252, 261, 273, 287—288, 293—294, 300—301, 347, 359—361, 365—367, 378, 386, 392

Auflösung 瓦解　93, 176, 392

Ausdehnung 广延　133, 218, 296

Auslegung 展示　13, 24, 45, 77, 91, 171, 185, 195, 198, 274, 299, 302

Ausdruck 表达式　181

das Äußere 外观　77, 274—277, 279—281, 284, 288

äußerlich 外在的　22, 24, 47, 52, 61—63, 70, 73, 90—91, 110, 117, 136—138, 141, 155, 158—159, 206, 211, 235, 239—241, 258—259, 264—265, 274—277, 284, 292—293, 315—316, 332, 340, 351—355, 357—358, 360, 362, 364, 371, 383, 392

Axiom 公理　296, 340

B

bedingen 作条件　56

bedingt 有条件的　20, 121, 147, 149, 165, 271, 358

unbedingt 无条件的　20, 37, 122, 126, 135, 137

Bedingung 条件　13, 29, 35—36, 43, 101, 120, 133, 159, 170, 254, 287—288, 292—294

Bedürfnis 需要　11, 15, 31, 37—38, 45, 52—55, 89, 97, 106—107, 139, 161, 233, 360—361, 368, 382

Begierde 欲望　44, 71, 74, 90, 159, 162, 355

begreifen 概念把握　41—42, 77, 104, 109—110, 128, 148—149, 169, 190, 241, 249, 251, 254, 290, 302, 307, 318, 353, 370

Begriff 概念　11, 14, 18, 30—31, 41, 44—45, 52—53, 61—63, 81, 85—86, 100, 104—105, 135—136, 141, 148, 167—169, 179—181, 190, 196—197, 210, 218, 223, 231, 244—245, 250—251, 275, 290, 302, 304—306, 307—318, 321—324, 332—335, 338—339, 345—347, 357—360, 363—377, 380—388, 390—393

Begriff als solcher 严格意义上的概念　310—311, 316—318, 334, 345, 358,

384

Begriffsbestimmtheit 概念规定性 315, 347

das Begründete 有根据的东西 248—249,253—254

Bekanntes 常识,熟知的东西 67,105, 152,157

das Besondere 特殊东西 52,57,59,73, 77—78,83—84,139—140,148,163, 169,310—312,314—315,317—318, 320—321,323,327,329—330,333, 338,344,360,366,381

Besonderung 特殊化 57,60,107,312, 318,328,344,358,363,368,373,376, 381—382

Bestehen 持存 102—103,115,143,170, 201,208,257—261,264,267,269, 273,297,320—321,356,369,373

Bestimmen 规定活动 138,181,316,393

bestimmend 进行规定 95,124,127, 138,141

bestimmt 已规定的 23,37,61,78,83, 104,107,111,117,120—121,123, 129—130,135,141,162,177,181— 182,187—188,194—196,206,209— 211,214—216,221—222,240,242, 244,250,252—253,257—259,270, 284,288,297,307,310—311,313— 315,320—322,340,343—345,358, 363—364,368,372,377,380—381, 385,390—392

Bestimmtheit 规定性 44,67,105,129— 130,137,169—172,182,184,194— 197,203,216,222,236,253,257,259, 267,308,310—311,314—318,320,

324,328—330,332,335—339,341, 344,347,352,357,359—360,372, 381—382,392

Bestimmung 规定 13,20—22,41,56— 59,62,64,67,72—75,77—78,84— 87,91,94—102,106—131,134—137, 145—158,160,165,170,176—177, 181—184,186—194,202—204,209— 210,214—216,229—231,235,245, 269—270,281,288,293,300—301, 310,316—317,321—322,340,343— 350,355,360,362,366,382,384—385

Bewegung 运动 33,77—78,90,102— 103,105,128,171,175,194,223,271, 274,288,293,307—309,343,357, 366,371,378,381,385,390—391

Beweisen 证明 11—12,16,41,103— 106,117,128—132,135,138,153, 166,239,249,296,336—337,340, 381—383,385

Bewußtsein 意识 15—17,23—25,44— 47,72,79—81,85—86,92,116—118, 140,146,153,160—167,174,182, 220—221,237—238,262—263,276, 318,348—349,391

Beziehung 关联 41,63,112—113,206— 207,222—223,229—230,239,242, 259,267,300,324—326,330—331, 337,352,364,371,374,376—377, 382—383,391—392

Beziehung auf Anderes 他者关联 196, 208,231,235,239,267,283

Beziehung auf sich 自身关联 72,74,80, 118,136,164,169,181,191,201, 203—205,212,223,229,231,234,

236, 239, 243, 247, 264, 267—269, 273, 299, 302—303, 305, 313, 320, 347, 357, 375

Bildung 教化 15, 24, 68, 85, 89, 98, 157, 177

das Böse 恶 16, 20—22, 48, 88—90, 101—103

C

Chemie 化学 43, 110, 170, 212, 224—225, 366, 375

Chemismus 化学性 243, 352, 356—359, 365

D

Darstellung 呈现 33, 51, 56, 59—60, 63—64, 84, 95, 103, 117, 130, 156—157, 171—172, 182, 187, 219, 228, 251, 254, 285, 326, 347, 367, 381—384, 392

Dasein 定在 47, 54, 60, 94—96, 103, 105, 136, 191, 193—199, 203—205, 214, 226, 235—236, 287, 334—335, 346, 377

Definition 定义 17—18, 85, 181, 183, 186—188, 209—210, 223, 231, 296, 332, 381—383

Denken 思维 15—17, 25, 30—31, 41—43, 46, 50, 52—60, 63, 67—73, 75—76, 79—88, 94—95, 97, 104—105, 113—119, 121, 125, 131—139, 145—151, 164—165, 169, 179, 192, 217, 237—238, 305—306, 332, 372—373

Dialektik 辩证法 55, 92, 114, 172—176, 193—194, 208, 224, 229, 231, 252,

362, 371—373, 375, 391—392

dialektisch 辩证的 168, 172, 175, 185, 197, 310, 345, 351, 370, 372—373

Dimension 维度 212

Ding 物 100—101, 120, 254—263

Ding an sich 自在之物 113, 116, 120—121, 123, 146—147, 186, 254—256, 259, 263, 272

disjunktiv 选言 328—329, 344

E

Eigenschaft 特性 72, 103—104, 119, 128, 202, 255—258, 260—261, 271, 322, 333, 335, 343, 358

Einbildung 想象 282, 291—292, 298, 369

Eines(das Eine)某一 94, 184, 205

Einheit 统一体 18, 21, 59, 61, 88—89, 100, 116—119, 133, 137, 140, 160, 176—179, 188, 190—191, 193—194, 202, 212, 214—215, 222, 228—229, 247—248, 253—254, 260, 274, 279, 281, 288, 306, 311, 331, 341, 346, 348—350, 355, 360, 365, 367, 369—374, 384, 387—388, 392

Eins 单一体 203, 205—206, 212—215, 256, 332,

Einteilung 划分 63—64, 168, 179, 381—382, 385

Einzelheit 个别性 45, 61, 72, 74, 86, 91, 130, 142, 144, 311, 313—317, 319, 321, 326, 331, 333—335, 338, 340—344, 355—356, 358, 363—364, 373, 375—376, 382

Einzelnes 个别东西 72, 74, 82—84, 86,

90,109,112,118,135,144,310—311,
314, 316—320, 323—327, 330, 332—
333, 335, 338, 341—342, 344, 368,
371,374,376,380—381,391

Element 元素 175,242—243

empirisch 经验的 49, 55, 61—62, 72,
93,99—100, 107, 112, 117, 120, 122,
124, 126, 131—132, 135, 137, 141,
146,151,156,158,168,214,217,337

das Endliche 有限者 18,21,25,41,68,
86,95—96,102—103,106,108,121—
122, 131, 136, 147, 149—150, 155,
159, 163, 166—167, 172—175, 177,
181, 195, 197—203, 219—220, 233—
234, 295, 349—350, 361—362, 367,
370—373,386

Endlichkeit 有限性 23,62,90—91,94—
95,100,102—103,122,139,146,149,
173—174, 197—198, 203, 233, 246,
264, 266, 271, 296, 298—299, 319,
325, 331, 333, 359, 361—362, 366—
368,374,377—379,386—388

Entäußerung 外化 64,77,96,100—101,
268—274,279,317,328,393

Entgegensetzung 相互对立 42,62,98,
102, 113, 128—129, 153, 164, 176,
194,229,246,283,310,316,335,358,
375—376

entzweien 分裂 15,21,24,42,63,87—
90,129,140,143,169,179,260,266,
293, 325, 327, 346, 350, 355—356,
358,364,369,374—376,378

Erhebung 提升 17, 32, 55—56, 108,
119, 131—134, 159, 202, 215, 218,
327,332,339,361,378,383

Erinnerung 深入内核,回忆 28,77,82—
83,89, 138, 157—158, 174, 193, 309,
386

Erkennen 认识活动 16, 28, 41—42,
53—54, 72, 79, 86—88, 90, 92, 103,
108—109, 114, 119, 123, 125, 127—
128, 143—144, 149, 158, 165—167,
169,173,185,211,218,241,249,255,
263,266,273,285,302,307,309,312,
315, 335, 351, 373—374, 377—381,
383—385,387—388,390,393

erklären 解释 14, 20, 29, 35, 53, 72,
113, 132, 149, 208, 216—217, 227,
249,258,270,272,312,353

erscheinen 显现 42,56,60,64,87,95,
102,112,132,214,222,224,248,254,
261,264,267,272,287,289,327,329,
333,347,360,362,368,373,375,379,
390,392

Erscheinung 现象 12—14,16,33,47—
48,62,77—78,87,91—92,101—102,
108, 112, 121—122, 126—127, 133,
141, 145—147, 221, 234, 249, 260—
265,270,272,279,286,312,353,378,
387

erweisen 证实 46, 58, 101, 108, 112,
138,211,238,278

Etwas 某东西 76, 95, 103, 149, 182,
191—192, 194—201, 203—205, 229,
240, 243, 248, 256—257, 262, 282,
284,289,310,330,363,369

Existenz 实存 48, 75, 86, 136—137,
153—155, 157, 165, 189, 236—237,
252—254, 256—262, 264—265, 267—
269, 279—280, 292—293, 298, 309,

311, 314, 326, 346, 348—349, 356—359, 370, 377—378

Extension 外延 209, 216—218

Extrem 端项 84, 316, 333, 335, 337—340, 355—356, 358, 361, 365—366, 371

F

fixieren 固定 17, 78, 91, 95, 97, 99, 103, 107—110, 139, 160, 169, 174, 176, 179—180, 186, 206—207, 217, 234, 255, 259, 263—264, 272, 345, 351, 370, 379, 384, 387

Form 形式 12—13, 25, 28—29, 36, 42, 44, 46, 52—56, 62, 68, 70, 76, 81, 83—87, 91, 97—98, 109—111, 114, 119, 131—132, 145, 163—164, 168, 174, 181—183, 194, 209—211, 217, 235, 249, 259—261, 264—267, 270, 274, 286, 288, 293—298, 307—308, 310, 323, 332—336, 347—348, 366

formal 形式的, 形式上的 42, 44, 53, 62, 67, 76, 84, 87, 109, 114, 136, 163—164, 168, 193, 219, 230, 249, 259—260, 264—265, 267, 270, 273—274, 284, 288, 291, 294, 296, 309, 323, 335, 340—341, 362, 366, 389

Formalismus 形式主义 36, 57, 138, 248, 251, 298, 338, 342, 383—384

Formbestimmtheit 形式规定性

Formbestimmung 形式规定 274, 284, 297—298, 322, 362, 366

formell 形式化的 31, 36, 47, 76, 84, 108, 145, 147—148, 152, 177, 215, 236, 238, 251, 253, 266, 278, 285—

286, 307, 309—310, 314—315, 332—333, 345, 352, 355, 362, 368—369, 372, 379—380

Fortgang 推进过程 384, 391, 393

Freiheit 自由 15, 22, 26—27, 31, 33, 36—38, 51, 58—59, 80, 84, 98, 101—103, 108, 129, 187, 285—286, 292, 303—308, 334, 359, 377, 393

Fürsichsein 自为存在 63—64, 67, 83, 103, 179, 196—197, 201—208, 213—214, 217—218, 222—223, 276, 306—307, 344, 347, 358, 374, 376, 392

G

das Ganze 整体 11, 58—61, 63, 94—95, 102, 213, 267—273, 293, 303, 307, 329, 338, 340, 346, 356, 389

Gattung 种 187, 327—331, 376—377, 380—381

Gedanke 思想 12, 14—15, 22—23, 31, 42—46, 50, 67—75, 80—81, 83—85, 92—93, 110, 115—116, 125, 136—137, 140, 153, 177, 179, 181—184, 218, 220, 222, 266, 280

Gedankenbestimmung 思想规定 85, 92, 99, 104, 124, 177, 192, 207, 222, 310

Gedankending 思想物

Gegensatz 对立 54, 79, 91, 93, 103, 113, 129, 135, 142, 167, 186, 188, 244—247, 351, 359—360, 364, 386

Gegenstand 对象 16—17, 21—22, 24, 33, 41, 44—46, 51, 53—55, 63, 75—76, 78, 82—83, 85—86, 91, 95—97, 102, 109—110, 118—119, 121—123, 126—128, 148—149, 194, 211, 255,

318,326,380—382,388

Gegenteil 对立面,反面 55,78,95,98,
143,169,17—175,179,185,205,218,
237, 243, 245—247, 251, 267, 334,
346,352,371,385,391

Gegenwirkung 反作用 300—301

Geist 精神 13,15—18,20,22—25,28—
29,37,41,52,54—55,58,69—70,80,
84,88—90,100—102,120,125,127,
131—133, 135, 150, 153, 163, 189,
193, 195, 204, 246, 256, 268, 274—
276, 306, 310, 324, 339—340, 371,
377,382,387,391

Geometire 几何学 67,118,170,216,
241,245,381,383—384

Geschichte 历 史 15, 22—23, 28, 50,
58—59,62,87,89,92,207,211,221,
278,290,301—302,310

Gesetz 规律 23,36,50,52—53,57,67,
75, 77—78, 91, 102, 108, 112, 138,
141,149,264,343,345,380

gesetzt 已设定的 187,191—193,226,
230—232, 235, 239, 247—248, 256,
260, 279, 281—282, 287, 289, 292—
294, 297—302, 305, 314—315, 320,
323,332,338,346,352,355,357,360,
365,390—392

Gesetztes 已 设 定 的 东 西 281, 289,
292—294,297

Gesetztsein 已设定的存在 192,239,
248, 279, 287, 294, 298—301, 305,
360,390,392

Gestalt 形态 15,25,27—31,35,56,58,
69,77,79,84,92—93,109,138—139,
171, 175, 184—185, 195, 207, 209,

217, 229, 240, 254, 259, 268, 273,
285—286, 328, 335, 342, 353, 367,
373,378,380,388

Gestaltung 形态分化 28—31,175,268,
273,286,353

Gewalt 暴力 91,277,304

Gewißheit 确定性 35—36,49,60,108,
143, 153, 162, 169, 175—176, 183,
348,361,375,378,390

Glaube 信仰 15,18,25,28,31,33—37,
42—43, 50, 57, 62, 71, 87—88, 92,
104, 137, 143, 150—152, 157—159,
161—163,167,273,330,348—349

gleichgültig 漠不相关的 35,118,182,
197, 208—211, 215, 218, 223, 225—
226, 240, 242, 246, 256, 258—259,
264—266, 275, 310, 320, 327—329,
352,357

Gleichgültigkeit 漠不相关性 246,259,
268

Gleichheit 等同 21,121,188,211,216,
240—242,340

Gleichung 方程式 211

Gott 上帝 20—22,28—29,35,41,43,
47, 56, 69—70, 73, 89—90, 94, 97,
103—106, 130—137, 142, 148—153,
159, 163—165, 181, 183, 233—234,
238, 272—273, 276, 284, 290, 296,
312—313,334,351,365

Grad 度数 214,216,218—219

Grenze 界限 93,95,114,126,144,182,
197—199, 201, 216, 218, 220, 225,
226,228,239

Größe 大 小 67, 170, 182, 209—210,
212—213,216—219,223,225,241

Grund 根据 16, 19, 61—62, 85, 103, 105—106, 116, 120, 122—123, 235—237, 247—254, 256—257, 274, 293, 304, 331—332, 338, 346, 380, 382

Grundlage 根基 35, 42, 45, 82, 196, 207, 255, 259—260, 285, 314, 327, 329, 339

Gültigkeit 有效性 85—86, 91, 108, 172, 210, 252, 258, 262, 351

das Gute 善 18—21, 38, 88—90, 101, 103, 138—139, 142, 322, 367, 378, 386—387

H

Handlung 行动 27, 50, 63, 74, 76, 78, 90—91, 129, 156, 170, 174—175, 234, 278, 288, 290, 303—304, 322—324, 330, 332, 334, 379

Harmonie 和谐 140—142, 285, 292, 350

Herausklauben 刨出 109, 370

hervortreten 显露 28, 56, 92, 136, 183, 196, 226, 234, 248, 252—254, 262, 281, 287, 289, 293, 304, 311, 313, 346, 352, 354, 357, 367, 376, 377, 379

Hinausgehen 超越 56, 58, 71, 91, 94—95, 118, 122—123, 129, 131, 138, 144, 148, 155, 159, 172—175, 178—179, 189, 198—199, 201, 205, 217—220, 227, 233, 235, 240, 250, 254—255, 321, 326, 361—362, 371, 377, 384

hypothetisch 假言 328—329, 344

I

Ich 自我 72—73, 80, 116—119, 121, 136, 147, 151, 203—204, 238, 306, 312

Idealismus 唯心主义 99, 119, 122—123, 125, 221, 263, 307

Idealität 理念性 197, 202—204, 238, 344, 350, 360, 364, 367

Idee 理念 11—13, 17—18, 31, 48—49, 56—60, 62—64, 67, 121—123, 140—141, 159—160, 280—281, 295, 309, 351—352, 360, 367—374, 377—379, 384—393

Ideelles 观念性东西 203, 370, 372, 392

Identität 同一性 18, 103, 106, 116, 121—122, 130, 164, 169—170, 179, 192—193, 217—218, 228, 234—245, 247—248, 253, 256, 259, 267, 269, 274, 279, 281—283, 294, 297, 300, 302—303, 313—314, 317, 320—321, 324—325, 328, 347, 350, 372, 382, 391

Inbegriff 总括 123, 130, 183, 233, 254, 334

Indifferenz 无差别 19, 84, 183, 186, 352, 358

Individualität 个体性 295

Individuum 个体 19, 34, 74, 77, 80, 343, 356, 376

Inhalt 内容 11—12, 24, 36—37, 42, 44, 70, 80, 83—86, 93—94, 106—108, 110—111, 113, 116, 119—120, 139, 145, 160—164, 189, 250, 264—267, 268—271, 274, 282—284, 289, 292—297, 307—308, 320—323, 362, 364, 366, 378, 385, 386, 388—389, 392

Inkommensurabilität 不可通约性

das Innere 内核 70, 76—77, 81—82, 102, 274—277, 279, 280—282, 284, 287—288, 293, 378

Insichsein 内化存在 235, 247, 260, 263,

269,356

Intension 内涵 15,24—25,28,35—37, 42,47,92,127,132—134,136,193, 209,216—218,304,332

Interesse 关切,兴趣 200,278,285, 290—291,365,367

J

Jenseits 彼岸 84,105,108,121—122, 146—147,200—201,204,234,261— 263,273,296,369,379

K

Kategorie 范畴 15—16,23—24,29,36, 44,52—53,75,108—109,116—120, 123—127,144,148—150,195,210, 234,236,255,258,280,322,353—354

kategorisch 直言 245,328—329,344

Kausalität 因果性 81,101,297—299, 300—302,305,329,360

konstruieren 建构 60,208,286,382,384

Kontinuität 延续性 129,212—214

Kopula 系词 315,318,321,324,331, 371

Körper 物体,形体 102,216,242,283, 326—327,342

Kraft 力 77,85,108,169,255,268—273

Kreis 圆圈 60,63—64,288,292,332, 340

Kunst 艺术 15,23,28,86,92,115, 139—140,156,171,265—266,277, 286,322,329,369

L

Leben 生命,生活 24,28,71,85,88,90,

100,110,134—135,173,193,258, 284,307,373—378,381,388,393

lebendig 有生命的 110,135,140—141, 145,163,198,302,373—376

Lebendiges 生物 365

Leere 虚空 83,105,188,206—207

Lehrsatz 定理 296,381—383

Leib 身体 100,107,151,153,175,196, 268,275,319,323—325,353—354, 365,370—371,373—376,382

Liebe 爱 22,27,87,91,306,351

Logik 逻辑 14,30,53,168,185,207, 266,306,308,323,337

das Logische 逻辑性 68,81,86,97,128, 156,168,170,176,180,389,390

M

Macht 权力 33—34,131,142,175,225, 233,238,262,294—295,297,306— 307,364—366,375—377

manifestieren 展现 159,198,206,234, 263,274,277—278,280,294,304,367

Mannigfaltigkeit 杂多 56,78,109,116, 272,285,350,379

Maß 尺度 19,46,49,79,85,97—98, 105,182,223—229

Materie 物质 17—18,108,111,129, 150,186,191,205,207—209,211, 213,216,353

Materie 质料 101,107,182,221,257— 261,264,265,269,283,313,351,379, 383

Mathematik 数学 118,170,209—212, 219,223,241,296,340,384

Mechanismus 机械性 339,352—357,

359,365

medius terminus 中词 154,336—337,341

meinen 意谓 46,71,74,80,83—84,116,181,186—188,196,198,236—237,240,245,286,290,351,385

Metaphysik 形而上学 22,29,43,53,81,93—102,104,106—110,113—115,124—126,128,155,164—165,201,206—207,217,236,241,261,309,339,384

Methode 方法 11—12,29,41,54,70,106,110,117,144,150,167,296,380—385,389—390,392

Mitte 中项 84,333,336—337,339—343,355—356,363—364

Mittel 手段 69,76—77,141,173,361—367,373

Modalität 样态

Modus 样式 21,281—282,299,322

Mögliches 可能的东西 48,219,282—285,287

Möglichkeit 可能性 103,106,134—135,198,219,275—276,281—284,287—288,294,297,370

Moment 环节 23,25,56,59—60,106,132—133,143,146,168,185,187,194,196,213—214,262,285—286,294—295,300—301,303—305,307,313—317,332,338—340,344,375,391—393

N

Nachdenken 思索 17,42—43,46,49,52,76—81,93,156,161,186—187,

232

Natur 本性 11,14,17,21,35,38,46,55,57—58,61,69,72,75,78,80,82,88,90—92,96,98—100,118,128,132—133,136,143,148,153—156,160—163,172—173,181,183,189,198,227—228,270,280,298,328—329,356—357,370—371,382,385

Natur 自然界 15,28,41,49,62,64,71,77,79,81—82,84,87—90,94,96,102,106—107,109—110,120,133,135,139—141,149,169—170,175,178,180,193,195,204,207,212—213,219,225,228,238,246—247,257—258,272—273,275—276,285—286,309,339—340,343,353—354,375—376,379,391,393

Naturphilosophie 自然哲学 11,15,50,63,84—85,343

Negation 否定 56—57,95,103,105—106,121—122,132—133,172,176—177,196—197,199,204,228—229,239,267—268,294,324—325,344,347,355—356,359—361,369,390

Negation der Negation 否定之否定 201—202,228

das Negative 否定者 95,103,144,147,186,200,202—203,205,230—231,235,243—244—245,247—248,264,269,289,297,366,371,390—392

Negativität 否定性 103,186—187,193,231,239,294,300,355—356,364,372—373,390,392

neutral 中和的 358,375

Nichts 无 127,177,185—197,206,208,

228,230,232,235

Nichtsein 非存在 99,189,193,285

O

Objekt 客体 18,79,93,98,103,191,281,309,315,344—347,350—352,355—359,361—362,364—367,370,375,380,386,388

objektiv 客观的 16,79—81,91,98,103,115—116,119,123,138,152,170,174—175,185,198,252,331,333,348—349,366,378

Objektivität 客观性 78,93,106,112—113,115—116,119,123,138,141—143,153,309,314,344—348,351—353,358—359,362—365,367—373,376—378,384,386

Offenbarung 启示 31,35,50,71,105,151—152,165,276,362

Ordnung 秩序 12,62,77,99,137,169,322

das Organische 有机体 171,302,353

Organismus 有机组织 140,356

P

passiv 被动 292,300—301,379,390

Phänomenologie 现象学 91—92

Philosophie 哲学 11—25,28—29,32—33,37—38,41—55,57—64,91—94,97—99,146—149,151—154,165,171,176—177,184—185,193,200,203,207,217—218,220—222,232,243,246,262—263,266,281—282,284,295—297,307,343,350,381—384,390

Philosophieren 哲学思考 14,16,32,46,54,59—60,63,69,80,93,110,125,143,151—152,171,174,188,220,296,390

positiv 肯定的 95,103,123,128,132—133,139,176,178,196,198,202,216,234,244,260,289,296,303,334

das Positive 肯定者 103,200,230,235,243,245,247—248,253

Prädikat 谓词 94,96—97,126,181—183,237,240,243—244,250,316—326,328,330—331,335

Prämisse 前提 29,41,47,54,85,92,94,98,105,129,134,159,166—168,176,303,319,337,340—342,358,364,383,385—386,387—388

Prinzip 本原 18,20,22—23,49—50,55,58—60,88,99,106,112,155,173,175,183,186,193,206—207,214—215,221,259—260,281,295—296,307,312,369

Progreß 进展 89,143,173,199—202,218—220,223,227,229,269,271,298—300,301,337,342,377,386,392

Prozeß 过程 18,41,92,101,130,137,159,175,185,188,193,195,205,213,228—229,289,293—295,299,302—303,309,318,332,347,351,358—359,365—367,372—378,385—389

Psychologie 心理学 75,100—101,107,114,125—126,150,156,195,268,272,278,309,315,354

Q

Qualität 质 100,182,195—197,208—

209, 212, 222—230, 256—257, 322—326, 334—335

das Qualitative 质的东西 222, 232, 239

Quantität 量 100, 182, 195, 197, 206, 208—214, 216—218, 219—220, 222—229, 232—233, 241, 340

das Quantitative 量的东西 222—223, 232

Quantum 定量 214, 216, 218—219, 222—224, 226—227

R

Räsonnement 推理 16, 26, 29, 37, 43, 45, 50, 53, 55, 62, 92, 128, 162, 167, 172, 326

rational 合乎理性 15, 27, 36, 47—48, 87, 111, 177, 255, 280, 332

Raum 空间 63, 70, 73, 101, 107, 116, 120, 124, 128—129, 199, 210, 212—213, 216, 237, 244, 357, 381, 384

Räumlichkeit 空间性

real 实在的 105, 130, 168, 180, 183, 196, 288, 309, 320, 332, 346, 367, 376

Reales 实在的东西 168, 183, 320

Realisierung 实在化 345, 352, 359, 361—362, 364—368, 373, 392

Realität 实在性 86, 103—105, 118—119, 130, 133—134, 140, 143, 165, 183, 196—197, 203—204, 267—268, 274, 323, 332, 347, 356, 359, 368—369, 374

reflektiert 经过反映的 235—236, 257, 264, 341

in sich reflektiert 反映回自身之内的 57, 253, 257, 265, 366

Reflexion 反思 17, 26, 43, 45, 79, 87, 89, 108, 114, 129, 133, 140—141, 145, 159, 192, 199—200, 213, 219, 229, 252, 254, 274, 301, 362, 371

Reflexion 反映 172, 179, 183, 231—232, 235—236, 242, 248, 254, 326, 330, 391, 393

Reflexion in Anderes 他者内反映 248, 253—254—257, 259—262, 268, 273—274, 285

Reflexion in sich 自身内反映 234, 248, 253—258, 260—262, 264, 268, 270, 273—274, 281—282, 284, 297—298, 300, 304, 311, 315, 328, 332

Reflexionsbestimmung 反映规定 236, 256, 259, 272, 313, 317, 326—327

Regel 规则 75, 77, 79, 103, 226, 282, 335

relativ 相对的 48, 228, 230—231, 253—254, 310, 324, 326, 355, 377

Religion 宗教 15, 23—28, 30, 33, 41—43, 45, 47, 52, 68, 70—71, 76, 88, 92, 104, 112, 131, 134, 157—158, 163, 171, 178, 291, 351, 363, 389

Resultat 结果 18, 25—26, 36, 54—55, 58, 63, 89, 92, 105—106, 134, 150, 156, 162, 176—177, 191—195, 224, 342, 344—345, 359, 370, 373—374, 392

Rückkehr 回归 55, 63, 77, 88, 179, 181, 223—224, 271, 294, 305, 331—332, 368—369, 391, 393

Ruhe 静止 191, 372

S

Sache 事情 14, 24, 27, 30—31, 33, 36—

38,41, 45—46, 69—70, 74—77, 79—
80, 87, 96, 105, 109—110, 116, 123,
125—126, 134, 150, 157, 161, 173,
174, 181—184, 190, 199, 221—222,
233, 238, 257, 265, 268, 275, 277—
280, 282—284, 287—295, 297, 302,
305,312,318,334—336,363,366

Satz 命题　19, 22—23, 42, 45, 51—52,
57,97,100,108,126,153—155,188—
189, 191—192, 236—237, 240, 243—
245,319,338—342

Schein 映象　166, 179, 231—233, 235,
238—239, 262, 279, 281, 286, 311,
371,378,392

scheinen 映现　159,231,235,242—243,
252—253, 261—263, 304—305, 308,
310,391—393

Schema 范式　12,312,384

Schicksal 命运　290—292,305

schlecht 恶劣的　21—22, 71, 86, 199,
211, 219—220, 229, 238, 277, 291—
292,355,369

Schluß 推论　16, 23, 34, 81, 84, 108,
117, 125—128, 130—132, 154—155,
162, 170, 173, 188—189, 321, 331—
345,355—356,361,363—366,374

Schranke 限制　11,60,95—96,101,106,
125,130,144,173,197,201,304,345,
368

Schwere 重力　272,326,354,356

Seele 灵魂　25, 82, 84—85, 94—97,
100—101, 107, 110, 124—126, 157,
173, 196, 200, 292, 319, 324—325,
353—354, 365, 370—371, 373—376,
392

das Seiende 存在者　43,70,76,90,94,
101, 105—106, 111, 118—119, 123,
127, 129, 133, 149, 152, 154, 163—
164, 189, 192—193, 205, 207, 231—
232,235,256,262,288,296,307,346,
379,390—391

Sein 存在　41, 57, 61, 67, 80, 85, 89—
90, 99—100, 103—106, 108, 130—
132, 135—137, 143, 153—154, 159—
160, 162—163, 165—166, 180—197,
206, 208—209, 214, 229—230—232,
235, 239, 252, 262—263, 279, 285,
287, 304—306, 322, 347, 364, 372—
373,390,392—393

das Selbst 自主体　292,351

Selbständigkeit 独立性　49,56,125,146,
256, 258, 260, 297, 302—304, 316,
327,350,355—358,366,375

Selbstbewußtsein 自我意识　47,50,73,
90,116—118,123,138,147,164,238,
318

setzen 设定　11, 34, 52, 72, 86, 105,
138—139, 142—143, 188, 191, 197,
199, 105, 209, 212, 214—215, 218—
219, 222, 225, 229, 231, 235—239,
243—248, 260, 265, 267, 274, 279,
282, 287, 292—294, 297, 299—302,
304—305, 311, 315, 318, 338, 364,
366—367,375—377,390—392

Setzen 设定活动　299—301,306

sinnlich 感性的　15,35,55,73—74,77,
83, 101, 108—109, 111—112, 117,
122, 131, 136—137, 159, 182, 206,
280,321,323,325,384

Skeptizismus 怀疑主义　12,87,98,112—

113,138,155,168,172,175—176

Sollen 应当 48—49,108,122,138,140,
186—187,199,200—201,219,290—
291, 313, 341, 346—347, 369—370,
386—387

sollizitieren 诱导 229,271

Spekulation 思辨 15, 17—18, 21—22,
52—53,98—99,127,140,168,176—
179, 190, 217, 308, 339, 347, 360,
382—383,388,390

Sphäre 层面 28,60,62,100,102,181—
182, 195, 229—230, 235, 308, 315,
318, 322, 329, 338—339, 365, 374,
377—378,382,391—392

Sprache 语言 24,74,85,86,99,113,
115,151,204,241,256,266,280,286,
308,337,369

Staat 国家 15,51,71,86,171,207,227,
233, 254—255, 268, 283, 313, 327,
356,369,381

Stoff 质素 169, 195, 224—225, 242,
257—258,260,265,272,380

Subjekt 主体 18, 20, 37—38, 63, 72—
73,75,80,97,103,119,124,141,144,
162, 191, 251—252, 291, 310—311,
314, 326, 345, 351, 361, 363, 368—
370,375—376,385

Subjekt 主词 97, 100, 182, 236—237,
240, 316—317, 319—321, 323—328,
330—331, 333, 335—336, 338, 341,
344,371

subjektiv 主观的 35—37, 60, 62, 69—
70, 75, 79, 84, 91, 108—109, 111—
112, 114—116, 118—119—120, 123,
129, 138, 141, 143, 148, 159—160,

170, 172, 174, 178, 196, 263, 275, 278,
280, 297, 309, 315—316, 318—319,
324, 326, 330, 332—333, 345, 349,
359,363—365,370,377,385—386

Subjektivität 主观性 80, 90—91, 113,
119, 123, 141—142, 146, 149, 153,
234, 333, 345, 347, 351, 355, 359,
361—362, 364, 366, 372—373, 377,
378,385,386

Substantialität 实体性 21, 64, 76, 79,
102, 125, 235, 278, 294—296, 299,
305,307,314,328—329,372,386

Substanz 实体 20—22, 82, 101, 103,
124, 131, 133, 134, 278, 294—298,
300—303, 306, 327—329, 340, 350,
356,368,373,376,382

Substrat 基体 181,240

Symbol 象征,符号 222,354

synthetisch 综合的 380, 382—383,
390—391

System 体系 11, 18, 21—22, 48, 58—
61, 81, 84, 91, 133—134, 139, 143,
152, 173, 176, 184—185, 193, 295—
296,322,356,368,374,389

T

Tautologie 同语反复 51,250,270

Teil 部分 11, 18, 48, 60, 63, 99—104,
120,142,154,156,168,179,204,213,
216, 225, 236, 258, 267—271, 273,
309,344,374,382

Theorie 理论 21, 27, 38, 50, 106, 116,
137—139, 170, 207, 249, 251, 313,
373,378,386,387—388

Tod 死亡 86,173,198,325,376—377

Totalität 总体性 23,59—60,67,97,99, 120, 136, 178, 181—182, 208, 248, 252, 256, 259—260, 262—264, 269, 271, 274, 284, 288, 292, 294, 306—307, 310—311, 321—322, 329—330, 339, 344—346, 350, 352, 357, 359, 362—364,372,375—376,389,392

Trieb 冲动 13, 84, 91, 109, 187, 278, 326,355,357,360—361,378,386

Tugend 美德 68,275

Tun 活动 21, 41, 43—44, 54—56, 58, 63,70—72,75,80,118,141,147,169, 288—289, 292—294, 318, 335, 361, 363—365,375,386

U

Übereinstimmung 一致 47,49,69,79, 85,105,139,141—142,153,174,185, 221,323—324,330

Übergang(Übergehen)过渡 11,17,61—62,64, 103, 124, 130—132, 137, 148, 159, 161, 172—173, 175—176, 181, 186, 191, 200—201, 206, 208, 227, 229, 235, 269, 279, 287—288, 293—295,297,300,305,308,310,333,336, 345—347, 350, 352, 358—360, 371—372,385,388,391,393

das Unendliche 无限者 18,25,53,68, 86,95,103,108,121—123,131,137, 139, 147—150, 153, 177, 199—203, 220,228,233,349,370—373

Unendlichkeit 无限性 94—95,106,139, 199—202, 219—220, 229, 269, 273, 373

Unmittelbares 直接的东西 41,79,89,

130, 180, 184—186, 188, 222, 224, 232—234, 262, 287, 294, 300, 304, 313,370,376,388,390,392

Unmittelbarkeit 直接性 16,52,56—58, 152, 156, 160, 163—165, 179, 181, 183, 194, 203, 205, 218, 223, 228—229, 232, 234—235, 249, 252, 257, 261—264, 271, 279, 288, 293—294, 300—301, 304—305, 309, 356, 358—359, 362, 373—374, 376—377, 391, 393

unterscheiden 区分 25,42,47—48,53, 56,59—60, 75, 77, 79, 100, 107, 116, 122,124,150,160,164,171,181,183, 186—187, 214, 218, 232, 235, 243, 256,300,314—317,377

Unterschied 区别 18—19, 21, 42—43, 54, 62, 64, 72—73, 102, 135, 151—152, 169, 186—189, 203—204, 212—216, 223—224, 235—236, 238—243, 245, 247—250, 253, 256, 259, 270, 276, 281—282, 298—299, 301, 314—318,331—332,340,344,350

Ursache 原因 13,16,37,41,52,73,77, 92,96,115,119,129,141—142,167, 177, 179, 198—200, 214, 250, 253, 265, 297—303, 311—312, 329, 357, 360,390

Urteil 判断 81,94,98,113,117,139, 141, 182, 310—311, 315—333, 345, 360, 363, 368, 371—372, 375, 377—379,390—391

Urteil 原初分割 316,368,373,375—379,390—391

V

Veränderung 变化　53,61,73,78,94,
100—102,111,198,208—210,223,
226—227,309

Veränderlichkeit 可变化性　197—198

Verbindung 结合　17,19,24,29—31,44,
52,56,73,75,77,97,109,125,153—
159,224,258,288,303,306—307,
317,333,335—336,338,344,348—
349,352—354,356,358—359,361,
363—364,366,373—374,376,392

Vereinigung 联合　37,84,99,110,116,
130,135,143,160,222—223,262,
267,355

Vergangenheit 过去　11—12,28,58,
117,161,178,185,232,256,280,312,
335,363,393

Vergleichung 比较　77,85,87,110—
112,127,144—145,165,170,208,
240—242,244,256,291

Verhältnis 比例关系　216,221—225,227

Verhältnis 对比关系　16,73,172,265—
275,279,294,297—302,317,319,
324,326,329,333,346,352—353,
355—359,370,375—377,379,382

vermittelt 经过中介的　57,78,102,
105—106,150,155,157,160,162—
163,165,180,183—184,218,231—
232,239,248,271—272,289,293—
294,329,364,370,376,382,390—391

Vermittlung 中介活动　11,56,106,
132—133,136,150,155—160,163—
165,167,179,183—184,222,229,
231,235,248—249,252—253,262,

264,268,274,279,288—289,294,
297,298—299,302—304,313,331—
333,338,340—341,344—346,356,
373,383

Vernunft 理性　12—13,27,36—37,47,
81—82,97,99—101,104—106,111,
121—123,125—127,130,137—139,
141—143,146,150,176—179,254,
276,280,331—334,365,370—371,
378

verschieden 有差异的　19,21,25,44,
52,136—137,229—230,239—242,
246—248,256,259,267,269,272,
283,298—299,319,321,347,349,
352,371,379,382

Verschiedenheit 差异性　19—21,45,55,
171,191,229,236,239—243,246,
250,256,269,273,300,349,362

Verstand 知性　15—18,24—26,36,48—
49,55,73,91,96,99,105—106,108,
120—122,126—127,129—130,132—
133,141,145—146,160,168—176,
179,202—203,236—237,240,244,
258,261,284,310,333—334,370—
371,379—380,383—385

Volk 民族　50,88,134,161,171,254,
301—302,312,337

Voraussetzung 预先设定　11—12,52,
86,98,108,189,200,237,239,249,
278,287—288,292—293,300—301,
304—305,340—342,349,359,361—
362,364—365,375—379,384,386,
390—391

vorhanden 现成已有的　52,96—97,127,
208,308,378,379,385—387

Vorstellen 表象活动　41, 72—74, 136, 323, 350

Vorstellung 表象　11, 14, 24, 41—46, 67, 71—75, 78, 82—83, 86, 97—101, 103—105, 116, 122, 136, 140—141, 153, 157—158, 190, 307, 310, 315, 319—320, 323, 345—346, 348—350, 368, 378, 385

W

das Wahre 真相　31, 43, 46, 54, 59—60, 68, 70, 76, 78—79, 86—87, 93—96, 98—99, 107, 109—110, 118, 121, 148—149, 151, 159—160, 164, 168, 180, 183, 185, 193, 200, 202, 224, 249, 251—252, 257, 267, 281, 296, 332, 337, 345, 367, 386

Wahrheit 真理　14—16, 23, 25, 30, 34—38, 41, 45, 68—71, 78—79, 85—87, 91, 94, 100, 111—112, 132, 137, 140, 143, 150, 153, 155, 160, 162, 164, 166—167, 180, 188, 203—204, 208, 223—224, 231, 236—237, 262, 267, 278, 303—304, 306, 310, 323, 367—370, 377—378, 379, 387—389, 393

Wahrnehmung 知觉　49, 57, 77, 101, 107—109, 111—112, 115, 119, 125, 130—132, 145, 217, 266, 322—323, 352, 384—385, 390

Wechselwirkung 交互作用　261, 300—302, 305

Weisheit 智慧　18, 104, 233, 335, 362, 371

Welt 世界　21, 34, 45, 47—48, 52, 69, 70, 73, 81—82, 90, 94—95, 97—98,

101—104, 118—119, 126—134, 142, 145, 188, 211, 234, 253—254, 260, 263—265, 272—273, 278, 296, 309, 313, 369, 378, 386—387

Werden 转变　24, 44, 57, 64, 98, 144, 181, 188, 190—195, 198—201, 203, 208, 227, 229, 235, 238, 255, 261, 276, 279, 287—288, 298, 301, 303—304, 338, 364

Werkzeug 工具　50, 53—54, 72, 76—77, 89, 326, 365

Wert 价值　14, 17, 23, 43, 48, 71, 76, 85, 94, 113—114, 134, 221, 224, 285, 291, 295, 312, 322, 329, 338, 389

Wesen 本质　16, 50, 53, 55—56, 62, 71, 84, 88, 95, 99—102, 103—107, 122, 130—134, 166, 173, 175, 180, 182, 186—187, 195, 221, 229—237, 248, 252, 253, 255, 261—264, 273—275, 279, 290, 293, 296, 304—306, 308, 315, 322, 354, 358, 366, 370, 387, 391

Wesenheit 本质性　25, 76, 78, 81—82, 96, 106, 113, 168, 185, 225, 233, 248, 264—265, 267, 285, 287—288

wesentlich 本质上的, 本质性的　126, 235, 237, 243, 245—247, 264—265, 275, 279, 285, 288, 341, 351, 372, 386,

Wesentliches 本质性东西　76, 78, 281

Widerspruch 矛盾　15, 55, 68, 81, 86—87, 100, 126—128, 143—144, 193—194, 198—199, 218—219, 223—224, 235, 243—244, 247—248, 260—261, 286, 337, 350, 357, 359, 361, 376, 379, 386—387, 392

Wille 意志　14, 44, 53, 75, 138—139,

162, 177, 207, 252—253, 276—277,
285—286,313,352,356,386—387

willkürlich 随意,任意 12, 16, 48, 62,
69,75, 167, 215, 222, 246, 252, 255,
258,381—384,390

wirken 作用活动

wirklich 现实的 47,87,101,109,129,
134—136, 140, 144, 181, 263, 280—
283, 288, 291—292, 298, 304—306,
368,386—387

Wirkliches 现实的东西 47,69,128,
197,263,280—281,283,368

Wirklichkeit 现实性 15, 47—49, 61,
101,108,133,135,140,143,145,197,
201, 263, 279—282, 284—289, 293—
294, 297, 304—305, 328, 331, 346,
368,370,387

Wirkung 作用 16, 71, 73, 77—78, 96,
102,115,142,202,297—302,311,360

Wissen 知识 17,23,28,33,36—37,43,
51,56, 61, 69, 88, 96, 112, 116, 137,
144, 146, 150, 155, 163—165, 167,
177,190,194,349,389

Wissenschaft 科学 11—12,17,23—24,
27—28, 31—32, 34—36, 43, 46, 58—
64,67—71,75,94,104,108,113,144,
149, 156, 167—168, 173—174, 183,
190—191, 211, 241, 246, 249, 266,
270, 275, 276—277, 280, 286—287,
310,310,335,351,363,383,384,392

Z

Zahl 数 63, 70, 214—218, 220—224,

244

Zeit 时间 12—13, 28, 41, 46, 58, 73,
100—101, 116, 119—120, 124, 128—
129, 143, 184—185, 199—200, 208,
210,213,220,237,312,357,371

Zentrifugalkraft 离心力

Zentrum 核心 13,355—356

Ziel 目标 63,76,91,139,186,204,224,
241,379,389

Zufällig 偶然的 37,48,52—53,58,60—
62, 69, 71, 99, 115—116, 128, 132,
134,139,161,166,187,204,207,246,
270—272, 278, 284—286, 288—289,
292, 294, 315, 318, 321, 336—338,
362,366,378,385

Zufälliges 偶然的东西 48,56,61,112,
161,246,272,278,284,289,294,318,
338,378

Zufälligkeit 偶然性 61—62, 91, 101—
102,111,130,284—287,292

Zukunft 未来 117,143,277

zusammengehen 融合 19,355

zusammenfassen 统摄 73,82,99,186,
215,233,262,306,313,327,373,375

Zweck 目的 20,22,44,47,54,63,68—
69, 76—77, 79, 90, 102, 123, 130—
131, 134—135, 140—142, 162, 170—
171,176,189,197,232,241,246,252,
270, 275, 289—291, 331, 347, 348,
352,357,359—367,386—387

Zweckmäßigkeit 合目的性 11,140—
141,357,360,362—364,366,372

Zweifel 怀疑 16,79,175—176,183

译 后 记

　　本书是黑格尔 1830 年版《哲学科学百科全书纲要》（通常简称为《哲学科学百科全书》或《哲学全书》）的第一部分"逻辑学"，即"小逻辑"，至于所谓的"大逻辑"，则是指黑格尔 1812—1816 年陆续发表的三卷本（今合并为两卷本）巨著《逻辑学》。

　　黑格尔在世的时候，《哲学科学百科全书》总共出了三版。1817 年的第一版篇幅较小，是名副其实的"纲要"（Grundriss），因为黑格尔急于给听课学生一份课程纲要，就提前发表了他的体系构想。到了 1827 年的第二版，在篇幅上增加了 100 多节，而且有很多地方完全改写了，几乎成为一本全新的著作。相比之下，1830 年的第三版只有较小程度的修订。今天我们研读这部著作，通常都是使用最成熟的第三版的文本。当然，也有学者比如卡尔·罗森克朗茨更为推崇黑格尔仓促发表的第一版的文本①，而这暴露出近代以来一种发源于德国浪漫派哲学的畸形心态，这些人认为，每一位哲学家的成熟著作或成熟版本都是僵化的和封闭的，反而是那些早期不成熟的（最好是残缺不全或语焉不详的）文字才充满了青春活力和创造力量。相应地，不出所料，相比"大逻辑"和《哲学科学百科全书》，他们更加推崇更早的《精神现象学》。应该说这种心态背后的哲学观是大有问题的，而且仅就事实而言，也不符合黑格尔本人对这几部著作的期许，更不符合黑格尔哲学本身的精神。

---

　　① Karl Rosenkranz, *G. W. F. Hegels Leben*. Darmstadt 1977（Unveränderter reprographischer Nachdruck der Ausgabe. Berlin 1844）. S. 306.

需要提醒读者的是,黑格尔在世的时候,只有一整卷的包含"逻辑学""自然哲学"和"精神哲学"三个部分的《哲学科学百科全书》,并无《小逻辑》、《自然哲学》和《精神哲学》这三本独立的著作。之所以出现今天这个局面,是因为黑格尔去世之后,他的学生们在编辑首部《黑格尔全集》时依据黑格尔本人的手稿并通过对勘学生的课堂笔记,为《哲学科学百科全书》补充了很多内容(即本书的"附释"部分),这才导致全书篇幅大增,成为我们现在看到的三本独立著作。《法哲学原理》也有同样的情况,但保持了单卷的篇幅。围绕这些后来增补的"附释",黑格尔学界内部存在着很多争议,有些专家学者本着历史的—批判的考据精神,要把它们从本书中清除出去。他们宣称,黑格尔的学生之所以把"附释"增补进去是出于自己的虚荣心,这些内容和黑格尔本人的文字放在一起是对哲学家的不尊重,会造成重大误解,如此等等。但归根到底,究竟"附释"里面哪些文字是不可靠的,这些内容究竟在哪些方面或哪些问题上造成了误解,进而扭曲了"本真的"黑格尔哲学,这些学者却从来没有说清楚,甚至拿不出几个具体的实例。

在我看来,知道"附释"的来龙去脉,知道它们不是黑格尔亲自写下的文字,这是必要的,因此本书特意将其用区别于正文的字体排印,以示区别。最新的历史批判版《黑格尔全集》[1]删去了这些"附释",单独出版《哲学科学百科全书》的三个原版,这件事情在文献学的意义上无可厚非。德国有一句俗话,"自己活,也要让人活",我们完全认可某些主要以文献考据为业的专家学者在这方面的工作。但是,如果我们真正关注的是黑格尔哲学本身而不是文献考据,那么大可不必受缚于那些貌似科学严谨,实则匠气十足的喧闹,更不可自废武功,把这些对于黑格尔哲学研究具有不可或缺重要意义的"附释"弃之不理。大致说来,我的这个观点有以下三个理由。首先,从思想影响史来看,带有"附释"的《哲学科学百

---

[1] G. W. F. Hegel, *Gesammelte Werke*, hrsg. von der Nordrhein-Westfälischen Akademie der Wissensuhafton und der Künste. Hamburg 1968ff.

科全书》作为流传最广的版本,在将近两百年的时间里已经塑造出一个客观的黑格尔形象,深深影响了许多哲学家和哲学研究者,换言之,不管人们主观上喜不喜欢这件事情,"附释"作为黑格尔哲学思想的载体,与黑格尔本人的文字在客观上已经具有同样的效力(各种讲演录也是同样的道理)。其次,"附释"虽然不是黑格尔写的,但毕竟是他口头讲述的,不是谁杜撰出来的,而他的学生们在增补"附释"时并非像后人批评的那样主观随意和充满虚荣心,正相反,他们作为黑格尔的"使徒",对其老师始终抱着最大的忠诚和尊重,希望老师的这部著作以最完美的形态存世,而且他们在对勘各自的课堂笔记时,只采纳那些得到大家共同确证的内容。再者,也是最重要的,黑格尔本人明确地指出这些"附释"对于理解本书是不可或缺的。在第一版的序言里,黑格尔开篇就指出:"我们的意图在于将个别细节留给口头讲述。"(TWA 8,11)在第二版序言里,黑格尔又说,本书"通过口头讲述而获得其必要的解释"。(TWA 8,14)甚至在第三版序言里,黑格尔也仍然开篇就宣称:"本书保留了之前的特点,即只有通过口头讲述才能够获得必要的澄清。"(TWA 8,32)从以上慎重的反复强调可以看出,这些"口头讲述"或"附释"作为黑格尔口传的"未成文学说",其实是《哲学科学百科全书》的血肉,假若没有它们,《哲学科学百科全书》恐怕就真的成了干瘪的纲领,一具由许多独断命题构成的枯骨。

但具体到《哲学科学百科全书》的三个部分,也要注意一些情况。比如《自然哲学》可以被看作一部全新的著作,因为黑格尔就这个主题没有别的著作。但《精神哲学》只有"主观精神"部分才是新颖的,其"客观精神"部分的内容则是与《法哲学原理》重合,至于"绝对精神"部分就太过于简略了。《逻辑学》也是如此,即便加上各种"附释",它在系统性、详尽性和辩证方法的展示等方面仍然不能和大逻辑相提并论,因此绝不可能取代后者,而是只能作为后者的参考辅助。当然,从另一方面来看,小逻辑恰恰是大逻辑的绝佳参考书,因为它的相对紧凑的篇幅可以让读者更容易把握逻辑学的体系结构,而且它的"附释"经常提供了一些更为通俗易懂的解释。尤其是《逻辑学》的导论问题,相比大逻辑原有的导论,《逻辑学》的"逻辑学的初步界定"篇幅大增,从原来的 20 多页扩充到将近100 页,而且其中最著名的部分"思想对待客观性的三种态度"(本书第26—78 节)为了澄清什么是"客观思想"(objektiver Gedanke),采取了一种与哲学史结合的阐述方式。我在为大逻辑撰写的导读里面曾经强调,要理解黑格尔的逻辑学乃至他的整个哲学,最基本的前是要知道他所说的"概念"(Begriff)绝不是什么主观的、抽象的观念,而是把现实事物包揽在自身之内的理念①。在小逻辑的这个导论里,黑格尔正是在"客观思想"这个看似自相矛盾的术语的名义下阐释了他的"概念"思想,以及他的逻辑学乃至整个哲学的基本立场,即思维和存在的同一性。就此而言,如果说小逻辑也有优胜于大逻辑之处,那么主要就是它的这个更为通俗的史论结合的导论。但除此之外,如果要更准确而深入地学习黑格尔的具体的逻辑学思想,我们还是必须以大逻辑为准。

正是由于这个相对通俗易懂的导论,学界曾经流行一个论点,即小逻辑是进入黑格尔的最佳入门书。关于"哪本著作是进入黑格尔的最佳入门书"这个问题,答案因人而异,没有定论。正如小逻辑的导论部分是比较好读的,但一旦涉及真正严格意义上的逻辑学的部分,其纲领式的论断就远远不如大逻辑的详细论证和层层辩诘,不能像后者那样时而行云流水地、时而坚韧地引领读者步步推进。按照黑格尔某个时期的构想,《精神现象学》才是他的整个体系的"导论"亦即入门书,但这本书客观上自成一格,更像是整个体系的一个镜像,而且其艰深晦涩的程度在黑格尔的著作里首屈一指,实在不能说是一本合适的入门书。从问题意识来看,《精神现象学》具有鲜明的近代精神,即以意识经验为出发点,但自在地看来,意识本身并不是本原,而是有着太多的前提(因此"精神现象学"后来被划到《精神哲学》的"主观精神"部分里面);相比之下,大逻辑却具有

① [德]黑格尔:《黑格尔著作集(第 6 卷)·逻辑学 II》,先刚译,人民出版社 2021 年版,第 496 页。

浓厚的古代精神,它找到了科学的唯一真正的开端,以思维和存在的同一性为出发点,在逻辑学—形而上学合体这件事情上将辩证的方法发挥得淋漓尽致,为我们理解黑格尔哲学的其他部分奠定了最坚实的基础。有鉴于此,我个人认为大逻辑才是进入黑格尔的最佳入门书,因为它将古代哲学和近代哲学(及其最大的代表亚里士多德和康德)都扬弃在自身之内。实际上,在黑格尔的整个哲学生涯里,《精神现象学》更像是一个灵感袭来的插曲,在这之前和之后,他都是把逻辑学—形而上学看作他的整个体系的开篇,这一点通过《哲学科学百科全书》的结构也再次得到了印证。

小逻辑此前已经有贺麟和梁志学的两个译本。贺麟在其译者引言里宣称他是依据格罗克纳德文版和瓦拉士英译本翻译的,但梁志学在自己的译本腰封上却标注这是"第一次依据德文原版译出"。除此之外,薛华翻译了不带"附释"的《哲学科学百科全书》的三部原版。本书是小逻辑的第三个中译本,依据的底本仍然是莫尔登豪尔(E. Moldenhauer)和米歇尔(K. M. Michel)依据首部《黑格尔全集》而于1972年重新整理出版的20卷本"黑格尔著作集"或所谓的"理论著作版"(Theorie-Werkausgabe)①的第8卷。因为我已经翻译过《精神现象学》(人民出版社2013年版)和大逻辑(即《逻辑学 I》和《逻辑学 II》,人民出版社2019、2021年版),所以翻译《小逻辑》对我而言是一件相对轻松的工作。概念术语方面,我也沿袭了我之前译本里的译法。至于本书的内容概述,因为我已经撰写了一篇比较详细的关于黑格尔逻辑学的导读作为《逻辑学 II》的附录,这里就不再赘述相关内容了,有兴趣的读者可以自己去查阅。

感谢责任编辑安新文女士多年以来与我的愉快合作,感谢张梦薇同学为本书制作《主要译名对照及索引》。

本书得到了国家社科基金项目"德国唯心论在费希特、谢林和黑格

---

① GEORG WILHELM FRIEDRICH HEGEL *WERKE IN* 20 *BÄNDEN*. Auf der Grundlage der *Werke* von 1832–1845 neu edierte Ausgabe. Redaktion Eva Moldenhauer und Karl Markus Michel. Frankfurt am Main:Suhrkamp,1972.

尔哲学体系中的不同终结方案研究"（项目批准号 20BZX088）的支持，在此亦表示感谢。

先　　刚
2022 年 10 月于北京大学外国哲学研究所
北京大学美学与美育研究中心

责任编辑:安新文
装帧设计:薛 宇

图书在版编目(CIP)数据

哲学科学百科全书.Ⅰ,逻辑学/[德]黑格尔 著;先刚 译. —北京:
  人民出版社,2023.5(2025.3 重印)
(黑格尔著作集;8)
ISBN 978－7－01－025558－3

Ⅰ.①哲⋯   Ⅱ.①黑⋯②先⋯   Ⅲ.①黑格尔(Hegel, Georg Wilhelm
  Friedrich 1770—1831)-逻辑学-研究   Ⅳ.①B516.35②B811.01

中国国家版本馆 CIP 数据核字(2023)第 055124 号

哲学科学百科全书Ⅰ
逻辑学
LUOJI XUE

[德]黑格尔 著 先刚 译

人民出版社出版发行
(100706 北京市东城区隆福寺街99号)

北京新华印刷有限公司印刷 新华书店经销

2023 年 5 月第 1 版 2025 年 3 月北京第 2 次印刷
开本:710 毫米×1000 毫米 1/16 印张:24
字数:330 千字 印数:5,001-8,000 册

ISBN 978－7－01－025558－3 定价:98.00 元

邮购地址 100706 北京市东城区隆福寺街 99 号
人民东方图书销售中心 电话 (010)65250042 65289539